Inhalt

Einleitung

von Marianne Grimmenstein

Bundeskanzlerin Angela Merkel hielt eine Rede als Vorsitzende der CDU Deutschlands in Berlin am 1. Oktober 2003 im Deutschen Historischen Museum unter dem Titel „Quo vadis Deutschland?“[1] (Wohin gehst du, Deutschland?). Der Anlass war der 13. Jahrestag der Deutschen Einheit. Sie beklagt in ihrer Rede, dass Deutschland in vieler Hinsicht eher steht als geht und der Wille zum Aufbruch in weiten Teilen der Gesellschaft fehlt. Die Parteien schließt sie dabei ausdrücklich mit ein. Nach ihren Analysen ist das entscheidende Problem in Deutschland, dass es an der wichtigsten Voraussetzung für eine Gesundung fehlt: „Es fehlt an Vertrauen. Es fehlt an Vertrauen in die politische Führung, an Vertrauen in die ökonomische und soziale Kraft unseres Landes, an Vertrauen in die eigenen Fähigkeiten, Chancen und Möglichkeiten. Fatalismus greift um sich, mit all seinen Folgen.“

Als zentrale Probleme des Landes nennt sie: zu wenig Arbeit; zunehmend instabile soziale Sicherungssysteme; hoch verschuldete öffentliche Haushalte; ein in Teilen dürftiges Bildungswesen; zu wenig Kinder. Auf die gravierenden existentiellen Probleme der Zukunft geht sie nicht ein, hält aber folgende Maßnahmen für notwendig:

1. Staat und Politik sollen bürokratische Barrieren und Hürden abbauen und nicht aufbauen
2. Staat und Politik sollen Anreize setzen, Leistung fördern und Forschung vorantreiben und nicht bremsen
3. Die Einführung einer großen Steuerreform mit einfachen und niedrigen Tarifen

---

1 Quelle: http://www.kas.de/wf/de/33.2830/

4. Eine Reform des Bildungssystems
5. Die Grundwerte wie Freiheit, Solidarität und Gerechtigkeit sollen zum Maßstab unseres konkreten Handelns erhoben werden

Ihre Schlussfolgerung: „Wir müssen wahrlich mehr für Deutschland tun – ganz konkret, im politischen Alltag." Sie stellt zwar wichtige Forderungen, aber die Rede beinhaltet keine zukunftsweisenden Visionen, wie man alles verwirklichen könnte. Mit Forderungen kann man keine Visionen ersetzen, die eine Gesellschaft zum Überleben unerlässlich braucht. Es wird die Ausgangsfrage nicht beantwortet. Sie nennt lediglich nur Ziele zum Schluss ihrer Rede, die Deutschland nach ihrer Vorstellung innerhalb von zehn Jahren erreichen sollte. Zukunftsperspektiven für die Bevölkerung werden nicht eröffnet.

Angela Merkel ist inzwischen Bundeskanzlerin. An der Handlungsfähigkeit der Politik hat sich nichts geändert. Auch die Lage der Bevölkerung wurde nicht besser. Wohin Deutschland gehen könnte, blieb bis heute unbeantwortet. Die vorliegende Studie versucht, endlich auf die in 2003 gestellte Frage „Quo vadis Deutschland?" eine realistische Antwort zu finden und damit neue Perspektiven zu eröffnen

Da die Entdeckungen der letzten Jahrzehnte in allen Gebieten der Wissenschaften so vielseitig und hochgradig sind, sollte man annehmen, dass die Menschheit ihre Probleme besser lösen könnte. Das ist aber nicht der Fall. Tatsache ist, dass die Bevölkerung der Industrienationen ein so hohes Wissen besitzt, wie nie zuvor in ihrer Geschichte. Trotzdem scheint sie unfähig, wirklich und langfristig ihre Probleme zu lösen. Auf verschiedene Desaster wird zu spät reagiert, und langfristige Konzepte fehlen. Obwohl ein enormes Problemlösungspotential vorhanden ist, wird dies erstaunlicherweise kaum in Anspruch genommen. Die ökologischen, ökonomischen und sozialen Probleme werden erkannt, teilweise sogar öffentlich kolportiert, aber gleichzeitig wie schlechte Träume verdrängt. Mögliche optimale Lösungen werden nicht ernsthaft diskutiert, viel weniger praktisch angestrebt oder gar umgesetzt.

Nicht nur die bestehenden Probleme, die auch Angela Merkel schon genannt hat, sind enorm. Wir stehen gleichzeitig vor gravierenden ökologischen, ökonomischen und sozialen Problemen (Klimaveränderung, Kampf um die Rohstoffe, Artensterben, Lebensmittelknappheit usw.). Diese Herausforderungen werden von Angela Merkel nicht erwähnt. Wir Menschen können diese Probleme nur gemeinsam bewältigen, da kein Mensch und auch keine Führungsschicht wegen der Größe und Komplexität der Probleme ein Patentrezept allein liefern und verwirklichen kann.

Neben einer umfassenden Bestandsaufnahme der wichtigsten Gesellschaftsprobleme und dem Wettbewerb der Ideen werden kooperative Verflechtungen der verschiedenen Wissenschaften dringend notwendig. Nur so lässt sich das Problemlösungspotential der Wissenschaften zu optimieren und zu potenzieren.

Diese Gedanken waren der Auslöser für das Studienprojekt „Ein Rezeptbuch für Deutschland“ . Da einige dabei an Kochrezepte dachten, wurde der Name des Projektes mit der Zeit auf „Die machbare Zukunft“ geändert. Es sollte dokumentiert werden, dass die verschiedenen Wissenschaften einander ergänzen und durchaus gute, praktikable und sogar wirksame Lösungsvorschläge vorhanden sind, die zurzeit nicht in die Tat umgesetzt werden. Es sollte auch der Frage nachgegangen werden, ob Deutschland fähig wäre, mit seinen großartigen Ideen eine Vorreiterrolle zu spielen, was die globale Verantwortung für die Menschengemeinschaft und unseren Planeten betrifft.

Dazu wurden Professoren, Akademiker und Fachleute an Universitäten, Fachhochschulen, Forschungsinstituten und Vereinen aus den Bereichen Ökologie, Ökonomie, Politologie, Soziologie, Pädagogik, Energiewirtschaft und Gesundheitswesen mit fachspezifischen Problemfragen angeschrieben und um Stellungnahmen bzw. ihre Lösungsvorschläge gebeten. Es wurden nur die vorhin genannten sieben Wissenschaftsgebiete ausgesucht, weil es nicht möglich ist, mit einer Studie alle Problemfragen zu bearbeiten. Hunderte von Fachleuten wurden angeschrieben, aber nur einige waren bereit, auf die Anfrage zu antworten. Die Studie beinhaltet die Antworten von den Fachleuten, die bereit waren, an der Umfrage der Studie teilzunehmen. Da die Analyse und Gewichtung der Vorschläge grundsätzlich von Fachkräften der einzelnen Fachbereiche erfolgen sollte, hat die vorliegende Studie mehrere Autoren.

Es gab in der Vergangenheit immer wieder Gesellschaften, die ihre ökologischen Probleme nicht in den Griff bekamen (z.B. die Bewohner der Osterninsel) und darum untergingen. Auch in der Vergangenheit lebten die Menschen stets in irgendeiner Form mit anderen Menschen zusammen, aber in kleineren regionalen Einheiten. Der Niedergang dieser kleineren Einheiten bedeutete nur für die Bewohner dieser betroffenen Gegenden eine Katastrophe, die Menschheit an sich war nicht betroffen. Heute aber bildet die ganze Welt eine begrenzte, isolierte Einheit. Wir haben keine anderen Inseln und auch keine anderen Planeten. Die vorhandenen Probleme sind wie Zeitbomben, deren Zünder auf weniger als 50 Jahre eingestellt ist. Wir müssen sie endlich nicht nur ernst nehmen, sondern auch erkennen, dass wir gezwungen sind, miteinander zu kooperieren, wenn es Menschenleben auf diesem Planeten Erde noch länger geben soll[2].

Bevor die einzelnen Anfragen mit ihren Beiträgen präsentiert werden, sollten wir zuerst versuchen, der Frage nachzugehen, warum die machbaren Lösungen nicht zur Geltung kommen, obwohl wir eindeutig vor enormen und rasant weiter wachsenden ökologischen, ökonomischen und sozialen Problemen stehen, die wir nur noch schwer und nur mit vereinten Anstrengungen in den Griff bekommen können. Wir müssen versuchen, unsere Defekte zu erkennen, um daraus zu lernen, damit wir uns zu gemeinsam handlungsfähigen Wesen entwickeln, bevor es zu spät ist.

---

2 Diamond, Jared: Kollaps – Warum Gesellschaften überleben oder untergehen (S. Fischer, Frankfurt am Main 2006)

Kapitel 1

Suche nach den Ursachen mangelnden Problembewusstseins und mangelnder Handlungsfähigkeit

von Marianne Grimmenstein

Wenn wir uns in die aktuellen Umweltdaten und sozialen Daten vertiefen, müsste es uns klar sein, dass der Zustand unserer menschlichen Gesellschaft und unseres Planeten Erde bedrohlich ist. Man könnte annehmen, dass die Menschengemeinschaft unter diesen Umständen endlich anfangen würde, rasch zu handeln. Es sind auch viele Appelle und viele leere Versprechungen da, aber richtige energische Tätigkeiten gegen die drohenden Katastrophen kann man, von einzelnen Personen oder Gruppen abgesehen, bei der Mehrheit nicht entdecken, obwohl sie absolut notwendig wären. Das ist eine fatale Situation, in der sich unsere Kultur befindet. Wenn wir überhaupt überleben wollen, müssen wir unbedingt versuchen, unsere fatalistische Einstellung, dass alles sowieso unvermeidbar ist, zu überwinden und ändern. Daher ist es dringend notwendig, unsere Defekte zu erkennen, denn nur so können wir gegensteuern.

Die heutige herrschende Menschenart heißt Homo sapiens. Dieser sogenannte Homo sapiens lässt sich nach dem Naturwissenschaftler Reiner Klingholz (Molekularbiologe) folgendermaßen charakterisieren:

„Die Spezies, die sich selbst den Namen Homo sapiens gab, scheint mit Weisheit nicht gerade gesegnet. Archaische Anlagen wie Egoismus und Vermehrungstrieb hat der Mensch nie abgelegt. Und seit er Kraft seines Gehirns die Technik erfand, erliegt er auch noch der Gigantomanie.

Biologisch gesehen, ist sein Erfolg selbstmörderisch – ist ein Fall für den Schrottplatz der Evolution."

Horst Hermann als Geisteswissenschaftler (Soziologe) versucht, den Homo sapiens wie folgt zu definieren:

„Der Mensch heißt das allein mit Vernunft begabte Lebewesen, aber auch, je nach Standort der Definierenden, das kochende, das lachende, das betende Tier. Schließlich wurde noch kein Tier entdeckt, das lachen oder kochen oder beten kann (und zudem dies alles zusammen). Ich schlage vor, mit nicht weniger Recht, den Menschen als das folternde Lebewesen zu definieren. Denn diese differenzierende Tätigkeit unterscheidet unsereins auch vom Rest der Natur, da es unter Tieren keine folternden Exemplare gibt."

Wenn wir nach diesen Aussagen die Wirkung des Homo sapiens in unserer Welt betrachten, vor allem wie er mit Seinesgleichen umgeht (z. B. in 66 Staaten gibt es noch die Todesstrafe, die kriegerischen Auseinadersetzungen usw.), wird offensichtlich, dass die Entwicklung des Menschen noch lange nicht abgeschlossen sein kann. Die gegenwärtige Krise wurde schließlich nur durch sein Verhalten hervorgerufen. Der Homo sapiens scheint keine Präventivethik zu besitzen, leidet unter Gigantomanie und pflegt statt Kooperation Konfrontation. Mit seiner Wirkung und Verhaltensweise kann der Homo sapiens grundsätzlich nur eine niedrigere Menschenart vertreten. Diese Studie beweist aber, dass neben dieser Menschenart schon eine höhere Menschenart existiert, die bereit ist, mit ihren Mitmenschen zu kooperieren und die Verantwortung für ihre Mitwelt zu übernehmen. Diese Menschenart könnten wir nach Professor Siebenhühner (Universität Oldenburg) vielleicht Homo sustinens (der erhaltende Mensch) nennen.

Es ist Tatsache, dass der Mensch auch eine biologische Maschine ist. Neurobiologische Forschungen beweisen, dass zwischenmenschliche Beziehungen, Erlebnisse, Gefühle und geistige Tätigkeiten biologische Veränderungen im Gehirn zur Folge haben. Zwischenmenschliche Beziehungen wirken entscheidend daran mit, was sich biologisch in dem Menschen abspielt. Aus diesem Grund hat die gegenwärtige Krise, gekennzeichnet durch mangelndes Problembewusstsein und mangelnde Handlungsfähigkeit, auch ihre biologischen Grundlagen, ob dem heutigen Menschen das recht ist oder nicht.

Die Erde ist etwa 4,5 Milliarden Jahre alt. Forschungen beweisen, dass die ersten Menschen auf diesem Planeten bereits vor mehreren Millionen Jahren existierten. Unsere Überlebenstechniken, unsere Denk- und Kombinationsfähigkeit, unsere Fertigkeit im Umgang mit Werkzeugen und in der Zubereitung von Nahrung entwickelten sich in einer Jäger- und Sammlerzeit. Erst vor etwa 10.000 Jahren trat ein großer Umschwung ein: der Übergang auf die Stufe des Pflanzers und Hirten. Der Mensch brauchte nicht mehr ausgedehnte Reviere zu durchstreifen, er konnte auf einem Bruchteil des Raumes leben, den er bis dahin benötigte. Es entstanden neue Umwelten dort, wo über Hunderttausende von Jahren hin dieser Mensch noch als untergeordnetes Glied im Regelkreis der Biosphäre fungierte. Die technische Entwicklung führte zu einer Zerstörung der Natur, von deren Schätzen letzten Endes auch die entwickeltste Technik lebt. Sie zwang uns Menschen eine Lebensweise auf, für die wir nicht geschaffen sind. Inzwischen sind wir bedroht, auf der Ebene der unbelebten Natur durch die Erschöpfung lebenswichtiger Rohstoffe, auf der Ebene der lebenden Natur durch eine globale ökologische Katastrophe und auf der Ebene des Menschen durch eine progressive soziale Neurose. Es läuft eigentlich alles im Sinne der Natur. Die biologischen und psychischen Funktionen des Menschen erleiden durch Verkehrsstress, Lärmstress, Stress des Zusammenlebens, Leistungsstress, Berufsstress, Stress der Isolation immer stärkere Störungen. Alle diese Vorgänge zielen auf das Zusammenbrechen oder gar Auslöschen der gesamten Population hin, um das störende Glied – in diesem Fall den Menschen – aus der Biosphäre und der Gesamtheit ihrer aufeinander eingespielten Lebensformen zu entfernen.

In immer größere Anpassungsschwierigkeiten, in immer grösseren Stress stürzen wir mit unserer undurchdachten technisch zivilisatorischen Entwicklung nicht nur die Natur, sondern auch uns selbst. Wir brauchen uns darüber auch nicht zu wundern, denn unsere moderne, von uns geschaffene Umwelt mit ihren Arbeitsstrukturen, der Art des Verkehrs, der Behausung, der Ernährungsweise und der Technologien ist zweifellos jüngeren Datums als alles, was unsere Biosphäre aufzuweisen hat. Das alles ist gleichermaßen viel jünger als die genetische Prägung des Menschen.

Die Gattung Homo sapiens lebt auf der Erde seit gut 2 Millionen Jahre. 99 Prozent dieser Zeit war er Sammler und Jäger. Die biologischen Spuren dieser langen Zeitepoche tragen die Männer nachweislich jetzt noch. Experimente von Ruben Gur, Neurologe an der University Pennsylvania, beweisen, dass ein Teil im Schläfenlappen selbst in den Ruhephasen des Denkorgans bei den Männern aktiv ist. Diese Hirnregion ist entwicklungsgeschichtlich sehr alt. Die Forscher sprechen vom Reptilienhirn, weil diese Hirnregion bereits bei den Reptilien vorkommt. Es kontrolliert wichtige fundamentale Reaktionen wie Fressen, Fortpflanzung, Kampf, Wutausbrüche und auch Flucht. Männer sind durch die ständige Aktivität dieser Hirnregion stets aggressionsbereit und neigen eher zu Gewalt als Frauen.

Erst in den letzten 10.000 Jahren wurde der Homo sapiens sesshaft und begann Pflanzen und Tiere zu züchten, die ersten Metalle zu nutzen und andere als seine Körperenergien einzusetzen. Diese Entwicklung war zunächst sehr zögernd, aber dann mit steigendem Raubbau an den Schätzen der Natur verbunden. In den letzten hundert Jahren begann sie auf einmal explosionsartig in ein gewaltiges Inferno auszuarten. Sie gaukelte uns sogar den Traum des ewig wachsenden Wohlstands vor.

Als Fazit müssen wir akzeptieren, dass die wichtigste Ursache der jetzigen Krise in unseren seit der Steinzeit vorhandenen Gewohnheiten liegen könnte. Nach dem Geologen Hans Georg Wunderlich dauerte die steinzeitliche „Kindheit“ des Menschen etwa zwei Millionen Jahre. Das sind 60.000 Generationen von Steinzeitahnen, deren biologisches, geistiges und psychologisches Erbe der Mensch von heute unbewusst zu tragen hat. Alle kulturellen Anstrengungen der 150 bis 200 nachsteinzeitlichen Generationen konnten nicht das steinzeitliche Erbe völlig bewältigen. Die Nachsteinzeit war einfach zu kurz, um unser kollektives Unterbewusstsein von steinzeitlichem Gedankengut zu befreien.

Unser Steinzeitcharakter wird nach dem Biologen Prof. Dr. Carsten Bresch und dem Biochemikern Frederic Vester durch die folgenden vier Merkmale der menschlichen Verhaltensweise am meisten gekennzeichnet:

1. Das Haben – Wollen

Die meisten Menschen sehen die auf das Haben gerichtete Existenz als die einzig natürliche, denkbare Art zu leben. Darum neigen wir zum Sammeln und Horten.

2. Das Revierverhalten

Bei Tier und Menschen ist der Besitz eines Reviers gleichermaßen verbreitet und eine besondere Form von Besitz. Da der Mensch ein territorialer Kleingruppenjäger war, pflegen die Menschen heute immer noch ihr Revier mit Grenzzeichen, Gartenmauern und Schildern zu markieren.

3. Das Streben nach Macht und Rang

Auch das Wichtig-sein-wollen und das Streben nach Macht und Einfluss sind wie das Revierverhalten aus der biologischen Vergangenheit des Menschen zu verstehen. Die frühen Menschenhorden brauchten einen Häuptling, der für Gerechtigkeit sorgte und in der Gruppe Ordnung schaffte. Der moderne Mensch lebt in ständig wechselnden Gruppen (z. B. Schule, Beruf, Sport usw.) und dauernd wollen viele sich den anderen gegenüber durchsetzen. Einfach zu viele wollen in unserer Welt wichtig sein. Wenn wir uns umschauen, entdecken wir überall das hektische Streben nach Anerkennung, Status und Sozialprestige. Besonders in der Politik und in den größeren Wirtschaftsunternehmen spielen Rangordnungsfragen und Imponiergehabe immer noch eine besondere Rolle. Damit machen wir uns aber das Leben schwer.

Aus dem Streben nach Macht und Rang entstehen auch die Kriege. Das ursprüngliche Kräftemessen der Tiere, die Rangelei in der Gruppe um das Revier oder um den Besitz von Weibchen ist beim Menschen zur drohenden Militärschau geworden. Der Mensch hat das rivalisierende Machtstreben vom Einzelnen aufs Volk und schließlich auf den Staat übertragen.

4. Die Angst vor Veränderungen

Dieses Merkmal unseres Steinzeitcharakters scheint die wichtigste Ursache zu sein, warum wir unsere Selbstzerstörung trotz allen erkennbaren Bedrohungen fast widerstandslos akzeptieren. Wir haben panische Angst davor, Bestehendes zu verlieren. Alles Unbekannte (z. B. ungewohntes Geräusch, ungewohnter Gedanke) wird zunächst über den Stressmechanismus, der seit Millionen Jahren im Menschen als eingebauter Verteidigungsmechanismus fungiert, als feindlich gedeutet. Die automatischen Reaktionen darauf sind: Vorsicht, Abwehr, Flucht oder Angriff. Diese Reaktionen scheinen gegenüber technischen Neuerungen zu fehlen, aber wenn es um die Änderung tradierter Verhaltensweisen geht, scheint die Angst vor Veränderungen weit über ihre natürliche Funktion hinaus bis hin zur Selbstzerstörung zu gehen. Wenn sich Menschen erst einmal an bestimmte Verhaltensweisen gewöhnt haben, die noch dazu mit früher ungeahnten Bequemlichkeiten verbunden sind, bekommen sie das Gefühl, dass ihre jetzige Verhaltensweise die einzig richtige und angemessene sei. Daher wird jeder Angriff auf ihre Verhaltensweisen oder Einrichtungen als Angriff auf ein „Naturrecht" oder auf die „Vernunft" angesehen.

Auf diese Weise können sich gesellschaftliche Einrichtungen und damit verbundene Traditionen und Ideologien nur sehr langsam verändern. Im Gegensatz ist das Tempo des technischen Fortschritts um ein Vielfaches schneller. Viele Menschen begreifen nicht, wie es um die Realität der modernen Welt steht. Die in ihrem Kopf befindlichen Landkarten unserer Welt stellen ein Gelände dar, das längst nicht mehr existiert. Bei einiger Weitsichtigkeit wäre unsere Zivilisation aber durchaus in der Lage, sich neuen Verhältnissen anzupassen. Gerade heute könnte eine Anpassung positive Veränderungen für unsere Gesellschaft bewirken.

Der Sachzwang in Richtung Änderung wird immer größer. Wir leben unter steigendem Druck in einer typischen Konfliktsituation. Wir haben auf der einen Seite Angst vor dem Unbekannten, auf der anderen Seite aber erkennen wir bereits, dass das Bekannte unseren Untergang bedeutet. Wir stehen eindeutig vor einem Lernprozess, vor dem Prozess etwas Neues, Unbekanntes zu erproben. Diese Sachlage könnte man als eine Krise im Kopf betrachten, die gleichzeitig die geistige Weiterentwicklung des Menschen fördern könnte.

Die Evolution, der zeitliche Ablauf unseres Seins, lässt sich nach Prof. Dr. Carsten Bresch in drei Phasen einteilen:

1. Materielle Evolution

Im Kleinen die Entwicklung von Elementarpartikeln bis zu Molekülketten – im Großen die Bildung von Galaxien, Sternen und Planetensysteme.

2. Biologische Evolution

Die Entwicklung der Mannigfaltigkeit von Pflanzen- und Tierarten durch Mutation und Auswahl des in die jeweilige Umwelt Passenden.

3. Intellektuelle Evolution

Die Entwicklung des Geistigen und Künstlerischen

Die Menschheit steht noch am Beginn der intellektuellen Evolution. Die biologischen Grundlagen bleiben zwar bestehen, aber der Geist des Menschen wird sie umgestalten. Heute am Übergang von der biologischen zur intellektuellen Phase scheint die Evolution in einer hoffnungslosen Sackgasse zu stecken. Diese scheinbar hoffnungslose Lage wird von einer kulturellen Krise noch mehr verschärft. Die Evolution der Kultur besteht sehr weitgehend aus der Herausbildung immer kompakterer Wertvorstellungen. Um die herausgebildeten Kernwerte der Gesellschaften entwickelten sich die Religionen. Sie schufen einen mythischen Rahmen, in den die Werthaltungen eingebettet wurden. Darum ähneln sich viele Kernaussagen der großen Religionen. Aber die besten Religionen, Philosophien und Lebensformen tendieren dazu, im Laufe der Zeit ihre ursprüngliche Kraft einzubüßen. Sie entwickeln sich manchmal zum Gegenteil dessen, was sie ursprünglich sein sollten. Wir haben dadurch Orientierungsprobleme bekommen. Wir dürfen aber nicht vergessen und sollen auch daran denken, dass es dem früheren Menschen gelungen ist, aus einem Wolf einen Schäferhund zu machen. „Warum sollte es dem heutigen Menschen dann nicht gelingen, sich selbst von einem dummen, besitzgierigen Totschläger zu einem wirklich humanen Wesen fortzuentwickeln?“ (Prof. Dr. Carsten Bresch)

In den letzten Jahrzehnten haben verschiedene Neurologen, wie C. von Monakow, R. B. Livingston, Heinz von Foerster, aufgezeigt, dass der Mensch mit einem neurologisch – eingebauten „biologischen“ Gewissen versehen ist, in dem Normen wie Kooperation und Solidarität, das Streben nach der Wahrheit und Freiheit wurzeln. Also auch für unsere bessere Seite haben wir die biologischen Grundlagen. Die Entwicklung dieser positiven Eigenschaften hängen aber vollkommen von unserer zwischenmenschlichen Beziehungen ab. Bei Kindern, die durch soziale Not oder familiäre Missstände einer massiven Vernachlässigung, Verwahrlosung oder gar Misshandlungen ausgesetzt sind, finden sich sehr schwere Störungen in ihrer neurobiologischen Entwicklung, die sogar zu einer Verminderung des Gehirnvolumens führen. Sie erleiden schwere Beeinträchtigungen der Lernfähigkeit und des Sozialverhaltens. Das zeigt eindeutig, dass wir unsere Wertorientierung nicht zufällig erwerben. Wir müssen diese Orientierung erlernen, so wie wir die Sprache oder Mathematik erlernen. Das bedeutet, dass sich unsere Wertvorstellungen nur durch unsere zwischenmenschlichen Beziehungen bzw. durch unsere Erfahrungen in der Gesellschaft entwickeln. Man muss Menschen vor sich haben, die von der Wichtigkeit des Bemühens um das Gemeinwohl überzeugt sind, denn die wirksamste Form der Weitergabe ist das gute Beispiel. Das bedeutet: Zur Lösung unserer Probleme brauchen wir sicher neue Ideen, aber wir müssen auch die uralten Gedanken von Menschlichkeit, Solidarität, von Nächstenliebe und Verantwortung für die Schwachen endlich ernst nehmen. Es steht fest: Alle weitere Evolution kann und wird nur im Geistigen unter der Verantwortung des Menschen stattfinden. Die Menschheit der Zukunft wird eine friedliche, sich vertrauende Gemeinschaft der Völker sein oder es wird keine Menschheit mehr geben. Wir müssen umdenken und vernünftig werden, wenn wir leben wollen. Es gibt keine andere Möglichkeit für uns. Das ist ein Zwang der Entwicklungsgesetze unseres Universums.

Es wurde schon erwähnt, dass wir zur Lösung unserer enormen Probleme neue Ideen brauchen. Die folgenden Kapitel beschreiben nicht nur die vorhandenen Probleme, sondern sie präsentieren auch viele gute Ideen, die uns sicher weiterhelfen, wirksame Lösungsprozesse in Gang zu setzen.

Verwendete Literatur

Bauer, Joachim: Das Gedächtnis des Körpers (Piper, München 2004)

Csikszentmihalyi, Mihaly: Flow im Beruf (Klett-Cotta, Stuttgart 2004)

FOCUS, Nr. 14 3. April 1995, München

Fromm, Erich: Vom Haben zum Sein (Heyne, München 1989)

Hermann, Horst: Passion der Grausamkeit (C. Bertelsmann, München 1994)

Klingholz, Reiner: Wahnsinn Wachstum (GEO, Hamburg 1994)

Siebenhühner, Bernd: Homo sustinens (Metropolis, Marburg 2001)

Vester, Frederic: Phänomen Stress (dtv, München 1978)

Voigt, Jürgen: Vom Urkrümel zum Atompilz (Falken, Niedernhausen 1984)

Wunderlich, Hans Georg: Die Steinzeit ist noch nicht zuende Rowohlt, Reinbek 1974)

Kapitel 2

Soziologie

von Johannes Heinrichs

Einleitung

Soziologie zeigt seit ihrer Entstehung und allmählichen Verselbständigung gegenüber der Philosophie ein Doppelantlitz: einerseits positivistische, möglichst unbeteiligte Beschreibung der bestehenden gesellschaftlichen Verhältnisse (Typus August Comte), auf der anderen Seite Aufdeckung der gesellschaftlichen Disfunktionen und Widersprüche im Interesse der Benachteiligten (Typus Karl Marx). Irgendwo dazwischen bewegten sich ihre großen Gründergestalten wie Emile Durkheim, Max Weber, Gustav Simmel um 1900. Heute, nach dem Verebben der kritischen (leider weniger systematisch-konstruktiven) Impulse der Kritischen Theorie der Frankfurter Schule (Stichwort 1968) wird das Fach an den Universitäten vorwiegend im positivistischen Sinne betrieben. Aber auch da, wo noch sinnverstehende und normative Methoden gepflegt werden, kennzeichnen Zersplitterung und Spezialisierung das Fach wie so viele andere Bereiche. Der Blick auf das Ganze der Gesellschaft, eine Theorie der gesellschaftlichen Ganzheit und ihrer Bewertung unter dem Gesichtspunkt Gerechtigkeit, ist selten geworden. Das hat zur Folge, dass die universitäre Soziologie nicht unmittelbar als Anwalt und Promotor der sozialen Gerechtigkeit angerufen werden kann. Gerechtigkeit ist eine normative Idee, die von „empirischen Soziologen" lieber der Sozialphilosophie und der theologischen Sozialethik überlassen wird. Ob diese Selbstbeschränkung im Namen der Wissenschaft im Sinne der Menschen geschieht, von deren

Steuern auch die empirischen Soziologen leben, ist freilich höchst zweifelhaft.

Würde man empirische Soziologen nach der Stellung des Individuums, gar der „Wertstellung“ des Menschen im sozialen Gefüge fragen, bekäme man hauptsächlich die Auskunft, dass diese Fragestellung ihre Kompetenz in Richtung Psychologie, Sozialethik usw. überschreite. Bezeichnenderweise richtet sich die zweite Umfrage im Folgenden daher gleich an Gewerkschaftler und Vertreter von kirchlichen und anderen Sozialverbänden. Dass in der ersten Umfrage einige Soziologen mutig aufs Ganze gehen, kennzeichnet sie als Ausnahmen.

Im Allgemeinen bekäme man allenfalls fachliche Verweise auf die berühmte Debatte zwischen Jürgen Habermas und Niklas Luhmann vom Anfang der siebziger Jahre zu hören, worin es um den Weg von den Handlungen der Einzelnen zum sozialen Ganzen, womöglich als sozialem System (Luhmann) ging. Diese vielbeachtete Debatte fand kein befriedigendes Ergebnis: Habermas setzte fortan der kommunikativen „Lebenswelt“ der einzelnen Handelnden die angeblich unvermeidlich entfremdenden Systeme des Rechts und des Geldes entgegen. Luhmann verstieg sich mit äußerster theoretischer Gewandtheit in eine Systemtheorie, bei der das Handeln des Einzelnen – ebenfalls angeblich, Laien wie Fachleuten schwer verständlich – keine maßgebliche Rolle mehr spielen soll.

Die insofern antiaufklärerische Systemtheorie Luhmannscher Prägung bringt indessen ungewollt auf den Punkt, was tatsächlich das *Lebensgefühl* der meisten Zeitgenossen ist: Sie fühlen sich bloß als Rädchen in einem Getriebe, das von anderswoher bewegt wird. Die dominierende Bewegungsmacht ist unbestreitbar die des Geldes. Dieses hat ja im Kapitalismus die wunderbare Eigenschaft, sich selbst zu vermehren, indem es anscheinend selbst „arbeitet“. Wer von uns würde es nicht, notgedrungen, den großen Kapitalbesitzern nachmachen und auch die eigenen kleinen Ersparnisse auf der Bank „arbeiten“ lassen, damit sie zumindest nicht schrumpfen? Wir sind darin alle, mehr oder minder bewusst und freiwillig, Gefangene eines zutiefst fragwürdigen Systems. Wo nämlich der Anschein regiert, dass das Geld selbst arbeite und seinen

Arbeitslohn (Rendite genannt) verdiene, ist die Entwürdigung des arbeitenden Menschen und damit des Menschen überhaupt strikt vorprogrammiert: Entweder arbeitet das Kapital als Geld in der Gestalt von Maschinen (Sachkapital) – *oder allein dem Menschen kommt die Würde des Arbeitenden und Wertschaffenden zu.* Die Rendite, im besagten Sinn als Kapitallohn, ist sorgfältig zu unterscheiden vom Unternehmensgewinn, der echte Arbeitslöhne, auch der arbeitenden Unternehmer selbst, umfasst.

Selbst ein derzeit viel diskutiertes, bedingungsloses Grundeinkommen, vorgeblich im Namen der Menschenwürde gegeben, würde unter diesen Voraussetzungen einen weiteren Schritt der Entwürdigung des Menschen darstellen: „Wir brauchen eure Arbeitsleistung gar nicht!" Es genügt, wenn eine wirtschaftliche Oberschicht, die sogenannten Tüchtigen, den Selbstverwertungsprozess des arbeitenden Kapitals in Gang halten. Die Masse der Menschen kommt für die Wirtschaft, und damit für die mentalitätsmäßig unveränderte Gesellschaft, nur noch als Konsumenten, privat wie ehrenamtlich die gesellschaftlichen Wunden Lindernde, in Betracht, nicht mehr als Produzenten und kreative Wertschöpfer. Sie könnten durch ein unbedingtes Grundeinkommen sozial ruhiggestellt werden!

Ins Zentrum der sozialen Fragestellung schleicht sich somit eine ökonomische Arbeit ein, wenngleich in einer Weise, wie sie vom Großteil der professionellen Ökonomen verdrängt wird – als stelle der hier umrissene Zusammenhang um Rendite (als Quelle eines exponentiellen Zinseszinsmechanismus) nun einmal ein nicht zu umgehendes Naturgesetz dar, vergleichbar dem Gravitationsgesetz in der Physik. In den folgenden Antworten wird hingegen oft auf diesen Rendite-Kapitalismus als Quelle der unüberwundenen, ja wieder weiter wachsenden Kluft zwischen Arm und Reich (auf nationaler wie globaler Ebene) hingewiesen, auch wenn hier und da die Hoffnung laut wird, man könne ihn zivilisieren. Einige Antworten stellen ihn allerdings vom Prinzip her in Frage, wobei auf die Erfassung des Prinzips und die Begründung seiner grundsätzlichen Ablehnung geachtet werden muss. Den Autoren fällt es schwer, in der gebotenen Kürze (oder überhaupt?) die Gründe herbeizubringen.

Doch kommen wir vor der Auswertung der vielfältigen Antworten noch einmal auf die grundsätzliche Stellung des Menschen im Ganzen der Gemeinschaft bzw. Gesellschaft zurück. Gerade in den Antworten von kirchlicher Seite wird immer wieder auf den Menschen und das Menschenbild als Maßstab einer gerechten Gesellschaft hingewiesen. Was sollen, kann man sich fragen, eigentlich Habermas-Luhmann-Debatten und der durchaus vorliegende Versuch ihrer Auflösung, wenn ohnehin klar ist, dass und wie der Mensch Muster und Maßstab jeder menschenwürdigen Gesellschaft sein muss? Was heißt das eigentlich, Menschenwürde und Menschenbild als Maßstab, wenn Gesellschaft doch etwas ganz Anderes darstellt als ein bloßes Groß-Ich, an das man den Maßstab des Einzel-Ich anlegen könnte? Kann man den Maßstab einer Biene an einen Bienenstaat anlegen oder den Maßstab eines Vogel an einen formatierten Schwarm? Inwiefern ist denn der konkrete, dynamische Zusammenhang von Individuum und Gesellschaft in der kirchlichen Sozialethik wirklich klar geworden, auch für heutige soziologische und sozialphilosophische Ansprüche? Kommen die zahlreichen Vertreter der kirchlichen Position, die im Folgenden zu Wort kommen, wirklich über das bloße und wohlfeile Postulieren individueller Werte hinaus? Bieten sie wirklich eine Analyse des Zusammenhangs von individuellem Sein und Handeln zu jenem übersummativen Mehr, das wir Gemeinschaft und Gesellschaft nennen? Nur wenn solche Analyse endlich vorläge, wüssten wir auch, welche sozialen Institutionen angemessen sind, um der Wertstellung des Menschen in der Gesellschaft konkret-institutionell Rechnung zu tragen. Sie liegt aber auch in der traditionellen kirchlichen Soziallehren und Sozialethik nicht vor! Insofern sind die neueren soziologischen und sozialphilosophischen Bemühungen wiederum keine eitlen Modernismen, sondern notwendige Schritte, um autoritäre Sprüche und Ansprüche durch wissenschaftliche und menschengemäße Erkenntnis zu ersetzen.

Vermutlich vermag dies nur eine solche Handlungs-Systemtheorie der Gesellschaft, die vom dialogischen Miteinander

der handelnden Einzelnen ausgeht und dieses Miteinander-Handeln als ein Verhältnis der gegenseitigen Reflexion (der wechselseitigen Aufnahme der Intentionen der Beteiligten) ausgeht. Diese wechselseitige Reflexion hat Stufen, und diese Reflexionsstufen spiegeln sich in den Ebenen oder Subsystemen des sozialen Ganzen: als Wirtschaft (Zusammensein in Bezug auf Güter), Politik (als Macht- und Kompetenzverteilung), Kultur (als die kollektive Kommunikation und Gemeinsamkeit) und als Letztwerte (Weltanschauung, Ethik, Religion, Spiritualität). In solcher Reflexions-Systemtheorie wird der Übergang vom individuellen Handeln zu gesellschaftlichen Strukturen und ihren entsprechenden Institutionen fassbar. Dann erst wird einlösbar, dass der Mensch der Maßstab ist, *weil die Handlungsstrukturen des zwischenmenschlichen Miteinanders sich analog als gesellschaftliche Strukturen und demgemäß als frei zu schaffende Institutionen wiederfinden müssen: menschengerechte Institutionen für Wirtschaft, Politik, Kultur und Grundwerte, die in dieser* ***Wertstufung*** *aufeinander bezogen sind.* Schon diese Wertstufung als begründet zu erkennen, wäre ein Fortschritt, entscheidend wäre jedoch, aus ihnen die institutionellen Folgerungen zu ziehen (vgl. den Beitrag Heinrichs im Kapitel „Politik"). Vielleicht ist es nützlich, zunächst mit solchen Perspektiven als Frage-Hintergrund die folgenden Antworten zu sichten.

Bei Soziologie wurden mit ähnlichen Begründungen zwei verschiedenen Umfragen durchgeführt. Die Ziele der zwei Umfragen waren, die sozialen Probleme und ihre Gründe aufzulisten und Lösungsvorschläge zu finden. Es wurden Soziologen, Wohlfahrtsverbände, Gewerkschaften und Vertreter beider großen Kirchen gefragt.

Die erste Anfrage Soziologie:

Durch die Ökonomisierung sämtlicher Lebensbereiche und die einseitige Fixierung auf Gewinnmaximierung haben dazu geführt, dass Armut ein massives Problem unserer Gesellschaft geworden ist. Millionen Menschen leiden unter größter finanzieller Unsicherheit und haben keine Chance mehr, aus dem Niedriglohnsektor mit seinen Hungerlöhnen herauszufinden. Es handele sich aber nicht nur um materielle Armut, sondern auch um Armut an Bildung, an Kultur und an Chancen auf ein gesundes Leben.

Die Fragen:

Welche Maßnahmen wären Ihrer Ansicht nach seitens der Gesellschaft unbedingt notwendig, um diesen Menschen die Hoffnung wiederzugeben und den sozialen Aufstieg zu ermöglichen?

Durch welche Maßnahmen könnte man Ihrer Ansicht nach in unserer Gesellschaft den Prinzipien der sozialen Gerechtigkeit und der Solidarität mehr Geltung verschaffen?

Laut jüngster Umfragen ist erstmals eine Mehrheit der Deutschen unzufrieden mit dem Funktionieren der Demokratie. 86 Prozent fehlt „großes oder sehr großes Vertrauen" in die Parteien. Damit ist ein Kern der Unzufriedenheit bereits erfasst, da die Parteien in Deutschlands repräsentativer Demokratie die Schlüsselrolle haben. Wenn die tragenden Elemente aber als immer brüchiger gelten, ist es mit der Stabilität des ganzen Bauwerkes irgendwann auch vorbei. Das schwächt aber auch zunehmend die Problemlösungsfähigkeit.

(Quelle: Rheinische Post vom 4.11.2006, Düsseldorf)

Frage:

Durch welche Maßnahmen könnte man Ihrer Ansicht nach erreichen, dass die Bürger in die Problemlösungsprozesse besser eingebunden wären und auch ihre Verantwortung für das Gemeinwohl stärker gefördert wäre, da die ernsthaften Probleme einer Gesellschaft ohne ihre Bürger nicht zu lösen sind?

Als die erste Umfrage Soziologie abgeschlossen wurde, stellte es sich heraus, dass es außerordentlich wichtig ist, die Frage zu klären, welchen Stellenwert der Mensch selbst in der Gesellschaft überhaupt einnimmt. Diese Frage ist eigentlich die Kardinalfrage der Gesellschaft, da man sämtliche vorhandenen Probleme daraus ableiten kann. Aus diesem Grund wurde mit einer ähnlichen Begründung eine zweite Umfrage durchgeführt, die versuchte, auch auf diese Frage Antworten zu bekommen.

Die zweite Anfrage beinhaltete die folgenden zwei Fragen:

Was hat Ihrer Ansicht nach die absolute Priorität bei maßgebenden gesellschafts- und wirtschaftspolitischen Entscheidungen und welche Kriterien werden dabei grundsätzlich bevorzugt?

Welche Wertstellung nimmt der Mensch selbst Ihrer Ansicht nach bei den erwähnten maßgebenden Entscheidungen und überhaupt in der Gesellschaft ein?

Unter diesen von den fünf Fragen formulierten Aspekten sollte man nun die folgenden Antworten betrachten.

Stephan Gampe:

„Eine Antwort auf Ihre Fragen kann man sicher mit 2-3 Sätzen geben. Aber nicht die Begründung für die jeweilige Auffassung.

Zu Frage 1: Was hat absolute Priorität Ihrer Ansicht nach bei maßgebenden gesellschafts- und wirtschaftspolitischen Entscheidungen und welche Kriterien werden dabei grundsätzlich bevorzugt?

Menschenmaterial, Humankapital und andere derartige Begriffe, bei denen der Mensch mit materiellen Begriffen in Verbindung gebracht wird, sind demaskierend. Es läuft immer auf dasselbe hinaus: Der Mensch wird dem entsprechenden materiellen Begriff untergeordnet und hat den materiellen Forderungen dienstbar zu sein. Wenn man unsere Gesellschaft mit den Spielern bei einem Monopolyspiel vergleicht, dann zählen fast ausschließlich die Kriterien, die die Schlossalleebesitzer und deren Erfüllungsgehilfen diktieren.

Begründung:

Das folgende ist eine spontane Auflistung und erhebt keinen Anspruch auf Vollständigkeit. Vor 15, 20 Jahren war es für Unternehmen noch sehr erfreulich, wenn Renditen von 8-10% erarbeitet wurden. Heute sind Rekordrenditen von 17% nicht mehr ausreichend, weil eine Vorgabe von 25% existierte. Die Folge? Es wurden trotz des Rekordergebnisses mehrere tausend Menschen (dieselben, die das Rekordergebnis erarbeitet haben) entlassen, um den Forderungen der Kapitalisten (ich benutze bewusst den sozialistisch-kommunistischen Ausdruck) Rechnung zu tragen. Hartz IV, Sozialabbau, Globalisierung u.a. Entwicklungen dienen dazu, die Menschen unter Druck zu setzen, denn Sie sind ja an Ihrer Lage weitgehend selbst Schuld und sollen so zu mehr Initiative angeregt werden (so wird uns ständig eingetrichtert).

Zuerst werden aus den Sozialversicherungssystemen versicherungsfremde Leistungen finanziert (z.B. Fremdrentengesetz), dann werden Möglichkeiten geschaffen, sich der Versicherungspflicht und der Solidarität zu entziehen, sowie den Sozialversicherungssystemen durch hohe Arbeitslosigkeit weitere Beitragszahler zu entziehen, und hinterher beklagt man, dass die Sozialversicherungssysteme nicht mehr finanzierbar seien. Wer da behauptet, diese Machenschaften hätten kein System, hat mindestens ein Brett vor dem Hirn. Wenn Sozialabbau geplant wurde und wird, werden uns gerne unsere europäischen Nachbarn und die USA als Beispiel vorgehalten. Warum man beim Thema Mindestlohn dies nicht praktiziert und die positiven Erfahrungen publik macht und statt dessen von Wirtschaftshemmnissen spricht, lässt nur einen Schluss zu. Man will möglichst lange auf dem Rücken der Leute, die zwar arbeiten, aber davon nicht existieren können, Gewinnmaximierung betreiben. Der „tolle Nebeneffekt“ ist außerdem, dass die Leute zu sehr mit Existenzfragen beschäftigt sind und nicht mehr in der Lage sind, Ihre demokratischen Pflichten wahrzunehmen, oder deutlicher gesagt, man hat in der Meinungsbildung in unserem Staatswesen einen Großteil der Bevölkerung ausgeschaltet. So wird unser demokratisches Staatswesen ausgehebelt. Es bleibt die nüchterne Feststellung, wer davon profitiert. Siehe Schlossalleebesitzer. Es gibt schon genügend Menschen, die nicht mehr von Demokratie und Marktwirtschaft reden, sondern von Wirtschaftsdiktatur und deren politischen Marionetten. Es ist leider eine Tatsache, dass Familien mit Kindern sich einem erheblichen Armutsrisiko aussetzen. Seit mehr als 20 Jahren ist zu beobachten, wie Familien finanziell mehr und mehr unter Druck geraten. Wer bezahlt zum größten Teil die Mehrwertsteuer und deren Erhöhungen? Wer leidet mehr unter der Tatsache, dass man häufig dazu gezwungen ist, zwecks der ständig angemahnten Flexibilität der Arbeit nachzuziehen? Wer fängt immer noch horrende Sozialkosten auf (z.B. in der Pflege von Angehörigen)? Welche Institution ist allein in der Lage, Kindern ein gesundes Heranwachsen zu ermöglichen und staatstragende Werte zu vermitteln?... Wenn Familien das und anderes nicht mehr leisten können, ist das ein sicheres Indiz für die Demontage der Institution Familie. Es wird uns doch immer wieder weisgemacht, das Kindergeld sei eine „Aufzuchtsprämie“. Das Kindergeld ist lediglich eine Rückerstattung von Steuerleistungen. Daher ist es ein Skandal, wenn die Kindergelderhöhung auf den Sankt Nimmerleinstag verschoben wird. Es ist weiter ein Skandal, wenn einseitig die zweifellos nötigen Betreuungseinrichtungen gefördert werden. Damit spricht man Eltern, die selbst erziehen wollen und können, die Kompetenz dazu ab.

Bildungspolitik: Wie wird der Begriff Bildung verstanden? Im Wesentlichen als Vorbereitung auf den Beruf und als Leistungsfähigkeit im Beruf. Das bedeutet, dass Bildung zu einer reinen Wissensvermittlung degeneriert ist. Die Lehr- und Ausbildungspläne beweisen es. Man versucht, soviel Wissen wie möglich in die Kinder und Jugendlichen hineinzupauken. Wie ist es sonst erklärlich, dass es in manchen Fächern möglich ist, nur mit Auswendiglernen durchs Abitur zu kommen? Selbstständiges Denken wird kaum gefördert, noch weniger der Blick auf Zusammenhänge, die Wirkung von einzelnen Handlungen auf das Ganze. Dies ist meines Erachtens die größte Krankheit unserer sogenannten Experten. Selbst in ihren jeweiligen Fächern hoch qualifizierten Wissenschaftlern und Experten fehlt der Blick für die Wirkungen auf andere Bereiche. Man kann weitgehend nur in Segmenten denken. Ich nenne das Fachidiotie und gesellschaftlichen Tunnelblick. Bildung ist weit mehr und betrifft den ganzen Menschen. Auch Religion, Ethik, Musik etc. haben ihren Wert für die Menschen (auch wenn das von vielen Unternehmern bezweifelt wird). Von der Herzensbildung rede ich hier noch gar nicht. Bildung ist zeitlos, sie formt Menschen. Wissen veraltet und fordert vom Menschen ständig Nachschub.

Die Schlossalleebesitzer und ihre Erfüllungsgehilfen in der Politik drücken sich um Ihre Verantwortung für unsere Gesellschaft. Zum Beispiel brauchen Politiker keinen Cent in Ihre Altersvorsorge zu investieren. Spekulationsgewinne und Vermögen werden nicht besteuert und Konzerne brüsten sich, dass sie völlig legal keine Steuern mehr zu bezahlen brauchen. Gleichzeitig wollen sie aber alle Vorteile der Infrastruktur und die anderen Möglichkeiten für ein angenehmes Leben in unserem Land in Anspruch nehmen. Ständig wird von Standortwechsel von Unternehmen ins Ausland geredet und damit gedroht. Hat man je gehört, dass die Verantwortlichen auch gleich ihren Privatwohnsitz nach Lettland oder Bangladesh mitverlagert haben?

Zum Abschluss noch ein nettes Beispiel (leider fehlen mir die konkreten Zahlen dazu, es kann aber kein Problem sein, diese exakt in Erfahrung zu bringen): Die Wacker-Chemie hat vor einigen Jahren den

Standort Wasserburg/Inn mit mehr als 200 Beschäftigten geschlossen und im Werk Burghausen ebenfalls massiv entlassen. Wenige Jahre vorher hat man in Freiberg in Sachsen eine neues Werk aufgebaut und sich mit den geschaffenen Arbeitsplätzen gebrüstet. Dieses neue Werk ist mit vielen Millionen allein von der EU gefördert worden. Nach der Schließung von Wasserburg und dem Abbau in Burghausen blieb ein Minus von Arbeitsplätzen. Es bleibt die Feststellung, dass dies steuerlich finanzierte Arbeitsplatzvernichtung ist. Dass dies kein Einzelbeispiel ist, beweist auch Müllermilch, Aretsried. Die Liste der Unternehmen, die sich Ihre Betriebsmodernisierung und Verlagerung, auch ins Ausland, von den Steuerzahlern finanzieren lassen, ließe sich sicher fortsetzen. Von den Handlangern dieser Verbrecher (leider kann ich dafür keinen angenehmeren Ausdruck finden) ständig von der Verantwortung des Bürgers zu hören ist blanker Hohn. Sonst hätte man diesem steuerlich finanzierten Arbeitsplatzabbau längst den Riegel vorgeschoben.

Frage 2: Welche Wertstellung nimmt der Mensch selbst Ihrer Ansicht nach bei den erwähnten maßgebenden Entscheidungen und überhaupt in der Gesellschaft ein?

Die Beantwortung dieser Frage ist eigentlich schon bei der ersten Frage erfolgt. Der Mensch an und für sich wird im Wesentlichen nach dem Wert seiner Leistung und/oder seines Vermögens anerkannt oder auch nicht. Hier hat das Leistungsprinzip fatale Auswirkungen. Oder ist etwa der Masse der Bevölkerung (trotz aller Bemühungen) der Wert eines behinderten, eines arbeitslosen, eines alten Menschen, eines Kindes wirklich bewusst? Das Menschenbild in unserer Gesellschaft ist materialistisch, ergebnisorientiert, benutzt Menschen und wenn sie nicht mehr nutzbar sind, werden sie am besten kostengünstig entsorgt. (Nach meiner Meinung sind wir daher nicht weit entfernt von einer neuen Euthanasie). Meiner Überzeugung nach wird die gegenwärtige Entwicklung in nicht allzu ferner Zukunft wieder einmal in den Kollaps führen.

Die Alternative ist ein anderes Menschenbild.

Leider habe ich eine nicht unerhebliche Tatsache vergessen: Dass der Mensch nicht Priorität hat, ist nicht nur eine Tatsache in der großen Politik, sondern schon auf unterster kommunaler Ebene. Die Anliegen und Bedürfnisse der Bürger werden häufig ignoriert oder einfach beiseite gewischt, auch dann, wenn es um erhebliche finanzielle Belastungen durch kommunale Maßnahmen geht, die zudem durch Alternativen erheblich kostengünstiger zu haben wären (z.B. Kanal-Kleinkläranlagen). Ein Gemeinderat, der selber im Landratsamt tätig ist, hat auf die Frage, ob das Gesetz für den Bürger da ist oder umgekehrt, ohne zu zögern gesagt, dass es derzeit so ist, dass der Bürger für das Gesetz da ist. Ich finde das mehr als besorgniserregend."

(Stephan Gampe, KAB-Diözesenvorsitzender München-Freising)

Berthold Huber:

In seinem Zukunftsreferat „Zukunft braucht Gerechtigkeit" (21. ordentlicher Gewerkschaftstag der IG Metall 4. bis 10. November 2007 in Leipzig) beschreibt Berthold Huber die Wertstellung des Menschen unter den herrschenden gesellschaftlichen Verhältnissen so:

„Die wirtschaftlichen Rahmenbedingungen haben sich in den letzten 20 Jahren tiefgehend verändert. Die technischen Innovationen sind enorm, ihre Dynamik gigantisch. Nach dem Fall der Mauer ist bis auf einige kleine Enklaven der Weltmarkt hergestellt worden. Die großen Unternehmen haben sich global vernetzt. Osteuropa, Russland, China, Indien entwickeln sich rasant.

Maßgebliche Teile von Politik und Wirtschaft nutzen diese Veränderung, um auf einen ungebremsten Kapitalismus zu setzen. Shareholder Value ist das Schlüsselwort. Was zählt, ist das Interesse der Kapitalbesitzer. Kurzfristig höchster Profit! Um jeden, auch unmenschlichen Preis! Selbst wenn Unternehmen Gewinne machen, bedeutet das keinen Schutz für die Beschäftigten. Das entfaltet sich heute in den Betrieben mit voller Wucht.

Bedroht sind Arbeitsplätze, Standorte, oft sogar grundlegende Menschen- und Arbeitnehmerrechte. Wenn wir hier nicht eingreifen, wenn wir hier nichts ändern, zahlen wir am Ende einen nicht vorstellbaren Preis!

Ich habe den Eindruck, viele Menschen haben überhaupt noch nicht erfasst, was ungebremster Kapitalismus wirklich heißt: Konflikte um Rohstoffe und lebenswichtige Ressourcen wie Wasser, wie Energie werden sich zuspitzen. Die Ungerechtigkeit auf unserer Welt wird zunehmen. Kriege und fragile Nationalstaaten in weiten Teilen der Welt werden die Folge sein. Uns muss klar sein: Wo Staatlichkeit aufhört, regiert allein das Recht des Stärkeren. Herrschen Not, Elend und Gewalt!

Das ist das Gegenteil einer gerechten Zukunft! Wir wollen, dass alle Menschen in allen Teilen der Welt in Frieden leben können. Ohne Hunger, Krieg und Elend! Dem Leiden der Menschen, ihrer Erniedrigung muss Einhalt geboten werden!

Das ist seit Anbeginn der Menschheitsgeschichte die Wurzel unserer Empörung! Die Wurzel des Widerstands gegen ungerechte Verhältnisse. Der Antrieb, heute mit unseren Mitteln und in unserer Zeit für Gerechtigkeit zu streiten! Der radikalisierte Kapitalismus muss dafür zivilisiert werden! Menschen- und Arbeitnehmerrechte sind nicht verhandelbar!“

(Berthold Huber, 1. Vorsitzender der IG Metall, Frankfurt am Main)

Christian Scharf:

„Für die Caritas steht der bedürftige Mensch an erster Stelle. Insofern sind die Prioritäten für die Caritas klar. In Politik und Gesellschaft jedoch stehen oft die so genannten Sachzwänge im Vordergrund. Das Abwägen zwischen wirtschaftlichen Vorteilen und Aspekten, die hier einmal unter dem Begriff „Bewahrung der Schöpfung“ zusammenfassen will (also Fragen der Ökologie, aber auch Fragen der Lebenswertigkeit, der Zwischenmenschlichkeit und der Menschenwürde), führte in den letzten Jahren und Jahrzehnten überwiegend zu Entscheidungen, die ausschließlich oder zumindest weitgehend von der Ökonomie bestimmt sind. Die anderen Werte neben der Wirtschaft sind uns anscheinend (noch) nicht wert genug.“

(Dr. Christian Scharf, Referent Caritasverband für die Diözese Fulda e. V.)

Thilo Esser:

„Ziel einer nachhaltig angelegten Reform der Sozialpolitik muss in besonderer Weise sein, gerade Menschen in schwierigen Lebenssituationen Möglichkeiten zur gesellschaftlichen Teilhabe zu eröffnen. Im Mittelpunkt bei allen politischen Entscheidungen muss daher der Mensch stehen.“

(Dr. Thilo Esser, Diözesandirektor der Päpstlichen Missionswerke, Essen)

Birigit Berg-Pilloni:

„Im gesamtgesellschaftlichen Bereich nehmen wir einen verstärkten Einfluss von Markt und Wettbewerb wahr. Gewinnmaximierung und Profitorientierung spielen eine große Rolle. Tagtäglich erleben wir in unserer Praxis, dass Menschen an den Rand geraten und unsere sozialen Sicherungssysteme nicht armutssicher sind."

(Birgit Berg-Pilloni, Referentin
Caritasverband für Diözese Trier e.V.)

Gerhard Tepe:

„Zu Frage 1: Absolute Priorität hat bei Entscheidungen, der Mensch, der für uns Geschöpf und gleichzeitig Ebenbild Gottes ist. Daher müssen Entscheidungen immer auf ihre Wirkung gerade für arme und schwache Menschen hin geprüft werden.

Zu Frage 2: Faktisch ist diese leider nicht immer so. Ein Grund, warum es Wohlfahrtsverbände wie die Caritas geben muss. Obiges Ziel immer wieder anzumahnen gehört zu unseren Aufgaben."

(Dr. Gerhard Tepe, Caritasdirektor
Landes-Caritasverband für Oldenburg e. V.)

Die Kommission für gesellschaftliche und soziale Fragen der Deutschen Bischöfe:

Die Kommission fordert wegen der vorhin geschilderten Missständen in dem Impulstext „Das Soziale neu denken", der bereits im Jahre 2003 veröffentliche wurde, einen regelmäßigen „Sozialstaats-TÜV" (Kapitel 5, Seite 25-27) zu etablieren: „Sowohl die breite Öffentlichkeit wie die Entscheidungsträger in Regierungen und Parlamenten sind angewiesen auf verlässliche, umfassende und regelmäßig aktualisierte Kenntnisse. Dies gilt sowohl hinsichtlich der Veränderungen der sozialen Lage in der Bundesrepublik und der Wirkungsweise sozialpolitischer Maßnahmen als auch im Blick auf die Folgen ihrer Veränderungen... Wir halten es deshalb für notwendig, einen regelmäßigen „Sozialstaats-TÜV" zu etablieren. Er soll dazu beitragen, Wissenslücken zu füllen, das Wissen unterschiedlicher Bereiche und Wissenschaften zusammenzubringen, die Funktionen von Bund und Länder und Kommunen aufeinander zu beziehen und dadurch Transparenz und eine umfassendere Perspektive auf die anstehenden Probleme zu schaffen. Ein solcher Sozialbericht soll die Diskussion fundiert auf Alternativen zuspitzen und die so gewonnenen Ergebnisse in politische Entscheidungsprozesse einbringen. Dadurch soll er als Grundlage für die notwendige öffentliche Diskussion dienen und zivilgesellschaftliche Initiativen und Netzwerke fördern, damit die gewonnenen Ergebnisse politisches Handeln hervorrufen können... Die den „Sozialstaats-TÜV“ vornehmenden Sachverständigen, die unabhängig von gesellschaftlichen Interessengruppen zu bestimmen sind, müssten mit den notwendigen Mitteln und Rechten, zum Beispiel zur Forschung bei staatlichen Institutionen, ausgestattet werden, um eine kontinuierliche Arbeit zu sichern... Die wichtigste Funktion eines solchen „Sozialstaats-TÜV“ läge darin, die Abgeordneten im Parlament und die Mitglieder der Regierung zu befähigen und dazu anzuhalten, ihre Entscheidungen unter Berücksichtigung des so erhobenen Sachwissens als Problemlösungen auszuweisen, die im allgemeinen Interesse liegen und langfristig tragfähig sind. Ein regelmäßiger Sozialbericht würde nicht nur einen Beitrag zur Überwindung des Erkenntnis-, sondern auch des schwerwiegenden Durchsetzungsdefizits leisten und damit wichtige Voraussetzungen für die notwendigen Reformen und deren Verstetigung schaffen, von denen die Zukunft unseres Gemeinwesens abhängt. Die Bundesregierung hätte hierzu Stellung zu nehmen. Auf diese Weise sollen die öffentlichen Diskussionshorizonte für den Umbau des Sozialstaats erweitert werden, keinesfalls aber regierungsnahe und interessengeprägte Beiratswesen weiter ausgebaut werden. Das ist durch eine entsprechende institutionelle Ausgestaltung zu gewährleisten.“

Hartmut M. Griese:

„Was Sie löblicherweise intendieren, hat schon ***Popper*** gefordert („piecemeal engineering“) – vergebens! Seit dem Niedergang des „realexistierenden Sozialismus“ kennt der postmoderne Kapitalismus keine Scham und Moral mehr. Wie schon ***Adorno*** dazu meinte – ich denke, es trifft den Kern der Sache bzw. des Problems, warum ich auch keine „Rezepte“ vermitteln kann. Es geht um die *„Systemfrage“*, nicht um Chirurgie am System, nicht um „Überbaukosmetik“.

- „Das Ganze (das System, H. G.) ist das Unwahre“
- „Es gibt kein richtiges Leben im falschen“

(Prof. Dr. Hartmut M. Griese,
Universität Hannover)

Franz Köhn:

„Ihre Anfrage zur Unterstützung Ihres Studienprojektes „Die machbare Zukunft“ – ein laufendes bundesweites Studienprojekt habe ich erhalten. Sie haben sich eine große Aufgabe vorgenommen, bei der ich Ihnen nicht helfen kann. Mein Standpunkt dazu:

Wir leben in einem kapitalistischen Gesellschaftssystem, in dem erstens die Wirtschaft das Fundament der Gesellschaft ist und zweitens die gewählten Parteien und Parlamente auf der Grundlage des Grundgesetzes der Verfassung Rahmenbedingen für den Erhalt des sozialen Gleichgewichts und der Gesellschaft verantwortlich sind. Im Zeitalter der Globalisierung, in dem die Konzerne immer mehr zur Stärkung ihrer Macht und leider zum Verzicht auf Demokratie, Solidarität, Gerechtigkeit drängen, kommt der Rolle der Politik eine besondere Bedeutung zu. Die Parteien sind auf Auswirkungen dieser Situation nicht vorbereitet, sie haben keine Visionen für diese Entwicklung zur Erhaltung der sozialen Marktwirtschaft und des Sozialstaates. Reiche werden gebraucht, es darf aber nicht zur ständigen Verarmung und Ausgrenzung von Bevölkerungsschichten der Gesellschaft führen, Beispiele wie:

- 10% der Bevölkerung besitzen 2/3 des Gesamtvermögens, seit 1992 sind die Gewinne um 50% gestiegen, sehr oft liegen aber Gewinne und Korruption zusammen
- 2/3 der Bevölkerung verfügen über wenig bzw. kein Vermögen, Nettolöhne haben den Stand von 1992
- die größte Kinderarmut in Deutschland erreicht
- Bildungsstand bleibt zurück, führt zur Respektlosigkeit junger Menschen
- Trotz geringerer Arbeitslosigkeit können viele Menschen bei voller Arbeitszeit sich nicht versorgen
- wirtschaftlicher Aufschwung bei sozial schwachen Menschen nicht angekommen
- Gesundheitspolitik führt zur Zwei-Klassen-Medizin und Versorgung.

Die regierenden Parteien und gewählten Volksvertreter reagieren relativitätsfremd und koppeln sich von der Gesellschaft immer stärker ab. Sie nehmen nicht die Sorgen, Ängste und Bedürfnisse der Menschen wahr. Das Gros der politischen Klasse entspricht nicht der gesellschaftlichen Zusammensetzung, sie vertreten die sozialen Schichten sehr einseitig. Das Vertrauen zur gewählten Politik nimmt weiterhin ab; die Beteiligung an Wahlen geht zurück, aus Protest wird leider die NPD gewählt, eine nicht zu unterschätzende Entwicklung. Notwendig ist, dass sich Verbände, Bürgerinitiativen mehr in die Politik einmischen. Es wird auch nicht ohne Streiks und öffentliche Proteste gehen. Die Spitzenpolitiker brauchen neue Maßstäbe, Zielprojekte und Zukunftsvisionen für ihr politisches Handeln.

Soweit meine Gedanken zu Ihrem Brief.“

(Dr. Franz Köhn, Landesverbandsvorsitzender Sozialverband VdK Mecklenburg-Vorpommern)

Bernd Hamm:

„Ihre Diagnose wird sicher von vielen geteilt. Mit den Rezepten wird es wohl etwas schwieriger.

1. Ich würde auf der EU-Ebene ansetzen und zuerst die dringend anstehende Harmonisierung der Unternehmens-, Umsatz- und Einkommensteuern verlangen. Für Länder, die eine gut zu begründende Ausnahme in Anspruch nehmen wollen, muss es ein zeitliches Limit (4 oder 5 Jahre) geben. Damit wäre die Erpressung der Regierungen durch die Unternehmen erheblich erschwert.
2. Einführung einer Steuer auf Kapitalbewegungen („Tobin-Steuer“) in der EU. Damit sollen die Finanzspekulation verlangsamt, arbeitslose Gewinne besteuert und Mittel zur Finanzierung der EU geschaffen werden.
3. Anhebung der Unternehmens- und Vermögens- und Umsatzsteuern in Deutschland auf europäisches Niveau. Schließen der zahlreichen Steuerschlupflöcher bei der Einkommenssteuer. Schließung der Steueroasen. Damit sollen zweckgebundene Mittel geschaffen werden für die Finanzierung der Systeme sozialer Sicherung/Grundeinkommen.
4. Einführung eines gesetzlichen Mindestlohns und einer negativen Einkommenssteuer in Deutschland. Es ist ein Irrtum zu glauben, eine Wirtschaft könne gesunden und ein gerechter sozialer Ausgleich geschaffen werden, wenn die Umverteilung von unten nach oben weitergeht. Nur wenn es breite Binnenkaufkraft gibt, kann auch investiert werden und es gibt neue Beschäftigung.
5. Durchsetzung strenger Normen und Sanktionen bei der Nutzung natürlicher Ressourcen. Noch immer gehören wir zu den großen Umweltverbrauchern der Erde, obgleich wir alle technischen Möglichkeiten haben, das zu ändern.“

(Prof. Dr. Bernd Hamm, Universität Trier)

Reinhold Sackmann:

„Ich stehe Ihrem Anliegen mit Interesse, aber auch einem gewissen Maß an Skepsis gegenüber, da formale demokratische Strukturen und die Zuweisung von Verantwortung für Vorschläge durchaus sinnvolle Instrumente von Gemeinwesen sind. Dennoch möchte ich Ihren Fragen nicht ausweichen.

Frage 1: Ein wesentliches Element ist der Abbau von Arbeitslosigkeit, die durch eine Flexibilisierung des Arbeitsrechtes zu einer dauerhaften Trendumkehr gebracht werden kann.

Frage 2: Ein Ausbau der kommunalen Verantwortung für Vorschulen, inhaltlich legitimiert durch Stadtteilräte, kontrolliert durch Ergebnis geprüfte, zentral gesetzte Ziele (Lesefähigkeit bei Grundschuleintritt) und eine Konzentration von Ehrenamt und Bürgerarbeit auf die Erfüllung dieses Zieles würden einen wesentlichen Beitrag zur praktischen Erfüllung von Chancenangleichung und Solidarität beinhalten."

(Prof. Dr. Reinhold Sackmann,
Universität Halle-Wittenberg)

Richard Münch:

„Vielen Dank für Ihr Schreiben vom 30.01. Ihr Projekt ist sehr begrüßenswert. Ihre beiden an mich gestellten Fragen lassen sich aus sozialwissenschaftlicher Sicht nicht kurz und bündig beantworten, weil eine größere Zahl von Faktoren zusammenspielen. Ich versuche es trotzdem:

In der Weltgesellschaft greifen die Rezepte des nationalen Wohlfahrtsstaates nicht mehr in der gewohnten Weise. Es verändert sich das Verständnis von Solidarität und Gerechtigkeit. Während die transnationale Integration wächst, geht damit in gewissem Maße eine nationale Desintegration einher. Dem Abbau industrieller Arbeitsplätze in Deutschland korrespondiert z.B. der Aufbau solcher Arbeitsplätze in Entwicklungs-, Schwellen- und Transformationsländern. Im Kontext der Weltgesellschaft wird die grenzüberschreitende Arbeitsteilung zur Grundlage einer Form von Solidarität und Gerechtigkeit, die weniger auf Resultatsgleichheit und mehr auf Chancengleichheit und Entlohnung nach nachgefragter knapper Leistung aufbaut. Das führt in den entwickelten Wohlfahrtsstaaten zu den neuen Formen der Ungleichheit, Exklusion und Marginalisierung, die Sie beschreiben. Auf die europäische und globale Ebene lässt sich die wohlfahrtsstaatliche Solidarität des Nationalstaats nicht übertragen. Umso mehr sind die Wohlfahrtsstaaten gezwungen, in die Fähigkeiten des Individuums und der Gesellschaft zu investieren. Der protektive Wohlfahrtsstaat bedarf des Umbaus zu einem investiven und aktivierenden Wohlfahrtsstaat. Die Ausgaben müssen auf Programme der Befähigung und Aktivierung der Individuen konzentriert werden. Besonders großer Bedarf besteht in Deutschland an dem flächendeckenden Ausbau der Kinderbetreuung und der Grundschulbildung, der ersten Sekundarstufe und der Trainings- und Schulungsmaßnahmen für Arbeitslose. Laut OECD herrscht bei uns insbesondere Mangel im Grundschulbereich und in der ersten Sekundarstufe und nicht an den Universitäten. Die Milliarden der Exzellenzinitiative wären in Grund- und Hauptschule besser investiert.

Zur Orientierung erlaube ich mir, u.a. auf mein Buch „Offene Räume. Soziale Integration diesseits und jenseits des Nationalstaats“, Frankfurt a.M.: Suhrkamp Taschenbuch Wissenschaft, 2001, zu verweisen.“

(Prof. Dr. Richard Münch,
Universität Bamberg)

Hans-Peter Müller:

„Erst nach einem langen Wintersemester, in dem wir „exzellent“ geworden sind, komme ich dazu, Ihre drei Fragen zu beantworten.

Ad 1. Sozialer Aufstieg? Alle soziologischen Studien zeigen, dass es mit der Aufwärts-Mobilität seit den 80er Jahren in Deutschland vorbei ist. Vielmehr reicht die Prekarisierung bis weit in die Mittelschicht hinein. Was kann man dagegen tun? Das, was ich meinen Studenten rate: Auswandern!

Ad 2. Soziale Gerechtigkeit und Solidarität: sind hehre Werte, die von Politikern und Managern gern rhetorisch missbraucht werden. Was Not tut: Steuern senken und vereinfachen, Löhne und Gehälter massiv erhöhen, um die heimische Kaufkraft für den privaten Konsum zu stärken, weniger Staat und Regelungen bis ins kleinste, mehr Eigenverantwortung und Zivilgesellschaft. Also mehr Bürgerlichkeit und weniger Staatssozialismus und – dirigismus!

Ad 3. Demokratie: Parteien und Politiker kennen nur einen kategorischen Imperativ: Macht und Wiederwahl. Dafür versprechen sie viel und halten wenig. Gern wird mehr Deliberation, Repräsentation und Partizipation gefordert. Im Alltag der verfassten Politik stört das aber nur den „politischen Betrieb“, der um sich selbst kreist. Schaut man führende Politiker in diesem Lande an, so handelt es sich fast durchgängig um gesichtslose Opportunisten. Wer möchte als Frau schon Angela Merkel nacheifern oder als Mann Kurt Beck. Politik, nein danke.“

(Prof. Dr. Hans-Peter Müller,
Humboldt-Universität zu Berlin)

Ulrich Schneider:

„Zu Frage 1 und 2:

Um dem von Ihnen bezeichneten Personenkreis Hoffnung wiederzugeben und den sozialen Aufstieg zu ermöglichen, bedarf es

- einer bedarfsgerechten Erhöhung der Regelsätze in der Sozialhilfe und in der Grundsicherung für Arbeitslose
- einer bedarfsorientierten Grundsicherung für Kinder, die die Teilhabe der Kinder in dieser Gesellschaft sicherstellt
- eines massiven Ausbaues der frühkindlichen Erziehungsangebote, die es insbesondere bildungsfernen Familien ermöglicht, ihren Kindern die besten Chancen für einen schulischen Start mitzugeben
- ein durchlässigeres Schulsystem als wir es derzeit in Deutschland haben
- eines Ausbaues öffentlich geförderter Beschäftigung für schwer vermittelbare Menschen und Langzeitarbeitslose

Zu Frage 3:

Die Bürgerinnen und Bürger brauchen mehr Möglichkeiten der direkten politischen Einflussnahme in Form von Bürgerentscheiden u. ä. aber vor allem stärkere Mitwirkungsmöglichkeiten in den Institutionen, mit denen sie es vor Ort zu tun haben (Schulen, Bürgerzentren u. ä.).“

(Dr. Ulrich Schneider, Hauptgeschäftsführer des Paritätischen Gesamtverbands, Berlin)

Silke Gottschalk:

„Zunächst möchte zu den ersten beiden von Ihnen aufgeworfenen Fragen kurze Stellung nehmen.

Beinahe jedes 4. Kind in unserem Bundesland wächst in Armut auf. Immer mehr Menschen sind zwischen Hartz IV und Niedriglohn am Existenzminimum angekommen. Angesichts dieser Entwicklung haben auch wir uns als Sozialverband entschieden, das Problem der wachsenden Armut in unserem Land zu einem unserer Kernthemen zu machen. Unseres Erachtens sind die Hintergründe bereits ausreichend erforscht; hier geht es immer wieder um das Schlagwort „Bildung“. Eine gute Ausbildung wird heutzutage als Schlüsselqualifikation für einen erfolgreichen Weg heraus aus der Armut angesehen. Jedoch fehlt es weiten Bevölkerungsgruppen schlichtweg am Zugang zu einer qualifizierten Bildung bzw. Ausbildung. Insbesondere das deutsche Bildungssystem ist dafür bekannt, dass der Grad der Bildung der Kinder unmittelbar mit dem Elternhaus – mit der Qualifikation der Eltern – verknüpft ist. Dies belegt im Übrigen auch der jüngst veröffentlichte Sozialbericht NRW aus dem Ministerium für Arbeit, Gesundheit und Soziales.

Aber nicht nur die Kinder, auch viele ältere Menschen werden von dieser Entwicklung wohl nicht verschont bleiben. Wir gehen davon aus, dass das Risiko, von Altersarmut betroffen zu sein, in den nächsten Jahren weiter zunehmen wird. Die Ursachen hierfür sind vielfältig. An erster Stelle steht hier wohl die Rentenpolitik der vergangenen Jahre. Davon betroffen sind vor allem die Geringverdiener. Ihr Lebensstandard wird sich in den meisten Fällen wohl nur durch eine zusätzliche Altersvorsorge halten lassen. Hierzu fehlt aber häufig einfach das Geld. Auch die Zunahme neuer Beschäftigungsformen wird sich langfristig negativ auf die Renten auswirken. So wird der Rückgang sozialversicherungspflichtiger Arbeitsplätze und ununterbrochener Erwerbsbiografien in Zukunft geringere Rentenansprüche zur Folge haben. Auch die Steigerung der allgemeinen Lebenshaltungskosten wird sich langfristig wohl bemerkbar machen.

Zur Verhinderung von Armut hat unserer Sozialstaat Vorsorge zu leisten. Die flächendeckende Errichtung von Ganztagsschulen und eine kostenlose Schulverköstigung ist neben Hartz IV-Sätze bzw. Verlängerung der Bezugszeit für das Arbeitslosengeld I gerade für ältere Menschen nur ein Lösungsansatz von vielen. Insbesondere zur Bekämpfung von Kinderarmut ist die Bundesregierung in der Pflicht ein umfangreiches Maßnahmenpaket mit konkreten Zielvorgaben vorzulegen, mit welchem diesem Problem wirkungsvoll begegnet werden kann. Dazu gehören auch die vollständige staatliche Ausfinanzierung von Betreuungsangeboten im vorschulischen Bereich ab dem 2. Lebensjahr, sowie die gezielte Förderung von Kindern mit Migrationshintergrund.

Und nun zur dritten Frage: Ein Ansatz zur Stärkung der Verantwortung für das Gemeinwohl ist wohl das ehrenamtliche Engagement für soziale Zwecke, wie auch der Sozialverband VdK dies anbietet. Wir glauben und hoffen, dass aufgrund des demografischen Wandels die Bereitschaft der Menschen sich ehrenamtlich zu engagieren in den nächsten Jahren noch zunehmen wird. In diesem Zusammenhang gibt es bereits spezielle Internetportale, wie z. B. „smartager.de", die gezielt ehrenamtliche Tätigkeit vermitteln. Zur Unterstützung gesellschaftlicher Problemlösungsprozesse ist wohl die Mitgliedschaft jedes Einzelnen in einer entsprechenden Interessenvertretung ratsam."

(Silke Gottschalk, Referentin des
Sozialverbandes VdK NRW e. V., Düsseldorf)

Brigitte Dilger:

„Eigentlich ist es eine Unmöglichkeit, die Fragen, deren Inhalt ganze Bibliotheken füllen, kurz zu beantworten. Aber ich will es versuchen.

Frage 1:

Die Klientel des Deutschen Sozialwerks – das Durchschnittsalter liegt bei 85 Jahren – hat durch die Bank mindestens die Mittlere Reife erlangt, einige haben Abitur bzw. Studium.

Unseres Erachtens muss generell auf Bildung wieder mehr Wert gelegt werden. Die letzten Jahrzehnte waren eine Katastrophe. Lange vor Pisa-Studien gab es z.B. für das Berufsbild Schulwesen die Note mangelhaft. Und Multi-Kulti hat an diesem Urteil nichts verändert. Im Gegenteil.

In Deutschland erfolgt sozialer Aufstieg über Bildung und Sprache. Dieser Aspekt muss mehr berücksichtigt werden. Die hohe Zahl derjenigen, die nicht einmal den Hauptschulabschluss schaffen, muss verringert werden. Es gibt einige brauchbare Ansätze. Aber das ist der berühmte Tropfen auf dem heißen Stein.

Auch in der persönlichen Gesinnung muss sich etwas verändern, um überhaupt Hoffnung zu entwickeln. Viele Jugendliche sind verwöhnt, wenn es um Medien geht, haben sie (fast) alles. Gelesen wird kaum. Die Folgen kennen wir. Unser hochverehrtes Genie Goethe hat nach 82 erfüllten Jahren auf die Frage nach dem Glücklichsein geantwortet, dass alles in allem 4 Wochen reinen Glückempfindens zusammenkommen. Viele der heutigen Jugendlichen und Erwachsenen meinen aber, dass wir in einer Fun-Gesellschaft leben, und dass das immer so bleiben wird bzw. muss.

Was ich meine, ist: Die Ansprüche müssen herunter. Und die Vorstellung muss korrigiert werden, dass die Gesellschaft, dass „man“ für stetig positive Emotionen zuständig seien.

Frage 2:

Um es gleich zu Beginn zu sagen, von den Schlagwörtern der sozialen Gerechtigkeit und von dem der Solidarität halte ich wenig. Wie werbewirksam sie allerdings sind, zeigt jede Wahl.

Sicher wird auf Dauer über eine andere Verteilung von Arbeit und Vermögen nachgedacht werden müssen.

Wie ungut das Vorgehen der Gewerkschaften in manchen Situationen ist, wird jedem klar, der den täglichen Nachrichten folgt. Der Kapitalismus hat sich – auf Dauer betrachtet – auch für die westliche Welt nicht bewährt. Auch hier sind neue Weichen zu stellen. Die Soziale

Marktwirtschaft unterliegt heute anderen Kriterien, die noch weitgehend unbekannt sind.

Frage 3:

Viele unserer Gruppen sind in den Seniorenvertretungen vertreten. Ihre Wirkung ist unbedeutend. Dabei tun die Seniorenbeiräte einiges, sind aber unterm Strich uneffektiv – auch oft zu sehr mit Machtfragen beschäftigt. Viele Apparate sind auch zu schwerfällig. Und die jüngeren Senioren, die noch mehr Schwung und vielleicht auch Ideen haben, werden entweder ausgebremst oder treten erst gar nicht ein. Im Übrigen bin ich der Meinung – und diese teilen viele, die ich kenne – dass nur kleine Vorhaben an der Basis, in dem Verein, der Gruppe, in der man mitarbeitet, einen Anreiz für persönliche Verantwortung bieten. Auch hier wollen die meisten nur konsumieren, unterhalten werden.

Wer will heute noch dienen?!?! Der Nachwuchsmangel in fast allen Vereinen ist vorhanden. Die alten Seilschaften, die auf ihre Machtfülle nicht verzichten wollen, sind keine Fakten nur der DDR.

An dem Satz: „Die Deutschen jammern auf hohem Niveau“ ist schon was dran. Die deutsche Mentalität verhindert m. E. n. noch so manche notwendige, schmerzhafte Veränderung. Deutschland erlebt heuer das, was Schweden, Großbritannien, Japan, um nur einige zu nennen, schon erlebt haben. Und mancher Neuansatz von denen könnte Vorbild für uns sein.“

(Brigitte Dilger, Gruppenvorsitzende des
Deutschen Sozialwerks e. V., Gruppe Neuwied e. V.)

Resümee

Wie einleitend schon angekündigt, gehen gerade die Antworten zur zweiten Anfrage, in der die „Wertstellung“ des Menschen im Mittelpunkt stand, erstaunlich deutlich auf die ökonomische Kernproblematik ein, wenn auch in sehr unterschiedlicher Konkretheit.

Am konkretesten und beinahe kämpferisch thematisiert Stephan Gampe, der KAB-Diözesanvorsitzende von München und Freising den herrschenden Kapitalismus als Feind der Menschenwürde:

„Menschenmaterial, Humankapital und andere derartige Begriffe, bei denen der Mensch mit materiellen Begriffen in Verbindung gebracht wird, sind demaskierend. Es läuft immer auf

dasselbe hinaus: Der Mensch wird dem entsprechenden materiellen Begriff untergeordnet und hat den materiellen Forderungen dienstbar zu sein. Wenn man unsere Gesellschaft mit den Spielern bei einem Monopolyspiel vergleicht, dann zählen fast ausschließlich die Kriterien, die die Schlossalleebesitzer und deren Erfüllungsgehilfen diktieren."

„Vor 15, 20 Jahren war es für Unternehmen noch sehr erfreulich, wenn Renditen von 8-10% erarbeitet wurden. Heute sind Rekordrenditen von 17% nicht mehr ausreichend, weil eine Vorgabe von 25% existierte. Die Folge? Es wurden trotz des Rekordergebnisses mehrere tausend Menschen (dieselben, die das Rekordergebnis erarbeitet haben) entlassen, um den Forderungen der Kapitalisten (ich benutze bewusst den sozialistisch-kommunistischen Ausdruck) Rechnung zu tragen. Hartz IV, Sozialabbau, Globalisierung u.a. Entwicklungen dienen dazu, die Menschen unter Druck zu setzen, denn Sie sind ja an Ihrer Lage weitgehend selbst Schuld und sollen so zu mehr Initiative angeregt werden (so wird uns ständig eingetrichtert)."

„Wie wird der Begriff Bildung verstanden? Im Wesentlichen als Vorbereitung auf den Beruf und als Leistungsfähigkeit im Beruf. Das bedeutet, dass Bildung zu einer reinen Wissensvermittlung degeneriert ist. (…) Dies ist meines Erachtens die größte Krankheit unserer sogenannten Experten. Selbst in ihren jeweiligen Fächern hoch qualifizierte Wissenschaftlern und Experten fehlt der Blick für die Wirkungen auf andere Bereiche. Man kann weitgehend nur in Segmenten denken. Ich nenne das Fachidiotie und gesellschaftlichen Tunnelblick."

„Die Schlossalleebesitzer und ihre Erfüllungsgehilfen in der Politik drücken sich um Ihre Verantwortung für unsere Gesellschaft. Zum Beispiel brauchen Politiker keinen Cent in Ihre Altersvorsorge zu investieren. Spekulationsgewinne und Vermögen werden nicht besteuert und Konzerne brüsten sich, dass sie völlig legal keine Steuern mehr zu bezahlen brauchen. Gleichzeitig wollen sie aber alle Vorteile der Infrastruktur und die anderen Möglichkeiten für ein angenehmes Leben in unserem Land in Anspruch nehmen. Ständig wird von Standortwechsel von Unternehmen ins Ausland geredet und

damit gedroht. Hat man je gehört, dass die Verantwortlichen auch gleich ihren Privatwohnsitz nach Lettland oder Bangladesh mitverlagert haben?“

„Der Mensch an und für sich wird im Wesentlichen nach dem Wert seiner Leistung und/oder seines Vermögens anerkannt oder auch nicht. Hier hat das Leistungsprinzip fatale Auswirkungen. Oder ist etwa der Masse der Bevölkerung (trotz aller Bemühungen) der Wert eines behinderten, eines arbeitslosen, eines alten Menschen, eines Kindes wirklich bewusst?“

Bei diesen fundamentalkritischen Bemerkungen wird das Leistungsprinzip doch noch als scheinbar geltende Instanz angerufen. Wird aber nicht durch das kapitalistische Renditeprinzip und die angebliche Arbeit des Geldes gerade das Leistungsprinzip ausgehebelt und aufs schwerste verletzt? Wird die trotzdem verlangte Leistung der Menschen nicht zum verzweifelten, aussichtslosen Lauf im Hamsterrad? Das schließt nicht aus, dass es immer wieder kleine und mittlere Unternehmer gibt, die es tatsächlich durch eigene Leistung zu etwas gebracht haben. Diese Vorzeige-Unternehmer sollen die durchgehende Geltung des Leistungsprinzips im gesamten sozialen System beweisen. Solche Verallgemeinerung beruht jedoch auf Täuschung, wie allein die etwa 40 000 Unternehmenspleiten alljährlich beweisen. Hier spielen nicht Leistung bzw. Leistungsversagen die entscheidende Rolle, sondern die Unmöglichkeit, die Kapitalgeber mit leistungsfreien Zinserträgen zu bedienen!

Berthold Huber 1. Vorsitzender der IG Metall: *„Shareholder Value ist das Schlüsselwort. Was zählt, ist das Interesse der Kapitalbesitzer. Kurzfristig höchster Profit! Um jeden, auch unmenschlichen Preis! Selbst wenn Unternehmen Gewinne machen, bedeutet das keinen Schutz für die Beschäftigten. Das entfaltet sich heute in den Betrieben mit voller Wucht.*

Ich habe den Eindruck, viele Menschen haben überhaupt noch nicht erfasst, was ungebremster Kapitalismus wirklich heißt: Konflikte um Rohstoffe und lebenswichtige Ressourcen wie Wasser, wie Energie werden sich zuspitzen. Die Ungerechtigkeit auf unserer Welt wird zunehmen. Kriege und fragile Nationalstaaten in weiten Teilen der Welt werden die

Folge sein. Uns muss klar sein: Wo Staatlichkeit aufhört, regiert allein das Recht des Stärkeren. Herrschen Not, Elend und Gewalt! – Der radikalisierte Kapitalismus muss zivilisiert werden! Menschen- und Arbeitnehmerrechte sind nicht verhandelbar!"

Das sind deutliche Worte. Allerdings stellt sich die Frage, was am Kapitalismus zu zivilisieren ist, ob nicht vielmehr sein Prinzip, das des renditeträchtigen, einen eigenen „Arbeitslohn" verdienenden Geldes selbst (sehr zu unterscheiden von dem der Marktwirtschaft!) ein Zivilisationsbruch, ein Angriff auf die Würde des allein arbeitenden Menschen darstellt. Könnte es sein, dass selbst so kritische Gewerkschaftler wie Berthold Huber hier ein Tabu gelten lassen, dass somit die Gewerkschaften sich durch Respektierung dieses Tabus stille halten lassen?

Dr. Christian Scharf vom Caritasverband für die Diözese Fulda betont ebenfalls die Ökonomiebestimmtheit. *„Die anderen Werte neben der Wirtschaft sind uns anscheinend (noch) nicht wert genug."* Ähnlich postuliert Dr. Thilo Esser, Diözesandirektor der Päpstlichen Missionswerke: *„Im Mittelpunkt bei allen politischen Entscheidungen muss daher der Mensch stehen."* Ebenso der Caritasverband für die Diözese Trier und Dr. Gerhard Tepe, Caritas Oldenburg: *„Durch die Profitorientierung geraten die Menschen an den Rand, statt im Mittelpunkt allen gesellschaftlichen Lebens zu stehen. Diese Vertreter der Sozialverbände wissen es aus der täglichen Erfahrung. Wo nun aber konstruktiv ansetzen?"*

Die Kommission für gesellschaftliche und soziale Fragen der Deutschen Bischofskonferenz forderte 2003 einen regelmäßigen „Sozialstaats-TÜV". Ein solcher Sozialbericht soll die Diskussion fundiert auf Alternativen zuspitzen und die so gewonnenen Ergebnisse in politische Entscheidungsprozesse einbringen. Bei diesem an sich sinnvollen Vorschlag käme alles darauf an, die völlige geistige und institutionelle Unabhängigkeit einer solchen Kommission zu sichern, und zwar schon von ihrer ersten Beschickung an. Wo aber ist das geistig unabhängige und genügend problembewusste Gremium, das diese Auswahl leisten könnte? Das vermutlich einzig Richtige wäre, die Besetzung eines TÜV-Gremiums der Bevölkerung selbst durch Wahl zu überlassen. Damit wären wir nahe bei dem, was im Kapitel „Politik“ vorgeschlagen wird: Bereichsspezifische parlamentarische Gremien, zuoberst ein Grundwerteparlament, die durch direkte Wahl von der Bevölkerung beauftragt werden.

Radikal ist der Befund von Prof. Dr. phil. habil. Hartmut M. Griese, M. A. Universität Hannover, der die „Systemfrage“ als ganze stellt und Adorno zitiert: *„Das Ganze ist das Unwahre.“* – *„Es gibt kein richtiges Leben im falschen.“* Der kritische Zeitbeobachter möchte dem beipflichten. Allein, es wird nicht gesagt, wie das Ganze in welche Wahrheit gelangen könnte. Jener historische Versuch, der sich zu Unrecht auf Marx beruft, hilft uns dabei sicher nicht weiter.

Dr. Franz Köhn vom Sozialverband VdK Mecklenburg-Vorpommern zieht ebenfalls eine klarsichtige und gnadenlose Bilanz bezüglich Kapitalismus und Parteiensystem, um zu folgern: *„Die Spitzenpolitiker brauchen neue Maßstäbe, Zielprojekte und Zukunftsvisionen für ihr politisches Handeln.“* Er äußert sich jedoch nicht zu den Zielprojekten und wie denn Politiker mit entsprechenden Zukunftsvisionen an die Spitze gelangen könnten.

Prof. Dr. Bernd Hamm von der Universität Trier dagegen unterbreitet, auf der Grundlage einer ähnlich kritischen Diagnose, sehr konkrete Vorschläge: *„1. Ich würde auf der EU-Ebene ansetzen und zuerst die dringend anstehende Harmonisierung der Unternehmens-, Umsatz- und Einkommensteuern verlangen. (…) 2. Einführung einer Steuer auf Kapitalbewegungen („Tobin-Steuer“) in der EU. (…) 3. Anhebung der Unternehmens- und Vermögens- und Umsatzsteuern in Deutschland auf europäisches Niveau. Schließen der zahlreichen Steuerschlupflöcher bei der Einkommenssteuer. Schließung der Steueroasen. Damit sollen zweckgebundene Mittel geschaffen werden für die Finanzierung der Systeme sozialer Sicherung/Grundeinkommen. 4. Einführung eines gesetzlichen Mindestlohns und einer negativen Einkommenssteuer in Deutschland. (…) 5. Durchsetzung strenger Normen und Sanktionen bei der Nutzung natürlicher Ressourcen.“*

Wer kann und wird dergleichen aber durchsetzen? Ist unsere Demokratie noch so vital und leistungsfähig?

Prof. Dr. Reinhold Sackmann von der Universität Halle-Wittenberg postuliert den Abbau von Arbeitslosigkeit sowie den Ausbau der kommunalen Verantwortung für die Vorschulen, also eine Gewährleistung annähernd gleicher Bildungschancen.

Prof. Dr. Richard Münch Universität Bamberg sieht eine eher undramatische Logik der Globalisierung am Werk und kommt zu entsprechend „maßvollen" Folgerungen für Maßnahmen in Deutschland: *„Der protektive Wohlfahrtsstaat bedarf des Umbaus zu einem investiven und aktivierenden Wohlfahrtsstaat. Die Ausgaben müssen auf Programme der Befähigung und Aktivierung der Individuen konzentriert werden. Besonders großer Bedarf besteht in Deutschland an dem flächendeckenden Ausbau der Kinderbetreuung und der Grundschulbildung, der ersten Sekundarstufe und der Trainings- und Schulungsmaßnahmen für Arbeitslose."*

Prof. Dr. Hans-Peter Müller vom Institut für Sozialwissenschaften an der „exzellenten" Humboldt-Universität äußert sich fast resigniert und sarkastisch mit dem Rat „Auswandern" an die Studenten und der Haltung „Politik", nein danke! Eine so durchgreifend kritische Haltung von Seiten eines hochqualifizierten Fachsoziologen muss zu denken geben. Die empfohlenen Heilmittel sind freilich eigentümlich systemimmanent. Besteht ein Zusammenhang zwischen Resignation und systemimmanent kritischem Denken?

Dr. Ulrich Schneider vom Paritätischen Gesamtverband nennt eine Reihe systemimmanent praktikabler sozialer Maßnahmen, um dann zu Frage 3 *„mehr Möglichkeiten der direkten politischen Einflussnahme in Form von Bürgerentscheiden"* wie *„vor allem stärkere Mitwirkungsmöglichkeiten in den Institutionen, mit denen sie es vor Ort zu tun haben (Schulen, Bürgerzentren u. ä.)"* einzufordern.

Ähnlich praktisch ist der Tenor der Antworten von Silke Gottschalk vom Sozialverband VdK NRW. Zur dritten Frage plädiert sie ebenso pragmatisch für das ehrenamtliche Engagement für soziale Aufgaben.

In den Antworten von Brigitte Dilger vom Deutschen Sozialwerk Neuwied kommt diese Doppelheit von praktisch Machbarem und von Misstrauen gegenüber der großen Politik fast ungewollt zum Ausdruck: *„Von den Schlagwörtern der sozialen Gerechtigkeit und von dem der Solidarität halte ich wenig. (...) Sicher wird auf Dauer über eine andere Verteilung von Arbeit und Vermögen nachgedacht werden müssen. Wie ungut das Vorgehen der Gewerkschaften in manchen Situationen ist, wird jedem klar, der den täglichen Nachrichten folgt. Der Kapitalismus hat sich – auf Dauer betrachtet – auch für die westliche Welt nicht bewährt. (...) Die deutsche Mentalität verhindert m. E. noch so manche notwendige, schmerzhafte Veränderung. Deutschland erlebt heuer das, was Schweden, Großbritannien, Japan, um nur einige zu nennen, schon erlebt haben. Und mancher Neuansatz von denen könnte Vorbild für uns sein."* Diese Sätze schwanken zwischen Radikalität und pragmatischem Vorbildnehmen bei anderen Nationen.

Fazit:

Dasselbe Schwanken zeigt sich, bei großer Übereinstimmung in der Diagnose, zwischen den erhaltenen Antworten überhaupt: Führt es weiter, im Rahmen des bestehenden Systems Verbesserungen durchzusetzen – oder brauchen wir eine ganz grundsätzliche, systemsprengende Neuorientierung? Und wie wäre diese machbar? Allein schon aus der Dringlichkeit dieser unabweisbaren Alternativ-Fragen muss gefolgert werden, dass wir dringend *eine qualifizierte Verständigung über eben diese Alternative* in Deutschland brauchen. Viele begabte, kritische Köpfe (wie wir sie derzeit noch an den Universitäten haben!) verweigern sich bloß pragmatischen Reformen, weil sie systemsprengende, im Grunde revolutionäre Perspektiven und Aktionen wollen (Abschaffung des Kapitalismus und des bestehenden Parteiensystems). Diese haben nichts mit Gewalt zu tun, sondern mit einem Evolutionssprung aus der über-summativen Einsicht Vieler, einem qualitativen Umkippen des Zeitgeistes in positive Richtung. Umgekehrt verweigern die „realistischen" Pragmatiker sich und ihre Energien gegenüber den grundlegenden Veränderungsbestrebungen. So entsteht selbst bei den Problembewussten eine wechselseitige Blockierung, die auf keinen Fall fruchtbar sein kann und allein den beharrenden Kräften dient.

Diese Situation wäre durch mehr gesamtgesellschaftliche Kommunikation aufzubrechen. Denn pragmatische Reformen und Grundsatzveränderungen schließen sich keineswegs gegenseitig aus. Die Kräfte könnten gebündelt und potenziert werden, statt sich gegenseitig zu blockieren. Wie aber gelangen wir zu einem Mehr an echter gesamtgesellschaftlicher Kommunikation über die Probleme einer schweigenden Mehrheit der bundesdeutschen Bevölkerung? Der erste Schritt besteht in Aufklärung, wie sie auch dieses Buch zu leisten versucht: *Aufklärung im alten Sinn der Desillusionierung* über die Mächte und offiziellen Institutionen, die das sozial Notwendige mit den schönsten Worten nur verhindern; darüber hinaus aber braucht es *neue Aufklärung in konstruktiven Sinn*, die uns z. B. die 68er Bewegung des vorigen Jahrhunderts schuldig blieb: Welche positiven Visionen sind realistisch und wirklich weiterführend?

Anders als bei der sozialen Frage zu Beginn der industriellen Revolution haben wir nicht mehr ökonomische Knappheit im Überlebenskampf des Menschen mit der Natur zu bewältigen, sondern vornehmlich unsere eigene gesellschaftliche Unbewusstheit. Diese hat uns inzwischen ein ganz anderes Naturproblem beschert, das ökologische, aber ein – trotz aller technologischer Revolutionen - nur wenig verändertes Sozialproblem: Es gibt die alten Klassengegensätze in neuer Gestalt, und es gibt eine politische Klasse, die dieses gern vertuscht. Nur erfreulich wenige von den durchgesehenen Beiträgen beteiligen sich selbst an diesem Vertuschungsversuch.

In vielen Antworten kommt das *Problem der Bildung* zur Sprache (s. ebenso die Kapitel Ökonomie, Ökologie, Politik usw.) als herzustellende Chancengleichheit, wobei diese wie jede soziale „Gleichheit“ als die von ungleichen Individuen, also als Chancengerechtigkeit für die Kinder und Heranwachsenden zu verstehen ist; als Bildung, die nicht verzweckt werden darf allein im Sinne der Ausbildung für die Wirtschaft; als erworbene Fähigkeit zur kritischen Teilnahme an den gesellschaftlich-politischen Meinungsbildungs- und Entscheidungsprozessen. Neben der Herrschaft einer von Grund auf problematischen Ökonomie über unsere gesellschaftliche Lage kann hierin sogar ein zweiter roter Faden in der Mehrzahl der Beiträge erblickt werden. Diesem Faden widmet sich eigens das Kapitel „Pädagogik“ in diesem Buch.

Beiträge von:

Birgit Berg-Pilloni, Referentin, Caritasverband für Diözese Trier e. V.

Die Kommission für gesellschaftliche und soziale Fragen der Deutschen Bischöfe: Das Soziale neu denken – Für langfristig angelegte Reformpolitik 12. Dezember 2003 (Herausgeber: Sekretariat der Deutschen Bischofskonferenz)

Brigitte Dilger, Gruppenvorsitzende des Deutschen Sozialwerks e. V., Gruppe Neuwied e. V.

Dr. Thilo Esser, Diözesandirektor der Päpstlichen Missionswerke, Essen

Stephan Gampe, KAB-Diözesenvorsitzender München-Freising

Silke Gottschalk, Referentin, Sozialverband VdK NRW e. V., Düsseldorf

Prof. Dr. Hartmut Griese, Universität Hannover

Prof. Dr. Bernd Hamm, Universität Trier

Berthold Huber, 1. Vorsitzender der IG Metall, Frankfurt am Main

Dr. Franz Köhn, Landesverbandvorsitzender, Sozialverband VdK Mecklenburg-Vorpommern

Prof. Dr. Hans-Peter Müller, Humboldt-Universität zu Berlin

Prof. Dr. Richard Münch, Universität Bamberg

Prof. Dr. Reinold Sackmann, Universität Halle-Wittenberg

Dr. Christian Scharf, Referent, Caritasverband für die Diözese Fulda e. V.

Dr. Ulrich Schneider, Hauptgeschäftsführer des Paritätischen Gesamtverbands, Berlin

Dr. Gerhard Tepe, Caritasdirektor von Landes-Caritasverband für Oldenburg e. V.

Kapitel 3

POLITIK

von Marianne Grimmenstein

Einleitung

Vertrauen in die Demokratie nimmt kontinuierlich ab. Erstmals in einem ARD-Deutschlandtrend November 2006 gab die Mehrheit der Befragten (51%) an, dass sie nicht damit zufrieden ist, wie die Demokratie in Deutschland funktioniert. 66 Prozent der Bundesbürger bezeichneten die Situation im Land als ungerecht. Was das Vertrauen in die Problemlösungsfähigkeit der Politik betrifft, sind die Ergebnisse noch viel besorgniserregender. Die große europaweite Studie von Reader's Digest „European Trusted Brands 2007", in der es u. a. auch um das Vertrauen in verschiedene Berufe ging, macht es deutlich. An der Studie haben sich 25.000 Reader's Digest Leser in 15 Ländern beteiligt, davon allein 7.400 in Deutschland. Eindrucksvolle Gemeinsamkeiten kamen ans europäische Licht bei der Frage, welches Vertrauen Berufsgruppen genießen. In den befragten Ländern erhielten die Feuerwehrleute durchschnittlich 95 Prozent der Stimmen („sehr hohes" bzw. „ziemlich hohes" Vertrauen). Schlusslicht sind die Politiker. Sie sind die einzigen (!), die nur einen einstelligen Prozentsatz erreichten (Europa 7%, Deutschland 6%).

Diese Zahlen belegen ganz klar, dass die Deutschen kein Vertrauen in ihr eigenes System haben. In der Nichtlösung der verschiedenen gravierenden Sachprobleme (z. B. im Bildungs- und Sozialwesen oder in Umwelt und Energiewirtschaft usw.) zeigt sich die Demokratie-Problematik besonders krass: Das Parteisystem ist absolut unfähig, den Herausforderungen der Zeit gerecht zu werden. Selbst die besten offiziellen Lösungsvorschläge kommen in die Mühlen der Parteistrategien. Das nächste große Problem stammt aus unserem Steinzeitcharakter: Angst vor Veränderungen. Das verschlimmert die Lage noch mehr, denn wir wagen kaum, an den bestehenden Strukturen zu rütteln. Das macht sich auch bei den Beiträgen unserer Umfrage sehr bemerkbar. Es war nicht einfach, gute und zukunftsweisende Lösungen zu finden. Schließlich haben sich gesellschaftliche Ordnungen von höherer Komplexität ziemlich spät in der Geschichte der Menschheit entwickelt. Das bedeutet, dass wir in der Sache „Gesellschaftliche Ordnung" immer noch nicht genügend Erfahrungen sammeln konnten.

Noch im Jahr 1500 n. Ch. gehörten weniger als 20 Prozent der Landfläche unseres Planeten zu solchen Staatswesen, die feste Grenzen, Verwaltungsapparate und Rechtsordnungen hatten. Dagegen ist alles Land heute zwischen Staaten aufgeteilt. Die Ausnahme bildet nur die Antarktis. Die Menschen lebten sehr lange in Jäger-Sammler-Gruppen und Stämmen. Bei diesen Formen des Zusammenlebens handelt es sich um sogenannte egalitäre Gesellschaftssysteme, die weder Bürokratie noch Polizei oder Steuern kannten. Die Ökonomie dieser Systeme basierte auf dem Güteraustausch und nicht auf Umverteilung von Tributen, die an eine Zentralgewalt entrichtet werden. Diese Gesellschaftssysteme waren auch unfähig, im Gegensatz zu den modernen Staaten patriotische Gesinnungen (z.B. die Bereitschaft bei Soldaten „bis zum letzten Blutstropfen" für das Vaterland zu kämpfen) zu wecken. Das bedeutet aber lange noch nicht, dass die egalitären Gesellschaftssysteme friedlich waren.

Es ist interessant, der Frage nachzugehen, wie die größeren und komplexeren Staatswesen entstanden sind. Historiker und Archäologen dokumentieren vielfältig, wie sich der Zusammenschluss kleinerer zu größeren Einheiten vollzog. Diese Vereinigungen ereigneten sich niemals so, dass sich kleinere Gesellschaften ohne äußere Bedrohung freiwillig und nur im Interesse der Wohlfahrt und Zufriedenheit ihrer Bürger dazu entschlossen. Diese Vereinigungen vollzogen sich grundsätzlich auf zwei Arten: entweder unter dem Druck lauernder äußerer Gefahren oder durch Eroberung. Für beide Varianten lassen sich zahlreiche Fälle nachweisen.

Der Mensch kann grundsätzlich ohne Hoffnung nicht leben. Wenn er keinen Sinn seines Lebens erkennt, fällt er rasch auf eine animalische Stufe der Existenz zurück, auf der nur Nahrung, Komfort und Sex eine Rolle spielen. Die Hochkulturen, die im Laufe der Jahrtausende aus zivilisierten Gesellschaften hervorgingen, beruhten auf zwei Voraussetzungen: 1. ein annehmbares Maß an Ressourcen und technisches Wissen, um sie zu nutzen und damit einen materiellen Mehrwert zu erreichen; 2. eine Gesamtheit erklärter Ziele, die es den Mitgliedern der Gesellschaft ermöglichten, alle fürs Leben unausweichlichen Hindernisse und Katastrophen zu überwinden.

Unweigerlich stellt sich die Frage, was dann passiert, wenn diese Voraussetzungen fehlen. Wenn nur eine der beiden Voraussetzungen fehlen, verkommt das Leben zur einer egoistischen Strampeltour. Wenn beide fehlen, dann wird das Leben für den Menschen vollkommen hoffnungslos.

Zu jeder Phase der gesellschaftlichen Entwicklung kam eine spezifische Klasse von Individuen mit dem Versprechen, die materiellen Lebensbedingungen zu verbessern, um die Lebensenergie der Menschen in die entsprechenden Bahnen zu lenken. Heute sind die Naturwissenschaftler sowie die Männer und Frauen, die auf dem Geschäfts- und Unternehmenssektor engagiert sind, denen es an erster Stelle zukommt, die materiellen und geistigen Bedürfnisse der Gesellschaft befriedigen zu können. Die Naturwissenschaftler verbreiten die Hoffnung auf ein längeres und gesünderes Leben oder auf die Beherrschung der belebten als auch der unbelebten Materie. Die unternehmerische Führungsschicht verspricht, dass unser Leben durch Produktion und Verbrauch komfortabler und aufregender wird. Die Nachteile dieser materiellen Segnungen treten inzwischen klar in Erscheinung: unaufhaltsames Schwinden begrenzter Ressourcen, gehetzte Lebensweise und zunehmende politische und gesellschaftliche Spannungen.

Wir können zwar einräumen, dass die naturwissenschaftliche und die unternehmerische Führungsschicht ihr Versprechen einer gehobenen materiellen Existenz eingelöst hat. Die Nachteile wurden vorhin schon erwähnt. Aber was ist mit der ganzheitlichen Hoffnung, die sie den Menschen ebenfalls vermitteln sollten? Auf diesem Feld sind die Ergebnisse schon nicht so gut. In den Industrieländern sind Drogensucht, Gewalttätigkeit und Depressionen weit verbreitet. Die Arbeitsbedingungen sind zu den führenden Erkrankungsursachen geworden, weil sie die seelisch-geistigen Bedürfnisse der Menschen durch die übermäßige Gewinnjagd nicht berücksichtigen.

Die meisten Manager und Naturwissenschaftler würden auf diese Schilderung der gesellschaftlichen Lage erwidern, dass sie eigentlich nicht zuständig seien, für die seelisch-geistigen Bedürfnisse der Gesellschaft zu sorgen. Für diese Aufgabe wären nach ihrer Ansicht die Kirchen und die Politiker zuständig. Die meisten Menschen vertreten aber die Meinung, dass es den traditionellen Religionsgemeinschaften und auch den politischen Parteien an Visionen, die überzeugend wären, fehlt. Sie sind ebenfalls nicht mehr in der Lage, die Führung in einem umfassenden Sinne leisten zu können. Wenn aber niemand wagt, in dieser Situation den Schritt nach vorn zu tun und die verantwortungsvolle und gleichzeitig visionäre Führungsrolle zu übernehmen, dann laufen wir Gefahr, irgendwelchen Scharlatanen und Demagogen ins Netz zu gehen. Dieses Schicksal hat schon leider viele mächtige und reiche Gesellschaften ereilt. Es empfiehlt sich unbedingt, aus den Fehlern unserer Vorfahren zu lernen und sie nicht zu wiederholen. Wenn die Geschichte auch immer wieder entmutigend war, ist die menschliche Natur grundsätzlich nicht allein auf Raffgier gegründet. Es hat Menschen in allen historischen Epochen gegeben, die ihre Erfüllung darin fanden, sich für die Mehrung des Allgemeinwohls einzusetzen. Heutzutage gibt es auch viele solcher Menschen, wenn gleich sie nicht allgemein bekannt sind.

Die sogenannte moderne Demokratie ist menschheitsgeschichtlich sehr jung. Sie kann nicht als etwas Fertiges gelten. Da die bestehenden politischen Strukturen die gesellschaftlichen Probleme nicht mehr lösen können, wie die stets wachsenden sozialen und ökologischen Probleme eindeutig beweisen, müssen wir nach besseren Ideen suchen, die den heutigen Bedürfnissen der Gesellschaft gerecht werden, und die Strukturen ändern. Das Suchen nach konstruktiven

Lösungsideen war das Ziel der Umfrage, denn wache Zeitgenossen dürfen und sollen nicht in die Rolle von Trittbrettfahrern fallen und erwarten, dass die anderen handeln oder sich die Probleme von allein lösen werden. Es wurden bei der Umfrage Politologen, Sozialphilosophen, Rechtsanwälte und politische Vereine gefragt.

Anfrage Politik

Für den Bürger in Deutschland ist es nach den Analysen von Professor Hans Herbert von Armin (Speyer) und anderen Professoren in unserem vielfach geschichteten Gemeinwesen schon ziemlich schwer, überhaupt den Überblick zu behalten. Das deutsche Problem besteht also darin, dass die vielen staatlichen Ebenen untereinander vielfach verflochten sind. Das treibt die Unübersichtlichkeit auf die Spitze und macht dem Wähler die Orientierung praktisch unmöglich. Noch dazu bewirken diese Formen der Politikverflechtung, dass niemand mehr weiß, wer für welche Entscheidung überhaupt verantwortlich zu machen ist. Es herrscht dadurch eigentlich ein Zustand organisierter Unverantwortlichkeit.

Frage:

Welche Reformen könnten Ihrer Ansicht nach wirksame Abhilfe schaffen, um diese Unübersichtlichkeit und diesen Kompetenzwirrwarr zu beseitigen?

Laut jüngster Umfragen ist erstmals eine Mehrheit der Deutschen unzufrieden mit dem Funktionieren der Demokratie. 86 Prozent fehlt „großes oder sehr großes Vertrauen“ in die Parteien. Damit ist ein Kern der Unzufriedenheit bereits erfasst, da die Parteien in Deutschlands repräsentativer Demokratie die Schlüsselrolle haben. Wenn die tragenden Elemente aber als immer brüchiger gelten, ist es mit der Stabilität des ganzen Bauwerkes irgendwann auch vorbei. Das schwächt aber auch zunehmend die Problemlösungsfähigkeit.

Die Fragen:

Wie könnte man mehr Fachkompetenz in die politischen Entscheidungen hineinbringen, um so die reale Problemlösungsfähigkeit der Politik zu optimieren?

Durch welche Maßnahmen könnte man Ihrer Ansicht nach erreichen, dass die Bürger in die Problemlösungsprozesse besser eingebunden wären und auch ihre Verantwortung für das Gemeinwohl stärker gefördert wäre, da die existenziellen Probleme einer Gesellschaft ohne das aktive Mitwirken ihrer Bürger nicht zu lösen sind?

Ich habe schon darauf hingewiesen, wie schwierig es war, gute Lösungsvorschläge für die politischen Probleme zu finden. Bei den anderen Kapiteln konnte man viele Lösungsprobleme auf die Untätigkeit der Politik schieben, doch hier ging es um die Lösungsfähigkeit der Politik selbst. Ich erhielt bei dieser Umfrage viele nervöse Antworten mit Absagen (z. B. *„Sie haben recht, aber ich habe leider keine Zeit. Mein übervoller Terminkalender/oder meine anderweitigen Verpflichtungen...“* usw.). Das deutet darauf hin, dass das Anpacken der politischen Probleme hochgradig heikel ist. Viele der erhaltenen Beiträge beinhalten auch keine großartigen Lösungsansätze, sondern nur die Schilderung der bestehenden Probleme. Zuerst werden die Beiträge gebracht, die hauptsächlich die vorhandenen Probleme analysieren. Die brauchbarsten und zukunftsweisenden Lösungsvorschläge finden wir in den letzten drei Beiträgen.

Joachim Federwisch:

„Grundsätzlich stimme ich Ihnen zu, in Deutschland werden die Weichen in die Zukunft entweder gar nicht erst oder z.T. katastrophal falsch gestellt.

Aus meiner Sicht muss man u.a. nur a) Albrecht Müller „Machtwahn“, b) Jean Ziegler „Die neuen Herrscher der Welt“ oder c) Stephan Hebel/Wolfgang Kessler „Zukunft sozial: Wegweiser zu mehr Gerechtigkeit“ lesen und von Zeit zu Zeit www.NachDenkSeiten.de anklicken, um zu begreifen, dass wir von Ignoranten regiert werden. Die Zusammenhänge des Lobbyismus („INSM“!!!) beschreiben Leif/Speth im Buch „Die fünfte Gewalt“ recht eindrucksvoll.

Angesichts der drohenden Klimakatastrophe die armseligen Kompromisse als „ehrgeizige Ziele“ zu deklarieren, beweist erneut, dass die Mächtigen von nichts eine Ahnung haben. Ich stimme Müller zu: unterstes Mittelmaß – von wenigen Ausnahmen abgesehen.

Wir brauchen keine Deregulierung des Marktes sondern verbindliche Spielregeln, an die sich alle zu halten haben. Die müssen vor allem soziale Mindeststandards und Mindeststeuersätze für Unternehmens- und Kapitalerträge beinhalten. Außerdem muss alles (!) der Vernunft und damit der Ökologie untergeordnet werden. Wir brauchen keine Verbetriebswirtschaftlichung sämtlicher Lebenswelten mit Menschen als Kostenfaktoren, stattdessen brauchen wir verbindliche ethisch-humanistische Grundsätze, deren Nichteinhaltung negativ sanktioniert werden muss.

Wie Politiker auf „Lösungskompetenz" von Bürgern/innen pfeifen, haben Peiner und Ole von Beust in HH ja vorgemacht.

Ich könnte Ihre beiden Fragen nur in einer mehrseitigen Abhandlung beantworten, allerdings mit der Einschränkung, dass ich mit dem vorhandenen „Personal" in unserem System nicht an eine „Besserung" glaube. Ich bin kein Marxist, aber: Der Kapitalismus ist das Grundproblem unserer Zeit, ihn müssen wir zivilisieren (Marion Gräfin Dönhoff)!!!"

(Dr. Joachim Federwisch, Geschäftsführer der Neuen Gesellschaft e. V., Hamburg)

Katrin Tober:

„Frage 1

Ich stimme mit Ihnen überein, dass es für uns Bürger teilweise sehr schwierig ist, die einzelnen Zuständigkeiten in der Politik zu überblicken. Ob das Ziel der Föderalismusreform, wonach die Bürger wissen sollen, wer für was zuständig ist, erreicht wird, ist schwierig zu beantworten. Da die Länder z. B. in einigen Bereichen sog. „Abweichungsrechte" besitzen, dürfte es wohl schwierig sein herauszufinden, ob nun die Bundes- oder Ländergesetze gelten. Erschwerend zu der Debatte um diese Reform kommt hinzu, dass immer mehr politische Entscheidungen in Deutschland von der Politik auf europäischer Ebene bestimmt werden. Das heißt, es wird noch schwieriger, die Verantwortlichkeiten auszumachen. Mit dem EU-Reformvertrag geht dieser Trend weiter, und noch mehr Kompetenzen werden auf die EU-Ebene ausgeweitet, ohne dass bestimmte Kompetenzen auf die Ebene der Nationalstaaten zurückgegeben werden. Dabei wird das Prinzip der Subsidiarität verletzt, wonach zur Bearbeitung von Aufgaben zunächst die unterordnete Ebene zuständig sein müsste. Und das Demokratieprinzip wird ebenfalls verletzt, wenn Souverän, also die Bürgerinnen und Bürger, nicht selbst darüber entscheiden können, wie die Kompetenzen verteilt und umverteilt werden. Aber selbst wenn eine klarere Aufgabenverteilung erreicht würde, besteht immer noch das Problem, dass man die Verantwortlichen oftmals nicht zur Rechenschaft ziehen kann. Hierfür ist Transparenz notwendig, d. h. die Bürgerinnen und Bürger müssen die Möglichkeit haben, sich entsprechende Informationen zu beschaffen. In dieser Hinsicht ist z.B. das Informationsgesetz zu begrüßen. Es gibt immer noch Landesparlamente, die ein Akteneinsichtsrecht für ihre Bürger auf der Landesebene ablehnen. Das Schaffen von Transparenz ist oftmals politisch einfach nicht gewollt. Denken Sie etwa auch an die Diskussionen über die Veröffentlichungspflicht der Nebeneinkünfte unserer Abgeordneten. Aus demokratiepolitischer Perspektive ist vor allem zu kritisieren, dass wir nach wie vor nur ein Wahlrecht besitzen, bei einzelnen Sachfragen aber kein Mitentscheidungsrecht haben. Und selbst das Wahlrecht auf Bundesebene ist so ausgestaltet, dass es den einzelnen Bürgerinnen und Bürgern kaum Einfluss auf die personelle Zusammensetzung des Parlaments lässt. Will man einzelne Politiker „abwählen", weil man sie verantwortlich für bestimmte politische Entscheidungen hält, werden sie unter Umständen durch das Listenwahlrecht begünstigt und sitzen nach der nächsten Wahl wieder im Bundestag. Eine Reform des Bundestagswahlrechts wäre in dieser Hinsicht wünschenswert.

Frage 2

Zu Ihrer zweiten Frage möchte ich kurz meine Zweifel bezüglich der Notwendigkeit von Fachkompetenz anbringen. Sicherlich fehlt es unseren Entscheidungsträgern bei der Fülle ihrer Aufgaben oftmals an dem notwendigen Wissen über bestimmte Sachverhalte. Die Folge hiervon ist, dass sie sich in Ausschüssen oder informellen Treffen zusammensetzen und sich entsprechende „Fachkompetenz" von außen einholen. Experten werden also in die Beratung miteinbezogen. Dagegen ist zunächst auch nichts einzuwenden. Nur kann uns leider niemand garantieren, dass diese sog. Experten und Berater unabhängig sind und es ihnen ausschließlich um die Optimierung der realen Problemlösungsfähigkeit – wie Sie es formulieren – geht. Diesbezüglich bin ich skeptisch. Denn die Verlockung, eigene Interessen mit der Legitimation von Experten voranzubringen, ist sicher groß. Ich plädiere eher dafür, dass wir als Bürgerinnen und Bürger mehr Verantwortung bekommen und über bestimmte Themen selbst entscheiden können. Auch dann würden sich viele Experten zu Wort melden – mit dem Vorteil – dass der Diskussionsprozess öffentlich abläuft.

Frage 3

An dieser Stelle möchte ich an Ihrer dritten Frage anknüpfen. Als Mitglied von Mehr Demokratie sehen Sie das sicher ähnlich: In die Problemlösungsprozesse wären wir Bürger besser eingebunden, wenn wir ein fair ausgestaltetes Recht auf Volksabstimmung hätten. Wir alle tragen die Verantwortung für die Zukunft in unserem Land und jedem Einzelnen wird immer mehr abverlangt. Politische Entscheidungen werden eher akzeptiert, wenn man alle, die von ihnen betroffen sind, an der Entscheidung beteiligt. Nur dann wird sich die Bereitschaft erhöhen, sich aktiv einzubringen. Neben den Verfahren der direkten Demokratie gibt es viele weitere Möglichkeiten, die Bürgerbeteiligung auszubauen. Diese sollte man nutzen, allerdings können sie die Notwendigkeit eines prinzipiellen Stimmrechts nicht ersetzen. Dadurch würde meines Erachtens automatisch die Chance für mehr bürgerfreundlichere politische Entscheidungen steigen."

(Katrin Tober, Pressesprecherin,
Mehr Demokratie e. V. Bremen)

Eckhard Kochte:

„Zur Frage nach den nötigen Reformen darf man das vorrangige Ziel von „Mehr Demokratie", nämlich mehr Volksbeteiligung in die Gestaltung des staatlichen Gemeinwesens zu bringen, nicht aus den Augen lassen. Andererseits gibt es viele politische Fehlentwicklungen in unserem Land, die von „Mehr Demokratie" nicht gesehen oder nicht behandelt werden, wie der Verfall der parlamentarischen Demokratie, die verschiedenen sozialen Missstände, die Vasallenpolitik gegenüber den USA und der Europäischen Union der drohende Verlust der wirtschaftlichen und politischen Handlungsfähigkeit der Republik. Das Prinzip der inhaltlichen Neutralität bei „Mehr Demokratie" verhindert hier zwar die Konflikte, erschwert aber die notwendige Befassung mit Problemen, die über das Instrument der direkten Demokratie hinausgehen.

Entgegen der Behauptung in der Präambel des Grundgesetzes hat sich das deutsche Volk dieses Grundgesetz nicht selbst gegeben, sondern es wurde 1948 von den Alliierten in Auftrag gegeben. Das Volk war damals nicht beteiligt und wurde auch bei späteren Änderungen des Grundgesetzes nicht gefragt. Demokratie als Selbstherrschaft des Volkes beginnt schon bei den Spielregeln, jedoch wurden diese über die Köpfe des Volkes hinweg von Mandatsträgern der Alliierten festgesetzt. Zur damaligen Zeit war dies wohl anders nicht möglich und das

Grundgesetz war auch nur als Provisorium gedacht. Inzwischen soll es aber ewig gelten. Die gewählte Obrigkeit hat sich 1948 durch zahlreiche Grundgesetzänderungen (über 50!) und durch gesetzgeberische Usurpation eine maßgeschneiderte Rechtsordnung geschaffen, die es dem Volk unmöglich machen, seine Rechte als Souverän dieser Republik auszuüben.

Der Mangel an Überblick bei den Bürgern ist politisch gewollt und alle Versuche, dies zu ändern wurden bisher mit scheinvernünftigen und demokratiewidrigen Begründungen von der Obrigkeit abgelehnt. Der real existierende Verbundföderalismus in Bund und Ländern stellt eigentlich ein Verstoß gegen die Gewaltenteilung nach Artikel 20 GG dar, jedoch kann dies nicht einmal wirksam gerügt werden, etwa beim Verfassungsgericht. Die gleichzeitige Ausübung eines Mandats als Abgeordneter im Bundestag und einer Regierungsfunktion ist grundsätzlich demokratiewidrig, ebenso wie der faktische Fraktionszwang durch offene Abstimmungen in den Parlamenten. Ganz perfide ist die – vom Grundgesetz gar nicht vorgesehene – Wahlhürde der 5%-Klausel für Parteien, die Machtkontrolle und Machtwechsel, wesentliche Verfahren der Demokratie schwer behindern.

Die Festlegung auf eine parlamentarische Demokratie ist aus dem Grundgesetz nicht zu entnehmen und in den Landesverfassungen ist jedenfalls die Volksbeteiligung ausdrücklich vorgesehen. Direkte Demokratie gehört, entgegen den Behauptungen der politischen Klasse, zum Wesen unser Republik und nach meiner Ansicht müsste für Volksabstimmungen auf Bundesebene das Grundgesetz gar nicht geändert werden.

Der Mangel an Vertrauen in die Parteien hat eine demokratiefeindliche Ursache, nämlich den Umstand, dass Kandidaten sich zwecks Kandidatur der Parteidisziplin fügen müssen und als Abgeordnete keineswegs nur ihrem Gewissen und dem Wohl des Volkes sondern der Parteiräson verpflichtet sind. Unser System der Listenwahlen erlaubt gar keine Unabhängigkeit, sondern fördert Parteiabhängigkeit. Befremdlicherweise wissen die Kandidaten auf den vorderen Plätzen einer Wahlliste schon vor der Wahl, dass sie ein Mandat erhalten werden.

Nach meiner Meinung sollte durch demokratische Bürgerbeteiligung nicht nur ein unblutiger Regierungswechsel, sondern auch ein Systemwechsel, im Sinne einer Anpassung der Verfassung an die veränderten wirtschaftlichen, kulturellen und weltpolitischen Bedingungen möglich sein. Dies wird auch von der politischen Klasse seit Jahrzehnten durch Änderungen des Grundgesetzes auch praktiziert, aber ohne das Volk.

Solange die Bürger das Gefühl haben, von der Gestaltung ihrer Republik ausgeschlossen zu sein und sich dazu noch hilflos der entfesselten Globalisierungen ausgesetzt fühlen, werden sie kein Vertrauen in die Politik haben. Durch systematische Desinformation werden die Bürger getäuscht und durch taktische Entscheidungen der selbstherrlichen Parteien um den Erfolg ihrer Wahlbeteiligung gebracht. Ein praktisch unlösbares Problem entseht der BRD dadurch, dass ihre Souveränität nur noch auf dem Papier vorhanden ist. Alle wichtigen Entscheidungen werden in Brüssel (und Luxemburg) gefällt und dann von unserer Obrigkeit gehorsam exekutiert.

Das Trojanische Pferd der „wirtschaftlichen Freiheiten“ der EU dient inzwischen den Organen der EU zur Aushebelung der deutschen Verfassung und zur Gängelung in alle Lebensbereiche hinein, die mit Wirtschaft nur am Rande zu tun haben, wie etwa die erzwungene Verfassungsänderung im Bereich der Wehrpflicht für Frauen. Den Bürgern ist dies alles nicht verborgen geblieben und sie geben ihr Missfallen durch zunehmende Wahlenthaltung kund.

Auf der Ebene der Gebietskörperschaften haben die Bürger zwar mehr formale Beteiligungsrechte als auf der Bundesebene, jedoch werden viele Bürgerentscheide regelmäßig entweder nicht administrativ vollzogen oder durch juristische Spitzfindigkeiten unwirksam gemacht. Volksentscheide auf Landesebene sind durch Beteiligungs- und Entscheidungsquoren zur Farce geraten, wie zuletzt in Hamburg.

Die wichtigste Waffe der Usurpatoren ist die gehorsame Beamtenschaft, die kein Recht hat, der Öffentlichkeit über schwere Missstände und Verfehlungen von Amtsträgern zu berichten. Viele gemeinwaltende Fehlentwicklungen wären nicht möglich, wenn sie vollständig und rechtzeitig aufgedeckt würden.

Der Abbau von Bürgerrechten, angeblich zum Schutz vor Terrorismus, wie Beschneidung der Kundhabe- und Meinungsfreiheit, Eindringen in die Privatsphäre, Aushorchung und Ausspähung, Auslieferung deutscher Staatsbürger an das Ausland, führen nicht nur zu mehr Politikverdrossenheit, sondern verwandeln unsere Demokratie schleichend in einen Polizeistaat.

Die Beteiligung der BRD an militärischen Abenteuern unter dem Kommando der USA ist eine Zumutung für das besorgte Volk, das jahrzehntelang mit der Möglichkeit eines Dritten Weltkriegs konfrontiert war. Besonders empörend ist die Leichtfertigkeit, mit der sich die Obrigkeit über das verfassungsmäßige Friedensgebot hinweg setzt.

Der größte Feind der Demokratie ist die Angst der Bürger vor nachteiligen Veränderungen durch falsche politische Entscheidungen, die natürlich auch vom Volk getroffen werden können. Die politische Klasse nützt dies schamlos aus, indem sie regelrechte Einschüchterungs-Kampagnen schürt wie: Terrorismus, Klimawandel, Umweltverschmutzung usw. Ein verängstigtes Volk ist eher bereit, Entbehrungen und Rechtsbeschränkungen hinzunehmen.

Unter der völlig ungesteuerten Massenzuwanderung leidet vor allem das besitzlose Volk, während die steuerverschonten Reichen sich in ihre unerreichbaren Villen im In- und Ausland zurückziehen können und ihre Kinder in private Internate schicken. Die Angehörigen der Mittelschicht aus Besitz- und Bildungsbürgern können es sich leisten, ihre Kinder auf die zahlreicher werdenden Privatschulen zu schicken, weil Schulkinder aller gesellschaftlichen Schichten in den verwahrlosten öffentlichen Schulen leider keine zukunftsfähige Schulausbildung bekommen.

Unsere Begabungsreserven an Wissenschaftlern, Ingenieuren und Facharbeitern, die wir als rohstoffarmes Land dringend benötigen, werden durch bürokratische Gängelung veranlasst, auszuwandern, während ungebildete und arme Zuwanderer die Sozialsysteme belasten.

Ganz oben auf der Liste der Befürchtung beim mehrheitlich besitzlosen Volk steht die Angst vor dem Zusammenbruch der Sozialsysteme, der eigentlichen Staatsräson unserer Republik. Deshalb wird jeder politische Änderungsvorschlag, sei es von Oppositionsparteien oder von Seiten nichtstaatlicher Organisationen immer mit dem sozialen Vorschlaghammer bearbeitet. Niemand hat bisher die Frage gestellt, ob wir einen derartig gewucherten Sozialstaat brauchen und niemand scheint wahrzunehmen, dass der Sozialstaat den werktätigen Bürgern einen großen Teil ihrer wirtschaftlichen Freiheit nimmt. Sie müssen einem irrsinnigen Sozialsystem dankbar sein, dass es sie vor Risiken schützt, die es gar nicht gäbe, wenn der Staat ihnen nicht 60% und mehr, als Folge der Privilegierung des Kapitals, während der Bedarf an sozialen Transferleistungen (einschließlich Renten und Pensionen) anwächst. Der Zusammenbruch des Systems kann nur noch durch erdrosselnde Steuern und Abgaben aufgehalten werden, die den gewöhnlichen Bürgern immer mehr Geld und wirtschaftliche Freiheit entziehen. Auf diese Weise entsteht ein Teufelskreis von nachlassender Binnenkonjunktur und Verlust an Kaufkraft, der früher oder später zum Zusammenbruch des Sozialstaates führen wird. Die Exportwirtschaft, von welcher der Fiskus nichts und die Masse des Volkes nicht profitiert, steht auf den tönernen Füßen der kollapsbedrohten Wirtschaft der USA.

Über der wirtschaftlichen Zukunft Deutschlands hängt das Damoklesschwert einer kaum noch rückzahlbaren Staatsverschuldung, die unseren Nachkommen aufgebürdet wird. Die zunehmende Entindustrialisierung Deutschlands bzw. Internationalisierung der Unternehmen beraubt die Republik ihrer wirtschaftlichen Ressourcen und Entscheidungsfähigkeit, und die allgemeine Verarmung wird zunehmen. Wichtige Wirtschaftszweige, wie die Versorgung mit Energieträgern (Gas, Strom, Mineralöl) befinden sich in den Händen ausländischen Monopolisten, die sich hörige deutsche Politiker kaufen.

Das System der Steuern und Abgaben macht die Werktätigen immer ärmer und die Reichen immer reicher. Die Republik wird fast ausschließlich von der werktätigen Klasse finanziert, während die Reichen sich ihrer solidarischen Pflicht entziehen können. Die verantwortungslose Finanz- und Geldpolitik verteuert die Lebenshaltung der Bevölkerung. Die Selbstbedienung der Politiker aus den Staatskassen macht sich von der Zustimmung des Volkes unabhängig, ihre Käuflichkeit jedoch dem Kapital untertänig.

Die vorgenannten Beispiele sind nur eine Auswahl der Belastschaften, unter denen das Volk leidet. Die Enttäuschungen des Volkes haben zur Folge, dass es sich weniger mit politischen Inhalten befasst und somit an Entschidungskompetenz verliert, worauf die Politiker gerne hinweisen. Hier besteht ein Wechselverhältnis zwischen Machtlosigkeit und Unwissenheit."

(Dr. Eckhard Kochte, Sprecher des Vorstandes Mehr Demokratie e. V. LV. Hessen)

Die Lösungsvorschläge von Dr. Kochte wurden unter den letzten drei Beiträgen plaziert. Hier wurde zunächst nur seine ausführliche Analyse der Probleme wiedergegeben.

Ursula Hoffmann-Lange:

„1. Man sollte m. E. nicht ständig nach institutionellen Reformen rufen, da dies meist nur Augenwischerei ist. Natürlich haben wir einen hohen Grad an Politikverflechtung. Dieser resultiert aber primär daraus, dass es in Deutschland einen weitgehenden Konsens darüber gibt, dass landesweit einheitliche gesetzliche Regelungen einer Vielfalt unterschiedlicher Landesgesetze vorzuziehen sind. Dies ist eine Tradition, die selbst bei Föderalismuskritikern tief verwurzelt ist. Einerseits fordern diese nämlich oft mehr Wettbewerbsföderalismus und mehr Autonomie der Bundesländer, andererseits wurde die Föderalismusreform unmittelbar nach ihrer Verabschiedung genau dafür kritisiert. Beispiele gibt es dafür zuhauf, man braucht nur an die Klagen darüber zu denken, dass der Bund jetzt wenig Einfluss in der Bildungspolitik hat oder den Ruf nach einer einheitlichen Anti-Raucher-Gesetzgebung. Die freiwillige horizontale Koordination der Länder im Bildungsbereich zeigt ebenfalls hinreichend, dass selbst in Bereichen, die eindeutig Ländersache sind, einheitliche Regelungen vorgezogen werden.

Das heißt, während institutionelle Entflechtung gepredigt wird, treten vielfach dieselben Personen für einheitliche Regelungen ein, sobald es um konkrete Politikfelder geht. Warum lässt man nicht mal das Gejammer und versucht sich mit den gegebenen Strukturen abzufinden, die letztlich genau das produzieren, was sich die Leute wünschen, nämlich einheitliche gesetzliche Regelungen und einen Finanzausgleich, der zu einer bedarfsorientierten Verteilung des Steueraufkommens führt? Die Schweiz lebt im Übrigen seit über 150 Jahren sehr komfortabel mit einer vergleichbaren, wenn nicht noch ausgeprägteren Politikverflechtung.

2. Das Ausmaß der Unzufriedenheit der Bürger mit der Politik hängt erster Linie mit den wirtschaftlichen Problemen zusammen, vor allem mit der hohen Arbeitslosigkeit. Die meisten Bürger erwarten von der Politik, dass sie ordentliche Lebensbedingungen garantiert. Durch die wirtschaftlichen Transformationsprozesse, die mit der Globalisierung, der politischen und wirtschaftlichen Transformation Osteuropas und den Folgen der deutschen Vereinigung einhergehen, ist jedoch ein hohes Maß an persönlicher Unsicherheit und teilweise Zukunftsangst entstanden. In dieser Situation erwarten die Bürger, dass die Politik ihnen Sicherheit und Perspektive bietet. Statt jedoch die damit verbundenen Probleme mit dem erforderlichen Augenmaß anzugehen, ergehen sich viele Politiker in Horrorszenarien über einen notwendigen Sozialabbau und verstärken diese Angst noch. Andere dagegen tun wider besseres Wissen so, als könnten wir weiterhin mit vollen Händen soziale Wohltaten an die

Bürger verteilen, indem sie unrealistische Forderungen aufstellen, die eine grundlegende Änderung unserer Gesellschaftsordnung implizieren würden.

Gebraucht werden jedoch neue und pragmatische Lösungen, die unter den gegebenen gesellschaftlichen Bedingungen realisierbar sind. Da die aktuellen Problematiken neu sind, kann man nicht erwarten, dass man auf alte Rezepte zurückgreifen kann. Neue Lösungen brauchen jedoch

Geduld und implizieren Reformexperimente, die ggf. auch wieder revidiert werden müssen, wenn sich in der Praxis zeigt, dass sie einzelnen Gruppen zu große Härten auferlegen, wie beispielsweise Harzt IV. Aus meiner Sicht wäre es sinnvoll, den Bürgern das Vertrauen zu geben, dass es keine Umverteilung ausschließlich zu Lasten der Schwächeren geben wird, dass man jedoch etwas tun muss, um den erforderlichen Umbau der Wirtschaft und der Sozialsysteme sinnvoll zu gestalten. Wir brauchen einen sozialverträglichen Umbau der Sozialsysteme. Dabei muss man den Bürgern einerseits mehr Eigenbeteiligung, beispielsweise bei den Gesundheitskosten zumuten, um sie dazu anzuhalten, die Solidargemeinschaft nicht mit überflüssigen Leistungen auszuplündern. Andererseits müssen dann aber auch die Sozialausgaben entsprechend sinken und dürfen nicht fortlaufend steigen. Letzteres setzt in erster Linie voraus, dass man mehr Arbeitsplätze entstehen, denn nur dann ist eine ausreichende Finanzierung der Sozialsysteme gewährleistet. In erster Linie hier sind Kreativität und aktive Beteiligung aller Bürger gefordert. Es muss allen bewusst sein, dass nicht allein der Staat das Wirtschaftswachstum fördern und Arbeitsplätze schaffen kann, sondern dass beides aus der Gesellschaft selbst kommen muss. Insofern muss in erster Linie die Zivilgesellschaft durch eine stärkere Aktivierung des freiwilligen gesellschaftlichen Engagements gestärkt werden. Dies setzt Hilfe zur Selbsthilfe voraus und damit eine vorrangige Förderung privater Initiativen voraus, z.B. wenn Bürger anderen Bürgern bei der Vermittlung von Arbeitsplätzen helfen.

Ein letzter, sehr wichtiger Punkt betrifft m. E. die politische Bildung. Der Sozialkundenunterricht muss endlich ein realistisches Bild von dem vermitteln, wie parlamentarische demokratische Institutionen funktionieren und was sie leisten können. Parlamentarische Demokratie ist Parteiendemokratie und setzt einheitlich agierende Parteien voraus. Fraktionsdisziplin ist kein Teufelszeug, sondern die Voraussetzung dafür, dass überhaupt politische Entscheidungen getroffen werden können und keine Weimarer Verhältnisse entstehen (s. Italien). Ähnlich wie bei der Kritik an der Politikverflechtung wird häufig mehr Entscheidungsfreiheit für den einzelnen Abgeordneten gefordert, was in der Praxis bedeuten würde, dass die Regierung kaum mehr Chancen hat, ihre Reformvorschläge durchzusetzen. Wir können aber nicht einerseits stärkere politische Führung erwarten und andererseits verlangen, dass jeder nach Gusto abstimmt. Auch müssen wir den Kindern vermitteln, dass die Politik die Gesellschaft nicht gestalten, sondern nur korrigierend eingreifen kann. Wir rufen viel zu viel nach staatlichen Lösungen und vergessen darüber, dass jedes neue Gesetz auch wieder neue Gesetzeslücken aufreißt. Deutschland muss von seiner Staatsfixiertheit loskommen, ohne andererseits die Rolle des Staates bei der Organisation des Gemeinwesens klein zu reden. Lieber wenige, aber knackige Regeln als eine Wust von Detailregelungen, die in ihrer Gesamtheit eine große Unübersichtlichkeit schaffen. Insofern benötigen wir dringend eine Reform der sozialkundlichen Curricula. Viele Lehrer sind heute selbst staatsfixiert und erwarten zu viel vom Staat. Dementsprechend sind sie selbst politikverdrossen und geben diese Politikverdrossenheit an ihre Schüler weiter. Daher sollten sie sich anschließend nicht über die Politikverdrossenheit der jungen Menschen beklagen, die sie teilweise mitverursacht haben."

(Prof. Dr. Ursula Hoffmann-Lange,
Universität Bamberg

Jürgen W. Falter:

„Die erste Frage bezieht sich auf die Beseitigung der offensichtlichen Unübersichtlichkeit und des Kompetenzwirrwarrs. Hier scheint mir eine striktere Reföderalisierung, die Einführung von Elementen des Wettbewerbsföderalismus und insbesondere die Durchführung der Föderalismusreform II von großer Bedeutung zu sein. Wenn die Bundesländer tatsächlich Dinge, die sich subsidiär entscheiden lassen auch entscheiden können, wenn man bereit ist, auf eine absolute Gleichartigkeit und Gleichwertigkeit der Lebensverhältnisse in der Bundesrepublik zu verzichten, wenn stärkerer Wettbewerb zwischen den einzelnen Bundesländern herrschte, so dass sich die beste Lösung durchsetzen könnte, statt den Durchschnitt aller Bundesländer zum Maßstab zu nehmen, könnten Kräfte der Dynamik wieder entfesselt werden. Insbesondere würde dies zu mehr Übersichtlichkeit führen. Dies müsste auch die finanzielle Seite betreffen. Die Bundesländer sollten die Möglichkeit zur Erhebung eigener Steuern erhalten, wie wir dies beispielsweise aus der Schweiz oder den USA oder Kanada als „echten" föderalistischen Systemen kennen. Statt reinem Verbund- und Exekutivföderalismus sollten wir mehr Trenn- und Wettbewerbsföderalismus erhalten, auch wenn dadurch beispielsweise das Gefälle zwischen dem Saarland und Oberbayern, zwischen Mecklenburg-Vorpommern und Baden-Württemberg weiter zunähme. Insgesamt würde, glaube ich, die Klarheit des politischen Entscheidungsprozesses dadurch gewinnen und die wirtschaftliche Dynamik angefacht werden.

Ihre zweite Frage geht darauf hinaus, wie man die Bürger in die politischen Problemlösungsprozesse besser einbinden könne und die Verantwortung für das Allgemeinwohl stärker fördern könne. Hier scheint mir neben einer Verstärkung der politischen Bildung insbesondere auch an den Haupt- und Berufsschulen eine Ausweitung demokratischer Mitwirkungsmöglichkeiten das Mittel der Wahl zu sein. Hierunter lässt sich vielerlei verstehen:

Die Stärkung innerparteilicher Demokratie durch die Einführung der Urwahlen von Kandidaten oder der Bestimmung von Kandidaten durch Primaries nach amerikanischem Muster, die Ausdehnung der Mitentscheidungsmöglichkeit der Bürger auf der kommunalen, der Landes- und Bundesebene, durch eine Ergänzung des Wahlrechts etwa indem überall kumuliert und panaschiert werden darf auf der kommunalen Wahlebene, die Einführung von sogenannten lose gebundenen Listen auf der Landtags- und Bundestagswahlebene, so dass die Bürger die Möglichkeit haben, innerhalb der vorgegebenen Namenslisten über einzelne Kandidaten zu entscheiden; die Einführung direkt demokratischer Elemente auf allen drei Ebenen des politischen Systems (hier ist durchaus Bayern auf der kommunalen und der Landesebene ein leuchtendes Vorbild). Diese Ausweitung direkt demokratischer Elemente könnte unter anderem darin bestehen, dass beispielsweise Verfassungsänderungen auch auf Bundesebene wie schon in vielen Ländern auf der Landesebene zwingend einem Volksentscheid zu unterwerfen sind. Weiter könnte ich mir die Einführung von Gesetzesinitiativen nach Schweizer Muster vorstellen, was zwar die Mitwirkungsmöglichkeiten der Bürger und der Verbände erweiterte, aber das repräsentative System und die Stellung des Bundesrates nicht im Kern tangierte. Der Bundestag wäre dann nur gezwungen sich mit den Ergebnissen erfolgreicher Gesetzesinitiativen zu befassen. Weiter könnte ich mir vorstellen, dass die direkt Betroffenen beispielsweise bei Flughafenausbauten auch über die Ländergrenzen hinweg in einem direkt demokratischen Prozess Entscheidungen mitfällen könnten, die im Augenblick über ihre Köpfe hinweg gehen. Wovor ich allerdings zurückschrecke sind Volksentscheide auf Bundesebene, beispielsweise über die Gesundheitsreform, die Rentenreform, das Steuersystem oder die Bezahlung von Staatsdienern. Hier ist die Materie so komplex, dass oft schon der einzelne Abgeordnete, sofern er nicht Spezialist ist, überfordert ist. Aber bis unter diese Ebene scheint es mir jede Mühe wert, die Bürger stärker in den politischen Entscheidungsprozess einzubinden."

(Univ.-Prof. Dr. Jürgen W. Falter,
Johannes Gutenberg-Universität Mainz)

Albrecht Weber:

„Zur ersten Frage:

Natürlich ist die Politikverflechtung auf verschiedenen Ebenen, der Gemeinschaftsebene, der nationalstaatlichen Ebene und der Länderebene im Hinblick auf die verschiedenen Kompetenzen und teilweise auch die Organe für den Normalbürger schwer durchschaubar. Dennoch lässt sich hier nicht eigentlich von einem Kompetenzwirrwarr sprechen, wenn man hier die juristischen Kriterien der verschiedenen Kompetenztypen zugrunde legt. Es ist ein Wesen jeder modernen Bundesstaatlichkeit wie auch der übernationalen Integration, dass eine Kompetenzordnung auf mehreren Ebenen zunehmend komplexer wird. Hier lässt sich nur sehr beschränkt Abhilfe schaffen, wie dies teilweise durch die Föderalismusreform mit der Rückverlagerung auf Landeskompetenzen und der Abschaffung der Rahmenkompetenz im Prinzip richtig angegangen wurde. Auch der projektierte Verfassungsvertrag könnte mit einer Typologie der Handlungsformen und seiner etwas klaren Kompetenzgliederung zum besseren Verständnis beitragen, allerdings sollte man sich auch hier keine zu großen Hoffnungen machen. Es gibt daher, was die bundesstaatliche und die supranationale Ordnung und ihr Zusammenwirken betrifft, kein Patentrezept, was den Bürgern von Beginn an ein klares Verständnis verschaffen könnte. Die einzige Lösung sehe ich in einer von der Europäischen Gemeinschaft schon bisher tatkräftig betriebenen Öffentlichkeitsarbeit, die – wenn man sie im Internet oder auch vor Ort bezieht – durchaus zu einem besseren Verständnis beitragen kann.

Zur zweiten Frage:

Was das Vertrauen in das Funktionieren der Demokratie betrifft, ist dies natürlich ein sehr heikles Thema. Ich persönlich neige dazu, das Wesen der repräsentativen Demokratie in der bisherigen Form auf bundesstaatlicher wie Landesebene beizuhalten, das allerdings – nicht nur auf Länderebene und auf kommunaler Ebenen – durch Elemente unmittelbarer Demokratie ergänzt werden sollte. Dafür sind die Beispiele in der Schweiz (wenn auch mit Einschränkungen), Italien, Österreich heranzuziehen. Vor allem aber scheint es, dass das Vertrauen der Demokratie sehr eng mit dem Vertrauen in die Parteien bzw. deren führende Politiker verknüpft zu sein scheint. Es kommt also entscheidend darauf an, wie die Parteien ihre Kandidaten benennen, und hier sind auch basisdemokratische Elemente anzumahnen. Dies bedeutet freilich nicht, dass die Bürger in die Nominierungsprozesse der Parteien eingebunden wären, sondern dies betrifft allein die staatliche Aktionsebene, die sich heute vielfach auch in der Partizipation des Bürgers im Verwaltungsverfahren (Bauleitplanung; Fachplanung usw.) äußert. Gemeinhin wird hier häufig das Partizipationspotenzial der Bürger vor Ort unterschätzt, zumal wenn man die Bürgerinitiativen im Einzelnen näher untersuchen würde. Alles in allem gibt es hier ebenfalls kein Patentrezept, sondern nur Ansätze für weitere Lösungen; die grundsätzliche Kritik von Herrn von Arnim an den Auswüchsen des Parteienstaats kann ich durchaus teilen."

(Prof. Dr. Albrecht Weber,
Universität Osnabrück)

Horst Trieflinger:

„Meine Antworten zu den von Ihnen gestellten Fragen zum Studienprojekt Politik:

Ich stimme der ersten Frage nicht zu, weil die Kompetenzen in unseren Staat durchwegs übersichtlich und klar geregelt sind. In der BRD gibt es drei Gewalten, nämlich

- die gesetzgebende Gewalt, die Parlamente der Länder und der Bundestag, die für den Erlass von Gesetzen, Verordnungen etc. zuständig sind
- gesetzesvollziehende Gewalt, die Ministerien des Bundes und der Länder und die Behörden, denen die Anwendung der Gesetze und Verordnungen obliegt
- rechtsprechende Gewalt (Judikative), die für die gesetzliche Streitschlichtung zuständig ist.

Artikel 20 Abs. 2 Grundgesetz bestimmt, dass die Aufgaben der einzelnen Gewalten von verschiedenen Personen zu besorgen ist (Gewaltentrennung). Art. 20 Abs. 2 GG soll gerade verhindern, dass das Durcheinander (Wirrwarr) der Kompetenzen entsteht. Diese Gewaltentrennung ist sicher nicht durchgängig vorhanden.

2. In die Politik könnte sicher mehr fachliche Kompetenz eingebracht werden, wenn die Politik bereit wäre, für eine andere Zusammensetzung der Parlamente zu sorgen. Zu Recht wird beklagt, dass die Beamten in den Parlamenten mit nahezu 43% vertreten sind, während ihr Anteil der Bevölkerung nur ca. 15% beträgt. Es wäre dafür zu sorgen, dass in den Parlamenten die Bevölkerung etwa ent-

sprechend ihren Berufen vertreten ist. Sicher ist dies nicht einfach durchzuführen, da sich die Beamtenfraktion dagegen sperren wird.

3. Wahrscheinlich besteht nur die Möglichkeit, dass mehr Bürger(innen) in die Parteien eintreten und sich für mehr demokratische und gerechte Entscheidungen einsetzen. Es trifft zwar zu, dass sich viele Bürger(innen) über die Politiker(innen) beschweren, aber die schon jetzt vorhandenen Möglichkeiten nicht nutzen. Die Parteien in den größeren Städten bieten Bürgersprechstunden an. Wenn dies verstärkt genutzt werden würde, nämlich dort berechtigte Kritik vorzutragen, wäre wegen des Drucks der Bevölkerung möglicherweise das eine oder andere Problem schon durch die Politik beseitigt worden."

(RA Horst Trieflinger, Vorsitzender des Vereins gegen Rechtsmissbrauch e. V., Frankfurt am Main)

Siegfried Bratke:

„Zu Ihrer ersten Frage möchte ich nur kurz anmerken:

Der Kompetenzwirrwarr hat etwas mit Überlebensstrategien zu tun. In dem Moment, in dem eine Verwaltung schlank ist, würden sehr viele Tätigkeiten entfallen und andere wären überschaubar, sodass die Unsicherheit auf Seiten der Amtsträger wachsen würde. Dies ist allerdings nur ein Teilaspekt. Auf der anderen Seite gibt es Kompetenzen, von denen der Durchschnittsbürger profitiert, ohne sie zur Kenntnis zu nehmen. Beispielsweise die Hackfleischverordnung ist für jeden Imbissbudenbesitzer eine Bedrohung, während sie für den Käufer die Sicherheit schafft, dass er frische gesunde Ware erhält. Neben dem Imbissbudenbetreiber und dem Gesundheitsamt benötigt keiner Kenntnis von diesem Problemkreis und das ist gut so.

Zu Ihrer zweiten Frage:

In einem demokratischen Gemeinwesen könnten die Fachkompetenzen nur über Wahlen und über eine Presse, die keine Hofberichterstattung, sondern sich u. a. damit befasst, wie der einzelne Abgeordnete lobbymäßig eingebunden ist und wie sich seine Tätigkeit im jeweiligen Parlament darstellt. Ansonsten kann eine solche Fachkompetenz durch Anhörungen zu einzelnen Gesetzesverfahren beigeführt werden."

(RA Siegfried Bratke, Vorstandsmitglied der Vereinigung Demokratischer Juristinnen und Juristen e. V., Düsseldorf)

Karl-Heinz Führen:

„1. Frage

Entscheidende Verbesserungen sind nur möglich, wenn die „vertikale Organisation“ der BRD grundlegend verändert wird.

a. wünschenswert:

Optimal wäre vor dem Hintergrund eines zusammenwachsenden Europas und der Verlagerung von nationalstaatlichen Kompetenzen auf die EG, dass die historisch gewachsene bundesstaatlichen Struktur der BRD den veränderten Zeitumständen rechtzeitig (!) angepasst wird. Dies bedeutet in der Konsequenz, die Kleinstaaterei innerhalb Deutschlands aufzulösen und den Bundesstaat in einen Einheitsstaat mit dezentraler Organisation umzuwandeln (Umwandlung der Länder in zentral-staatliche Verwaltungseinheiten).

Begründung:

Bedeutungsverlust der Gliedstaaten (s. EG-Argument) Kostenreduktion ist gewaltig.

Ausmaß: Abschaffung von 16 Parlamenten und Regierungen Erhöhung der Entscheidungsgeschwindigkeit

Einheitlichkeit der Lebensverhältnisse in Deutschland (s. PISA)

b. Realisierungsmöglichkeiten:

Art. 79 Abs. 3 GG in Verbindung mit Art. 20 Abs. 1 GG verhindert die Abschaffung der Bundesstaatlichkeit.

Dieses Änderungsverbot ist aber ein Relikt der Nachkriegszeit und ist von den Alliierten dem Parlamentarischen Rat 1948 vorgegeben worden, um Deutschland zu schwächen. Diese Schwächung hat bis heute bestens funktioniert (Blockadepolitik des Bundesrates) und sollte deshalb jetzt endlich überwunden werden.

Also: Gem. Art. 146 GG bleibt nur der Weg über eine neue (!) Verfassung (!) die staatliche Struktur umzukrempeln.

Aber: Die Beharrungskräfte in der Politik sind sehr stark. Die Zäsur bei der Wiedervereinigung hätte z.B. ohne weiteres im Sinne des Art. 146 GG genutzt werden können; die politische Klasse hatte daran aber kein Interesse.

Dies ist auch jetzt nicht vorhanden. Bevölkerungsteile in ausreichendem Maße hierfür aktivieren zu können erscheint mir angesichts der weit verbreiteten Lethargie unrealistisch.

Deshalb: Es bleibt deshalb wohl nur die Möglichkeit, unter Wahrung des Art. 79 Abs. 3 GG die Zahl der Bundesländer drastisch zu verringern (s. versch. Vorschläge der verg. Jahre), um wenigstens die Kleinstaaten zu beseitigen. Aber: Wegen des Zustimmungs-Erfordernis des Art. 29 Abs. 3 (Volksabstimmungen in d. Ländern) ist der Ausgang ungewiss. In den staatstragenden Parteien muss deshalb ein dies bez. Problembewusstsein noch geschaffen werden. Dies wird sich m.E. mit der Fortentwicklung der EG hin zu einem Bundesstaat irgendwann evtl. von selbst einstellen.

2. u. 3. Frage Fachkompetenz in politischen Entscheidungen kann auf verschiedenen Wegen erhöht werden:

als erstes durch Abschaffung des „permanenten Wahlkampfes“ durch Zusammenlegung von Bundestags- und sämtlichen Landtagswahlen, restriktive Reglementierung des ausufernden Lobbyisten- und Beratungsunwesens, durch neue gesetzliche Vorschriften Verbot, dass Abgeordneten gleichzeitig einen anderen Beruf ausüben. Andernfalls Abschaffung des Berufsabgeordneten zumindest auf Landesebene, innerparteiliche Bestenauslese: Schaffung einer Parteienkultur, die nicht allein auf Loyalität und auf das Hochdienen abstellt, Einführung der Volksabstimmung auf Bundesebene aufgrund der Ermächtigung des Art. 20 Abs. 2 GG („Abstimmungen“) durch ein einfaches Bundesgesetz, um die 2/3 Mehrheit für eine GG-Ergänzung zu umgehen.“

(RA Karl-Heinz Führen, Leiter der Fortbildung, Studieninstitut Soest)

Eckhard Kochte:

„Meine Vorschläge zur Sanierung der Republik sind:

1. **Reform der Parlamentarischen Demokratie durch:**
   - Einführung geheimer Abstimmungen im Parlament
   - Abschaffung der 5%-Klausel, Verbot von Listenwahlen
   - Einführung von Personengewichtungen bei Wahlen (kumulieren und panaschieren)
   - Verbot der gleichzeitigen Ausübung eines Parlamentsmandates und einer Regierungsfunktion
   - Verbot der gleichzeitigen Vertretung wirtschaftlicher und politischer Mandate
   - Pflicht zur Offenlegung der Vermögen und Einkünfte von gewählten Amtsträgern

2. **Verbesserungen der Teilhabe des Volkes durch:**
   - Einführung von obligatorischen Referenden bei allen Änderungen des Grundgesetzes, bei bedeutsamen Staatsverträgen und bei der Teilnahme an militärischen Auslandseinsätzen
   - Einführung von fakultativen Referenden zu Parlamentsgesetzen und von Gesetzesinitiativen des Volkes
   - Erleichterung von Volks- und Bürgerentscheiden durch Befreiung von administrativen Hürden Verbot des Themenausschlusses bei Volks- und Bürgerentscheiden
3. **Verhinderung von Machtanmaßung und Staatsschädigung durch:**
   - Verbot der Selbstausstattung mit Befugnissen bei Staatsorganen und Funktionsträgern
   - Verbot der Staatsverschuldung
   - Verbot der Auslieferung deutscher Souveränität an fremde Mächte
   - Verbot ausländischer Kapitalgesellschaften, inländische Schlüsselwirtschaften zu dominieren
   - Pflicht der Beamtenschaft, amtliche Fehlentwicklungen und Fehltritte von Amtsträgern öffentlich zu machen
4. **Stärkung des Föderalismus durch Reform der Selbstverwaltung von Gebietskörperschaften durch:**
   - mehr Rechte, aber auch mehr Pflichten und weniger Blockadepolitik der Bundesländer
   - stärkere Abgrenzung der Bundeskompetenzen
   - Ausweitung des Konnexitätsprinzips (wer leisten soll, bestimmt mit, und wer zahlen soll, bekommt eigene Quellen)“

(Dr. Eckhard Kochte, Sprecher des Vorstandes
Mehr Demokratie e. V. LV. Hessen)

Johannes Heinrichs:

Zur ersten Frage: Unübersichtlichkeit, Kompetenzwirrwarr

„Die gegenwärtige Unübersichtlichkeit der Kompetenzen betrifft vor allem den Verwaltungssektor. Die Verwaltung wurde in der bisherigen Demokratietheorie noch gar nicht als Vierte Gewalt (Administrative) erkannt. Dies ist sie aber in einem viel ernsthafteren Sinne als dem, in dem man sonst zu Unrecht und zu ungenau von Vierter Gewalt spricht, im Hinblick auf die Presse. Diese stellt, bis auf die geringen Ausnahmen des Bundespresseamtes und der Bundeszentrale für politische Bildung, jedoch keine Staatsfunktion dar. Die Verwaltung hingegen ist eine echte, in der bisherigen Staatstheorie übersehene Vierte Gewalt, ein Zweig der Exekutive, der zu Unrecht mit der politischen Exekutive unter der gemeinsamen Rubrik „Exekutive" und von dieser damit nicht grundsätzlich unterschieden wird. In der von mir vertretenen Reflexions-Systemtheorie der Gesellschaft erscheint die administrative Gewalt in der logischen Reihenfolge der Gewalten oder Staatsfunktion unterscheiden sich nach der jeweiligen Stellung zu den Gesetzen, und zwar als

- Befugnis, Gesetze anzuwenden: bloße *Ausführungs-Exekutive* oder Administration
- vor der Entscheidungs-Exekutive, dem Auftrag, im Spielraum der bestehenden Gesetze eigene Entscheidungen zu fällen: Regierungs-Exekutive als *Entscheidungs-Exekutive*
- sowie vor der Legislative, die Gesetze berät und gültig beschließt
- schließlich vor der Judikative, der Funktion, die Gesetzeskonformität aller vorhergehenden Instanzen zu überwachen.

Die in der Fragestellung beklagte Unübersichtlichkeit ist nicht zuletzt auch eine Folge unzureichender theoretischer Durchdringung dieser Funktionen des Gemeinwesens! Man muss im Hinblick darauf von einem theoretischen Versagen auch der politischen Theorie sprechen. Deren Abkoppelung von der philosophischen Staatstheorie hat historisch verständliche Gründe, müsste jedoch heute überwunden werden.

Wird einmal die Administrative oder Bürokratie als eigene Gewalt (Staatsfunktion) erkannt, dann stellt sich sofort die Frage nach ihrer demokratischen Kontrolle, die bisher so gut wie nicht gegeben ist. **Die Legislative hat nicht nur die Regierungsexekutive zu kontrollieren, sondern ebenso sehr die Verwaltungsexekutive!** (Übrigens ist dieser direkt der Volksvertretung zu unterstellende und rechenschaftspflichtige Zweig der Bürokratie zu unterscheiden von der Ministerialbürokratie: den Schreibtischen der Ministerien, also der Regierungs-Exekutive. Diese Unterscheidung zweier Typen von Bürokratie gilt auch auf Landesebene wie auf Gemeindeebene.)

Über die ständige parlamentarische Kontrolle der Verwaltung hinaus, würde konkret für die Bürger ein **Organigramm der Zuständigkeitshierarchie** sowie eine Auskunfts- und eine unparteiische Beschwerdeadresse in jedes Amt gehören. Abgesehen von vielen möglichen Vereinfachungen, schafft ein solches Organigramm und die Einrichtung von Ombudsleuten die entscheidende, bisher fehlende Transparenz der Verwaltungsorgane für den Bürger und den Schutz vor Missbrauch. Das heißt in praktischer Hinsicht, über die Einsichtnahme hinaus: Die Verwaltungsexekutive muss und kann auf diese Weise sowohl von der Legislative wie direkt von den betroffenen Bürger auf Effizienz und Legitimität ihres Handelns kontrolliert werden. Der Bürger kann sich gegen willkürliche und unrechtsmäßige Übergriffe oder Fehlentscheidungen wehren, ohne dass diese neue Rechtssicherheit zu einer Lähmung der Verwaltung führen würde. Denn auch wenn die Administrative im Unterschied zur Regierungsexekutive keine eigentliche Entscheidungs-Exekutive, sondern ein Organ zur bloßen Ausführung bestehender Gesetze darstellt, so haben deren Inhaber doch einen erheblichen Ermessensspielraum in der Gesetzesausführung, vom Polizeibeamten bis zum Finanz- und Standesbeamten. Die Kompetenzen müssen, auch im Verhältnis zu anderen Kompetenzen, in einer demokratischen Bürgergesellschaft so transparent wie nur möglich werden. Verwaltungsbeamte sind im Grunde Bürgerbeauftragte.

Zur zweiten Frage: Fachkompetenz in den politischen Entscheidungen

Die mangelnde Fachkompetenz betrifft sowohl viele der gewählten Repräsentanten wie alle Wähler: Sie haben bisher keine Möglichkeit, bereichsspezifisch, also sachspezifisch abzustimmen. Unser gegenwärtiger Parlamentarismus ist dadurch geprägt, dass Allzuständigkeits- oder Allround-Parteien dem Bürger zur Wahl stehen. Der Wähler kann daher nur zwischen ganzen Bündeln von Parteipositionen wählen, in denen die einzelnen Sachpositionen keineswegs logisch zusammengehören. Die Positionen der Grünen in Bezug auf Ökologie haben z.B. sachlich nichts mit ihrer häufigen Vernachlässigung der nationalen Kulturfragen zu tun. Es käme darauf an, dass der Wähler bereichsspezifisch zu Sachfragen Stellung beziehen könnte, indem er die Möglichkeit hat, jeweils fachkompetente Vertreter zu wählen.

Die großen Sachbereiche des politischen Lebens sind in der Sicht jener anthropologisch begründeten Systemtheorie, die auf dem menschlichen Handeln und dessen Reflexionsstufen aufbaut: Wirtschaft, Politik, Kultur und Grundwerte. Diesen Systemebenen der Gesellschaft und der Politik im weiteren Sinne muss dringend institutionell Rechnung getragen werden, indem das Einheitsparlament (dem die besagten Allround-Einheitsparteien entsprechen) in Teilparlamente aufgeteilt wird, die in einem sowohl hierarchischen wie rückgekoppelten, kreislaufartigen Zusammenhang stehen: jeweils ein Teilparlament oder eine Kammer für 1. Wirtschaft, 2. Politik im engeren Sinn (Territorialpolitik, Sicherheit,

Außenpolitik, Rechtsentwicklung), 3. Kultur und 4. Grundwerte (Weltanschauung, Ethik, Religion, Spiritualität). Diese Teilparlamente sind jeweils **direkt und bereichsspezifisch** zu wählen. Dabei würden sich die Allzuständigkeitsparteien automatisch zu Sachparteien umwandeln, sofern nur die bisherige bereichsübergreifende Kartellbildung von einem neuen Parteiengesetz unterbunden wird. **Wenn jährlich eines der vier Teilparlamente gewählt würde, kämen diese Wahlen einer regelmäßigen Volksabstimmung über einen der großen Teilbereiche und damit über die jeweils akut anstehenden Sachfragen in Wirtschaft, Politik i.e.S., Kultur und Grundwerten gleich.** Die Kandidaten stünden nunmehr für ganz bestimmte Positionen in den jeweiligen Sach- oder Wertbereichen ein, die sie vor wie nach ihrer Wahl in den Medien öffentlich darlegen können. Sie würden im Hinblick auf diese Sachpositionen und nicht im Hinblick auf eine diffuse Parteizugehörigkeit im traditionellen Sinne gewählt. Zusätzlich sollte eine Regelung getroffen werden, dass Abgeordnete, die nicht dem Auftrag ihrer Wähler entsprechen, auch während ihrer vierjährigen Legislaturperiode abgewählt werden können bzw. sich neu zur Wahl stellen müssen.

Auf diese Weise wird eine **innere Synthese von repräsentativer und direkter Demokratie** realisiert (nicht bloß ein äußerlicher Mix zwischen ihnen). Denn das Wesen der direkten Demokratie ist Abstimmung über Sachfragen. Sachbereichsspezifische Wahlen von Repräsentanten, die für bestimmte Optionen in diesen Bereichen stehen, sind dadurch zugleich Abstimmungen über Sachfragen. Die historische Entgegensetzung von direkter und repräsentativer Demokratie ist somit überholt wie altes, zeitbedingtes Schulwissen.

Dies schließt nicht aus, dass sowohl zur ersten Durchführung dieser „viergegliederten“ Demokratie wie auch weiterhin das Instrument der Volksabstimmungen und der direkten Wahl von Bürgermeistern, Bundespräsidenten usw. zusätzlich genutzt werden kann, mindestens in dem Maße, wie es heute intendiert ist. Möglicherweise auch für große Richtungsentscheidungen wie etwa eine europäische Verfassung. Direkte Demokratie kann in größeren Gemeinwesen (überall, wo es über die Basisversammlung der direkt Betroffenen hinausgeht) nur so gut sein wie ihr repräsentativer Arm. Daher wird den ausschließlich direktdemokratischen Elementen außerhalb der bereichsspezifischen Wahlen hier nur eine flankierende, zusätzliche Bedeutung beigemessen im Vergleich zu jenen viel entscheidenderen jährlichen Repräsentanten-Wahlen, die zugleich Sachabstimmungen und daher selbst schon direkte Demokratie sind. Die zahlreichen Befürworter der direkten Demokratie sollten diese angezielte innere Einheit beider vermeintlich konkurrierenden Demokratieformen ernsthaft in Betracht ziehen, um weit über ihre bisherigen Forderungen hinaus auf eine realistische Synthese zielen zu können!

Wenn aus systemtheoretischer Sicht die besagte Vierheit der Subsysteme, die zugleich Wertstufen des Gemeinwesens sind, zu unterscheiden ist, woraus vier direkt gewählte Teilparlamente folgen, so besagt das nicht, dass nicht darüber hinaus gemeinsame Kommissionen aus jeweils zweien dieser Teilparlamente gebildet werden können, z.B. eine parlamentarische Kommission für Ökologie, die aus Vertretern der Grundwerteparlaments wie des Wirtschaftsparlamentes zusammengesetzt wäre. Wie schon erwähnt, ist das Verhältnis der Teilparlamente sowohl ein hierarchisches (1 bis 4 in aufsteigender Reihenfolge vom Wirtschafts- zum Grundwerteparlament), sondern zugleich ein zirkulär-rückgekoppeltes:

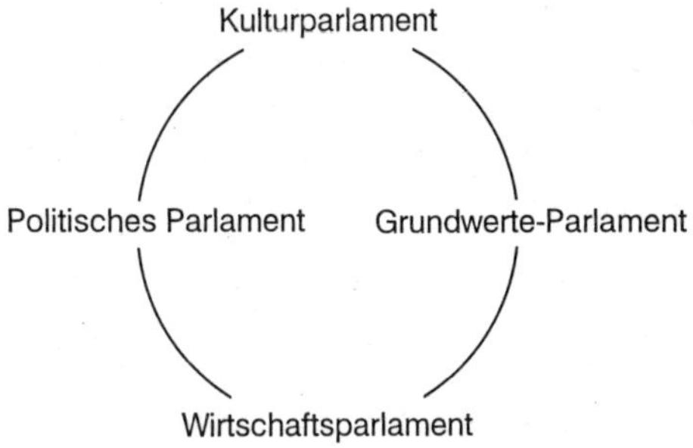

Die Subsysteme bzw. ihre Parlamente als Kreislauf

In dieser Darstellungsweise wird leichter deutlich, dass besonders die benachbarten Teilparlamente (aber auch die gegenüberliegenden) gemeinsame Kommissionen bilden können, ohne dass das Prinzip der bereichsspezifischen Beauftragung durch die Wähler damit angetastet würde. Eine Ökologie-Kommission aus Vertretern des Grundwerte- wie des Wirtschaftsparlamentes wäre besonders dringend: Dass innerhalb der Wirtschaftsberatungen sofort die Vertreter der ökologischen Grundwerte Berücksichtigung fänden. Solche gemeinsamen Kommissionen hätten jedoch einen völlig anderen Charakter als die Kommissionen der bisherigen Einheitsparlamente, welche Kommissionen stets Ableger der strukturellen Unsachlichkeitsparteien sind. In der neuen Regelung würden die Abgeordneten in transparenter Weise ihrem jeweiligem Auftrag, z.B. effiziente Wirtschaftspolitik bzw. tatsächliche Realisierung der Grundwerte, darunter die ökologischen, auch im Wirtschaftsleben, nachkommen, während der bisherige Wählerauftrag für die Abgeordneten der Einheitsparlamente sowohl Alles wie auch Nichts betrifft. Dass dies grundsätzlich nicht sachgerecht funktionieren kann, wird nur mangels bekannter Alternativen und aus einem längst überholten Demokratie-Triumphalismus bis dato verschwiegen.

Zugleich würde durch eine „hierarchische“ Vorrangregelung der Teilparlamente vom Grundwerte-Parlament über Kultur- und Politikparlamente bis hin zum Wirtschaftsparlament die bislang herrschende Dominanz der Wirtschaft über das gesamte gesellschaftliche Leben einem Primat der Grundwerterealisierung weichen – ohne dass jedoch „integralistisch“ unmittelbar mit dem Grundwerten allein Wirtschaftspolitik betrieben würde. Das Grundprinzip lautet vielmehr: gesellschaftliche Integration durch Differenzierung jeder Ebene in ihrer Eigengesetzlichkeit. Die heutige ohnmächtige Beschwörung von Werten, oft durch Appelle an die Moral der Einzelnen, würde einer tatsächlichen, institutionell ermöglichten Wertrealisierung weichen. Wir haben keinen Mangel an theoretisch akklamierten Werten, sondern an konkreter Wertrealisierung, die nicht primär ein individuell-moralisches, sondern ein strukturelles Problem darstellt.

Die für die vier großen Sachbereiche zur Wahl stehenden und durch die Medien bekannt zu machenden „Experten“ müssen sich als Vertrauensleute der Bevölkerung ausweisen. Dies gilt auch für den Zuwachs an **naturwissenschaftlichen Sachverstand**, den wir dringend in unseren Parlamenten brauchen, besonders im Grundwerteparlament, worin es unter anderem um ökologische und medizinische Ethik geht. Die Bevölkerung hat bei bereichsspezifischen Wahlen die Möglichkeit, gezielt die naturwissenschaftlich Kompetenten, die das Vertrauen der jeweiligen Mehrheiten in den Wahlkreisen gewinnen, in die Parlamente zu delegieren. Dieser Zuwachs an naturwissenschaftlicher Kompetenz ist für eine moderne Demokratie unerlässlich. Ähnlich können etwa ins Kulturparlament nicht Vertreter der Wissenschaften, sondern auch der künstlerischen Berufe direkt gewählt werden.

Zur dritten Frage: bürgerschaftliche Mitwirkung

Die im Vergleich zu unseren bisherigen Zuständen ungleich stärkere Einbindung der Bürger würde bereits durch die bereichsspezifischen Wahlen in unvergleichlichem Maße gewährleistet. Zur Viergliederung der Bereiche oder Systemebenen tritt jedoch eine Neubesinnung auf die Kompetenzen von **Staat** (als Rechtsordnung) – **Öffentlichkeit** und

privater Initiative. Diese Dreiheit der Organisationsformen ist zusätzlich zu den vier System- und Wertebenen zu sehen, wie folgendes, beide Gesichtspunkte zusammenfassendes Schema des staatlichen Hauses (gr. Oikos) verdeutlichen soll:

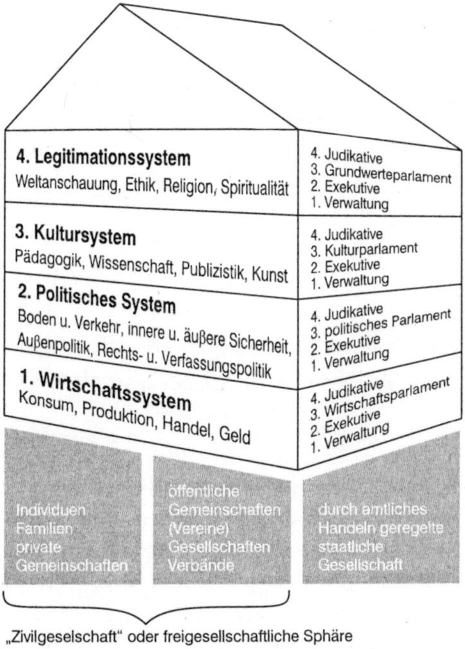

Die Verbindung zwischen den beiden, hier verbundenen Gliederungen des Gemeinwesens besteht darin, dass erst ihre deutliche Unterscheidung, also Nicht-Verwechslung es möglich macht, den **Grundsatz der bürgerschaftlichen Subsidiarität** zu verwirklichen: Soviel private und gemeinschaftliche Eigeninitiative wie möglich, soviel staatliche Regelung und Rechtsaufsicht wie nötig, damit sich bürgerschaftliche Freiheit und Initiative entfalten kann: sowohl im wirtschaftlichen wie im politischen wie im kulturellen wie schließlich im weltanschaulich-religiösen Bereich. In dieser Formulierung kommt die Kombination der beiden Gesichtspunkte (der systemtheoretischen wie der organisatorischen Gliederung) zum Ausdruck.

Es wäre jedoch ein Irrweg, die heute mit Recht aktuelle **zivilgesellschaftliche** Bewegung in Gegensatz zur überfälligen Besinnung auf die institutionellen Strukturen unseres **staatlichen** Gemeinwesens zu stellen. Die evolutionsgerechte Weiterentwicklung unserer erst in den Kinderschuhen steckenden Demokratien (aller bekannten) ist auf die bürgerschaftlichen Initiativen angewiesen – wie auch umgekehrt: Es gibt auf Dauer keine ernstzunehmenden zivilgesellschaftlichen Bewegungen, die nicht zugleich eine Revision der staatlich-rechtlichen Sphäre anzielen, statt sie als angeblich unerheblich oder überholt links liegen zu lassen."

Vgl. www.johannesheinrichs.de

(Prof. a. D. Dr. habil. Johannes Heinrichs,
zuletzt Humboldt-Universität zu Berlin)

Das hier in äußerster Kürze Umrissene wird ausführlich dargelegt in den Büchern des Verfassers:

- Revolution der Demokratie. Eine Realutopie, Berlin 2003 (444 S.)
- Demokratiemanifest für die schweigende Mehrheit. Die „Revolution der Demokratie" in Kürze, München 2005 (119 S.)

Resümee

Das vorhandene Personal des heutigen Systems ist nicht fähig, eine Besserung herbeizuführen (s. Kapitel Soziologie, Ökologie, Energiewirtschaft usw.), da die Mächtigen strukturell bedingt betriebsblind sind: Sie profitieren mehrheitlich von den Missständen und sind weder fähig noch motiviert, unter Gefährdung ihrer Positionen wirkliche Alternativen zu suchen. Von wenigen Ausnahmen abgesehen, sind sie vom Mittelmaß. Auch von Ökonomen wird die verheerende Unbildung der politischen Führungsschicht sowie wachsender Teile des Volkes beklagt und als das Hauptproblem der gegenwärtigen Lage bezeichnet (s. Kapitel Ökonomie). Das Grundübel liegt aber eigentlich in dem bestehenden System. Es verlangt vom deutschen Abgeordneten nicht, die persönliche Verantwortung zu übernehmen. Zugunsten der Auffassung von Parteifraktion muss er sogar seine individuelle Auffassung zurückstellen. Er soll also keine entscheidende Verantwortung übernehmen. Der einzelne Abgeordnete muss sich den Systemanforderungen fügen, und dadurch ist die politische Klasse als Ganzes für das mangelhafte System verantwortlich. Unter solchen Umständen wird die Kreativität unterdrückt, die unerlässlich wäre, um die Probleme der Gesellschaft überhaupt einigermaßen lösen zu können. Stattdessen wird die Anfälligkeit für die Korruption gefördert. Fazit: In einem schlechten System kann man nicht durchgreifend Gutes bewirken (s. Kapitel Soziologie).

„Wir brauchen verbindliche ethisch-humanistische Grundsätze, deren Nichteinhaltung negativ sanktioniert werden muss... Der Kapitalismus ist das Grundproblem unserer Zeit, ihn müssen wir zivilisieren.“ (Dr. Joachim Federwisch Neue Gesellschaft e. V. Hamburg)

„Gebraucht werden jedoch neue und pragmatische Lösungen, die unter den gegebenen gesellschaftlichen Bedingungen realisierbar sind. Da die aktuellen Problematiken neu sind, kann man nicht erwarten, dass man auf alte Rezepte zurückgreifen kann... Deutschland muss von seiner Staatsfixiertheit loskommen, ohne andererseits die Rolle des Staates bei der Organisation des Gemeinwesens klein zu reden. Lieber weniger, aber knackige Regeln als eine Wust von Detailregelungen, die in ihrer Gesamtheit eine große Unübersichtlichkeit schaffen.“ (Prof. Dr. Ursula Hoffmann-Lange Universität Bamberg)

Die Bürgerinnen und Bürger müssen mehr Verantwortung bekommen und *„über wichtige Themen selbst entscheiden können. Auch dann würden sich viele Experten zu Wort melden – mit dem Vorteil, dass der Diskussionsprozess öffentlich abläuft.“* (Katrin Tober Mehr Demokratie e. V. Bremen)

Die *„Einführung der Volksabstimmung auf Bundesebene aufgrund der Ermächtigung des Art. 20 Abs. 2 GG („Abstimmungen“) durch ein einfaches Bundesgesetz, um die 2/3 Mehrheit für eine GG-Ergänzung zu umgehen,“* könnte ohne weiteres erfolgen. (RA Karl-Heinz Führen Soest)

Um die Erhöhung der Entscheidungsgeschwindigkeit zu erreichen und die Einheitlichkeit der Lebensverhältnisse in Deutschland zu verwirklichen, schlägt RA Führen (Soest) vor: *„Optimal wäre vor dem Hintergrund eines zusammenwachsenden Europas und der Verlagerung von nationalstaatlichen Kompetenzen auf die EG, dass die historisch gewachsene bundesstaatlichen Struktur der BRD den veränderten Zeitumständen rechtzeitig(!) angepasst wird. Dies bedeutet in* *der Konsequenz, die Kleinstaaterei innerhalb Deutschlands aufzulösen und den Bundesstaat in einen Einheitsstaat mit dezentraler Organisation umzuwandeln (Umwandlung der Länder in zentral staatl. Verwaltungseinheiten).“*

Um die Fachkompetenzen der Politik zu steigern, brauchen wir auch eine solche Presse, *„die keine Hofberichterstattung (praktiziert), sondern sich u. a. damit befasst, wie der einzelne Abgeordnete lobbymäßig eingebunden ist und wie sich seine Tätigkeit im jeweiligen Parlament darstellt.“* (RA Siegfried Bratke, Düsseldorf)

Der letzte Beitrag von Professor Heinrichs zeigt, wie eine gut funktionierende repräsentative und gleichzeitig direkte Demokratie aufgebaut werden könnte. Seine Visionen führen auf jeden Fall aus der Sackgasse heraus, wo wir uns zurzeit befinden. Seine Vorschläge sind nicht nur realistisch, sondern durchaus auch realisierbar. Sie zeigen einen gangbaren Weg zu einem menschenwürdigen Leben in allen Staaten dieser Welt.

Es steht auf jeden Fall fest, dass sich unsere Zivilisation grundlegend ändern muss, um auf dieser Erde menschenwürdig leben zu können. Die heutige Zivilisation entschuldigt sich für ihr Nichtstun mit der angeblichen Richtungssicherheit des Marktes, obwohl gerade der Markt (der Kampf um die höchste Rendite) dafür gesorgt hat, dass die Erde immer mehr ausgebeutet wurde (s. Kapitel Ökonomie). Sie vertritt sogar die bequeme Irrmeinung, dass es politisch nur die Alternative „Markt“ oder „Sozialismus“ existiere, und huldigt gleichzeitig dem Fatalismus, dass man doch nichts ändern kann. Eine starke Zivilisation kann sich sehr wohl ändern. Es ist aber ebenso utopisch wie auch töricht, von dem gegenwärtigen System zu erwarten, dass es einen Heilungsprozess einleitet. Die heutigen Politiker können kaum die geeigneten Interpreten eines Heilungsprozesses sein. Sie sind schließlich aufgrund ihrer politischen und ökonomischen Strategien für die Zerstörungen und den Werteverfall verantwortlich und gleichzeitig die Hauptnutznießer des Systems. Wir brauchen angesichts der vorhandenen und bevorstehenden enormen

Probleme dringend eine hochkarätige, fachkundige Führungsschicht. Wir sind gefordert, uns solche Rahmenbedingungen zu schaffen, die unsere Kreativität und Kooperationsbereitschaft nicht hemmt, sondern fördert. Worauf warten wir eigentlich? Gute Ideen und geeignete, gute Fachkräfte mit Visionen, um alles besser zu machen, haben wir genug. Mit der Lösung unserer Probleme würden wir sogar nicht nur uns selbst helfen. Diese Aufgabe hat eine viel größere Perspektive und positive Wirkung für viele, die wir uns jetzt vielleicht noch nicht einmal vorstellen können. Es lohnt sich in jeder Hinsicht, anzupacken. Wir, die Bürgerinnen und Bürger dieses Landes, sind also gefragt.

Beiträge von:

RA Siegfried Bratke, Vorstandsmitglied der Vereinigung Demokratischer Juristinnen und Juristen e. V., Düsseldorf

Univ.-Prof. Dr. Jürgen W. Falter, Johannes Gutenberg-Universität Mainz

Dr. Joachim Federwisch, Geschäftsführer der Neuen Gesellschaft e.V. Hamburg

RA Karl-Heinz Führen, Leiter der Fortbildung, Studieninstitut Soest

Prof. a. D. Dr. habil. Johannes Heinrichs, zuletzt Humboldt-Universität zu Berlin

Prof. Dr. Ursula Hoffmann-Lange, Universität Bamberg

Dr. Eckhard Kochte, Sprecher des Vorstandes Mehr Demokratie e. V. LV. Hessen

Katrin Tober, Pressesprecherin, Mehr Demokratie e. V. Bremen

RA Horst Trieflinger, Vorsitzender des Vereins gegen Rechtsmissbrauch e. V., Frankfurt am Main

Prof. Dr. Albrecht Weber, Universität Osnabrück

Weitere Literaturhinweise

Arnim, Hans H. von: Fetter Bauch regiert nicht gern (Kindler, München 1997)

Arnim, Hans H. von: Staat ohne Diener (Kindler, München 1993)

Csikszemtmihalyi, Mihály: Flow im Beruf (Klett-Cotta, Stuttgart 2004)

Diamond, Jared: Arm und Reich (Fischer, Frankfurt am Main 2006)

Heinrichs, Johannes: Revolution der Demokratie (Maas, Berlin 2003)
Heinrichs, Johannes: Demokratiemanifest (Steno, München 2005)
Mehr Demokratie, Zeitschrift für direkte Demokratie, Nr. 3/2006, München
Reader's Digest Deutschland Juni 2007
Rheinische Post vom 4.11.2006, Düsseldorf
Westfälische Rundschau vom 4.11.2006, Lüdenscheid

Kapitel 4

Ökonomie

von Wolfram Elsner

Einleitung – Die Fragen der Initiatorin an die Ökonomen

Die Initiatorin dieser Mobilisierung von Wissenschaftlern aller Disziplinen argumentierte in ihrer Anfrage an die Ökonomen etwa folgendermaßen: Ziel einer menschlichen Gesellschaft sollte sein, dass der Mensch mit seinen Bedürfnissen, Problemen und Fähigkeiten im Mittelpunkt der gesellschaftlichen Entwicklung steht. Dies war in der bisherigen Geschichte der Menschheit selten der Fall, obwohl Bestrebungen in diese Richtung immer wieder stattfanden. Auch heute scheint es kaum anders zu sein, weil sich die kapitalistische Marktgesellschaft fast ausschließlich, und in den letzten drei Jahrzehnten wieder zunehmend, auf den *„Markt"* als den Regulator aller wirtschaftlichen und gesellschaftlichen Beziehungen bezieht. Alle menschliche Energie wird damit zunehmend dem Zwang unterworfen, sich in *Gebrauchsgüter* verwandeln zu müssen. Man kann damit ohne Anwendung von Gewalt, nach den angeblich zwingenden „Marktbedingungen", menschliche Energie und Fähigkeiten entweder nutzen und austauschen oder als wertlos erklären, wenn sie gerade einmal nicht gefragt sind. Und die meisten Menschen müssen nun mal zum Leben ihre Arbeitskraft verkaufen. *Selbstvermarktung* der eigenen Kräfte und Fähigkeiten wird für die große Mehrheit der Menschen immer wichtiger. Die Menschen müssen zunehmend Verkäuferqualitäten erwerben, um ihre Person und ihre Leistungen täglich zu verkaufen. Dabei sollte man dem Arbeitgeber auch noch möglichst ein ausgeglichenes Privatleben nachweisen können.

Allerdings wird der Unterschied zwischen dem traditionellen produktiven Unternehmer und dem reinen Finanzkapitalisten immer wichtiger. Der produktive (zumal kleine und mittelständische) Unternehmer verdient sein Geld auch durch Einsatz seiner eigenen Arbeit, während der reine Kapitalgeber und *„Finanzinvestor"* im Grundsatz ohne eigene Arbeit sein Einkommen bezieht. Er ist auf die produktive Arbeit anderer angewiesen. Die *„Finanzindustrie"* verfügt heute aber über ein Vielfaches dessen, was real an Sozialprodukt in einem Jahr hergestellt wird. Sie bestimmt daher mit ihrer hochriskanten, spekulativen und in der Regel kontra-produktiven Tätigkeit fast vollständig die wirtschaftlichen und sozialen Bedingungen.

Die *Hierarchie der Werte* in den vorherrschenden wirtschaftlichen Strukturen scheint eindeutig: Materieller Besitz hat Vorrang vor jedem Lebendigen. Dieses *„Haben-Wollen"* scheint Zeichen eines sozialethischen Steinzeitalters. Der Mensch soll sich frei und unabhängig fühlen, aber angesichts dieser Wertehierarchie und der Mechanismen ihrer Realisierung (über Konsum und gewinnbringende Produktion und Spekulation) muss er dennoch bereit sein, sich kommandieren und reibungslos in die Wirtschaftsmaschine einfügen zu lassen.

Der Mensch ist in der Folge nicht nur der Natur und sich selbst sondern ebenso seinen Mitmenschen *entfremdet*. Gute zwischenmenschliche Beziehungen sind jedoch ein primärer Gesundheitsfaktor. Arbeitsmedizinische Studien belegen, dass Arbeitsbedingungen, die von Beziehungsschwierigkeiten und von ständiger *Regulation und Kontrolle* geprägt sind, zur führenden *Krankheitsursache* geworden sind. Die Entfremdung von der Natur schließlich macht sich bemerkbar an den immer größer werdenden *ökologischen Schäden*. Aufgrund der wachsenden ökologischen Schäden und der abnehmenden Qualität der zwischenmenschlichen Beziehungen nehmen verschiedene Gesundheitsstörungen, z. B. Infektionskrankheiten, rasant zu. Der gleiche Verursachungskomplex führt auch zu Naturkatastrophen, zu Verlusten an fruchtbaren Böden, zum Aussterben vieler Tier- und Pflanzenarten, zu stets knapper werdenden Ressourcen und nicht zuletzt zu mehr Kriegen.

Die Protagonisten der „Marktgesetze" sehen den Menschen nur als Produktionsfaktor. Alte sind notgedrungen nur noch

Kostenfaktor. Löhne müssen niedrig gehalten werden. In ähnlicher Weise sind Umwelt- und Klimaschutz nur Kostenfaktoren. Dies, obwohl z.B. der Bericht des ehemaligen Weltbank-Chefökonomen Nicholas Stern warnt, dass Nichthandeln gegen den Klimawandel eine neue Weltwirtschaftskrise auslösen kann und die möglichen Kosten durch die Klimakrise höher als die Weltkriegschäden liegen.

Die *Ökonomisierung* aller Lebensbereiche in einem um sich greifenden *de-regulierten* und aus den gesellschaftlichen Institutionen „entbetteten" *Markt* führt also offenbar nicht zu positiven Ergebnissen. Die einseitige Fixierung auf Gewinnmaximierung sowie das Fehlen langfristiger Konzepte und sozialer Verantwortung vernichtet nicht nur Arbeitsplätze sondern verdirbt auch das soziale Klima. Die vorhandenen wirtschaftlichen Strukturen und Mechanismen scheinen den Bedürfnissen der Menschen nicht mehr gerecht zu werden.

Da Wirtschaftsysteme jedoch keineswegs unabänderlichen Gesetzen folgen, können wir die Strukturen und Mechanismen u. U. ändern. Wettbewerb könnte produktiv sein, wenn er unter Bedingungen stattfindet, die sicherstellen, dass die individualistischen Handlungen für das Gemeinwohl nützlich sein müssen, so wie sich die ökonomischen Klassiker das erhofft hatten. Diese Umfrage zielt daher darauf ab, wie man die vorhandenen wirtschaftlichen Strukturen und Mechanismen menschengerechter gestalten könnte.

Die Fragen der Umfrage:

Welche Maßnahmen wären notwendig, um den Kostenfaktor-Status des Menschen zu beseitigen und das herrschende „Märkte"-System wirklich für das Gemeinwohl nützlich zu machen?

Mit welchen Maßnahmen könnte man erreichen, dass die Finanzmärkte menschenwürdig werden?

Die Beiträge: Positionen von Wirtschaftswissenschaftlern zur Reform von Wirtschaft und Gesellschaft

Elf Universitäts- und Fachhochschulprofessoren der ökonomischen Profession haben mit kurzen analytischen und konzeptionellen Stellungnahmen auf die provozierenden Fragen der Initiatorin reagiert.

Zwei dieser Stellungnahmen haben den Charakter ausgearbeiteter Argumentationspapiere. Sie werden im Folgenden unverändert dokumentiert. Diese beiden Beiträge bauen faktisch aufeinander auf: Die erste dieser beiden längeren Stellungnahmen hat den Charakter eines Thesenpapiers (ohne formalen Literaturapparat), das einen *grundlegenden theoretischen Paradigmenwechsel* hin zu einer konsequenten *Interaktionsökonomik*, also einer im theoretischen Sinne *Sozio-Ökonomik* in *evolutionärer institutionenökonomischer* Perspektive diskutiert. Die theoretische „Tiefenstruktur" dieser modernen „heterodoxen" Argumentation lautet: *Komplexe* sozio-ökonomische Strukturen in der Realität – komplexe, ergebnisoffene sozio-ökonomische *Prozesse* – gesellschaftliche, kollektive, gelernte sozio-ökonomische Verhaltensregeln als transparente und gestaltungsfähige gesellschaftliche Problemlöser.

Die zweite dieser beiden längeren Stellungnahmen hat den Charakter eines ausgearbeiteten Buchbeitrages, in pragmatischer, *handlungsorientierter* und auch politischer Perspektive. Dieser spannt den Argumentationsbogen von den realistischen *„motivationalen" Grundlagen* der Sozio-Ökonomie hin zur *Neugestaltung* von gesellschaftlichem und politischem System und dessen „Governance"-Strukturen.

Die weiteren neun Stellungnahmen sind mehr oder weniger kurze analytische bzw. konzeptionelle Gedanken und Vorschläge, die im Weiteren in ihren zentralen Aussagen, also in der Regel auszugsweise, dokumentiert werden.

Die zwei längeren Stellungnahmen:

Die „Markt"-Wirtschaft an die Bedürfnisse des Menschen anpassen von Wolfram Elsner

I.

Die „Markt"-Wirtschaft ist keine Marktwirtschaft. Der „Markt" als ideales System existiert nur als abstraktes mathematisches Modell einer (auch nur partiellen) Ökonomie. Nur dort kann er als ein funktionierendes „optimierendes", gleichgewichtiges und stabiles System dargestellt werden (als Gesamtökonomie ist ein abstrakter idealer Markt mit einem „optimalen" stabilen Gleichgewicht selbst mathematisch nicht mehr darstellbar).

Die wirtschaftliche Realität hat – entgegen den Behauptungen und Suggestionen von Politik, Unternehmensvertretern, Medien und großer Teile der Sprecher der Volkswirtschaftslehre – mit einem optimalen Marktsystem nichts zu tun. Reale Märkte sind spontane dezentrale Systeme, in denen Preise eine gewisse, allerdings schwer zu definierende und höchst ambivalent zu beurteilende Rolle spielen. Ein realer Markt ist nur so gut, wie die gesellschaftlichen Regeln, Ermöglichungen und Beschränkungen wirtschaftlichen Verhaltens, in die er eingebettet ist. Erst im Rahmen der gesellschaftlich gelernten und ggf. kollektiv bestimmten Koordinationsmuster, Normen und Werte wird aus einem Markt ein brauchbares Hilfsinstrument (unter vielen anderen) zur Erreichung wirtschaftlicher und sozialer Ziele einer Gesellschaft. Ohne Einbettung in gesellschaftlich gelernte Verhaltensregeln und Werte können Märkte alles und nichts sein, können sie Gutes, aber auch denkbar schlimmste gesellschaftliche Ergebnisse hervorbringen.

Als spontane dezentrale Mechanismen sind reale Märkte auch Machtsysteme, in denen Große und Mächtige i.d.R. immer großer und mächtiger werden. Märkte haben daher die Tendenz zur Selbst-Pervertierung und Selbst-Aufhebung, wie bereits die ökonomischen Klassiker des 18. und 19 Jahrhunderts genau wussten und ausführlich behandelten. Um Selbst-Pervertierungen zu vermeiden, müssen Märkte in die gesellschaftlichen Verhaltensregeln und Werte, die sie erst leistungsfähig machen, sowie in entsprechende normative Beschränkungen eingebunden werden.

Unter dem sog. Neo-Liberalismus (ein Gedankensystem, das die klassisch-liberalen Ideen in höchst missverstandener Weise auf die heutige Zeit übertragen will) sind seit etwa dreißig Jahren systematisch und langfristig geplant alle gesellschaftlichen Einbettungen der Märkte staatlich-bürokratisch im Interesse der mächtigsten Akteure und Finanzverfüger hinwegreguliert und an die mächtigsten privaten Akteure verkauft worden (De-Regulierung und Privatisierung). Derart „entbettete“ Märkte pervertieren und degenerieren allerdings nur umso schneller. Sie erhöhen das ohnehin bestehende Niveau an Unsicherheit und Turbulenz, und die sozio-ökonomischen Prozesse geraten zunehmend aus den Fugen, werden nicht mehr steuerbar und entfernen sich von den menschlichen und gesellschaftlichen Zielen, Werten und Regeln.

Selbst größte und mächtigste Unternehmensakteure („global player“) in den de-regulierten globalen Märkten sind immer größer werdenden Unsicherheiten und Turbulenzen ausgesetzt. Ihnen fehlen nun zunehmend, wie natürlich ohnehin bereits den vielen kleinen und mittleren Akteuren, die Ermöglichungen, festen Informationen und Orientierungshilfen (einschl. formeller Beschränkungen), die ihnen längerfristiges und rationaleres Handeln erst ermöglichen würden. Daher degenerieren Märkte umso schneller, weil die spontane individualistische Reaktion in den Märkten nun ist und sein muss, dass man durch Ausdehnung der eigenen Macht und durch entsprechend rücksichtloses Vorgehen wieder ein Stück der verloren gegangenen Sicherheit und Kontrolle über seine Umfeldbedingungen zurückzuerlangen versucht. Dadurch nehmen Machtzusammenballung und Finanzkonzentration drastisch zu und übersteigen zunehmend jegliches menschliche Mass.

Da die Qualität der produktiven Tätigkeiten und die Problemlösungsfähigkeiten im breiten sozio-ökonomischen Sinn dadurch massiv nachlassen, werden produktive Kapazitäten und Wohlstand eher beschränkt als erhöht, während zugleich die enthemmten rein spekulativen Finanzvermögen explodieren. Die individualistische Rationalität des kompensatorischen Kontrollverhaltens der Mächtigsten und Reichsten führt z.B. zur Bildung globaler hierarchischer Zuliefernetzwerke mit Zehntausenden von in mehreren Schichten untergeordneten Unternehmen und Betrieben und mit Millionen von arbeitenden Menschen, die direkt oder indirekt, wissend oder nichtwissend von den Entscheidungen der Zentralen abhängig sind („hub&spoke-Netzwerke“). Eine gigantische faktische Vergesellschaftung der produktiven Mittel unter sozialen Beziehungsverhältnissen (oligarchische Entscheidungsstrukturen), die dazu in krassem und zunehmendem Widerspruch stehen – ein Widerspruch zwischen „Produktivkräften“ und „Produktionsverhältnissen“, wie sie sich selbst ein Herr Marx nicht ansatzweise vorstellen konnte.

Produktives Handeln und Erweiterung von Kapazitäten, Fähigkeiten und Wohlstand ist nicht mehr vorgegebenes gesellschaftliches Ziel für die Unternehmen in den de-regulierten Märkten. Dieses Ziel, zu dem Märkte nur unter bestimmten gesellschaftlichen Vorgaben beitragen können, ist abgelöst worden durch erzwungene begrenzt-individualistische Rationalität und v.a. durch den Wettlauf um die Kontrolle der immer turbulenteren wirtschaftlichen, sozialen und natürlichen Umwelt und um den entsprechenden Macht- und Finanzmittel-Zuwachs. Ein globales spekulatives Macht-Roulette ohne jegliche rationale Steuerung, mit dem Ergebnis, dass unter den hundert größten wirtschaftlichen Einheiten der Welt inzwischen nur noch eine kleine Minderheit Staaten und eine große Mehrheit Konzerne sind. Jährlich wird inzwischen etwa das 80-fache des produktiven Ergebnisses der Welt (Weltsozialprodukt) in Form von Finanzspekulationen als Einkommens- und Vermögenszuwachs realisiert.

II.

Das Grundproblem realer Märkte – und erst recht von entbetteten Märkten, die nach dem ideologisierten Ideal ökonomisch-mathematischer Modelle de-reguliert wurden, zugunsten der Interessen der mächtigsten Akteure (die aber letztlich das turbulente System auch nicht stabilisieren können) – ist, dass die Ökonomie eben kein isoliertes System ist, das nach eigenen „rein ökonomischen“ Regeln funktionieren könnte. Vielmehr ist Ökonomie ein offenes und mit dem sozialen und dem natürlichen System extrem interdependentes Teilsystem.

Ökonomie ist an der Basis der einzelnen (mikroökonomischen) Verhaltensweisen oder Entscheidungen ein direkt interdependentes System, in dem das Ergebnis eines einzelnen Akteurs nicht nur von seinen eigenen Entscheidungen sondern unmittelbar auch von den Entscheidungen anderer abhängen. Damit ist originär eine komplexe, gesellschaftliche, kollektiv zu koordinierende Entscheidungssituation gegeben, die der Vorstellung von isoliert maximierenden individuellen Akteuren, die ihrer individualistischen „Rationalität" folgen (um danach „optimal" von einem „Markt" koordiniert zu werden), die Grundlage entzieht. Wirtschaftliche Entscheidungen sind damit originär sozio-ökonomische Entscheidungen, insofern als sie interdependente Mehr-Akteure-Entscheidungen sind. Diese sind originär durch anfängliche echte strategische Unsicherheit („Was wird der andere tun?") gekennzeichnet, also durch massive Informationsunzulänglichkeiten. Diese wiederum generieren sog. echte Unsicherheit und damit komplexe Entscheidungsprobleme, die individualistisch nicht gelöst werden können.

Eine produktive, wohlstandsmehrende, rationale Entscheidung setzt wiederholte Interaktionsprozesse mit einer gewissen Stabilität der Interaktionsarenen, also mit nicht allzu viel Turbulenz, „Flexibilität" und Mobilität voraus, eine Stabilität lokaler und regionaler Communities, in denen die Akteure sich bewusst werden können, dass sie eine gemeinsame Zukunft miteinander haben und sich für nicht-koordiniertes Verhalten künftig bestrafen können, sich für koordiniertes Verhalten aber auch gegenseitig belohnen können. Zuviel räumliche Mobilität zerstört mit den Communities auch das gesellschaftliche Committment und das Vertrauensniveau. Heute wird genau dies weltweit bewusst, und es wird inzwischen sogar von Weltbank, OECD, EU und anderen untersucht, wie das allgemeine „Trust"-Niveau die wirtschaftliche Leistungsfähigkeit positiv beeinflusst. Sozio-Ökonomen haben dies in ihren Analysen und Reformvorschlägen seit jeher berücksichtigt und begründet – aber die offiziellen wirtschaftlichen und politischen Strategien blieben stets „neo-liberal", „markt"-fundamentalistisch, und damit den Interessen der Mächtigsten unterworfen.

Erst der stabile gesellschaftliche Rahmen wiederholter Interaktionen schafft den Raum für soziale Abstimmungs- und Lernprozesse, in denen die notwendige Koordination als System sozialer Verhaltenregeln erlernt und eingeübt werden kann. Typischerweise sind die o.g. Interdependenzsysteme zugleich kollektive Entscheidungsprobleme, in denen jeder Akteur im Prinzip Informationen, z.B. über sein künftig beabsichtigtes Verhalten, über sein Committment, seine Bereitschaft zum Beitrag, liefern muss, um die produktive Koordination zu ermöglichen, in der er aber zugleich die Möglichkeit hat, diesen Beitrag nicht zu liefern und die anderen individualistisch auszubeuten, in der Hoffnung, dass die anderen ihre Beiträge liefern (Trittbrettfahrer- bzw. Kollektivgut-Problem, „Commons"- oder Allmende-Problem). Diese echten wechselseitigen Informationsdefizite und kontraproduktiven Anreizstrukturen in den „Märkten" sind Kern des sozialen Dilemmas, wonach wechselseitige kooperative Beiträge erforderlich wären, aber individualistische Anreize bestehen, diese Beiträge nicht zu leisten sondern als Trittbrettfahrer „durchzukommen". Versuchen aber alle, sich individualistisch „durchzuwursteln", landen alle zusammen in einer denkbar schlechten ökonomischen Situation, in der oft genug wichtige kollektive Innovationen nicht zustande kommen.

Die kooperativen Beiträge können also nach individualistischer Rationalität nicht erbracht werden sondern verlangen einen Prozess des gesellschaftlichen Erlernens von sozialen Grundregeln der Koordination und Kooperation, die gesamtgesellschaftlich möglichst klar abgesichert werden. In „neo-liberalen" Regimen aber werden die individuellen Akteure eher ermuntert, angereizt und de-sozialisiert, die Beiträge zum kollektiven sozialen Zusammenhang und zu den „gemeinsamen Gütern" (allgemeine Informationen, Innovationen, soziale und ökologische Kollektivgüter etc.) nicht zu leisten. Tatsächlich kann aber der gesellschaftliche Koordinationszusammenhang (z.B. die gemeinsame Nutzung zentraler gesellschaftlicher Informationen) nicht auf Basis individueller Rationalität entstehen sondern nur als habituelle Regel, die gemeinschaftlich gelernt und unterstützt wird, bei der wir aber individuelle Rationalität gerade nicht anwenden.

Der gesamtgesellschaftliche, sozio-ökonomische Zusammenhang wird erst durch eine „Kultur", d.h. ein System gemeinschaftlich in wiederholten Interaktionen gelernten informellen und habitualisierten sozialen Regeln („Institutionen") hergestellt, mit denen die Akteure die dilemmabehafteten und komplexen grundlegenden ökonomischen Entscheidungsprobleme überwinden können. Es handelt sich um eine gelernte Koordination, die kooperatives Verhalten als halb-bewusstes Verhalten nach einer längerfristigen und gesellschaftlich breiteren Rationalität ermöglicht und damit die meisten grundlegenden ökonomischen Probleme der Produktion und Innovation sowie des Umgangs mit sozialen und ökologischen Ressourcen erst lösen kann.

III.

Damit schließt sich der Kreis von der Analyse der grundlegenden sozio-ökonomischen Ausgangstatbestände hin zu einer notwendigen Reform, um die „Märkte“ wieder gesellschaftlich einzubetten, gesellschaftlich wieder produktiv werden zu lassen und auf menschliches Maß zurückzuführen, ökonomische Probleme zu lösen und wieder zum nachprüfbaren Hilfsinstrument für gesellschaftliche Ziele werden zu lassen statt weiterhin als goldenes Kalb nur Selbstzweck und Selbstwert bzw. Instrument der mächtigsten und reichsten Akteure zu sein. Die Lösungswege gehen in Richtung auf die Gestaltung der Bedingungen für stabile langfristige Interaktions- und Lernprozesse, für eine Kultur der Kooperation und Vernetzung, der Informationstransparenz, der reduzierten Ungleichheiten und Asymmetrien, der Transparenz über die wechselseitigen negativen oder positiven „Spill-over“-Effekte, der Entstehung gesellschaftlicher Institutionen, allgemeinen Committments und allgemeinen Vertrauensniveaus. Insgesamt ein gemischtes System bestehend aus vielfältigen ökonomischen Strukturen: informellen gesellschaftlichen Institutionen- (Regel-) Systemen, kooperativen Netzwerk-Formen, privaten und öffentlichen formellen Organisationshierarchien.

Dafür gibt es inzwischen eine breite Debatte auch innerhalb der internationalen Wirtschaftswissenschaften, die auch neuartige wirtschafts- und gesellschaftspolitische Strategien einbeziehen (Konzepte der „interaktiven“ bzw. „kooperativen“ Wirtschaftspolitik), die allerdings einen demokratisch gestärkten und zu Rahmenvorgaben gegenüber den „Märkten“ fähigen Staat und eine partizipatorische demokratische Kultur der Klärung der öffentlichen Güter, Werte und Ziele voraussetzt. Hier würde ein wirtschaftsstrukturelles Reformprogramm beginnen, das auch angesichts von „Globalisierung“

lokale, regionale, nationale, kontinentale und globale öffentliche Handlungsfähigkeiten herstellt. Auch die Finanzmärkte wären wieder an lokale und regionale interaktive produktive Aktivitäten rückzubinden (lokales, „geduldiges" und echtes Risiko-Kapital etc.). Ebenso wie der erste Schritt auf den Finanzmärkten eine „Tobin-Steuer" wäre, wäre die Herstellung eines bewussten Interdependenzzusammenhangs in Form von neuartigen Netzwerk- und „Open-Source"-Kulturen der notwendige strukturelle Schritt einer Rückbindung der „Märkte" an menschliches Maß und menschliche Bedürfnisse.

(Prof. Dr. Wolfram Elsner,
Universität Bremen)

Der generelle Charakter motivationaler Verdrängungseffekte: Konsequenzen für Verfassung, Gesetzgebung und öffentliche Verwaltung

von Gerhard V. Krönes

1. Problemstellung

Die jüngste Mitarbeiterbefragung des Gallup-Instituts ergab, dass 18% der Beschäftigten in Deutschland innerlich gekündigt haben, 70% „Dienst nach Vorschrift" leisten und lediglich 12% eine emotionale Bindung an „ihren" Betrieb bekunden und als engagiert bezeichnet werden können.[1] Gleichzeitig finden sich zahlreiche Indizien für mangelnden Bürgersinn: Nichtteilnahme an Wahlen[2], Wahl extremer Parteien, Steuerhinterziehung, Vandalismus[3], zunehmende Gewaltbereitschaft und Gewalttätigkeit gegenüber Personen[4], Korrupti-

---

1 Vgl. O.V., Frust im Job, in: Die Welt online vom 19. Januar 2004, Pressedienst von The Gallup Organization Deutschland.

2 Vgl. z.B. Matthias Krupa, Heut mal ohne mich, in: Die Zeit, Nr. 14 vom 30. 3. 2006, S. 4.

3 Vgl. z.B. Münchner Verkehrsgesellschaft, Seit dem Jahr 2000: 66 Prozent mehr Vandalismusschäden bei SWM/MSG, Pressemeldung vom 31.3.2005, http://www.mvg-mobil.de/presse/presse_2005/31.03.2005.htm, Recherche vom 19.4.2006.

4 Vgl. Bundesministerium des Innern, Polizeiliche Kriminalstatistik 2004 (Berlin 2005), S. 4 und dass., Kriminalstatistik 2005 (Berlin 2006), S. 5.

on[5], Subventionsbetrug und Selbstjustiz. Von beträchtlichen Schwierigkeiten in der Kindererziehung zeugt schließlich der Umstand, dass die Inanspruchnahme von Erziehungs- und Familienberatungsangeboten zunimmt.[6]

Die drei Befunde haben nur scheinbar nichts miteinander zu tun. Tatsächlich sind sie auf ein Grundproblem menschlicher Herrschaft über Menschen zurückzuführen, das sich in Familien ebenso findet wie in Unternehmen und im Staat. Herrschaftsausübung von Eltern, Vorgesetzten und Staatsorganen kann ähnliche Verhaltensmuster bei Kindern, Mitarbeitern und Bürgern hervorrufen. Den Fokus auf gemeinsame motivationale Wurzeln dieser Verhaltensmuster zu richten bedeutet freilich nicht zu verkennen, dass menschliches Verhalten in der Regel nicht monokausal ist. Nur muss sich der vorliegende Beitrag wegen räumlicher Beschränkungen auf einen Aspekt konzentrieren.

2. Herrschaftsausübung als Gegenstand der Prinzipal-Agenten-Theorie

Die Prinzipal-Agenten-Theorie (auch: Agenturtheorie) analysiert die Anreizgestaltung primär in marktlichen, aber auch in hierarchischen (intraorganisationalen) Auftraggeber-Auftragnehmer-Beziehungen.[7] Der Auftraggeber heißt Prinzipal, der Auftragnehmer Agent. Die Beziehung zwischen beiden Parteien gründet auf einem Vertrag, der die Leistung des Agenten und Gegenleistung des Prinzipals, insbesondere die Bezahlung, regelt. Soll die Agenturtheorie die heuristische[8]

---

5 Vgl. Peter Eigen, Das Netz der Korruption, Frankfurt/Main 2003, insb. S. 138 ff., ferner Bundeskriminalamt, Bundeslagebild Korruption 2004, o.O. 2005, insb. S. 12 f.

6 Vgl. z.B. Statistisches Landesamt Berlin, Soziale Leistungen, http://www.statistik-berlin.de/statistiken/sozialleistungen/i-jhl1-2.htm, Recherche vom 11.5.2006 und Statistisches Landesamt Baden-Württemberg, Kinder- und Jugendhilfe, http://www.statistik.baden-wurttemberg.de/GesundhSozRecht/La..., S. 1 f., Recherche vom 11.5.2006.

7 Vgl. z.B. Matthias Kräkel, Prinzipal-Agenten-Ansatz, in: Handwörterbuch Unternehmensführung und Organisation, 4. Aufl., hrsg. von Georg Schreyögg und Axel von Werder, Stuttgart 2004, Sp. 1174-1181.

8 Vgl. Christoph Serries, Die Bedeutung der intrinsischen Motivation in Prinzipal-Agenten-Beziehungen am Beispiel der Beratungsstellen kirchlicher Wohlfahrtsverbände, Diss. Göttingen 2005, S. 211.

Basis bilden für die Analyse von Herrschaftsbeziehungen, so bedarf es einiger Modifikationen der idealtypischen Prinzipal-Agenten-Beziehung.

Eine Eltern-Kind-Beziehung wird durch Geburt, nicht durch Vertrag konstituiert, die Prinzipal- wie die Agentenrolle werden im Wechsel eingenommen, Entgelte sind nicht vorgesehen. Der Staat (summarisch für Kommunen, Länder, Bund und supranationale Institutionen) lässt sich als Gemeinschaftseinrichtung von Bürgern begreifen, die diesen ein friedliches und geschütztes Zusammenleben ermöglichen soll.[9] Insofern sind Bürger Prinzipale, der Staat ihr Agent. Gleichwohl muss der Staat bestimmte gemeinschaftsfreundliche Verhaltensweisen von Bürgern erwarten und notfalls auch durchsetzen und befindet sich, so gesehen, eher in der Rolle des Prinzipals, während den Bürgern die Agentenposition zukommt. Von einer explizit vertraglichen Basis kann ebenso wenig ausgegangen werden wie von einer speziellen Entgeltlichkeit erbrachter Leistungen. Steuerzahlungen von Bürgern sind allgemeine Entgelte, keine speziellen für bestimmte Leistungen. Gegenleistungen des Staates für normenkonformes bürgerliches Verhalten beschränken sich im Wesentlichen auf eine Reaktionsabstinenz.

Daher muss hier von Rollenpluralität inkludierenden Prinzipal-Agenten-Beziehungen ausgegangen werden, die auf lediglich impliziten Verträgen gründen. Erbrachten Leistungen stehen nur abstrakte Gegenleistungen gegenüber. Ferner bedarf es, wie im 3. Kapitel ausgeführt wird, der Implementation von Erkenntnissen der modernen Verhaltensforschung[10], um die Agenturtheorie in Bezug auf ihre Verhaltensannahmen realitätsadäquater zu machen.

3. Motivationale Grundlagen

Motive bezeichnen den Beweggrund für ein bestimmtes Verhalten und werden durch Anreize (Motivatoren) aktiviert. Nach der Herkunft können intrinsische und extrinsische Mo-

---

9 Zu Staatsauffassungen siehe den knappen Überblick bei Otto Model und Carl Creifelds, Staatsbürger-Taschenbuch, München 2003, S. 6 ff. Vgl. außerdem etwa Martin Draht, Staat, in: Evangelisches Staatslexikon, 3. Aufl., hrsg. von Roman Herzog u.a., Stuttgart 1987, Sp. 3304-3353.

10 Vgl. Bruno S. Frey, Markt und Motivation, München 1997.

tive unterschieden werden. Bei extrinsischen Motiven ist Verhalten stets Mittel zum Zweck: Aktivitäten werden entfaltet, um bestimmte Belohnungen zu erhalten bzw. Bestrafungen zu vermeiden. Extrinsische Motivatoren sind Gewährung bzw. Nichtgewährung oder Entzug insbesondere von Geld, Macht und Prestige. Bei intrinsischen Motiven (Committment, Selbstverpflichtung, Loyalität) ist ein bestimmtes autonom gewähltes Verhalten wegen seines Valenzcharakters selbst Zweck des Tuns. Intrinsische Motivatoren sind Interesse und Freude am Tun[11], Befolgen von Normen wie Fairness und Loyalität und das Erreichen selbstgesetzter Ziele[12].

Der „Mainstream" in der Betriebswirtschaftslehre wie auch die klassische Agenturtheorie ignorieren die Existenz intrinsischer Motive weitgehend.[13] Wesentliches Element eines weniger einseitigen Menschenbildes muss aber die Erkenntnis sein, dass extrinsische und intrinsische Motive gleichberechtigt nebeneinander existieren und – oft miteinander kombiniert – handlungsrelevant sind.[14] Das zu betonen liegt im Interesse der Realitätsadäquanz ökonomischer Analysen und hat nichts mit Sozialromantik zu tun. Um Missverständnissen vorzubeugen, sei darauf verwiesen, dass ex- und intrinsische Motive nicht deckungsgleich mit egoistischen und altruistischen Motiven sind. Während erstere nach der Herkunft unterschieden werden, sind letztere auf die gewählten Adressaten verhaltensbedingter Nutzenstiftung gemünzt. Beliebige Kombinationen sind möglich (Abb. 1).

---

11 Vgl. Mihalyi Csikszentmihalyi, Flow, Das Geheimnis des Glücks, 9. Aufl., Stuttgart 2001, insb. S. 191 ff.

12 Vgl. Bruno S. Frey und Margit Osterloh, Motivation – der zwiespältige Produktionsfaktor, in: Managing Motivation, hrsg. von Bruno S. Frey und Margit Osterloh, Wiesbaden 2000, S. 20-42, hier S. 24 f.

13 Anders dagegen z.B. Peter Eichhorn, Leistungsanreize zur Verbesserung der Verwaltungseffizienz, in: Peter Eichhorn, Öffentliche Betriebswirtschaftslehre, Baden-Baden 1997, S. 69-84, hier insb. S. 79 f.

14 Vgl. Edward L. Deci und Richard Flaste, Why do we what we do, New York 1995, S. 17 ff.

		gewählte Adressaten verhaltensbedingter Nutzenstiftung	
		eigene Person: Egoismus	andere Person(en): Altruismus
Herkunft der Motive	von innen: intrinsisch	Motivkombination 1 (z.B. Freizeitaktivitäten)	Motivkombination 2 (z.B. ehrenamtliche Tätigkeit)
	von außen: extrinsisch	Motivkombination 3 (z.B. Berufstätigkeit)	Motivkombination 4 (z.B. Erwerbsarbeit, um krankem Kind helfen zu können)

Abb. 1: Möglichkeiten der Kombination von in- und extrinsischen sowie von egoistischen und altruistischen Motiven. Quelle: Gerhard V. Krönes, Fundraising: Finanzierung von Nonprofit-Organisationen, Fernstudienbrief 25, Weingarten (2003), S. 34, Christoph Serries, Die Bedeutung der intrinsischen Motivation in Prinzipal-Agenten-Beziehungen am Beispiel der Beratungsstellen kirchlicher Wohlfahrtsverbände, Diss. Göttingen 2005, S. 72f.

4. Motivationale Verdrängungseffekte

Ausgangspunkt der Überlegungen ist das Verhältnis zwischen intrinsischen und extrinsischen Motiven; eine generelle Komplementarität bzw. Additivität wäre unproblematisch[15], jedoch kann weit häufiger eine substitutionale Beziehung diagnostiziert werden. Aktivitäten zur extrinsischen Motivierung sind Reglementierungen (Befehle) und Belohnungen; sie werden zusammenfassend als Interventionen bezeichnet. Interventionen, die extrinsisch motivieren wollen, können auf intrinsische Motive neutral[16], aktivierend[17] und verstärkend[18] wirken. Am häufigsten kommt es jedoch vor, dass Interventionen nicht nur extrinsische Motive aktivieren, sondern zugleich auch intrinsische *direkt* verdrängen.[19] Denn Interventionen von

---

15 Vgl. Serries, Christoph, a.a.O., S. 120.

16 Vgl. Wolfgang Brandes und Peter Weise, Motivation, Moral und Arbeitsleistung, in: Determinanten der Lohnbildung, hrsg. von Knut Gerlach und Ronald Schettkat, Berlin 1995, S. 233-253, hier S. 241.

17 Vgl. Deci, Edward L., Intrinsic Motivation, New York, London 1975, S. 129.

18 Vgl. ebd., S. 130.

19 Vgl. Edward L. Deci und Richard M. Ryan, Intrinsic Motivation and Self Determination in Human Behaviour, New York 1985, S. 48, Bruno S.

Prinzipalen lösen viererlei Vorgänge aus[20]: (1) Sie reduzieren die Selbstbestimmung von Agenten. Befehle oder Belohnungen erwecken bei Agenten den Eindruck, als erkläre sich der Prinzipal für zuständig und übernehme die ursprünglich beim Agenten liegende Handlungsverantwortung. Wegen des erlebten Kontrollverlusts übernimmt der Agent keine Verantwortung mehr und wird auch nicht mehr aus eigenem Antrieb aktiv: er verliert seine intrinsischen Motive. (2) Er verliert sie auch deshalb, weil er sich sonst in bezug auf sein Verhalten übermotiviert fühlen würde. (3) Überdies beraubt der Prinzipal den Agenten der Möglichkeit, intrinsische Motive auszuleben. Wenn das, was man aus eigenem Antrieb gerne tut, befohlen wird, bleibt kein Raum, guten Willen zu dokumentieren, weswegen dieser verkümmert. (4) Interventionen von Prinzipalen werden oft auch als Misstrauensvotum empfunden. Der Eindruck des Agenten, dass Loyalität, Engagement und Kompetenz nicht oder nicht hinreichend gewürdigt werden, reduziert sein Selbstwertgefühl und findet Niederschlag in verringertem Einsatz. Neben direkten Verdrängungseffekten existieren auch *indirekte* (Übertragung[21]): der motivationale Auswirkungsraum einer Intervention ist in sächlicher, sozialer oder zeitlicher Hinsicht größer als ihr Einwirkungsraum.

5. Erforderlichkeit intrinsischer Motive

Wären Menschen allein extrinsisch ansprechbar, so müssten bestimmte Verhaltensweisen dezidiert angeordnet bzw. verboten, möglichst lückenlos überwacht und mit positiven wie negativen Anreizen (Sanktionen) bedacht werden. Trotz verschiedentlich zu beobachtender bürokratischer Regelwut ist es jedoch weder in Familien noch in Unternehmungen sowie örtlichen und überörtlichen Gemeinwesen möglich, sämtliche für die Funktion des jeweiligen Gebildes erforderlichen Verhaltensweisen zu befehlen bzw. alle schädlichen Verhaltensweisen zu unterbinden. Engagement und Kreativität[22],

---

Frey und Reto Jegen, Motivation Crowding Theory, CESifo Working Paper Nr. 245, o.O., January 2000, S. 8 ff.

20 Vgl. Bruno S. Frey, a.a.O., S. 23 f.

21 Vgl. ebd., S. 41 ff.

22 Vgl. Bruno S. Frey und Margit Osterloh, a.a.O., S. 37.

Staatsräson und Gemeinschaftssinn lassen sich nicht anordnen. Entweder sie entstammen einem inneren Antrieb von Menschen oder bleiben aus. Umgekehrt gilt, dass selbst engmaschige Kontrollen und drakonische Strafen unerwünschte Verhaltensweisen nicht komplett unterbinden können. Die Basis für normenkonformes Verhalten ist vielmehr die Einsicht in den Sinn einer Norm und das Erleben, dass diese in fairer Weise angewandt wird. Sowohl unter dem Gesichtspunkt der Förderung erwünschten wie dem der Hemmung unerwünschten Verhaltens sind intrinsische Motive unverzichtbar: man muss in gewissem Maße darauf bauen können, dass Menschen bestimmte Handlungen freiwillig ausführen bzw. unterlassen. Daher sind Verdrängungseffekte, zumal sie die häufigsten Konsequenzen von Interventionen seitens eines Prinzipals darstellen (vgl. 4.), fatal und müssen vermieden werden. Generell gilt, dass Verdrängungseffekte verhindert werden können, wenn Prinzipale mit Agenten kommunizieren, ihnen „echte" Partizipationsmöglichkeiten einräumen[23], sie fair behandeln[24], ihnen Respekt zollen und ihnen vertrauen. Themengemäß wird die Diskussion von Vermeidungsansätzen auf die Beziehung zwischen Staat und Bürger fokussiert.

6. Verfassungs- und gesetzgebungspolitische Ansätze zur Vermeidung motivationaler Verdrängungseffekte

Für die Verfassungspolitik ist unter dem Gesichtspunkt der Vermeidung motivationaler Verdrängungseffekte vor allem der Partizipations- (Demokratie-) Aspekt[25] von Bedeutung.

---

[23] Vgl. Hiltrud Naßmacher, Politikwissenschaft, 3. Aufl., München, Wien 1999, S. 23 ff., insb. S. 23. Matthias Benz, Das Management des Ungeschriebenen – Wie Sie mit Partizipation und Kommunikation Arbeitsbe-ziehungen verbessern können, in: Managing Motivation, hrsg. von Bruno S. Frey und Margit Osterloh, Wiesbaden 2000, S. 207 ff.

[24] Vgl. Antoinette Weibel und Sandra Roth, Fairness als Motivationsfaktor, in: Managing Motivation, hrsg. von Bruno S. Frey und Margit Osterloh, Wiesbaden 2000, S. 193 ff.

[25] Vgl. Matthias Benz, a.a.O., Dieter Wagner, Partizpation, in: Handwörterbuch Unternehmensführung und Organisation, 4. Aufl., hrsg. von Georg Schreyögg und Axel von Werder, Stuttgart 2004, Sp. 1115-1123, hier insb. Sp. 1120 f.

Denn Betroffene werden politischen Entscheidungen nur zustimmen und diese mittragen und befolgen, wenn sie an deren Zustandekommen mitwirken konnten und den Entscheidungsprozeß als fair erlebt haben.[26] Grundlage einer partizipationsbedachten Verfassung ist ihr freiheitlich-demokratischer Charakter.[27] Der Demokratiegehalt eines föderativen Staatsaufbaus, der dem Subsidiaritätsprinzip folgt und Entscheidungskompetenzen soweit wie möglich dezentral loziert (= setzt/Vermerk der Herausgeberin), ist allerdings größer als derjenige eines zentralistisch aufgebauten Staatswesens. Denn bürgerliche Mitwirkung hat in zahlreichen, kleinen und überschaubaren Einheiten mehr Raum als im Staatsganzen[28] und gelingt auch besser[29]. Zudem ist nicht nur die Partizipation Gewinner dezentralisierter Entscheidungskompetenzen, sondern auch die Kohäsion der jeweiligen Betroffenengruppe.[30] Unter diesen Gesichtspunkten war die Fusion kommunaler Gebietskörperschaften zwecks Verbesserung administrativer Effizienz (Gebietsreform) in den 1970er Jahren[31] ein gravierender Fehler.[32]

---

26 Vgl Tom R. Tyler, Why People Obey the Law, New Haven, London 1990, S. 7, S. 163.

27 Vgl. z.B. Michael Becker, Klassische und moderne politische Philosophie, in: Politikwissenschaft, Eine Einführung, hrsg. von Manfred Mols, Hans-Joachim Lauth und Christian Wagner, 4. Aufl., Paderborn 2003, S. 175-208, Siegfried F. Franke, Autonome Institutionen und die Grenzen ihrer demokratischen Legitimität, in: Konstitutionelle politische Ökonomie, hrsg. von Gerd Grözinger und Stephan Panther, Marburg 1998, S. 89-130, insb. S. 89 ff.

28 Vgl. Heinrich Oberreuter, Föderalismus, in: Staatslexikon, hrsg. von der Görres-Gesellschaft, 7. Aufl., Freiburg 1986, Sp. 632-638, hier Sp. 634. Siehe auch Knut Bleicher, Zentralisation und Dezentralisation, in: Handwörterbuch der Organisation, 2. Aufl., hrsg. von Erwin Grochla, Stuttgart 1980, Sp. 2405-2418, hier Sp. 2414 f.

29 Denn „Je persönlicher die Beziehung zwischen Prinzipal und Agent ist, desto höher ist die intrinsische Motivation zur Zusammenarbeit." Bruno S. Frey, a.a.O., S. 32.

30 Vgl. Knut Bleicher, ebd.

31 Vgl. Herbert König, Verwaltungsreformen, in: Handwörterbuch der öffentlichen Betriebswirtschaft, hrsg. von Klaus Chmielewicz und Peter Eichhorn, Stuttgart 1989, Sp. 1738-1744.

32 Vgl. Peter Eichhorn, Leistungsanreize, a.a.O., S. 72, ders., Führungsrichtlinien in der Verwaltungspraxis, in: Peter Eichhorn, Öffentliche Betriebswirtschaftslehre, Baden-Baden 1997, S. 101-117, hier S. 115.

<table>
<tr><td colspan="4">Mögliche Formen direkter Demokratie nach ihren Initiatoren</td></tr>
<tr><td colspan="2">Bürger bzw. Volk:
Bürger- bzw. Volksbegehren</td><td>Gesetz</td><td>Verfassungs-
organ</td></tr>
<tr><td>Initiativ
Volksentscheid: Änderung, Abschaffung oder Einführung eines Gesetzes auf staatlicher Ebene oder lediglich Arbeitsauftrag an Parlament. Bürgerentscheid: Herbeiführung einer Sachentscheidung im Range eines Ratsbeschlusses auf kommunaler Ebene</td><td>reaktiv
fakultatives (akzidentielles) Referendum: Annahme oder Ablehnung eines Parlamentsbeschlusses</td><td>obligatorisches (prinzipielles) Referendum: Annahme oder Ablehnung eines Parlamentsbeschlusses</td><td>Plebiszit: Annahme oder Ablehnung eines Parlamentsbeschlusses</td></tr>
</table>

Abb. 2: Mögliche Formen direkter Demokratie nach ihren Initiatoren. Quellen: Otmar Jung und Franz-Ludwig Knemeyer (Hrsg.), Im Blickpunkt: Direkte Demokratie, München 2001, Thomas Gebhart, Direkte Demokratie I, Die Wirkungen direktdemokratischer Verfahren: Was lehren die Erfahrungen in der Schweiz?, Arbeitspapier Nr. 87 der Konrad-Adenauer-Stiftung, Sankt Augustin 2002, S. 5 f., Helge Batt, Direktdemokratie im internationalen Vergleich, in: Aus Politik und Zeitgeschichte, Nr. 10/2006 vom 6.3.2006, S. 10-17, hier S. 12f.

Der Demokratiegehalt eines rein repräsentativ-demokratischen Systems wächst durch die Kombination mit direktdemokratischen Entscheidungsmöglichkeiten. Über idealtypische Formen direkter Demokratie gibt Abb. 2 Auskunft.

Entscheidend für den Partizipationsgehalt sind allerdings weniger die Formen als vielmehr die Konditionen, unter denen sie praktiziert werden können.[33] Insbesondere sind die Quoren von Volks- und Bürgerbegehren, die für ihr Zustandekommen eingeräumten Zeitspannen und die zum Erfolg erforderlichen Zustimmungsquoten relevant.[34] Im internationalen

33 Vgl. Frank Decker, Direkte Demokratie im deutschen „Parteienbundesstaat", in: Aus Politik und Zeitgeschichte, Nr. 10/2006 vom 6.3.2006, S.3-10, hier S. 5.

34 Zu den Verhältnissen in den deutschen Bundesländern siehe die Zusammenstellung bei Bärbel Martina Weixner, Direkte Demokratie in den Bundesländern, in: Aus Politik und Zeitgeschichte, Nr. 10/2006 vom 6.3.2006, S.18-24, hier S. 20.

Vergleich sind die Hürden für direktdemokratische Partizipation in den deutschen Bundesländern sehr hoch,[35] auf kommunaler Ebene etwas niedriger.[36] Außer den Konditionen ist der Bestandsschutz von Bürger- bzw. Volksentscheiden bedeutsam, um deren umgehende parlamentarische Revision zu verhindern.[37]

Empirische Befunde zeigen, dass direkt-demokratische Partizipation zu einer deutlich höheren Steuermoral führt als ein rein repräsentativ-demokratisches System.[38] Überhaupt ist der Respekt vor Gesetzen im Partizipationsfall größer als im Ohne-Fall, und zwar selbst dann, wenn das Abstimmungsergebnis nicht mit den eigenen Präferenzen übereinstimmt.[39, 40] In dem Maße, in dem Partizipation zu freiwilliger Gesetzestreue von Bürgern führt, können Kontrollen entfallen, was unter sonst gleichen Umständen kostensenkend wirkt.

Während verfassungsbezogen der Partizipationsaspekt dominiert, überwiegt im Hinblick auf die parlamentarische Gesetzgebung der Vertrauensaspekt. Bereits McGregor[41] hat in

---

35 So etwa das Votum von Jung; vgl. Otmar Jung, Mehr direkte Demokratie wagen, in: Im Blickpunkt: Direkte Demokratie, hrsg. von Otmar Jung und Franz-Ludwig Knemeyer, München 2001, S. 13-72, hier S.42 f.

36 Vgl. Andreas Kost, Bürgerbegehren und Bürgerentscheid in Deutschland, in: Aus Politik und Zeitgeschichte, Nr. 10/2006 vom 6.3.2006, S. 25-31, hier S. 27.

37 Vgl. Christian Gebhardt, Konkrete Ausgestaltung von Bürgerbegehren und Bürgerentscheiden in den verschiedenen Kommunalverfassungen, insbesondere im Freistaat Bayern, in: Im Blickpunkt: Direkte Demokratie, hrsg. von Otmar Jung und Franz-Ludwig Knemeyer, München 2001, S. 91-114, hier S. 111 f.

38 Vgl. Bruno S. Frey, a.a.O., S. 52 ff., Gebhard Kirchgässner, Lars P. Feld und Marcel R. Savioz, Die direkte Demokratie, München 1999, S. 89 ff.

39 Vgl. Tom R. Tyler, a.a.O., S. 163.

40 Zu weiteren Wirkungen direkt-demokratischer Entscheidungsverfahren siehe etwa Lars P. Feld und Marcel R. Savioz, Vox Populi, Vox Bovi? Ökonomische Auswirkungen direkter Demokratie, in: Konstitutionelle politische Ökonomie, hrsg. von Gerd Grötzinger und Stephan Panther, Marburg 1998, S. 29-80 und Thomas Gebhart, Direkte Demokratie I, Die Wirkungen direktdemokratischer Verfahren: Was lehren die Erfahrungen in der Schweiz?, Arbeitspapier Nr. 87 der Konrad-Adenauer-Stiftung, Sankt Augustin 2002, S. 6 ff.

41 Vgl. Douglas McGregor, Der Mensch im Unternehmen – The Human Side of Enterprise, Düsseldorf, Wien 1970, S. 47 ff.

seiner antithetischen Gegenüberstellung von Theorie X und Y überzeugend dargestellt, dass sowohl ver- als auch misstrauensbeherrschte Regelwerke als self-fulfilling prophecies wirken. Fatal daran ist, dass Prinzipale, gleichgültig, ob sie vertrauen oder misstrauen, jeweils den empirischen Beweis für die „Richtigkeit" ihrer Haltung präsentiert bekommen; dadurch wird der Ausstieg aus einem Misstrauensregime zum mentalen Kraftakt.

Die Wirkung von Vertrauen und Misstrauen lässt sich anhand der Steuergesetzgebung illustrieren: „Das eine System geht von vernünftigen und verantwortungsbewussten Bürgern aus, die bereit sind, zu öffentlichen Gütern ... beizutragen ... Der zweite Steuersystemtyp geht von Bürgern aus, die alle Steuergesetze voll zu ihren Gunsten ausnützen und, wo immer möglich, betrügen."[42] Vertrauen des Staats erlaubt Selbstdeklaration der Bürger, Misstrauen gebietet „Direktabzug der Steuern vom Bruttoeinkommen"[43]. Vertrauen loziert (= setzt/ Vermerk der Herausgeberin) die Beweislast bei den Steuerbehörden, Misstrauen bei den Bürgern.[44] Es ist nachgewiesen, dass die Steuermoral unter einem Misstrauensregime trotz betriebenen Überwachungsaufwands schlechter ist als unter einem Vertrauensregime.[45] Rein ökonomisch formuliert ist also Vertrauen effizienter als Misstrauen, weswegen in der Abkehr von einem Misstrauensregime bereits ein Beitrag zur Haushaltskonsolidierung zu erblicken ist. Dagegen scheint die deutsche Bundesregierung gegenwärtig primär nach dem Misstrauensprinzip zu agieren, indem sie etwa Bußgelder für die Missachtung von Straßenverkehrsvorschriften drastisch erhöht und die Bedingungen für den Bezug von Arbeitslosengeld II verschärft: Arbeitslose werden unter Quasi-Hausarrest

---

42 Bruno S. Frey, a.a.O., S. 54.

43 Ebd.

44 Vgl. ebd. Ein aktuelles Beispiel dazu sind die steuerrechtlichen Vorgaben für die Führung eines Fahrtenbuches, um die dienstliche und private Nutzung von Dienstfahrzeugen zu dokumentieren. Vgl. Birgit Tietjen, Bürokratie im Handschuhfach, Financial Times Deutschland vom 23.5.2006, http://www.ftd.de/karriere_management/management/72192.htm, Recherche vom 7.6.2006.

45 Vgl. Bruno S. Frey, a.a.O., S. 54 f., Joel Slemrod (Hrsg.), Why People Pay Taxes, Michigan 1992, S. 6.

(jederzeitige Erreichbarkeit!) gestellt und bekommen im Falle nicht ehelicher Lebensgemeinschaften die Beweislast auferlegt, wenn keine gegenseitige Unterhaltspflicht besteht.[46]

Da parlamentarische Gesetzesinitiativen kaum in der Lage sein werden, alle im Realisierungsfall erwartbaren Konsequenzen implizit zu erfassen, bedarf es einer expliziten Gesetzesfolgenabschätzung aus unterschiedlichen zeitlichen Blickwinkeln: prospektiv, simultan und retrospektiv.[47] In das existierende, aber noch zu wenig angewandte Instrumentarium lässt sich eine Untersuchung motivationaler Wirkungen eines Gesetzes ohne große Probleme integrieren.

7. Administrative Ansätze zur Vermeidung motivationaler Verdrängungseffekte

Ein Element des modernen („New") Public Management, das am meisten auf kommunaler, weniger auf Länder- und noch kaum auf Bundesebene etabliert ist, ist es, Bürger nicht mehr als Untertanen, sondern als Kunden der Verwaltung zu begreifen.[48] Zwar ist die Abkehr von obrigkeitsstaatlicher Attitüde im Kontext des Themas zu begrüßen. Die Umbenennung des Bürgers zum Kunden ist jedoch entweder Resultat eines Irrtums oder so missverständlich, dass sie Irrtümer zur Folge hat.[49] Kunde ist nämlich eine natürliche oder juristische Person, welche auf einem Markt nachfrageseitig in Erschei-

---

46 Vgl. o.V., Was sich bei Hartz IV ändert, in: Handelsblatt vom 1. Juni 2006, http://www.handelsblatt.com/pshb/fn/relhbi/sfn/cn_artikel_drucken/..., Recherche vom 7.6.2006.

47 Vgl. Carl Böhret und Götz Konzendorf, Moderner Staat – Moderne Verwaltung, Leitfaden zur Gesetzesfolgenabschätzung, hrsg. vom Bundesministerium des Innern in Zusammenarbeit mit dem Innenministerium Baden-Württemberg, Berlin 2000.

48 Siehe hierüber Kuno Schedler und Isabella Proeller, New Public Management, 2. Aufl., Berlin 2003, S. 59 ff.

49 Zu Begriffsverschiebungen zwischen privater und öffentlicher Wirtschaft siehe Karl Oettle, Öffentliche und verbandliche Verwaltungen als haushaltswirtschaftliche Produzenten unmittelbarer Gewährleistungen, in: Öffentliche Verwaltung und Nonprofit-Organisationen, Festschrift für Reinbert Schauer, hsrg. von Ernst-Bernd Blümle, Helmut Pernsteiner, Robert Purtschert und René Clemens Andeßner, Wien 2003, S. 381-404, hier S. 386.

nung tritt mit der Absicht, Leistungen zu tauschen.[50] Bürger sind jedoch sowohl Träger des jeweiligen Gemeinwesens als auch dessen Normadressaten und stehen insofern nicht in einer marktlichen Austauschbeziehung mit diesem. Dass sie verschiedentlich auch Leistungen entgeltlich abnehmen, trägt zur Rollenpluralität bei, der der Kundenbegriff nicht gerecht zu werden vermag. Die Kritik am Kundenbegriff[51] setzt an der von ihm provozierten Perspektivenverengung an. Zwar wird der Bürger in jüngerer Zeit, soweit er entgeltliche Leistungen abnimmt, verschiedentlich tatsächlich als Kunde behandelt. Soweit er Adressat von Normen und von Kontrollen ihrer Einhaltung ist, scheint aber nach wie vor tiefes obrigkeitliches Misstrauen ihm gegenüber zu bestehen. Es äußert sich z.B. darin, dass Bürger rigiden Kontrollen im Hinblick auf die Ordnungsmäßigkeit ihres Verhaltens z.B. im Straßenverkehr unterworfen werden. Dabei kommt es zu durchaus vermeidbaren Härten, die, statt wirklich notwendige Ordnungsvorschriften plausibel zu machen und fair zu handhaben, Gemeinwesen als Feinde ihrer Bürger erscheinen lassen.[52] Ein Durchforsten von Vorschriften aus dem Blickwinkel des Bürgers sowie eine Modifikation von Überwachung und Sanktionierung wären geeignete administrative Ansätze. Überdies lässt sich die Transparenz administrativer Vorgänge noch verbessern, wie Eichhorn im Hinblick auf die Diskrepanz von Steuerformularen und Steuerbescheiden anmerkt.[53]

8. Resümee

Wer ernsthaft bürokratische Auswüchse beschneiden („Entbürokratisierung") und die Effizienz staatlicher Apparate verbes-

---

[50] Vgl. Hermann Diller, Kunde, in: Vahlens Großes Marketing Lexikon, hrsg. von Hermann Diller, München 1992, S. 583.

[51] Ähnlich kritisch Reinbert Schauer, Der Bürger als „Kunde" öffentlicher Verwaltungen – zur Kundenorientiertheit im New Public Management, Internationales Forschungskolloquium „Public Mangement", 15.-16. März 1999, Kurzfassung, insb. S. 3 f.

[52] Vgl. z.B. O.V., Städte kassieren Millionen durch „Knöllchen", in: Schwäbische Zeitung Nr. 44 vom 22. Februar 2006, o.S.

[53] Vgl. Peter Eichhorn, Verwaltung im Umbruch, BWL aktuell, hrsg. vom Institut für Wirtschaftswissenschaften der Universität Klagenfurt, Nr. 5, Klagenfurt 1999, S. 7.

sern will, kommt um einen Paradigmenwechsel nicht herum: Abwendung vom teuren Misstrauensregime, Hinwendung zu einem partizipativeren, weniger Regeln und Kontrollen beinhaltenden Vertrauensregime, das intrinsische Motive von Bürgern zu nutzen versteht. Dass ein Staatswesen gleichwohl nicht ohne extrinsische Anreize auskommt, braucht kaum eigens betont zu werden. Die notwendige Mischung in- und extrinsischer Anreize kann sich insbesondere an kulturellen[54] und menschentypologischen[55] Aspekten orientieren.

Literatur

Batt, Helge, Direktdemokratie im internationalen Vergleich, in: Aus Politik und Zeitgeschichte, Nr. 10/2006 vom 6.3.2006, S. 10-17.

Becker, Michael, Klassische und moderne politische Philosophie, in: Politikwissenschaft, Eine Einführung, hrsg. von Manfred Mols, Hans-Joachim Lauth und Christian Wagner, 4. Aufl., Paderborn 2003, S. 175-208.

Benz, Matthias, Das Management des Ungeschriebenen – Wie Sie mit Partizipation und Kommunikation Arbeitsbeziehungen verbessern können, in: Managing Motivation, hrsg. von Bruno S. Frey und Margit Osterloh, Wiesbaden 2000, S. 207-232.

Bleicher, Knut, Zentralisation und Dezentralisation, in: Handwörterbuch der Organisation, 2. Aufl., hrsg. von Erwin Grochla, Stuttgart 1980, Sp. 2405-2418.

Böhret, Carl und Götz Konzendorf, Moderner Staat – Moderne Verwaltung, Leitfaden zur Gesetzesfolgenabschätzung, hrsg. vom Bundesministerium des Innern in Zusammenarbeit mit dem Innenministerium Baden-Württemberg, Berlin 2000.

Brandes, Wolfgang und Peter Weise, Motivation, Moral und Arbeitsleistung, in: Determinanten der Lohnbildung, hrsg. von Knut Gerlach und Ronald Schettkat, Berlin 1995, S. 233-253.

Bundeskriminalamt, Bundeslagebild Korruption 2004, o.O. 2005.

Bundesministerium des Innern, Polizeiliche Kriminalstatistik 2004 (Berlin 2005), S. 4 und dass., Kriminalstatistik 2005 (Berlin 2006).

Csikszentmihalyi, Mihalyi, Flow, Das Geheimnis des Glücks, 9. Aufl., Stuttgart 2001.

---

54 Vgl. Gerhard V. Krönes, Leistungslohn lohnt nicht immer, in: Personal, 57. Jg., 2005, Heft 12, S. 10-12.

55 Vgl. Bruno S. Frey, Wie beeinflusst Lohn die Motivation? In: Managing Motivation, hrsg. von Bruno S. Frey und Margit Osterloh, Wiesbaden 2000, S. 71-104, hier S. 89 ff.

Deci, Edward L., Intrinsic Motivation, New York, London 1975.

Deci, Edward L. und Richard M. Ryan, Intrinsic Motivation and Self Determination in Human Behaviour, New York 1985.

Deci, Edward L. und Richard Flaste, Why do we what we do, New York 1995.

Decker, Frank, Direkte Demokratie im deutschen „Parteienbundesstaat", in: Aus Politik und Zeitgeschichte, Nr. 10/2006 vom 6.3.2006, S. 3-10.

Diller, Hermann, Kunde, in: Vahlens Großes Marketing Lexikon, hrsg. von Hermann Diller, München 1992, S. 583.

Draht, Martin, Staat, in: Evangelisches Staatslexikon, 3. Aufl., hrsg. von Roman Herzog u.a., Stuttgart 1987, Sp. 3304-3353.

Eichhorn, Peter, Leistungsanreize zur Verbesserung der Verwaltungseffizienz, in: Peter Eichhorn, Öffentliche Betriebswirtschaftslehre, Baden-Baden 1997, S. 69-84.

Eichhorn, Peter, Führungsrichtlinien in der Verwaltungspraxis, in: Peter Eichhorn, Öffentliche Betriebswirtschaftslehre, Baden-Baden 1997, S. 101-117.

Eichhorn, Peter, Verwaltung im Umbruch, BWL aktuell, hrsg. vom Institut für Wirtschaftswissenschaften der Universität Klagenfurt, Nr. 5, Klagenfurt 1999.

Eigen, Peter, Das Netz der Korruption, Frankfurt/Main 2003.

Feld, Lars P. und Marcel R. Savioz, Vox Populi, Vox Bovi? Ökonomische Auswirkungen direkter Demokratie, in: Konstitutionelle politische Ökonomie, hrsg. von Gerd Grötzinger und Stephan Panther, Marburg 1998, S. 29-80.

Franke, Siegfried F., Autonome Institutionen und die Grenzen ihrer demokratischen Legitimität, in: Konstitutionelle politische Ökonomie, hrsg. von Gerd Grözinger und Stephan Panther, Marburg 1998, S. 89-130.

Frey, Bruno S., Markt und Motivation, München 1997.

Bruno S. Frey, Wie beeinflusst Lohn die Motivation? In: Managing Motivation, hrsg. von Bruno S. Frey und Margit Osterloh, Wiesbaden 2000, S. 71-104.

Frey, Bruno S. und Reto Jegen, Motivation Crowding Theory, CESifo Working Paper Nr. 245, o.O., January 2000.

Frey, Bruno S. und Margit Osterloh, Motivation – der zwiespältige Produktionsfaktor, in: Managing Motivation, hrsg. von Bruno S. Frey und Margit Osterloh, Wiesbaden 2000, S. 20-42.

Gebhardt, Christian, Konkrete Ausgestaltung von Bürgerbegehren und Bürgerentscheiden in den verschiedenen Kommunalverfassungen, insbesondere im Freistaat Bayern, in: Im Blickpunkt: Direkte Demokratie, hrsg. von Otmar Jung und Franz-Ludwig Knemeyer, München 2001, S. 91-114.

Gebhart, Thomas, Direkte Demokratie I, Die Wirkungen direktdemokratischer Verfahren: Was lehren die Erfahrungen in der Schweiz?, Arbeitspapier Nr. 87 der Konrad-Adenauer-Stiftung, Sankt Augustin 2002.

Jung, Otmar, Mehr direkte Demokratie wagen, in: Im Blickpunkt: Direkte Demokratie, hrsg. von Otmar Jung und Franz-Ludwig Knemeyer, München 2001, S. 13-72.

Kirchgässner, Gebhard, Lars P. Feld und Marcel R. Savioz, Die direkte Demokratie, München 1999.

König, Herbert, Verwaltungsreformen, in: Handwörterbuch der öffentlichen Betriebswirtschaft, hrsg. von Klaus Chmielewicz und Peter Eichhorn, Stuttgart 1989, Sp. 1738-1744.

Kost, Andreas, Bürgerbegehren und Bürgerentscheid in Deutschland, in: Aus Politik und Zeitgeschichte, Nr. 10/2006 vom 6.3.2006, S. 25-31.

Kräkel, Matthias, Prinzipal-Agenten-Ansatz, in: Handwörterbuch Unternehmensführung und Organisation, 4. Aufl., hrsg. von Georg Schreyögg und Axel von Werder, Stuttgart 2004, Sp. 1174-1181.

Krönes, Gerhard V., Fundraising: Finanzierung von Nonprofit-Organisationen, Fernstudienbrief 25, Weingarten (2003).

Krönes, Gerhard V., Leistungslohn lohnt nicht immer, in: Personal, 57. Jg., 2005, Heft 12, S. 10-12.

Krupa, Matthias, Heut mal ohne mich, in: Die Zeit, Nr. 14 vom 30. 3. 2006, S. 4.

McGregor, Douglas, Der Mensch im Unternehmen – The Human Side of Enterprise, Düsseldorf, Wien 1970.

Model, Otto und Carl Creifelds, Staatsbürger-Taschenbuch, München 2003.

Münchner Verkehrsgesellschaft, Seit dem Jahr 2000: 66 Prozent mehr Vandalismusschäden bei SWM/MSG, Pressemeldung vom 31.3.2005, http://www.mvg-mobil.de/presse/presse_2005/31.03.2005.htm Recherche vom 19.4.2006.

Nassmacher, Hiltrud, Politikwissenschaft, 3. Aufl., München, Wien 1999.

Oberreuter, Heinrich, Föderalismus, in: Staatslexikon, hrsg. von der Görres-Gesellschaft, 7. Aufl., Freiburg 1986, Sp. 632-638.

Oettle, Karl, Öffentliche und verbandliche Verwaltungen als haushaltswirtschaftliche Produzenten unmittelbarer Gewährleistungen, in: Öffentliche Verwaltung und Nonprofit-Organisationen, Festschrift für Reinbert Schauer, hsrg. von Ernst-Bernd Blümle, Helmut Pernsteiner, Robert Purtschert und René Clemens Andeßner, Wien 2003, S. 381-404.

O.V., Frust im Job, in: Die Welt online vom 19. Januar 2004, Pressedienst von The Gallup Organization Deutschland.

O.V., Städte kassieren Millionen durch „Knöllchen", in: Schwäbische Zeitung Nr. 44 vom 22. Februar 2006, o.S.

Vgl. o.V., Was sich bei Hartz IV ändert, in: Handelsblatt vom 1. Juni 2006, http://www.handelsblatt.com/pshb/fn/relhbi/sfn/cn_artikel_drucken/... , Recherche vom 7.6.2006.

SCHAUER, REINBERT, Der Bürger als „Kunde" öffentlicher Verwaltungen – zur Kundenorientiertheit im New Public Management, Internationales Forschungskolloquium „Public Management", 15.-16. März 1999, Kurzfassung, insb. S. 3 f.

SCHEDLER, KUNO UND ISABELLA PROELLER, New Public Management, 2. Aufl., Berlin 2003.

SERRIES, CHRISTOPH, Die Bedeutung der intrinsischen Motivation in Prinzipal-Agenten-Beziehungen am Beispiel der Beratungsstellen kirchlicher Wohlfahrtsverbände, Diss. Göttingen 2005.

SLEMROD, JOEL (HRSG.), Why People Pay Taxes, Michigan 1992.

STATISTISCHES LANDESAMT Baden-Württemberg, Kinder- und Jugendhilfe, http://www.statistik.baden-wurttemberg.de/GesundhSozRecht/La.. , S. 1 f., Recherche vom 11.5.2006.

STATISTISCHES LANDESAMT Berlin, Soziale Leistungen, http://www.statistik-berlin.de/statistiken/sozialleistungen/i-jhl1-2.htm, Recherche vom 11.5.2006

TIETJEN, BIRGIT, Bürokratie im Handschuhfach, Financial Times Deutschland vom 23.5.2006, http://www.ftd.de/karriere_management/management/72192.htm , Recherche vom 7.6.2006.

TYLER, TOM R., Why People Obey the Law, New Haven, London 1990.

WAGNER, DIETER, PARTIZPATION, in: Handwörterbuch Unternehmensführung und Organisation, 4. Aufl., hrsg. von Georg Schreyögg und Axel von Werder, Stuttgart 2004, Sp. 1115-1123.

WEIBEL, ANTOINETTE UND SANDRA ROTH, Fairness als Motivationsfaktor, in: Managing Motivation, hrsg. von Bruno S. Frey und Margit Osterloh, Wiesbaden 2000, S. 193-206.

WEIXNER, BÄRBEL MARTINA, Direkte Demokratie in den Bundesländern, in: Aus Politik und Zeitgeschichte, Nr. 10/2006 vom 6.3.2006, S.18-24.

(Prof. Dr. Gerhard V. Krönes,
Fachhochschule Ravensburg-Weingarten)

Kurzstellungnahmen

Raymond Figura:

„Zunächst möchte ich Ihnen meinen Respekt aussprechen, dass Sie sich dieses wichtigen Themas annehmen. Alles was Sie schreiben, kann man nur als wahr und in gewisser Weise sicher auch als bedrohlich ansehen.

(...) Was wir m. E. bräuchten, ist leichter gesagt als getan: wir bräuchten ein neues soziales Prinzip, das heißt „Kooperation anstatt Wettbewerb". Damit sich ein solches Prinzip durchsetzen kann, müssten möglichst viele Menschen schon sehr früh die Erfahrung machen, dass Kooperation (mit anderen Menschen) schließlich einen besseren, angenehmeren, glücklicheren Gefühlseindruck hinterlässt als der Gewinn im Wettbewerb.

Solch ein Grundstein müsste bereits in der frühkindlichen Betreuung gelegt werden, die vor allem durch Empathie und Liebe geprägt sein müsste. Hier, fürchte ich, haben wir politisch erst einmal eine Gegenrichtung eingeschlagen (...)"

(Prof. Dr. Raymond Figura,
Fachhochschule Gelsenkirchen)

Rainer Förderreuther:

„Ich habe große Hochachtung vor Ihrem Engagement, gebe diesem Projekt aber wenig Chancen, vor allem aus zwei Gründen:

1. überwiegt bei vielen Menschen die Gier vor der Vernunft. Aus diesem Grund werden weder Politiker noch Konzerne, Ratschläge befolgen, die ihre Profite beschneiden.

2. Rezepte für Deutschland sind auch deshalb wirkungslos, da wir nicht auf einer Insel der Seligen leben. Die Ursache allen Übels liegt doch in der weltweiten Vernetzung, sprich Globalisierung. Die Lösung der Probleme wäre einfach, wenn wir weltweit wieder zu kleinen Strukturen zurückkehren könnten. Sprich der Bauer, der seine Produkte nur in der Region verkauft, die kleine Landbrauerei, die regionale Papierfabrik usw. Alle kleinen Unternehmen könnten gut leben, wenn es da nicht die großen gäbe, die die kleinen schlucken oder durch Dumpingpreise kaputtmachen, da sie weltweit dort produzieren, wo die Löhne am niedrigsten sind. Dadurch gehen in Deutschland Arbeitsplätze verloren. Aber auch in den Entwicklungsländern wird es immer fataler, wenn z.B. große Fischfangflotten vor deren Küsten den kleinen Fischern die Existenz vernichten.

Das Problem ist nun, wenn sich Deutschland einseitig aus dem Globalisierungskonzert verabschiedet, werden wir bald Entwicklungsland sein. Der Globalisierungswahnsinn zwingt uns, dieses teuflische Spiel mitzumachen. Nehmen Sie das aktuelle Beispiel Telekom. Wenn Herr Obermann die Kosten nicht weiter reduziert und das Unternehmen noch rentabler macht (obwohl man mit dem jetzigen Ergebnis isoliert in Deutschland gut leben könnte), sinkt der Börsenkurs weiter ab und aus irgendeinem Winkel der Welt kommt ein Finanzinvestor oder ein anderer Telekommunikationskonzern. Die Telekom wird aufgekauft, „profitabel“ zerschlagen und die Arbeitsplätze in Deutschland sind völlig verloren. Dies gilt für alle Unternehmen in Deutschland, entweder den Wahnsinn mitmachen oder untergehen.

Nur die Politik könnte diesen Wahnsinn stoppen, wobei ich z. Z. nicht den Hauch einer Chance sehe (...)“

(Prof. Dr. Rainer Förderreuther,
Fachhochschule München)

Willy Frank:

„Ihrer Auffassung, dass unsere reale Marktwirtschaft nicht dem entspricht und auch nicht das leistet, wozu sie eigentlich fähig und imstande sein könnte/sollte, könnte/müsste eigentlich heutzutage jeder (unabhängige und seriöse) Volkswirt zustimmen.

Bereits der „Urvater“ unserer Zunft hatte 1776 erkannt:

„Geschäftsleute des gleichen Gewerbes kommen selten ... zusammen, ohne dass das Gespräch in einer Verschwörung gegen die Öffentlichkeit endet oder irgendein Plan ausgeheckt wird, wie man die Preise erhöhen kann.“ (zitiert nach: Bartling/Luzius, Grundzüge der Volkswirtschaftslehre, 15. Auflage, S., 101.)

Dieser Satz gilt mehr denn je. Leider nimmt ein entsprechendes Problembewusstsein in jüngerer Zeit in erschreckendem Umfang selbst unter Betriebswirten ab, die es eigentlich (ausgestattet mit auch volkwirtschaftlichem Grundwissen) besser wissen könnten/sollten.

Beispiel 1: In der Hochschulausbildung von Betriebswirten werden in letzter Zeit im Zuge der Globalisierung von Studiengängen (Einführung von Bachelor- und Master-Studiengängen) *volkswirtschaftliche Lehrinhalte* immer mehr aus den Studienordnungen verdrängt. In meinen Augen für die daran mitwirkenden Kollegen ein intellektuelles Armutszeugnis. In Zusammenhang mit der zunehmenden Autonomie der Hochschulen hinsichtlich der Ausgestaltung von Studienordnungen befürchte ich so eine weiter um sich greifende adversative Auslese im Wettbewerb der Hochschulen: Ohne Vorgabe von Mindeststandard-regelungen werden „billige Jakobe“ unter der Hochschulen für einige Jahre die Nase vorne haben, ehe nach einigen weiteren Jahren eine für viele dann schmerzliche „Marktbereinigung“ stattfinden wird. Instabile Entwicklungen wie auf den Finanzmärkten sind insoweit vorhersehbar (...)

Beispiel 2: Noch erschreckender ist die praktizierte schamlose Selbstbedienungsmentalität von Topmanagern in den großen Konzernen: Jahresgehälter in Höhe von mehreren Mio. Euro (Ackermann bspw. 13 Mio.) sind mit „Markt“ und „Leistung“ wirklich nicht mehr erklärbar, „wohlwollend“ allenfalls mit *Vetternwirtschaft*. Abhilfe könnte hier die Politik relativ leicht schaffen: Es müsste bspw. nur eine zusätzliche Bestimmung in das bestehende Aktiengesetz, wonach über die Gehälter von Vorstandsmitgliedern nicht der Aufsichtsrat des betreffenden Konzerns (Mitglieder sind die Vorstände anderer Konzerne, also „Kollegen“!), sondern die Aktionärsversammlung zu entscheiden hätte. Es muss insoweit leider vermutet werden, dass die diesbezüglich öffentlich geäußerte Kritik von Spitzenpolitikern wohl nicht ganz ernst gemeint sein kann: „Beruhigungspillen“ für das Volk? Von entsprechenden Gesetzesinitiativen habe ich jedenfalls noch nichts gehört.

Das sollten nur zwei Beispiele für eklatante *Fehlentwicklungen* in unserer marktwirtschaftlichen Ordnung sein. Leider aber auch keine allzu hoffnungsvoll stimmenden (...) Vielmehr drängt sich mir immer mehr der Eindruck auf, dass mit solchen Fehlentwicklungen das Potential unserer marktwirtschaftlichen Ordnung nicht nur nicht erschlossen werden kann, sondern das dadurch auf Dauer dieses System nachhaltig in Misskredit gerät. Minister Steinbrück hatte in diesem Zusammenhang kürzlich völlig zutreffend geäußert, dann stelle sich irgendwann einmal wieder die *‚Systemfrage'*.“

(Prof. Dr. Willy Frank,
Fachhochschule Coburg)

Michael von Hauff:

„Ich stimme Ihnen hinsichtlich der Problemlage durchaus zu. Ich verweise nur auf einen Artikel von mir, der vor kurzem erschienen ist: „Von der Sozialen zur Nachhaltigen Marktwirtschaft“, in: v. Hauff, M. (Hg.): „Die Zukunftsfähigkeit der Sozialen Marktwirtschaft“, Metropolis-Verlag, Marburg 2007. Es geht um das Leitbild der nachhaltigen Entwicklung, das auf der Konferenz in Rio de Janeiro von 178 Nationen Zuspruch erfahren hat. Die Nationen haben sich dabei verpflichtet, jeweils eine Nachhaltigkeitsstrategie zu entwickeln, was in Deutschland im Jahr 2002 zum ersten Mal umgesetzt wurde. Ich denke, dass die gleichberechtigte Zusammenführung der drei Dimensionen Ökonomie, Ökologie und Soziales sehr wohl zu einem ausgewogenen Konzept führen kann.“

(Prof. Dr. Michael Hauff,
Technische Universität Kaiserslautern)

Thomas Hering:

„Vielen Dank für Ihren freundlichen Brief und Ihren Einsatz für unser Land. Auch wenn ich als Wissenschaftler nur für einen kleinen Ausschnitt der von Ihnen angesprochenen Thematik fachkompetent bin und außerdem an der Existenz von „Patentrezepten“ für schwierige gesamtwirtschaftliche und nationale Problemlagen zweifle, versuche ich dennoch, Ihre Fragen kurz zu beantworten.

Das Hauptproblem der gegenwärtigen Lage ist die verheerende Unbildung der politischen Führungsschicht sowie wachsender Teile des Volkes. Mit Unbildung meine ich im weitesten Sinne auch und vor allem die Abwesenheit oder Erosion verbindlicher Werte des Zusammenlebens, die eine freie und dennoch im Sinne von Ludwig Erhard „soziale“ Marktwirtschaft erst ermöglichen. Die Gesetze des Marktes können diese Werte nicht schaffen, sondern der Staat muss in allen seinen Bildungsinstitutionen und durch Vorbilder im politischen Führungspersonal helfen, der Jugend bessere Leitbilder zu geben. Die gegenwärtig herrschende Generation wird man nicht mehr ändern können, und ebenso wenig wird es möglich sein, das Erziehungsversagen vieler gegenwärtiger Eltern noch durch staatliche Maßnahmen auszugleichen. Deutschlands Wiederaufstieg nach dem Dreißigjährigen Krieg begann im Grunde mit der Einführung der allgemeinen Schulpflicht in Preußen, und das Kaiserreich war der wirtschaftlich dynamischste und erfolgreichste Staat Europas mit einer Analphabeten- und Arbeitslosenquote, die weit geringer waren als heute. (...)“

(Prof. Dr. Thomas Hering,
Fernuniversität Hagen)

Klaus Kairies:

„Wie kommt es dazu, dass alles unter Kostengesichtspunkten gesehen und damit auch behandelt wird? Auf die Wirtschaft bezogen ist es das Streben nach kurzfristigen Erfolgen und die haben nur ein Kriterium: Den Gewinn maximieren.

Um hier weiter zu kommen, sollte sich eine Frage anschließen: Wozu den Gewinn kurzfristig maximieren? Diejenigen, die den Gewinn einstreichen, meinen sicher, dass es Ihnen damit besser geht, dass sie sich wohler fühlen. Hier kommt ein fundamentaler Irrtum zum Ausdruck, der nicht nur auf Kapitalisten sondern auf die allermeisten Menschen, egal wie sie sich reproduzieren, zutrifft. B. Russell hat dies einmal in folgende Worte gefasst:

„Wir leben in dem Glauben, dass die Ereignisse in der Außenwelt (das kann Geld sein, aber auch ein Partner, ein Auto, ein Job ...) bestimmen, ob wir inneren Frieden finden können oder nicht. Mit anderen Worten: Um glücklich sein zu können, muss die Welt so oder so sein. Auf dieser Annahme basiert das Denken unserer ganzen Gesellschaft. Und dadurch geraten wir in Konflikt miteinander.“

Damit entwickelt sich die Neigung, sehr viel Energie für Aktivitäten aufzuwenden, um das eigene Ansehen zu verbessern, Komfort zu genießen, sich zu vergnügen und zu zerstreuen. Dagegen ist nichts einzuwenden, wenn andere Lebewesen dabei nicht geschädigt werden; nur – haben wir in den momentanen Freuden echte Befriedigung und einen Lebenssinn gefunden? Vermutlich nicht. Hier gibt es einen anderen Weg, der die bisherigen Lebensgewohnheiten ergänzen könnte: Entwicklung von Spiritualität im religions-unabhängigen Sinne.“

(Prof. Dr. Klaus Kairies,
Fachhochschule Hannover)

Gerhard Kleinhenz:

„Ihre Überzeugung, dass die existenziellen Probleme einer Gesellschaft ohne das aktive Mitwirken ihrer Bürger nicht zu lösen sind, teile ich. Allerdings scheint mir Ihre Diagnose dieser Probleme zu kurz zu greifen. (...)

So recht Sie Auswüchse der „Ökonomisierung aller Lebensbereiche“ anprangern, sie sind kein Zeichen der Unfähigkeit von Märkten sondern Ausdruck der tatsächlichen Werte und Interessen der Menschen. Wenn wir in den hochentwickelten Ländern weder zu Lasten der Menschen in den weniger entwickelten Ländern und der zukünftigen Generationen leben noch unbekümmert das Risiko eines Klimawandels in Kauf nehmen wollen, müssen wir uns vielmehr der ganzen Kosten unserer Lebensweise für Menschheit und Umwelt bewusst werden. Die Konsequenz wäre (...) die Nutzung marktwirtschaftlicher Steuerung, um die Bedürfnisse aller (grundsätzlich gleichberechtigten) Menschen an die begrenzten Ressourcen und an die realen Möglichkeiten der Bedürfnisbefriedigung anzupassen. Dazu bedürfte es vor allem einer Wiederentdeckung der Eigenverantwortung und der Leistungsgerechtigkeit. Selbst für die Schwachen unter uns sollte die Herausforderung ihrer eigenen Selbsthilfefähigkeit (Subsidiaritätsprinzip) als Anerkennung ihrer Menschenwürde gelten.“

(Prof. Dr. Gerhard Kleinhenz,
Universität Passau)

Hans-Günter Linder:

„Das Kernproblem ist, dass in unserer Gesellschaft der Mensch zwar als Kostenfaktor diskutiert wird, jedoch nicht als Kapital oder Vermögen. Die Literatur ist übervoll mit Verwirrungen zu diesem Thema; der Markt ist aber in Bewegung und diskutiert genau dies derzeit in den Anfängen. Dies erfordert die konkrete Diskussion um den Wert des Menschen bez. seiner Rolle und Situation. Firmen, Gewerkschaften, Politik u. a. scheuen diese Diskussion (oder gehen wenig konkret vor), da dies Konflikte beinhaltet und nur wenige Personen kompetent dazu Stellung nehmen können. In Deutschland wird immer um den heißen Brei geredet. Genau deshalb können Vorstände eine Entlassung von Tausenden verkünden, ohne, dass der Aktienkurs fällt (...)"

(Prof. Dr. Hans-Günter Lindner,
Fachhochschule Köln)

Heinz Siebenbrock:

„1. Welche Maßnahmen wären notwendig, um den Kostenfaktor-Status des Menschen zu beseitigen und das herrschende „Märkte"-System wirklich für das Gemeinwohl nützlich zu machen?

Bevor die Maßnahmen entwickelt werden können, sind grundsätzlichere Überlegungen anzustellen. Ich bin davon überzeugt, dass die Menschen etwas verändern können, wenn sie ihre ***Einstellung*** verändern. Die Einstellung zum Mitmenschen, zur Umwelt und zu den Dingen des täglichen Lebens. Um den Aspekt des Kostenfaktors Mensch zu vertiefen, ist die Einstellung zum Mitmenschen von besonderer Bedeutung. Da die meisten Unternehmen hierarchisch aufgebaut sind, erscheint die Beziehung zwischen dem Manager (im Sinne von Führer) und „seinem" Mitarbeiter (im Sinne von Untergebener) und umgekehrt besonders wichtig. Aus Sicht des Managers ist die Frage zu stellen: Welche grundsätzliche Einstellung habe ich zum Mitarbeiter? Ich fürchte, dass die meisten Manager es als Hauptaufgabe betrachten, so viel wie möglich aus dem Mitarbeiter herauszuholen: Maximierung der Arbeitsleistung im Sinne von Fordern, Ausnutzung, vielleicht sogar Ausbeutung erscheint mir als unausgesprochenes Credo. Ein Gegenentwurf besteht mindestens in der Wertschätzung, in der Förderung des Mitarbeiters, in der Aufgabe, den Menschen zur Entfaltung zu bringen. Umgekehrt müsste sich natürlich auch das meiner Meinung nach sehr tief verwurzelte Misstrauen der Mitarbeiter in ein Vertrauen gegenüber dem Management wandeln. Und mit welchen Maßnahmen, um Ihre Frage zu beantworten, erreicht man das? Wir müssen miteinander reden.

Wir müssen in den Organisationen, in Unternehmen, in Verbänden, in Kirchen, in Parteien usw. eine Diskussion über die „Einstellung zum Mitmenschen, zur Umwelt und zu den Dingen des täglichen Lebens" führen. Flankierende Maßnahmen wie Transparenz, Demokratisierung von Entscheidungen und Gewinnbeteiligung der Mitarbeiter würden helfen, auf diesem Weg voran zu kommen.

2. Mit welchen Maßnahmen könnte man erreichen, dass die Finanzmärkte menschenwürdig werden?

Auch die Finanzwirtschaft sollte erkennen, dass Entscheidungen von Menschen getroffen werden. Als jüngstes Beispiel kann das Rating angeführt werden. Man wollte die Kreditvergabe sicherer machen, indem Systeme zur Kategorisierung der Kreditnehmer entwickelt wurden. Diese Systeme haben versagt, wie wir am Desaster einiger Landesbanken erkennen können, die mit top-gerateten Papieren gefloppt sind, gleichzeitig aber dafür gesorgt haben, dass dem Mittelstand notwendige Kredite versagt wurden. Es wird also dringend notwendig, dass die Entscheidungen, z.B. über die Kreditvergabe, „vor Ort" durch Menschen (aus Fleisch und Blut) und nicht in irgendwelchen Zentralen oder outgesourcten Agenturen getroffen werden. Anzustreben ist dabei, und damit komme ich zur ersten Frage zurück, dass Menschen mit der richtigen Einstellung zum Mitmenschen, zur Umwelt und zu den Dingen des täglichen Lebens diese Entscheidung treffen."

(Prof. Dr. Heinz Siebenbrock,
Hochschule Bochum)

Resümee

Aus dieser ersten „Provokations-Frage-Reaktions-Runde" in der akademischen ökonomischen Profession lassen sich einige erste konzeptionelle und Handlungsorientierungen destillieren. Sie seien hier nur wenig kommentiert kurz und stichwortartig zusammengefasst. Dies entspricht dem noch sehr vorläufigen und unstrukturierten Stand dieser ersten „von außen" provozierten Reflektionsrunde.

❖ Grundlegender *Paradigmenwechsel in der Ökonomik*, wonach die Ökonomie als *komplexe Sozi-Ökonomie* mit *ergebnisoffenen und gestaltbaren komplexen Prozessen* betrachtet wird, und wo die *gesellschaftlichen Institutionen* unabdingbare *Problemlöser und Stabilisatoren* sind, in die jeder *Markt einzubetten* ist, die also nicht als „Behinderer" von „Märkten" diskreditiert, sondern als Ausdruck der *Ge-*

staltungskompetenz der Gesellschaft anerkannt werden (s. u. Beitrag Elsner).

- Ein weiterer, paralleler Paradigmenwechsel auf der Ebene der gesellschaftlichen Kultur beinhaltet: *Abwendung vom teuren Misstrauensregime*, Hinwendung zu einem *partizipativeren, weniger Kontrollen* beinhaltenden Vertrauensregime, das intrinsische Motive von Bürgern zu nutzen versteht (s. u. Beitrag Krönes).
- Deutlich mehr *Investition in Bildung*, auch um *gesellschaftliche Regeln* und Werte interaktiv er-*lernen* zu lassen (s. u. Stellungnahme Hering); *Entwicklung von Spiritualität* (im religions-unabhängigen Sinne) (s. u. Stellungnahme Kairies).
- Ein neues soziales Prinzip: *Kooperation* statt *Konkurrenz*. Damit sich ein solches Prinzip durchsetzen kann, müssten möglichst viele Menschen schon sehr früh die Erfahrung machen, dass Kooperation (mit anderen Menschen) schließlich einen besseren, angenehmeren, glücklicheren Gefühlseindruck hinterlässt als der Gewinn im Wettbewerb. Solch ein Grundstein müsste bereits in der frühkindlichen Betreuung gelegt werden, die vor allem durch Empathie und Liebe geprägt sein müsste (s. u. Stellungnahme Figura).
- Wiederherstellung einer wirklichen Eigenverantwortung und *Leistungsgerechtigkeit* statt zunehmender politischer Reglementierung und Überwachung sowie maßloser Selbstbereicherungen. *Selbsthilfefähigkeit auch für die Armen und Schwachen* (Subsidiaritätsprinzip) als eine *Wieder-Anerkennung ihrer Menschenwürde* (s. u. Stellungnahme Kleinhenz); konkrete Diskussion um den *Wert des Menschen* (s. u. Stellungnahme Linder).
- Konkrete, konsequente gleichberechtigte Zusammenführung der drei Dimensionen *Ökonomie, Ökologie* und *Soziales* für eine nachhaltige Ökonomie (s. u. Stellungnahme von Hauff).
- Die *„Systemfrage“* drängt sich von den Phänomenen her auf: Sie müsste umsichtig und konkret von den Ergebnissen und konkreten Mechanismen her analysiert und diskutiert werden (s. u. Stellungnahme Frank).

- *Unternehmen, Verbände* und andere *Organisationen* sollten auch *Arenen* des *Diskurses* über das Verhältnis der Akteure (und Menschen) zueinander werden, der neue Einstellungen zueinander jenseits von Kosten- und Gewinnüberlegungen, neue Wertschätzungen und mehr allgemeines Vertrauen generieren müsste. Kreditvergaben beispielsweise müssten wieder stärker im direkten Interaktionskontext ‚vor Ort', also auf der Basis von ‚Kennen' und ‚Vertrauen', statt abgehoben in entfernten bürokratischen Zentralen entschieden werden. (s. u. Stellungnahme Siebenbrock)

Dieses Spektrum der Stellungnahmen und Konzeptionierungen zeigt bereits, dass die selbst die akademische Ökonomik nicht durchgängig im „marktwirtschaftlichen" Elfenbeinturm verschanzt ist sondern in Teilen zu einer breiten, offenen, interdisziplinären Diskussion fähig und bereit ist. Das war ganz zweifellos mit ein Anliegen dieses hier vorgelegten Projektes.

Beiträge von:

Prof. Dr. Wolfram Elsner, Universität Bremen
Prof. Dr. Raymond Figura, Fachhochschule Gelsenkirchen
Prof. Dr. Rainer Förderreuther, Fachhochschule München
Prof. Dr. Willy Frank, Fachhochschule Coburg
Prof. Dr. Michael Hauff, Technische Universität Kaiserslautern
Prof. Dr. Thomas Hering, Fernuniversität Hagen
Prof. Dr. Klaus Kairies, Fachhochschule Hannover
Prof. Dr. Gerhard Kleinhenz, Universität Passau
Prof. Dr. Gerhard v. Krönes, Fachhochschule Ravensburg-Weingarten
Prof. Dr. Hans-Günter Lindner, Fachhochschule Köln.
Prof. Dr. Heinz Siebenbrock, Hochschule Bochum

Weitere Literaturhinweise

Bauer, Joachim: Das Gedächtnis des Körpers (Piper, München 2007)
Fromm, Erich: Die Kunst des Liebens (Ullstein, Frankfurt am Main 1990)
Hickel, Rudolf: Kassensturz (Rowohlt, Reinbek bei Hamburg 2006)
Müller, Albrecht: Die Reformlüge (Knaur, München 2005)
Müller, Albrecht: Machtwahn (Droemer, München 2006).

Kapitel 5

Ökologie

von Christian Siewert

Einleitung

Ökologie ist die Lehre vom Haushalt in der Natur. Es handelt sich um ein Teilgebiet der Biologie, das die Wechselwirkungen der Organismen untereinander und mit ihrer abiotischen Umwelt beschreibt. Dies klingt kompliziert. Die Realität ist noch schwieriger, denn die Vielfalt der Wechselwirkungen ist groß. Sie sind zudem miteinander vernetzt und verändern sich seit es Leben auf der Erde gibt. Die damit verbundenen Umweltveränderungen hatten schon immer eine globale Dimension und sie waren oftmals verheerend für das Überleben der Organismenarten, die Auslöser des Wandels waren.

Ein bekanntes Beispiel dafür ist die Entstehung der Sauerstoffatmosphäre. Sauerstoff war ursprünglich ein seltenes, für alle lebenden Organismen hochgiftiges Abfallprodukt. Es wurde als Rückstand der Lebenstätigkeit in die Atmosphäre entlassen. Die daraus resultierenden Veränderungen sind bekannt. Die meisten heute lebenden Organismen sind vom Sauerstoffgehalt der Atmosphäre abhängig oder von den Klimabedingungen, die sich mit der Sauerstoffatmosphäre etablierten. Die ursprünglichen Verursacher haben den von ihnen ausgelösten Wandel hingegen nicht überlebt bzw. wurden durch Arten abgelöst, die den neuen Zustand als Voraussetzung des Überlebens ständig generieren.

Ähnliche Konsequenzen hatte die „erfolgreiche“ Entwicklung von Arten für die Entstehung heutiger Gebirge (z. B. Kalkablagerungen) oder für die Entstehung fossiler Brennstofflagerstätten (Kohle, Öl, Gas). Auch hier leben die ursprünglichen

Verursacher nicht mehr. Ihre Produkte prägen dennoch das Leben der Nachfolger, einschließlich der heutigen Aktivität des Menschen.

Diese Überlegungen zeigen, dass Fähigkeiten zur Anpassung und Veränderung der Umwelt im globalen Maßstab nicht an Intelligenz gebunden sind, und dennoch Grundlagen des Überlebens verändern. Sie zeigen auch, dass variierte Wechselwirkungen zwischen Organismen und ihrer Umwelt in ihren Wirkungen langfristig nur dann kalkulierbar sind, wenn eine permanente gegenseitige Neuanpassung garantiert werden kann. Umweltveränderungen sind folglich nicht nur ein Indiz der besonderen Fitness einer Art, sondern immer auch ein existenzbedrohender Faktor.

Erfahrungen mit solchen, oft sehr komplexen Wirkungsgefügen haben dem Überleben der Menschheit bisher nicht geschadet. Bessere Jagdtechniken dürften schon in der Urzeit des Menschen das Überleben vereinfacht haben. Das dadurch ausgelöste Wachstum der Bevölkerung und die Veränderung des lokalen Wildbestandes waren Auslöser von Hungersnöten und Krankheiten. Letztere waren ihrerseits Ausgangspunkt einer fortschreitenden Adaption. Gleiches trifft auf die Entwicklung des Ackerbaus und den damit einhergehenden Verlust von Böden zu für die Konzentration von Menschen in Städten mit Folgen für die Entsorgung von Abfällen und Verbreitung von Krankheiten, für die Chemisierung der Landwirtschaft und die Belastung des Trinkwassers mit Nitrat und viele andere Aspekte unseres täglichen Lebens. Die durch ständigen Kontakt mit der Umwelt erworbenen Fähigkeiten sollten also auch das Überleben bei sich heute abzeichnenden Umweltveränderungen garantieren können.

Allerdings blieben die vom Menschen ausgelösten Umweltveränderungen bisher räumlich und zeitlich begrenzt. Es gab – im Unterschied zu Wirkungen anderer Organismenarten in der Erdgeschichte – kein Risiko für globale Veränderungen. Mit der Technologieentwicklung der letzten Jahrzehnte hat sich dies grundlegend verändert. Analog zu ausgestorbenen Organismenarten ist der Mensch mithilfe seiner Technologien in der Lage, die gesamte Biosphäre zu verändern. Spätestens mit dem Klimawandel wird die Potenz und Gefährlichkeit einer solchen Fähigkeit deutlich.

Berücksichtigt man den Zeitraum der industriellen Entwicklung, finden diese Veränderungen schneller statt als alle vorhergehenden Umweltveränderungen in der Erdgeschichte. Dies setzt neue Maßstäbe an die Adaptionsfähigkeit der Menschheit und an die sich verändernden Rahmenbedingungen.

Mit der Technologieentwicklung hat sich gleichzeitig die Lebensqualität für den Menschen verbessert. Hunger ist heute technologisch vermeidbar. Fortschritte in der Medizin machen das Überleben sicherer. Viele unerwartete und unbeabsichtigte Nebenwirkungen der industriellen Entwicklung für die Umwelt konnten zwischenzeitlich ausgeglichen werden. Dies betrifft z.B. die Belastung der Luft mit Rauchgasen wie Schwefeldioxid, den Erhalt einzelner Arten, die Einrichtung von Schutzgebieten etc.

Dennoch bleibt die globale Dimension der Veränderungen beängstigend.

Mit der erfolgreichen Entwicklung der Menschheit verändert sich auch die Wahrnehmung seiner Umwelt, die Bedürfnisse nehmen zu. Früher zählten ständig verfügbare Nahrungsmittel zu den essentiellen Voraussetzungen des Überlebens. Heute gehören Auto, Fernseher, Internet und Reisemöglichkeiten zur unvermeidlichen Grundversorgung (s. Hartz IV), allerdings nicht weltweit. Diesen Ansprüchen stehen begrenzte Ressourcen, zunehmende soziale Differenzierungen, regionale Konflikte, der Klimawandel und andere Veränderungen gegenüber, die immer neue und immer schnellere Anpassungen erfordern.

Damit wird deutlich, dass

- aktuelle Umweltveränderungen erdgeschichtlich nicht außergewöhnlich sind. Der Grad der räumlichen Veränderungen spiegelt lediglich eine Entwicklungsetappe als Organismenart wider. Sie dokumentiert die Fitness des Menschen zur Adaption an aktuelle Umweltbedingungen. Sie sind kein Ausdruck besonderer Intelligenz oder außergewöhnlicher Fähigkeiten.

- Neben der Qualität der Umweltveränderungen begründet die Schnelligkeit der Veränderungen die Notwendigkeit immer schnelleren Handelns als Instrument der Adaption an sich verändernde Rahmenbedingungen.
- Mit einem Verzicht auf neue Technologien lässt sich das Problem nicht beheben. Ihr Entwicklungsstand ist lediglich Symptom einer Anpassung an immer neue Herausforderungen. Technologien sind notwendig, um beim erreichten Entwicklungsstand das Überleben abzusichern. Aktuell stehen dabei der hohe Ressourcenverbrauch, bessere Kreisläufe, effizientere Energieproduktion und -nutzung etc. im Vordergrund.

Neue Technologien werden die Wirkungen des Menschen auf seine Umwelt dennoch nicht verringern können. Dies würde allen bisherigen Erfahrungen und den Gesetzmäßigkeiten der Entwicklung des Lebens widersprechen.

Bleibt die Frage, wie die Wirkungen des Menschen auf seine Umwelt bzw. auf unsere Biosphäre so begrenzt werden können, dass genügend Zeit für immer neue Anpassungen bleibt oder die Veränderungen in eine gewünschte Richtung gelenkt werden können. Wie sehen Lösungskonzepte aus, die uns bei der Überwindung aktueller immer weitreichender Nebenwirkungen ständig neuer Technologien helfen?

Anfrage Ökologie:

Die Ökonomisierung sämtlicher Lebensbereiche und die einseitige Fixierung auf Gewinnmaximierung haben dazu geführt, dass sämtliche Ökosysteme massiv bedroht sind. Wir können durchaus bald vor dem Problem stehen, dass wir unsere Nahrungsmittel nur noch ganz schwierig und in weit nicht genügender Menge erzeugen können.

Die Fragen:

Was sind Ihrer Ansicht nach die wichtigsten ökologischen Probleme?

Welche Maßnahmen müssten wir Ihrer Ansicht nach schnellstens ergreifen und wie müssten wir unsere Lebensweise ändern, um die vorhandenen Ökosysteme zu retten?

Wieweit ist es möglich nach Ihrer Einschätzung, eine Kreislaufwirtschaft zu praktizieren, um weniger Müll zu fabrizieren und mit den vorhandenen Rohstoffen einen schonenden Umgang zu gewährleisten?

Folgende Beiträge sollen dazu Meinungen und Vorstellungen am Beispiel ausgewählter Fragen dokumentieren. Es sind nur Auszüge, die aus unterschiedlichen Blickwinkeln das komplexe Netzwerk gegenseitiger Abhängigkeiten des Menschen an der Schwelle zu globalen Veränderungen seiner abiotischen Existenzbedingungen beschreiben. Da es sich um Darstellungen kompetenter Fachleute handelt, sollten sich daraus Lösungen für aktuelle Herausforderungen ableiten lassen.

Helmut Lieth:

„Meiner Ansicht nach kann man den Menschen nicht vom Ökosystem trennen. Wir sind Teil des Ökosystems in dem wir leben und arbeiten. Wir müssen unseren Platz nach ökonomischen Gesichtspunkten gestalten und dabei zusehen, dass wir unsere Ressourcen nicht überfordern. Alle nachprüfbaren Wachstumsmodelle haben das gezeigt und haben auch gezeigt, welche Folgen die Übernutzung hat. Vor vielen Jahren habe ich wie auch Andere empfohlen die Zahl unserer Kinder zu beschränken. Dadurch sind für uns Probleme entstanden, die nur im Teilsystem Mensch des Ökosystems auftreten, da alle anderen Teile Ihre Alten nicht betreuen müssen.

Im Prinzip wäre es möglich die Globalisierung unseres Planeten so zu lenken, dass die Länder mit einem Überschuss an Nachkommen, diese zu uns schicken. Die Gesamtzahl an Menschen dürfte aber nicht so schnell wachsen. Eigentlich sollte sie unter 6 Milliarden bleiben. Mit dieser Masse Mensch könnten wir alle Probleme auf dieser Erde bewältigen. Ich denke, dass unsere wissenschaftlichen Kenntnisse dazu ausreichen. Dazu muss die Frage nach der Gewinnmaximierung umgedeutet werden, nicht die Gewinnmaximierung sondern Gewinnoptimierung im Rahmen der Umweltgegebenheiten muss dabei beachtet werden.

Ich weiß nicht, ob wir alle Ökosysteme retten müssen. Die These, dass die sogenannte Stabilität nur durch die große Anzahl von Arten gewährleistet sei, ist definitiv falsch. Sie wurde von den Biologen erfunden, die ihre jeweiligen Lieblinge schützen wollen. Seitdem wir wissen, dass wir im Prinzip alle Arten aus Ihren nahen verwandten mit Hilfe der Gentechnik wieder herstellen können, ist diese These ad Acta zu legen. Die moderne Biologie, Molekularbiologie arbeitet zur Zeit daran. Die Literatur ist voll von Beispielen und hat die Arbeit an den Arten weitgehend verdrängt. Das ist offensichtlich für die heutige akademische Arbeit kein Thema mehr. Diese Arbeit überlassen die Universitäten den Kollegen in den ärmeren Ländern oder bei uns den Gymnasien oder den Fachhochschulen. Mein eigener Beitrag zum Wissen betraf im Wesentlichen die Menge an Biomasse, equivalent zu Energie und bestimmten chemischen Elementen. Das die Ökosysteme das optimieren, hatten die Kollegen über die Artenvielfalt weitgehend vernachlässigt und hat die Ökologen oftmals als Gegner zu Landwirtschaft und Forstwirtschaft gebracht. Lediglich die ständige Partnerschaft mit Meteorologen, Landwirten, Forstwirten und Landschaftspflegern in einer Vielzahl von Ökosystemen hat mir den Vergleich ermöglicht, der gezeigt hat, dass die Ökosysteme die Arten dazu brauchen, um Strukturen zu schaffen, die die eingestrahlte Energie auf dem schnellsten Wege wieder ins Weltall zu befördern. Das tun sie bei Vorhandensein von Wasser mit diesem und sonst durch bessere Reflexion oder Übertragen von Wärmeenergie an die Umgebende Luft.

Ich weiß nicht, ob Sie das alles interessiert. Ich möchte aber noch Ihre letzte Frage aufgreifen, was sollen wir jetzt tun, um das Klima zu retten. Ich verfolge in den Medien die Diskussion ums Auto und den Ausstoß von CO_2. Dass man das durch eine Erhöhung der Mehrproduktion an Biomasse auf der Erdoberfläche ausgleichen könnte, wird nicht diskutiert. Dabei habe ich das seit 20 Jahren schon vorgetragen. Ich arbeite seit langem an der Begrünung von Wüsten mit Hilfe von Meerwasserbewässerung mit Halophyten. Damit könnte ich die globale Netto Primärproduktion gleich um 30% erhöhen, wenn ich die schnellstwachsenden Pflanzen verwenden würde. Wenn ich die dann noch ökonomisch sinnvoll verwenden könnte, wären wir mit großer Wahrscheinlichkeit das Klima Änderungsproblem los. Ich habe das alles schon vor 20 Jahren durchkalkuliert und meine Prognosen von damals sind auf den Punkt genau eingetroffen. Aber keiner hat das damals ersnt genommen. Ich bin gerne bereit weiter zu Klärungen beizutragen.“

(Prof. Dr. em. Helmut Lieth,
Universität Osnabrück)

Helga Düben:

„**Frage. 1**. Maßnahmen zur Rettung der Ökosysteme

Obwohl bisher die Verantwortlichen in unserer Gesellschaft durchaus wussten, dass unsere Ökosysteme massiv bedroht sind, wurde deren Schutz mit dem Argument wirtschaftlicher Notwendigkeiten stets verdrängt. Umwelt und Natur waren dabei immer nahezu kostenlose Ressourcen für Wachstum und mehr Wohlstand. Zum Schutz der Ökosysteme und somit zum Schutz für uns selbst müssen unbedingt sofort die Eingriffe in Natur und Umwelt in ihrer ökonomischen Auswirkung auf die Gesellschaft untersucht und realistisch in Euro und Dollar bewertet werden. Eingriffe müssen somit real erkauft werden.

Nur dies führt zu einer realistischen Bewertung der Schäden, die unserer Gesellschaft durch die Eingriffe in die Natur volkswirtschaftlich drohen.

Beispiel:

Fällt man eine 100-jährige Buche, dann wird nach heutigem Recht ein Holzwert von 200 – 300 Euro ausgeglichen. Eine 100-jährige Buche bindet täglich ca. 9000 l Kohlendioxyd aus der Luft und versorgt täglich 10 Menschen mit dem notwendigen Sauerstoff. Um diese ökologische Funktion auszugleichen, müssten 2000 neue junge Buchen mit Kronenvolumen von 1 cbm im Gegenwert von 125.000 Euro gepflanzt werden. Wie gesagt, heute wird nur der Holzwert ersetzt, der ökologische und damit auch ökonomische Schaden liegt realistisch um ein Vielfaches höher.

Politik und Wirtschaft geben uns als Lebensziel den sog. Wohlstand des Einzelnen vor. Dieser definiert sich in unserer Gesellschaft in immer mehr Komfort, Bequemlichkeit, Erlebnisreisen etc.. Dies war nur möglich, indem wir nicht nur die Entwicklungsländer sondern auch unsere Ökosysteme ausgebeutet haben. Wir müssen der Gesellschaft neue Werte für den Begriff Wohlstand geben. Es soll nicht erstrebenswertes Ziel sein, alle Jalousien automatisch öffnen und schließen zu können, sondern sich selbst zu erkennen und sozial leben zu können.

Frage 2. Kreislaufwirtschaft

Eine schonende Kreislaufwirtschaft zu praktizieren ist durchaus möglich und sofort umsetzbar, wenn man verhindert, dass mit der Unterstützung der Politik Einzelne in unserer Gesellschaft durch Streben nach ihrem persönlichen Profit vorhandene Möglichkeiten zerstören. Auch hier gilt es, die sog. wirtschaftlichen Zwänge, die angeblich jedem in der Gesellschaft helfen, Arbeit und Wohlstand zu bekommen, zu hinterfragen. Meistens führen sie nur zum Reichtum Weniger während die wirtschaftlichen Konsequenzen des Handelns vom sog. kleinen Mann langfristig zu tragen sind.

Frage 3. Einbindung der Bürger in Problemlösungsprozesse

Das Bewusstsein hinsichtlich der Umweltgefährdung bei den Bürgern zu wecken, ist nötig aber äußerst mühevoll und langwierig. Zu sehr sind sie in ihrer Lebensweise von der Steuerung der Massenmedien und Wirtschaftsinteressen geblendet. Da uns z.B. hinsichtlich der Klimakatastrophe die Zeit davon rennt, sind leider neben verstärkter Aufklärung und Umweltbildung sowie Förderung auch stringent umzusetzende Verbote und Gebote sowie Verteuerung durch Steuern und Abgaben für das Verhalten der Bürger in der Umwelt nötig.

Fazit: Eine Umkehrung des Prozesses der Naturzerstörung ist nur möglich, wenn endlich die ungehemmten Interessen Einzelner zur Erlangung unverhältnismäßig großer Vermögen im Interesse der Gemeinschaft Einhalt geboten wird."

(Helga Düben, 1. Vorsitzende
NABU Siegen-Wittgenstein, Bad Berleburg)

Philipp Schepelmann:

„Frage 1.

Die wichtigsten ökologischen Probleme sind:

Die Zerstörung und Desintegration von Landschaften und ihrer ökologischen Systeme.

Die Degradierung und der Abtrag von Böden. Der Eingriff in den Wasserhaushalt.

Klimawandel.

Frage 2.

Maßnahmen betreffen in den Industriestaaten: Absenkung des Ressourcenverbrauchs (Material, Energieträger). Maßnahmen betreffen in Entwicklungsländern: Absenkung der Geburtenrate, bessere Verteilung von Wohlstand

Frage 3.

Es ist möglich, den Ressourcenverbrauch in den Industrieländern um den Factor 10 zu senken, siehe hierzu auch:

www.ressourcenproduktivitaet.de und www.factor-x.info“

(Dr.-Ing. Philipp Schepelmann,
Wuppertal Institut, Wuppertal)

Hubert Weiger:

„Besonderen Wert legt der BUND und lege ich darauf, Strukturen miteinander zu verknüpft und nicht voneinander zu trennen. Zwischen Klima und Ökosphäre gibt es klare Beziehungen, die sich auf die entsprechende Biodiversität auswirken. Mit dem Klimawandel wird ein Artensterben im großen Maßstab einsetzen und sehr viele spezialisierte und endemische Arten treffen. Maßnahmen zur Rettung der Biodiversität müssen den Klimawandel thematisieren.

Die andere große Verbindung, die nur zu gerne übersehen wird, besteht zwischen Mensch und Natur. Die Natur steht nicht isoliert von der Gesellschaft und der Wirtschaft, sondern ist mit den jeweiligen Lebensbereichen verknüpft. Deshalb ist es das besondere Anliegen die Strukturen, die auf die Natur einwirken, zu verändern, um ihre Wirkung zu mindern.

Die Natur darf nicht weiter nur als Müllhalde der Zivilisation behandelt werden. Man muss den Weg zu einer ökosozialen Marktwirtschaft beschreiten. Daher unterstütze ich auch besonders den Globalen Marschall Plan. Es ist dringend notwendig den politischen Rahmen zu ändern, um die notwendigen Entwicklungen herbeizuführen.

Das Ziel ist die deutliche Verringerung von Energie- und Ressourcenverbrauch durch Effizient- und Suffizientstrategien zu erreichen. Dezentrale Strukturen sind dabei wichtig, damit unnötige Transporte vermieden werden. Die Produkte in der Region reichen aus, um sich mit Nahrung ausreichend und den Jahreszeiten angemessen zu versorgen. Das Geld bleibt in der Region und der Bauer erhält auf direktem Weg sein Geld. Ausgedehnte Vertriebsstrukturen, an denen jeder verdient, nur nicht die Bauern, werden damit überflüssig.

All dies kann man aber nicht nur durch wirtschaftliche und politische Reformen erreichen. Eine Änderung der Lebensstiele ist dringend notwendig. Schließlich entscheidet der Konsum darüber, welche Produkte nachgefragt werden und inwieweit Vergeudung in den Haushalten, in der Freizeit und beim Pendeln stattfindet."

(Prof. Dr. Hubert Weiger, 1. Vorsitzender BUND für Umwelt und Naturschutz Deutschland, Berlin)

Winfried Schröder:

„Gerne beantworte ich Ihre beiden Fragen.

1. Welche Maßnahmen ...

Als Umweltprobleme bezeichnen wir Ökosystemveränderungen, die wir als negativ bewerten und deshalb nicht haben wollen. Solche Veränderungen entstehen immer dann, wenn sich die Energie- und Stoffflüsse durch die Ökosysteme so weit verändern, dass sie außerhalb des evolutionären Durchschnitts liegen. Wenn wir solche Veränderungen nicht wollen, müssen wir die Energie- und Stoffflussdichte reduzieren.

Ein Problem besonderer Art ist die Veränderung der Informationsflüsse durch die grüne Gentechnik. Die Folgen dieser Neuordnung von Informationen sind derzeit nicht überschaubar. Sie können grundsätzlich auf allen Stufen der ökosystemaren Organisation bis hin zur Landschaft auftreten.

2. Wieweit ...

Technisch ist die Kreislaufwirtschaft weitgehend machbar, gleichwohl es uns kaum gelingen wird, dem Ideal der Natur zu folgen, in der es keinen Abfall gibt. Wie mit so vielen Problemen ist es wichtig, die vorhandenen Erkenntnisse für die Problemlösung zu nutzen."

(Prof. Dr. Winfried Schröder, Hochschule Vechta)

Christoph Hinkelmann:

„Obwohl nicht ohne gewisse Kompetenz, muss ich zu Ihren Fragen folgendermaßen Stellung nehmen: ich maße mir nicht die Qualifikation an, sie auch nur einigermaßen zufriedenstellend zu beantworten. Ihre Fragen umreißen ja gerade die Kernprobleme unserer Zeit, für deren Beantwortung und konsequentes Umsetzen der daraus resultierenden Konsequenzen wir uns den Luxus eines großen, und wie ich meine finanziell gut ausgestatteten Politik- und Behördenapparats leisten. Ich möchte den hiermit einigermaßen umrissenen Personen den Vortritt lassen - es ist ihre Pflicht, Lösungen für die aktuellen Probleme unserer Weiterexistenz zu finden.

Jeder von uns muss bewusster mit allen Formen des Verbrauchs, privat, dienstlich und in größeren Einheiten denkend, handelnd und Verantwortung übernehmend umgehen. Die Einsicht in die eigene Verantwortung und die Notwendigkeit eines eigenen Engagements bewerte ich höher als jede Maßnahme, die die Menschen zu einer Verhaltensänderung veranlassen soll. Doch ist aus dem zwischenmenschlichen Zusammenleben hinlänglich bekannt, dass bei Erwachsenen Veränderungen des eigenen Verhaltens nur als Folge eigener Einsicht, nie auf Druck von außen hin nachhaltig zu erreichen sind. Schon gar nicht in einer Demokratie."

(Dr. Christoph Hinkelmann, 1. Vorsitzender des Verbandes Deutscher Waldvogelpfleger und Vogelschützer e. V., Lüneburg)

Francois Buscot:

„Zu 1. Frage: Biodiversitätsverlust (auch auf Agrarflächen), Bodendegradation, Wasserknappheit, Klimaänderungen

Zu 2. und 3. Frage: Umweltbelastungskosten monetarisieren und die Kosten für die Nutzung von Umweltressourcen zu internalisieren. Dann werden viele nicht nachhaltigen Aktivitäten nicht mehr bezahlbar sein und dezentrale Alternativlösungen entwickeln sich, die im Sinne einer Kreislaufwirtschaft sind."

(Prof. Dr. habil. Dr. Francois Buscot, Helmholtz Zentrum für Umweltforschung, Leipzig)

Rüdiger Wittig:

„Zu Frage 1: Bevölkerungswachstum, Verlust naturnaher Lebensräume – Artenschwund, steigender Energiebedarf – Klimawandel, steigender Nahrungsbedarf – Abholzung, Wasserknappheit, Überdüngung, Erosion

Zu Frage 2: Reduktion der Bevölkerungswachstum – Nullwachstum oder bzw. Minuswachstum (= Reduktion), Reduktion des Energieverbrauchs, Einstellen der Nutzung fossiler Energiequellen

Zu Frage 3: Keine Ahnung, aber sicher kann man da noch sehr viel effizienter werden."

(Univ.-Prof. Dr. Rüdiger Wittig, J. W. Goethe-Universität Frankfurt am Main)

Gottfried May-Stürmer:

„**Zu Frage 1:** Klimawandel, Bedrohung der Artenvielfalt (einschließlich des Sonderproblems: Bedrohung der Agrobiodiversität), militärische und „friedliche“ Atomkraftanwendung

Zu Frage 2: Reduktion des Primärenergieverbrauchs auf ca. 50%, erhebliche Effizienzverbesserung bei allen energieumwandelnden Prozessen, Deckung des Restbedarfs überwiegend aus regenerativen Energien, drastische Reduzierung des motorisierten Verkehrs (erster Schritt Tempolimit 30-50-70-90-110 wie in Schweden), weitgehende Verlagerung des Restverkehrs auf Umweltverbund (Bahn, Bus, Rad, Fußgänger...), Passivhaus als Standard auch für öffentliche Gebäude, Rückführung des Netto-Flächenverbrauchs auf O in wenigen Jahren, weitgehende Umstellung auf Öko-Landbau, Umsetzung der im BNatSchG (Bundesnaturschutzgesetz) geforderten Biotopverbrauchs, keine Anwendung der Agrargentechnik, Einstieg in wirkliche Kreislaufwirtschaft – insbesondere durch recyclingfreundliche Stoffpolitik, Bewusstseinswandel: „Gut leben statt viel haben“, „Small is beautiful“, „Wir haben die Erde nur von unseren Kindern geborgt.“

Zu Frage 3: Kreislaufwirtschaft fängt bei der Stoffpolitik an. Recyclingfeindliche Stoffe wie PVC müssen verboten werden, und die ganze Chlorchemie dazu. Außerdem hormonell wirksamen Substanzen wie diverse Pestizide (Bisphenol A usw.), die überall Schwierigkeiten machen, z. B. im Klärschlamm, und alle persistenten naturfremden Stoffe.

Vorzug für Stoffe, die entweder natürlichen Ursprungs und damit gut abbaubar sind (Pflanzenfasern, Holz usw.) oder sich sauber wiederverwerten lassen wie Metalle (aber keine toxischen Schwermetalle wie Cl, Hg, Pb usw.!).

Wo Plastik unvermeidbar ist, in Reinform verwenden, keinesfalls zu Verbundstoffen verschmolzen. Sauberes PE und PP lässt sich zu Qualitätsprodukten recyceln, Verbunde kaum.

Bei Verpackungen Mehrwegsysteme (z.B. Glas-Pfandgefäße) verwenden, wo möglich.

Alle Maßnahmen durchsetzen über: Ordnungsrecht, fiskalische Maßnahmen (Öko-Steuer geht prinzipiell in die richtige Richtung, aber die Ausnahmen sind skandalös), Förderung (EEG geht in die richtige Richtung).

Anmerkung: Früher war Kreislaufwirtschaft weltweit selbstverständlich, sonst wären archäologische Fundstellen nicht so wertvoll."

(Gottfried May-Stürmer, Landwirtschaftsreferent des BUND Landesverbandes Baden-Württemberg, Stuttgart)

Martin Dietrich:

„Ich finde Ihr Anliegen extrem wichtig und möchte daher zumindest Ihre Fragen kurz beantworten.

1. Wichtigste ökologische Probleme?

Ökologie ist die Wissenschaft, die versucht, Häufigkeit und Verbreitung von Populationen zu erklären. Das wichtigste ökologische Kernproblem ist damit die global und national zu hohen Bevölkerungsdichten.

Als weiteres Kernproblem sehe ich das globale Artensterben das in engem Zusammenhang zu den hohen Aneignungsarten des Menschen an der globalen Primärproduktionsleistung steht (HANPP-Faktor als 3. Kernproblem).

2. Maßnahmen

Wir sollten innerhalb unseres Verantwortungsbereichs zunächst unseren eigenen „Ecological Footprint" verringern und dann dasselbe in unserem gesellschaftlichen Umfeld fordern bzw. mit unserer Wahlentscheidung unterstützen.

Wir brauchen vor allem ein Umdenken im Sinne eines vor dem Hintergrund von Bevölkerungsrückgang machbaren Ausbruchs aus den tradierten aber irrwitzigen Wachstumsdoktrin der neoklassischen Ökonomie. Ich empfehle Ihnen z. B. Hermann Daly zur vertiefenden Lektüre.

3. Kreislaufwirtschaft

Verbesserung von Kreisläufen ist immer ein valides Ziel. Letztendlich ist Kreislaufwirtschaft aber immer nur begrenzt möglich („materielle Entropie" sensu Georgescu-Roegen als limitierende Maßgröße)."

(PD Dr. Martin Dietrich, Leiter des Instituts für Landschaftsökologie und Naturschutz Singen)

Katrin Scholderer:

„Nun zu Ihren Fragen, die Ihnen Herr Baumann (Landesvorsitzender) gerne beantwortet:

1. Was sind Ihrer Ansicht nach die wichtigsten ökologischen Probleme?
   - Schutz der Biologischen Vielfalt
   - Klimaschutz
   - Flächenverbrauch
   - nicht nachhaltiges Wirtschaften

2. Welche Maßnahmen müssten wir Ihrer Ansicht nach schnellstens ergreifen und wie müssten wir unsere Lebensweise ändern, um die vorh. Ökosysteme zu retten?
   - Nachhaltigkeitsscheck der (Haushalts) Planungen und Projekte der Gemeinden und des Landes
   - Förderung der naturnahen Waldwirtschaft und Ökologisierung der Landwirtschaft
   - Im Anhang finden Sie die Resolution zur Bewahrung der Biodiversität in BW des NABU-Landesverbandes BW (wurde Ende November 2007 auf der Landesvertreterversammlung verabschiedet)

3. Wie weit ist es möglich, nach Ihrer Einschätzung, eine Kreislaufwirtschaft zu praktizieren, um weniger Müll zu fabrizieren?
   - Es ist zu „billig", Müll zu produzieren. Die Entsorgung müsste teurer sein. Stärkere Rücknahmeverpflichtungen wären unabdingbar. Eine längere Lebensdauer von Produkten müsste festgeschrieben werden."

(Katrin Scholderer, Sekretariat
NABU Landesverband Baden-Württemberg, Stuttgart)

Henning Steiner:

„Ich möchte spontan versuchen, die von Ihnen gestellten Fragen kurz zu beantworten:

zu 1. Die wichtigsten ökologischen Probleme sind: direkte und indirekte

Lebensraum-Zerstörung (vor allem in den Tropen), der (auch) damit einhergehende Artenschwund, der (auch daraus) resultierende Klimawandel, das mangelnde Bewusstsein und das immer schneller schwindende Wissen rund um Natur (Stichwort Umweltbildung), maßloser Ressourcenverbrauch zu 2. Reduzierung der unter 1. genannten Punkte, hauptsächlich nur zu erreichen durch Einschränkungen der Industrieländer (Verbraucher wie Produzenten), sowie Umweltbildung

zu 3. selbstverständlich nur bedingt. Jedoch sollten bessere „Müllgesetze“ (auch international) sowie massive Veränderungen hin zu regenerativen Energiequellen ein erster großer Schritt sein.“

(Henning Steiner,
Freizeitleiter NABU Bremen)

Christian Siewert:

„Was sind Ihrer Ansicht nach die wichtigsten ökologischen Probleme?

- ❖ Bevölkerungswachstum, unnötige Ressourcenverschwendung und daraus resultierende Begleiteffekte für Klima, Verschmutzung, Artenvielfalt, Bodenerosion, etc. im Ergebnis (*Ursachen der entstandenen ökologischen Probleme*):
  - historisch bedingter, einseitiger Schwerpunkt der gesellschaftlichen Förderung auf Technologien
  - Unzureichende kollektive und soziale Intelligenz insbesondere in Industriestaaten (fehlende kulturelle und ethische Grenzen für Technologieentwicklung und Verbreitung)
  - Maßlosigkeit des Menschen bzw. – besser ausgedrückt – zu den heutigen technischen Möglichkeiten nicht mehr passende Wertevorstellungen des gesellschaftlichen Zusammenlebens (die 10 Gebote reichen nicht zur Regulation des Umgangs mit neuen Techniken, wie z.B. die Gentechnik)
  - Das Fehlen eines kollektiven Bewusstseins beim Menschen
  - Ungünstiges Verhältnisses von anwendungsorientierter und Grundlagenforschung

Welche Maßnahmen müssten wir Ihrer Ansicht nach schnellstens ergreifen und wie müssten wir unsere Lebensweise ändern, um die vorhandenen Ökosysteme zu retten?

- ❖ Lebensqualität an Stelle von Konsum als Wertegrundlage etablieren
- ❖ Weltweit soziale Chancengleichheit herstellen (insbesondere Zugang zur Bildung, alles andere greift zu kurz, bzw. Perspektiven aufbauen statt Konsumfähigkeit erhöhen)

- ❖ Weiterentwicklung der Demokratie fördern und öffentliche Diskussion über Prämissen der gemeinsamen Entwicklung einleiten, Abbau alter Wertevorstellungen mit Aufbau neuer Wertevorstellungen begleiten
- ❖ Wertevorstellungen an Lebensqualität ausrichten statt an Technologieentwicklung als grundlegende Voraussetzung für sicheres Überleben
- ❖ Rahmenbedingungen schaffen, die eine bildungsabhängige Entscheidungskompetenz in der Gesellschaft etablieren helfen (weniger Bedeutung von Lobbyarbeit, Politik, Moden, Gruppenbildungen etc.)

Wieweit ist es möglich nach Ihrer Einschätzung, eine Kreislaufwirtschaft zu praktizieren, um weniger Müll zu fabrizieren und mit den vorhandenen Rohstoffen einen schonenden Umgang zu gewährleisten?

- ❖ Koordinierte, aufeinander abgestimmte Förderung divergierender Wissensgebiete, insbesondere Natur-, Gesellschafts- und Wirtschaftswissenschaften
- ❖ Komplementäre Entwicklungsprogramme für lückenlose Wertschöpfungsketten einrichten
- ❖ Etablierung von Förderprogrammen von Wissensgebieten an der Schnittstelle von Technologie und Gesellschaft (Landschaftsarchitektur, Kunst, Naturschutz u.a.), gleichzeitig Übertragung wirtschaftlicher Verantwortlichkeit auf diese Wissensgebiete
- ❖ Kurz- und mittelfristig: Ablösung Mehrwertsteuer durch Ressourcensteuer (Energie und Rohstoffe)

Das Problem Ökologie ist kein wirkliches Problem der Ökologie, sondern eine historisch gewachsene und politisch induzierte, temporäre Diskrepanz zwischen Fähigkeiten des Menschen und den sich unter seinem Einfluss verändernden Lebensbedingungen. Es handelt sich also um kein Naturphänomen, sondern eher um ein gesellschaftliches Entwicklungsdefizit, für dessen Lösung ein kollektives Bewusstsein wichtig wird."

(Prof. Dr. Christian Siewert, Leiter des Instituts für Landschaftsarchitektur, Fachhochschule Weihenstephan)

Carsten Neßhöver:

„1) Die wichtigsten ökologischen Probleme.

Eine Rangliste ist hier natürlich schwierig. Die Ressourcennutzung der Menschheit ist allgemein an einem Punkt angelangt, der es schwerlich möglich macht, die „großen“ Probleme zu benennen, da sie stets verbunden sind. Aber grundsätzlich sind diese die Zerstörung der natürlichen Lebensgrundlagen:

Biologische Vielfalt und „intakte“ Ökosysteme

Boden

Wasser

Eine hervorragende Zusammenfassung hierzu bietet das weltweite Millennium Ecosystem Assessment (www.maweg.org)

2) Maßnahmen, die schnellstens zu ergreifen sind; wie die Lebensweise ändern?

Man kann aus einer „ökodiktatorischen“ Sicht natürlich konkret aufzählen, was schnellstens zu machen sei: Reduktion der Treibhausgasemissionen, Umlenkung von finanziellen Ressourcen (aus Waffenproduktion u.a. in Bildung und nachhaltiges Management) und und und. Dies wäre aber Kontext-frei gedacht und bringt wenig – es müssen vielmehr Maßnahmen entwickelt werden, die eine (zügige) Umwandlung aus dem bestehenden heraus möglich machen. Dasselbe gilt für die Änderung der Lebensweise: es geht hier um gesellschaftliche Grundwerte, die sich erst allmählich durch Bewusstseinsbildung und aufkommende Probleme (Stichwort „Nachhaltigkeit“, Klimawandel) ändern. Wiederum gilt, dass man das ganze im Gesamtkontext sehen muss. Einen solch holistischen Ansatz liefert wiederum das Millennium Ecosystem assessment (s.o.). Ich schicke Ihnen hierzu unsere Studie „Die Relevanz des Millennium Ecosystem Assessment für Deutschland“[1] 1: Wir versuchen darin aufzuzeigen, das eine Querschnittsorientierung der Politik zum Schutz der Umwelt dringend notwendig ist und ein Aufbreche typischer Konflikte (Umwelt gegen Landwirtschaft, Umwelt gegen Wirtschaft, etc.) dringend notwendig ist.

3) Kreislaufwirtschaft:

Es wird nie eine „absolute“ Kreislaufwirtschaft geben, dies ist vor allem angesichts der wachsenden Weltbevölkerung irreal. Natürlich ist es möglich, die Stoffverluste wesentlich zu reduzieren, es ist schon allein bei vielen Stoffen eine Notwendigkeit. Das Müllproblem halte ich im Vergleich zu anderen Umweltproblemen allerdings

1 Das Millennium Ecosystem Assessment stellt die umfangsreichste bislang erstellte wissenschaftliche Studie zur Entwicklung des Zustandes der Ökosysteme auf der Erde dar.

für eher marginal (es sei denn es geht um hochgiftige Stoffe, oder die Verteilung von „Müll" (hier meist kleinen Stoffen) in der Umwelt- Stichwort Feinstaub, DDT, Kunststoffe im Meer). Kreislaufwirtschaft ist vor allem für Dinge des täglichen Bedarfs realistischer, es geht dabei vor allem darum, die Transportwege zu verkleinern."

(Dr. Carsten Neßhöver, Helmholtz Zentrum für Umweltforschung, Leipzig)

Francis Foeckler:

„zu Frage 1

- Wasser: natürliche Rückhaltung (Wälder, Auen, Gewässer); Schonung der Wasserkreisläufe, Grundwasserschutz
- Boden: Entgiftung, Entsiegelung, Erosionsschutz
- Luft: Reinhaltung, CO_2-Reduktion
- Lärm: als Belästigung erkennen und entsprechend eindämmen
- Arten- und Biotopschutz: vorhandene deutsche und EU-Gesetze konsequent anwenden und umsetzen

zu Frage 2

- Einführung strenger staatlicher Aufsichtsbehörden (vgl. Österreich) über die Wasser- und Energieversorgung sowie Post, Telekommunikation und Bahn als die fünf Grund pfeiler der gesellschaftlichen Infrastrukturen, die unter staatlicher Aufsicht unter Einhaltung höchster Versorgungsqualität für jeden leist- und kalkulierbar, geführt und sicher gestellt werden müssen
- Flugbenzin besteuern
- Kfz-Steuer auf Benzin/Diesel umlegen – wer viel verbraucht, zahlt entsprechend mehr (unter Beibehaltung der Pendlerpauschale); ansonsten eine nach dem Verbrauch bzw. dem CO_2-Ausstoss berechnete Kfz-Steuer
- Verbindliche Festsetzung von strengen EU-einheitlichen Grenzwerten bzw. Zielen für den CO_2- und Rußpartikel-Ausstoß von Kraftfahrzeugen inklusive Lkws und Busse in Abhängigkeit von der Hubraumgröße des Motors unabhängig vom Hersteller oder Ursprungsland
- Verbindliche Festsetzung von strengen EU-einheitlichen Grenzwerten bzw. Zielen für den Kraftstoffverbrauch von Kraftfahrzeugen inklusive Lkws und Busse in Abhängigkeit von der Hubraumgröße unabhängig vom Hersteller oder Ursprungsland

- Verbindliche Festsetzung von strengen EU-einheitlichen Grenzwerten bzw. Zielen für den CO_2- und Rußpartikel-Ausstoß von Energie- und Heizungsanlagen aller Größen sowohl industriell als auch privat
- Konsequente und umfangreiche Förderung alternativer Energiequellen (Sonne, Wind, Wärmekopplung usw.)
- Größtmögliche Bildung **für alle** mit Wert auf Allgemeinbildung und Erziehung zu kritischem Denken
- Eine gemeinsame Krankenkasse für alle mit nach Einkommen gestaffelten Beitrag, gleichwertiger Behandlung zu gleichen Kosten für die gleiche Leistung – keine Unterscheidung zwischen Privat- und Kassenpatienten
- Vermehrte Nutzung öffentlicher Verkehrsmittel
- sparsamer und verantwortungsbewusster Umgang mit Ressourcen
- Wiedereinführung der sozialen Marktwirtschaft

zu Frage 3

- Das Pfandsystem sollte überall, wo es möglich ist, eingeführt werden und zwar mit hohem Einsatz
- Förderung von regionalen Produkten bzw. der regionalen Produktion in allen Bereichen der Grundversorgung
- Förderung Energie sparender Maßnahmen am Bau, im Haushalt, im Transport und in der Industrie
- Gleichstellung staatlicher Förderung bei der Altbausanierung und im Neubau
- Weniger Verpackung, strikte Mülltrennung, Wärmedämmung in Wohnhäusern, Filter für alle Feinstaub emittierende Öfen, Abschaffung der Standby-Funktion elektrischer Geräte u. v. m."

(Dr. Francis Foeckert, Geschäftsführer der Gesellschaft für Landschaftsökologie, Gewässerbiologie und Umweltplanung mbH, Rohrbach-Kallmünz)

Ute Bertrand:

„Wieweit ist es möglich nach Ihrer Einschätzung, eine Kreislaufwirtschaft zu praktizieren, um weniger Müll zu fabrizieren und mit den vorhandenen Rohstoffen einen schonenden Umgang zu gewährleisten?

Papier ist ein unauffälliges Alltagsprodukt. Wir verbrauchen es, ohne viel darüber nachzudenken – und zwar in großen Mengen. Beim Papierverbrauch gehören die Deutschen zur Weltspitze. Dies trägt erheblich zur Waldzerstörung und zur Klimabelastung bei. Konsequent auf Recyclingpapier umzusteigen und Papier zu sparen, wäre einfach möglich. Wir müssen es nur tun.

236 Kilogramm Papier verbraucht Otto Normalbürger in Deutschland im Jahr. Nach Abzug der enthaltenen Altpapieranteile und Füllstoffe – entspricht dies einem Holzverbrauch von etwa 500 Gramm pro Person und Tag. Ein Mensch in Indien kommt mit der gleichen Papiermenge etwa 50 Jahre lang aus.

Mit der Entwicklung der Computertechnik wurde das „papierlose Büro" vorausgesagt. Doch diese Hoffnung hat sich als falsch erwiesen. Tatsächlich steigt der Papierverbrauch. Seit 1950 hat er sich in Deutschland mehr als versiebenfacht. Die Tendenz ist weiter steigend.

Für die Papierproduktion wird weltweit jeder fünfte eingeschlagene Baum verwendet. Rund die Hälfte des in Deutschland verbrauchten Papiers wird importiert. Auch der Zellstoff, der zur Produktion des Papiers für den deutschen Markt gebraucht wird, stammt zu etwa 90 Prozent aus dem Ausland. Ein Großteil liefern die nordischen Länder, vor allem Schweden und Finnland. Dort herrscht eine naturferne Intensiv-Forstwirtschaft vor. Auch Holz aus Urwäldern etwa aus Kanada, Russland oder tropischen Ländern landet in Papier, das hierzulande verbraucht wird.

Für Papier wird in großem Stil Wald zerstört. Für die Herstellung einer Tonne Papier aus Zellstoff werden rund 2,2 Tonnen Holz benötigt. Allein für die Produktion der in Deutschland verbrauchten graphischen Papiere müsste die jährliche Holzernte einer Waldfläche von rund 13.000 Quadratkilometern ausschließlich zur Zellstoffherstellung genutzt werden. Das entspricht etwa der Waldfläche des Landes Baden-Württemberg. Dabei gibt es eine Alternative: Altpapier!

Papier aus Altpapier herzustellen, ist wesentlich umweltfreundlicher, als dafür den Rohstoff Holz zu verwenden. Außerdem werden nur halb soviel Energie und weniger als ein Drittel Frischwasser verbraucht. Die Abwasserbelastung ist bis zu zehnmal geringer, Emissionen von Schad- und Treibhausgasen sinken.

Zwar sind die Deutschen eifrig beim Sammeln von Altpapier, im Büro- oder Geschäftsbereich oder auch zuhause wird aber viel mehr Frischfaser- als Recyclingpapier verwendet. So ist zum Beispiel nicht einmal mehr jedes zehnte Schulheft aus Umweltschutzpapier.

Gegensteuern ist möglich – auf politischer wie auch auf privater Ebene.

Ein sparsamer Umgang mit Papier schont die Wälder. Hilfreich ist es etwa, sich mit einem Hinweis am Briefkasten gegen die Werbeflut zu wehren und sich in die „Robinsonliste" eintragen zu lassen, damit einem keine adressierten Werbebriefe zugeschickt werden. Im Büro kann man Informationen in Umlauf geben oder an einem Schwarzen Brett aushängen, anstatt sie für alle zu kopieren.

Außerdem kann man konsequent auf Recyclingpapier umsteigen. Recyclingpapier ist an dem Siegel „Blauer Engel" zu erkennen. Es garantiert, dass als Rohstoff 100 Prozent Altpapier eingesetzt wird. Es ist gut, andere – etwa Kollegen, Bekannte, aber auch Copy-Shops, Stromanbieter, Banken oder Versicherungen – darauf aufmerksam zu machen, dass man Umweltschutzpapier wünscht. Eine Nachfrage beim Schreibwarenhändler kann dazu beitragen, dass er umweltfreundliches Papier ins Angebot aufnimmt.

Ebenso ist politischer Druck notwendig, um weltweit die Wälder besser zu schützen. Ziel muss es sein, die Einfuhr von Holz und Holzprodukten aus illegalem Einschlag oder aus einer zerstörerischen Waldwirtschaft konsequent zu unterbinden. Bundesregierung und EU sind aufgefordert, entsprechende Importverbote zu beschließen. Auch die Papierindustrie ist in der Pflicht, Zellstoff aus einer ökologisch und sozial verträglichen Nutzung einzusetzen und verstärkt Altpapier zu nutzen. Waldbesitzer sollten auf ökologische Waldnutzung umsteigen, Handel und Großverbraucher sparsamer mit Papier umgehen und Recyclingpapier einsetzen.

Allein steht der Einzelne diesen Lobbys machtlos gegenüber. Umwelt- und Verbraucherorganisationen helfen dabei, Proteste zu bündeln und Ideen zum Schutz von Umwelt und Klima öffentlich mehr Geltung zu verschaffen. Gemeinsam für eine lebenswerte Umwelt zu streiten, bringt mehr Erfolg und obendrein auch mehr Spaß."

(Ute Bertrand, Pressesprecherin,
ROBIN WOOD e. V., Hamburg)

Resümee

Die dargestellten Ideen und Vorschläge sind sehr verschieden. Eine einheitliche Beantwortung der Fragen scheint nicht möglich. Vielmehr werden die Aussagen offenbar vom Standpunkt des Betrachters und seinem Blickwinkel auf das komplizierte Geflecht von Wechselwirkungen bestimmt, dass unsere

Gesellschaft und unsere Beziehungen zur Umwelt prägt. Dabei werden kurzfristige, regional begrenzte sowie langfristige, großräumige Erfahrungen gleichermaßen wirksam und miteinander schwer vergleichbar. Einfache, leicht durchschaubare, universelle Konzepte kann es demnach erst geben, wenn die Komplexität ökologischer Zusammenhänge vollständig beschrieben werden kann. Da sich Letztere ständig verändern, ist in absehbarer Zeit ein Durchbruch kaum zu erwarten.

Die Zusammenstellung liefert dennoch eine Reihe nützlicher Erkenntnisse. Hierbei sind die jeweils gleich bewerteten Aspekte besonders hilfreich. So wird immer davon ausgegangen, dass

a) die gegenwärtigen Herausforderungen von einer kleineren Teilmenge der Menschen verursacht werden aber alle betroffen sind.
b) Der Trend zu immer neuen Technologien in reichen Ländern ist stärker ausgeprägt. Folglich nimmt die soziale Differenzierung zu; Kriminalität und – im internationalen Kontext – Terrorismus werden als Methoden der Konfliktlösung wahrscheinlicher.
c) Umweltveränderungen sind technisch kompensierbar, die mit disproportionalen Entwicklungen verbundenen Nachteile (Ressourcenverbrauch, soziale Konflikte) hingegen nicht.
d) Es geht also weniger um die Umwelt, als um gesellschaftliche Herausforderungen zum Umgang mit Nebenwirkungen neuer Technologien, die sich nicht mit naturwissenschaftlichen Neuerungen abfangen lassen.

In der Ökologie als Wissenschaft von den Wechselwirkungen zwischen Organismen und ihrer Umwelt kommt somit sozialen, historischen und kulturellen Aspekten eine wachsende Bedeutung zu. Dies zeigt sich auch darin, das von allen Autoren offenbar gleichermaßen

a) soziale Grundsätze als Handlungsmaxime und
b) ein demokratisches Leitbild als Indiz der gemeinsamen Verantwortung für das Verständnis ihrer Darlegungen vorausgesetzt werden.

Offenbar brauchen wir eine Technologieentwicklung, die sich nicht nur an wirtschaftlichen Vorteilen, sondern auch an moralischen, ethischen, kulturellen und historischen Werten und Bedürfnissen orientiert.

Vor diesem Hintergrund möchte ich die Beiträge wie folgt zusammenfassen:

- Ein Leitbild der gesellschaftlichen Entwicklung sollte Wohlstand und Lebensqualität nicht mehr nur über Konsum definieren, sondern divergierende kulturelle und historische Wertevorstellungen über das gesellschaftliche Zusammenleben einbeziehen und als Grundlage einer steigenden Lebensqualität für Entscheidungen über Schwerpunkte bei der Technologieentwicklung nutzen.
- Schwerpunkt der Forschungsförderung sollten nicht nur Technologien (High-Tech) sein. Für eine steigende Lebensqualität gewinnt das Landnutzungsmanagement an Bedeutung. Wir brauchen Leitbilder der nachhaltigen Raumnutzung, die technologisch bedingten Veränderungen der Schnittstelle von Mensch und Natur beschreiben und gestaltbar machen
- Der sich heute abzeichnende Entwicklungsprozess könnte beschleunigt werden, wenn die staatliche Förderung folgenden Anforderungen gerecht wird:
  a. Unterstützung geschlossener Wertschöpfungsketten von der Ausbildung über Grundlagen- und Anwendungsforschung bis zur Unternehmensförderung anstelle bisher getrennter Ressorts und Förderorganisationen ohne gemeinsames Leitkonzept
  b. Verbindung von Gesellschafts- und Naturwissenschaften als Instrument für eine gewichtete Förderung unterschiedlicher Fachgebiete und Technologien unter Berücksichtigung regional divergierender sozialer, kultureller, historischer und moralischer Anforderungen. Die bevorzugte Förderung von neuen Verfahren zur Nahrungsmittelproduktion (z.B. Gentechnik) ist solange wenig sinnvoll, wie falsche Regelmechanismen des gesellschaftlichen Zusammenlebens Hungersnöte und soziale Differenzierung verursachen.

c. Regionale kurzfristige Interessen (an Wirtschaftswachstum in Bayern, Deutschland oder EU) und entsprechende Förderprogramme müssen sich globalen langfristigen Erfordernissen unterordnen, um disproportionale regionale und fachliche Entwicklungen als Risikofaktoren der Entwicklung im eigenen Interesse zu begrenzen.

Die daraus ableitbaren Aufgaben und Möglichkeiten lassen sich sehr einfach beschreiben und sind für jeden Einzelnen durchaus im täglichen Leben umsetzbar: Mehr Bildung als Hauptinstrument für einen bewussteren Umgang mit Ressourcen und steigende Lebensqualität.

Beiträge von:

Ute Bertrand, Pressesprecherin, ROBIN WOOD e. V., Hamburg

Prof. Dr. habil. Dr. Francois Buscot, Helmholtz Zentrum für Umweltforschung, Leipzig

PD Dr. Martin Dietrich, 1. Vorsitzende von Leiter des Instituts für Landschaftsökologie und Naturschutz Singen

Helga Düben, NABU Siegen-Wittgenstein, Bad Berleburg

Dr. Francis Foeckert, Geschäftsführer der Gesellschaft für Landschaftsökologie, Gewässerbiologie und Umweltplanung mbH, Rohrbach-Kallmünz

Dr. Christoph Hinkelmann, 1. Vorsitzender des Verbandes Deutscher Waldvogelpfleger und Vogelschützer e.V., Lüneburg

Prof. Dr. em. Helmut Lieth, Universität Osnabrück

Dr. Carsten Nesshöver, Helmholtz Zentrum für Umweltforschung, Leipzig

Dr.-Ing. Philipp Schepelmann, Wuppertal Institut, Wuppertal

Katrin Scholderer, Sekretariat von NABU Landesverband Baden-Württemberg, Stuttgart

Prof. Dr. Winfried Schröder, Hochschule Vechta

Prof. Dr. Christian Siewert, Leiter des Instituts für Landschaftsarchitektur, Fachhochschule Weihenstephan

Gottfried May-Stürmer, Landwirtschaftsreferent des BUND Landesverbandes Baden-Württemberg, Stuttgart

Henning Steiner, Freizeitleiter NABU Bremen

Prof. Dr. Hubert Weiger, 1. Vorsitzender von BUND für Umwelt und Naturschutz Deutschland, Berlin

Univ.-Prof. Dr. Rüdiger Wittig, J. W. Goethe- Universität Frankfurt am Main

Kapitel 6

ENERGIE- UND KREISLAUFLAUFWIRTSCHAFT

von Eckhardt Wiederuh

Einleitung

Die öffentliche und politische Diskussion wird zurzeit vorwiegend vom Klimawandel beherrscht. Dafür verantwortlich gemacht werden die Treibhausgase, insbesondere das Kohlendioxid (CO_2), das bei der Verbrennung von fossilen Brennstoffen wie Kohle, Öl oder Gas entsteht. Die Verbrennung von Biomasse wird als CO_2-neutral angesehen, weil die Pflanzen das bei der Verbrennung freigesetzte CO_2 zu ihrem Wachstum benötigen. Nach dem IPCC- Bericht vom November 2007 wird zu einem erheblichen Teil der Mensch für den CO_2-Anstieg in der Atmosphäre und damit für den Klimawandel verantwortlich gemacht. Nun sind sich viele der Wissenschaftler weltweit einig, dass der menschengemachte Treibhauseffekt eine wesentliche Triebfeder der Erderwärmung darstellt. Es besteht der Verdacht, dass der Mensch selbst seine Lebensgrundlage gefährdet.

Betrachtet man die Quellen der Treibhausgasemissionen, so wird deutlich, dass die Länder mit einem hohen Energieverbrauch einen besonders hohen Ausstoß an Treibhausgasen verursachen. Die Industrienationen sind durch ihren Energieverbrauch und die wirtschaftlichen Prozesse die Hauptemittenten der Treibhausgase.

Unabhängig von der Klimadiskussion und auch kritischen Stimmen zu den Ergebnissen ist aber Fakt, dass die fossilen Energieträger irgendwann zu Ende gehen und dass es notwendig ist, sich über die zukünftige Energieversorgung

Gedanken zu machen. Wie und wie schnell dies geschehen kann, war das Thema einer Umfrage unter verschiedenen, mit Energiefragen befassten Experten.

Bei dem Ruf nach alternativen Energien wird aber immer wieder übersehen, welche fossilen Energiemengen allein in der Bundesrepublik Deutschland zu ersetzen sind. Ohne drastische Einsparmaßnahmen wird es nicht gehen. Ein weiteres Problem ist, dass in der Öffentlichkeit bei der Diskussion über alternative Energien Interessengruppen und Ideologien eine dominierende Rolle spielen und damit ein roter Faden und die notwendige langfristige, große Richtung nicht zu erkennen sind. Nach der Kernenergie ist nun auch die Kohle auf dem Index. Nach der Windenergie und dem Wasserstoff scheint zurzeit die Biomasse der Favorit zu sein. Die Favorisierung der Biomasse kann aber zu einer Ernährungskrise in den armen Ländern führen, wenn man die dazu notwendigen Pflanzen ohne die Beachtung dieses Aspekts erzeugt. So kommt man immer häufiger zu der Ansicht, dass auch die regenerativen Energien irgendwie endlich sind. Langfristigere Konzepte wären also dringend notwendig. Energiepolitik darf nicht Parteipolitik sein, Konsens wäre gefragt.

Deshalb scheint es notwendig zu sein, die momentane Situation etwas genauer zu analysieren, wenn man sich über die langfristigen Konzepte Gedanken macht. Dabei spielen zwei Gesichtspunkte eine wesentliche Rolle: Welche Energieeinsparungen sind möglich? Ein Weitermachen wie bisher wird kaum möglich sein, und wie füllen wir die entstehenden Lücken?

Geht man von der Thermodynamik und den üblichen Statistiken aus, dann kann man den Energiebedarf eines Landes reduzieren auf die benötigte mechanische Energie inklusive Strom und auf die benötigte Wärme. Die Beleuchtung, Information und Kommunikation führt man in den letzten Jahren in den Statistiken getrennt auf, sie machen aber bisher nur einen geringen Anteil aus.

Beim Ersatz der bisherigen Energieträger durch alternative Energien stellt sich die Frage, wo man beginnt und welche Energieform man vergleicht, die Primärenergie, die Endenergie oder die Nutzenergie, da sich bei den alternativen Energien andere Umwandlungsverluste ergeben können, z. B. bei der Stromerzeugung aus Wasser, Wind oder Sonne. Möglicherweise treten hier aber wieder andere Verluste, z. B. durch notwendige Speicher, auf. Dennoch scheint es sinnvoll, sich zunächst an dem heutigen Stand zu orientieren.

Ausgangspunkt sind die Daten für das Jahr 2005 [1, 2]. Der Primärenergieeinsatz im Jahre 2005 betrug für die Bundesrepublik Deutschland 14 236 PJ. Unter Primärenergie versteht man die Energieformen, so wie sie in der Natur vorkommen.

Das Joule ist die Maßeinheit für die Energie allgemein. Ein PJ (Petajoule) sind 10^{15} Joule. Ein Joule entspricht in etwa der Arbeit, die notwendig ist, um eine Tafel Schokolade einen Meter hoch zu heben. Eine andere Einheit für die Energie ist die Kilowattstunde (kWh). Eine kWh entspricht $3{,}6 * 10^6$ Joule.

Die daraus bereitgestellte Endenergie betrug 9 181 PJ. Die Differenz zur Primärenergie beruht auf Verlusten bei der Umwandlung und Veredlung der Primärenergieträger. Diese Verluste machen demnach 35,5% aus, wobei die Hauptverluste bei der Stromerzeugung in konventionellen Kraftwerken verursacht werden.

Von den 9 181 PJ Endenergie entfallen 39,2% oder 3 599 PJ auf die mechanische Energie, 30,9% oder 2 837 PJ auf die Raumwärme und 26,3% oder 2 415 PJ auf die Prozesswärme. Unter Prozesswärme versteht man Wärme auf höherem Temperaturniveau, wie sie z. B. in der Industrie benötigt wird. Geht man von der Wirkungsgradmethode aus, nach der man bei der Stromerzeugung aus Wasser, Wind und Sonne die Primär- und die Endenergie gleichsetzt, also einen Wirkungsgrad von 100% annimmt, dann wäre so schon eine Einsparung an Primärenergie möglich, wenn man einmal von anderen Verlusten wie z.B. für die notwendige Speicherung absieht. Ein tieferes Eingehen auf Details würde hier den Rahmen sprengen, wäre aber ein Ansatzpunkt für weitere Analysen.

Interessant ist für die weiteren Betrachtungen, aus welchen Energieträgern sich zurzeit die Endenergie zusammensetzt. Es gilt für das Jahr 2005:

Strom	1880 PJ = 522 TWh (Inlandsverbrauch), Bruttoerzeugung = 636 TWh
Kraftstoffe	597 PJ = 33,659 Mrd. Liter Benzin +32,992 Mrd. Liter Diesel [3], in Summe also 66,687 Mrd. Liter Kraftstoff

Öl für Prozesswärme	221 PJ
Gas für Prozesswärme	1137 PJ
Öl für Raumwärme	849 PJ
Gas für Raumwärme	1351 PJ
Kohle für Prozesswärme	447 PJ
Kohle für Raumwärme	68 PJ

Aus dieser Auflistung muss das mittel- und langfristige Handeln resultieren.

Bleibt es bei dem selbst auferlegten Ausstieg aus der Kernenergie, dann wären bis etwa 2020 ca. 26% des Stromes auf anderem Wege zu erzeugen, das wären 167 TWh. Im Jahre 2005 wurden 51,6 TWh oder 8,1% regenerativ erzeugt. Ein Rückgang des Stromverbrauchs ist bis 2020 nicht zu erwarten. Inzwischen regt sich auch Widerstand gegen Kohlekraftwerke, das wären noch einmal 61%, die es zu ersetzen gälte.

Versteht man unter der Prozesswärme Hochtemperaturwärme, dann gibt es in absehbarer Zeit kaum eine andere Möglichkeit als die Verbrennung. Ein Ausweg aus den fossilen Brennstoffen wäre die Verbrennung von Biomasse oder Biogas.

Mehrere Auswege gibt es bei der Raumwärme. Geht man von einem erheblichen Einsparpotential aus, dann bieten sich Möglichkeiten wie Holz, Kraft-Wärme-Kopplung, Fernwärme oder Geothermie, entweder als Tiefengeothermie oder als Oberflächengeothermie in Verbindung mit einer Wärmepumpe. Welche dieser Möglichkeiten sich anbietet, hängt von verschiedenen Faktoren wie dem Isolationsstandard eines Hauses oder der vorhandenen Infrastruktur ab.

Die entscheidende Frage aber ist, wie die Mobilität aufrecht gehalten werden kann. Es scheint ziemlich unwahrscheinlich, die heute benötigten Kraftstoffmengen in absehbarer Zeit zu ersetzen. Es gibt theoretisch viele Möglichkeiten wie Ethanol oder Diesel aus Biomasse, die aber nur einen Teil ersetzen können, Kohleverflüssigung oder Wasserstoff, wobei aber noch zu klären bleibt, wie der Wasserstoff in diesen riesigen Mengen bereitgestellt werden kann. Eine große Diversifizierung ist aber nur schwer möglich, da jeder dieser Wege eine erhebliche neue Infrastruktur voraussetzt. Langfristig denkt man bei den Fahrzeugen auch an einen Elektroantrieb, was einen riesigen zusätzlichen Strombedarf bedeuten würde.

Mit der Endenergie ist aber das Ende noch nicht erreicht, denn die Endenergie wird dazu benötigt, um letztlich die vom Verbraucher benötigte Nutzenergie Wärme und mechanische Energie bereitzustellen. Auch dieser Weg ist noch einmal mit nicht unerheblichen Verlusten verbunden, aber auch hier ergeben sich große Einsparpotentiale.

In Summe beträgt der Nutzungsgrad von der Endenergie zur Nutzenergie in Deutschland 53%, d. h. 47% der Endenergie gehen ungenutzt verloren. Bei der Prozesswärme beträgt der Nutzungsgrad 57,8%, bei der Raumwärme immerhin 78%, aber im Bereich Verkehr nur 20,1%. Das heißt, von 14 236 PJ Primärenergie werden gerade einmal 4864 PJ oder 34% wirklich genutzt, der Rest sind Verluste.

Für eine umfassende Betrachtung könnte man aber noch eine Ebene hinzufügen, die Bedürfnisse und die Wünsche des Menschen. Unter den Bedürfnissen wäre die Grundversorgung mit Nahrung und warmem Wohnraum zu verstehen. Bei den Wünschen wäre z.B. die Herkunft der Nahrung einzuordnen wie z.B. Obst und Gemüse aus Südafrika, Südamerika oder anderen exotischen Ländern. Ein weiterer Bereich wäre das Freizeitverhalten mit den entsprechenden Urlaubszielen. Beim Individualverkehr entfallen fast 50% auf Urlaub und Freizeit. Hier wäre aber noch sehr viel Aufklärungsarbeit notwendig.

Neben der Suche nach alternativen Energien gibt es ein riesiges Einsparpotential und viele Ansätze für neue und bessere Technologien oder ein verändertes Nutzerverhalten. Wenn Deutschland bereit wäre, in Sachen Klimaschutz eine Vorreiterrolle zu übernehmen und eine weiße klimapolitische Weste vorzuzeigen, könnte es ohne weiteres auf globaler Ebene mit größerer Aussicht auf Erfolg kooperatives Verhalten einfordern. Auch in der Bevölkerung gibt es inzwischen wachsende Bereitschaft, bei entscheidenden Maßnahmen mitzumachen. Zwei Drittel der Befragten waren 2006 der Meinung, dass Deutschland beim Klimaschutz international eine Vorreiterrolle übernehmen müsse.

Die Ziele der Umfrage waren also zu erkunden, ob Deutschland in Sachen Klimaschutz und Energieeinsparen technisch fähig wäre, eine Vorreiterrolle zu übernehmen und wie weit eine Kreislaufwirtschaft realisierbar wäre, da die stets knapper werdenden Rohstoffe nach einem schonenden Umgang mit den vorhandenen Ressourcen verlangen. Auch das sollte durch die Umfrage geklärt werden.

Unter diesem Gesichtspunkt sollten die folgenden Kommentare gesehen werden.

Es wurden an etwa 200 verschiedene Fachleute in Deutschland drei Fragen gestellt. Es haben 23 Personen geantwortet. Die wesentlichen Antworten auf diese Fragen werden in alphabetischer Reihenfolge wiedergegeben. Es werden die Kommentare der einzelnen Autoren zu allen drei Fragen wiedergegeben, da nicht immer eine exakte Selektion möglich war.

Die drei Fragen lauteten:

1. **Wie schnell könnten wir Ihrer Ansicht nach den Anteil der regenerativen Energien über 50 Prozent vom Energiebedarf in Deutschland steigern und welche Maßnahmen wären dazu erforderlich?**
2. **Sind die technischen Voraussetzungen schon ausreichend vorhanden, um den Ausstoß von Treibhausgasen drastisch zu reduzieren?**
3. **Wieweit ist es Ihrer Einschätzung nach möglich, eine Kreislaufwirtschaft zu praktizieren, um weniger Müll zu fabrizieren und mit den vorhandenen Rohstoffen einen schonenden Umgang zu gewährleisten?**

Hier die Kommentare im Einzelnen:

Bitsch antwortete mit einer Veröffentlichung zur zukünftigen Stromversorgung und die Probleme, die zu lösen sind, wenn viele kleine oder auch größere dezentrale Stromerzeuger wie Windkraftanlagen, Kraft-Wärme-Kopplungseinheiten (KWK) oder auch Photovoltaikanlagen ins Netz einspeisen. Ziel ist eine geregelte Energieoptimierung, zu der auch die Wärme aus KWK zu zählen ist. Gefordert wird ein Dezentrales Energiemanagementsystem (DEMS), zu dem auch die notwendigen Prognosen gehören.

Es wird auch auf die Probleme mit großen Offshore- Windkraftanlagen eingegangen. Was ist bei Flaute zu tun und was bei einem Stromüberschuss. Dazu sind die bereits in der Einleitung erwähnen Speicher notwendig, die aber auch wieder mit Verlusten verbunden sind. Für Druckluft- der Pumpspeicher werden Wirkungsgrade zwischen 70 und 75% genannt, für die Herstellung von Wasserstoff durch Elektrolyse ein Wirkungsgrad von 80%. Da bei den Offshore- Windkraftanlagen die örtliche Verlagerung von Erzeugung und Verbrauch verstärkt, ist auch eine Optimierung der Netze notwendig, wie bereits in der dena-Netzstudie dargestellt. Diese Arbeit geht bereits in die Details und damit über die gestellten Fragen hinaus, ist aber für die weitere Planung von Interesse.

Kommentar zu den Fragen:

„Mit heimischen EE (insbes. Wind und Biomasse) und Import-EE (z.B. Nutzung von Wasserkraft in Sibirien, Geothermie in Island, Solarthermie in Nordafrika) wäre das Ziel von >50% bis 2050 sicherlich erreichbar. Voraussetzung ist allerdings, dass der energiepolitische/-wirtschaftliche Rahmen dafür geschaffen wird, Netze einschl. Speichersystemen dafür national und international ausgebaut werden sowie neue/angepasste Betriebsführungskonzepte und Verantwortungsstrukturen mit ergänzenden IT-Lösungen eingeführt werden. Die erforderlichen Technologien sind im Grundsatz vorhanden. Die Reduzierung von Treibhausgasen durch Entwicklung und Bau von CO_2-freien Kraftwerken sehe ich persönlich etwas skeptisch: Lange und teure Entwicklung, größerer Effizienzverlust und letztlich doch auch ein Endlagerungsproblem?

Die Einführung einer Kreislaufwirtschaft ist m. E. auch nur eine Frage von Anreizsystemen bzw. Sanktionen. Wie überwindet man dabei die etablierten Interessen und deren machtvolle Lobbyisten?“

(Prof. Dr.-Ing. Rainer Bitsch,
Technische Universität Cottbus)

Hagedorn antwortete wie folgt:

„1. Die vorhandenen Potentiale und der fluktuierende Charakter im Angebot der Erneuerbaren Energien auf der Fläche der Bundesrepublik bedingen, dass eine 50%ige Bedarfsdeckung eher als Fernziel zu verstehen ist, dessen Erreichung nicht vor Ende dieses Jahrhunderts erwartet werden kann. Dazu müssten auch nennenswert periphere Quellen (Wasserkraft aus Kanada oder Skandinavien, Windkraft (offshore), ev. Solarenergie (Sahara)) erschlossen und eingebunden werden. Technisch und wirtschaftlich zufrieden stellende Lösungen für die Speicherung der erneuerbaren Energien müssen noch entwickelt werden. Gleichrangig müssen die Anstrengungen der rationellen Energienutzung forciert werden, um den Endenergiebedarf auf ca. die Hälfte des heutigen Wertes zu reduzieren.

2. In einigen Bereichen gibt es vorhandene Techniken, z. B. Wärmedämmung zur Senkung des Raumwärmebedarfs, dieser könnte bei konsequenter Anwendung auf die Hälfte reduziert werden. In anderen Bereichen sind keine bislang überzeugenden Techniken bekannt, z. B. im Verkehrssektor. Die Technik hat sich konsequent weiterentwickelt. Was immer wieder übersehen wird, das Problem ist der MENSCH selbst, durch vermehrte Inanspruchnahme von Energiedienstleistungen und in globalem Maßstab durch Überbevölkerung.

3. Eine hundertprozentig geschlossene Kreislaufwirtschaft kann es nach wissenschaftlichen Erkenntnissen nicht geben. Aber ein Ausbau der Nutzung von erneuerbaren Rohstoffen, der Nutzung von Sekundärrohstoffen und vermehrtes Schließen von Stoffkreisläufen ist sicher über das heute schon praktizierte Maß hinaus möglich. Schon in naher Zukunft wird hier der Markt in diese Richtung gehen, da die zunehmende Verknappung von primären Ressourcen mit drastischen Preiserhöhungen einhergeht und vermehrt Sekundärlösungen wirtschaftlich ermöglicht."

(Prof. Dr. Gerd Hagedorn,
Universität Flensburg)

Die Antwort von **Harms**:

„1. Seit 30 Jahren hätten die bestehenden Möglichkeiten genutzt und der Anteil der EE auf über 25 Prozent gesteigert, während gleichzeitig die EEz um 30-40 Prozent hätte erhöht werden können. Damit lägen wir schon heute bei einer Einsparung des CO_2 von über 50 Prozent gemessen am Jahr 1978.

2. Infolge der gewachsenen Erkenntnisse und technischen Möglichkeiten können wir diese 30-jährigen Versäumnisse heute in 15 Jahren nachholen. Ab 2040 könnten wir 100 Prozent unserer Energieversorgung auf EE und EEz gründen.
3. Eine weitgehende Kreislaufwirtschaft ist den zahlreichen Studien der letzten drei Jahrzehnte über Energie- und Rohstoffbilanzen sowie Werkstoffkunde zufolge kein unlösbares Problem. Voraussetzung ist natürlich die sofortige Einschränkung der Produktion und Verwendung von Problemstoffen mit einer langen Verweil- und Schaddauer im Ökosystem, wie etwa Dioxin, PCB Radionuklide, etc.
4. Die Klimaprobleme sind ebenso Folge unnötiger technischer Fehlentwicklungen, wie ihre Lösung durch gegebene Technologien möglich ist. Die Technologie war und ist nicht das Problem, vielmehr ihr Einsatz unter Aspekten der Gewinnmaximierung. Eine solidarische Gesellschaft im ökologischen Gleichgewicht würde ihren Fokus von den monetären auf die sozialen Profite verlegen. Dazu bedarf es einer Demokratisierung von unten, einer Struktur, in der die Macht der Konzernzentralen und Regierungen von dem Einfluss einer starkföderalistisch organisierten Gesellschaft ausgeglichen wäre. Zum Funktionieren einer solchen Struktur ist die Mitwirkung aller Menschen unabdingbar, und dafür wiederum muss die heutige Zerstreuung und Ablenkung der Massenmedien durch einen politisch aufklärenden, kritischen Journalismus ersetzt werden."

(Dr. Ingo Harms, 1. Vorsitzender des Oldenburger Energierats e. V.)

Der Kommentar von **Hohmeyer**:

„Haben Sie vielen Dank für Ihre sehr wichtige Initiative. Ich meine, dass ein solches Vorhaben überfällig ist. Lassen Sie mich in der Kürze der Zeit Ihre Fragen beantworten:

1. Der Anteil der regenerativen Energiequellen könnte in Deutschland innerhalb der nächsten 25 Jahre auf über 50% erhöht werden. Bis zum Jahr 2050 ist eine regenerative Vollversorgung möglich. Hierzu bedarf es lediglich der entsprechenden energie- und klimapolitischen Rahmenbedingungen. Die Emissionen von Treibhausgasen müssen drastisch beschränkt und damit teuer werden.
2. Alle notwendigen technischen Voraussetzungen für eine drastische Reduzierung der Treibhausgasemissionen (50 – 70%) sind vorhanden. Technische Weiterentwicklungen sind besonders im Bereich

der Energiespeicherung erforderlich um einen Anteil von mehr als 80% regenerativer Energiequellen zu ermöglichen.

3. Eine Kreislaufwirtschaft sollte 80 – 90% aller eingesetzten Rohstoffe einer Wiederverwertung zuführen können."

(Prof. Dr. Olav Hohmeyer, Universität Flensburg)

Die Antwort von **Janssen**:

„Vor Ihrer Initiative und Ihrem Engagement habe ich großen Respekt! Als ich Ihren Brief las, erfüllte mich so etwas wie eine Aufbruchstimmung! Auch ich empfinde die Verhältnisse weitestgehend genauso wie Sie. Ebenso diskutieren wir in meinem Freundeskreis über die gesellschaftlichen und wirtschaftlichen Missstände. Leider sind wir bis dahin nicht aus dem Stadium der Diskussion herausgekommen. Die hat verschiedene Gründe. Der wesentlichste Grund besteht darin, dass man sich, um überhaupt die Chance zu haben, an den gesellschaftlichen Verhältnissen etwas verändern zu können, entweder einer Partei anschließen muss oder aber bereit sein muss, mit dem Gesetz in Konflikt zu geraten (s. Greanpeace). Ersteres bedeutet Anpassung an die Machtstrukturen, sonst ist man sehr schnell weg vom Fenster. Zweites bedeutet, die eigene wirtschaftliche Existenz zu gefährden.

Ich denke, dass die Ursachen für die gesellschaftliche Verrohung vielfältiger Natur sind. Die ganze Sache muss sehr differenziert betrachtet werden. Deswegen trägt vielleicht der Titel „Ein Rezeptbuch für Deutschland" den Schwierigkeiten bei der Beseitigung der Missstände nicht genügend Rechnung aber das ist erst einmal nebensächlich.

Wie Sie in Ihren Ausführungen dargestellt haben, gibt es bereits viele schlaue Leute, die uns Wege aufzeigen, wie wir aus der von uns selbst und von Politikern eingebrockten Misere herauskommen. Das Problem besteht also nicht in einem Mangel an Ideen, Rezepten und Erkenntnissen, sondern in der nicht stattfindenden Umsetzung. Woran liegt das?

Unsere Demokratie ist in einem zu großen Maße von Parteien beherrscht. Es ist erschreckend, welche Macht sich die Parteiangehörigen selbst zubilligen, wenn sie z.B. öffentlich Entscheidungen des Präsidenten kritisieren. Die Parteien sind wiederum abhängig von ihren Geldgebern und Spendern, also Unternehmen und Interessengruppen aus der Wirtschaft. Die erste Lüge besteht also darin, dass wir von unabhängigen Personen regiert werden. Und so werden auch die Gesetze verabschiedet. Jeder Politiker und Abgeordnete muss ja sehen, wie er über die Runden kommt, er muss also auch für den Fall seines Ausscheidens Vorsorge treffen. Da tut man doch den Menschen, die einem wohl gesonnen sind, nicht weh (Wes Brot ich ess, des Lied ich sing, war schon immer so). Das Volk braucht man ja nur für die Wahl, da wird dann irgendetwas erzählt. Solange die Mehrheit der Bevölkerung noch nicht vom sozialen Abstieg betroffen ist, passiert nichts. Sollte es der Mehrheit einmal schlecht gehen, so bin ich sicher, wird einfach der Ausnahmezustand ausgerufen und der Widerstand niedergeknüppelt. Das heißt: Unsere politische Kaste ist natürlich, wie wir alle übrigens auch, zunächst einmal mit der Sicherung der eigenen Überlebensfähigkeit auf komfortablem Niveau beschäftigt. Und das geht am Besten, indem man dem gefräßigen und maßlosen Kapitalismus gefügig ist und seine Wünsche erfüllt (mit der entsprechenden Theateraufführung für uns).

Aber auch wir selbst tragen Schuld an der Entwicklung. Karl-Heinz Funke, unser ehemaliger Landwirtschaftsminister, hat einmal auf die Frage, warum er sich nicht mehr für artgerechte Tierhaltung einsetzt, erwidert: Der Verbraucher bestimmt mit seinem Kaufverhalten maßgeblich darüber mit, wie und was produziert wird. Heute kann keiner mehr sagen, er wisse nicht, wie die Zustände in der Landwirtschaft sind. Gilt übrigens auch für mich: Ich verabscheue den respektlosen Umgang mit den Tieren und esse trotzdem Fleisch, auch Geflügel, obwohl in dem Bereich die Zustände am abartigsten sind. Müsste ich selbst schlachten, wäre ich Vegetarier. Dieses unser Verhalten ist also ebenso Schuld an den kranken Verhältnissen in allen Bereichen.

Das Dritte ist die Sünde, die wir bei der Finanzierung der deutschen Einheit, so schön sie auch ist, begangen haben. Theo Waigel und Wolfgang Schäuble haben vor einiger Zeit in einem Dokumentarfilm berichtet, dass sie bei Entscheidung für die Währungsreform sofort zueinander gesagt haben: Das ist die wirtschaftliche Katastrophe für Deutschland. Derjenige, der die Wahrheit dem Volk versucht hat verständlich zu machen, Oskar Lafontaine, wurde abgestraft. Kohl hat dann mit dem Gießkannenprinzip Geld in den Osten gepumpt und sich damit für viele Jahre den Machterhalt gesichert (er war vor der Wende im Westen bereits abgeschrieben). Zusätzlich wurden noch 250.000 Russlanddeutsche heimgeholt (keiner kann Deutsch) und 250.000 Stimmen können wahlentscheidend sein! Die Sozialkassen wurden geplündert, und man spricht heute davon, dass unsere Probleme in diesem Bereich aufgrund der demografischen Entwicklung bestehen, Volksverblödung! Aber jeder kann selbst eins und eins zusammenzählen und trotzdem sitzen die meisten Michel diesen Märchen auf! Kohl, durch dessen Handlungen rd. 850 Mrd. Volksvermögen verbraten wurden zur Finanzierung der Einheit, läuft aber immer noch frei herum. Bezahlen müssen das die Arbeitslosen, die Rentner, Angestellten und Beamten im öffentlichen Dienst usw. Klar, wer auch sonst! Finden wir ja aktuell bei Airbus wieder. Das Management begeht Fehler, ausbaden muss es die Belegschaft.

Zu Ihren Fragen: Nach meiner Ansicht ist der Klimawandel nicht mehr aufzuhalten. Man muss sich einmal die Dimensionen vor Augen führen, vor denen unsere Bemühungen in Deutschland stattfinden:

Die USA verursachen mit 250 Mio. Menschen (also 1/24 der Weltbevölkerung) ein Viertel der CO_2-Emissionen.

In jedem Jahr wird allein im Amazonas Tropenwald von der Größe Hessens abgeholzt.

Die an die Oberfläche ragenden schwelenden Kohleflöze in China erzeugen mehr CO_2 im Jahr als wir hier in Deutschland verursachen.

In jedem Jahr steigt der weltweite Verbrauch an fossiler Energie um drei Prozent.

Vor diesem Hintergrund ist mir schleierhaft, wie wir hier in Europa noch irgendetwas ändern wollen. Das Einzige, was wir machen können, ist an den regenerativen Energien zu verdienen und natürlich als Vorreiter voranzugehen.

Bitte verstehen Sie mich nicht falsch auch ich bin dafür, alles Erdenkliche zu tun, um den drohenden Klimawandel vielleicht doch noch zu verhindern oder abzudämpfen. Ich habe auch die Hoffnung, dass es geht und engagiere mich z.B. in der Klimaschutzagentur in Hannover. Aber der gesunde Menschenverstand sagt mir, dass da nichts mehr zu machen ist.

Und dann die verlogenen Diskussionen um die Emissionen der PKW. Wie wär´s denn, wenn wir einfach weniger fahren würden oder die Leute sich nicht einen BMW X5 oder Mercedes ML 400 oder Audi A8 zulegen würden? Ich kenne Leute aus meinem Bekanntenkreis, die fahren die 200 m zum nächsten Bäcker mit dem Auto – kein Scherz! Soweit wieder zum Verhalten der Durchschnittsmenschen (ich sage immer entschuldigen Sie unsere Dumpfbacken). Dass die Politik und der Kapitalismus unsere Einfältigkeit, unsere Gleichgültigkeit und unseren Egoismus ausnutzen, ist zwar nicht in Ordnung, aber doch nur allzu sehr verständlich, oder? Trotz dieser pessimistischen Einschätzung habe ich die Hoffnung, dass ich mit dieser Einschätzung komplett daneben liege. Deswegen möchte ich an Ihrer Aktion mitwirken.

Meine Vorschläge, die aus meiner Sicht in der politischen Ebene schon zu einem Umdenkungsprozess führen würden, wären:

Die Sitze in den Parlamenten müssten nach der Anzahl aller Wahlberechtigten verteilt werden. D.h., wenn nur 60% der Wahlberechtigen wählen gehen, bleiben 40% der Sitze unbesetzt. Das führt dazu, dass die Parteifritzen sich endlich wieder um den Bürger bemühen müssen.

Die Parteien dürfen sich ausschließlich aus Mitgliedsbeiträgen und staatlichen Zuschüssen finanzieren.

Für jedes neue Gesetz, das im Bundestag verabschiedet wird, müssen zwei alte abgeschafft werden.

Leider sind das wieder nur fromme Wünsche, die nicht umgesetzt werden, weil sie unbequem sind und den eigenen Status gefährden."

(Prof. Dr. Holger Janssen,
Fachhochschule Hannover)

Die Antwort von **Kilper**:

„Zum Thema „Regenerative Energien" sind erst einmal folgende physikalische Grundfakten festzuhalten:

- Das Angebot an solarer Strahlungsenergie, das die Erdoberfläche jährlich erreicht, liegt etwa vier Größenordnungen über dem momentanen weltweiten Jahresendenergieverbrauch und kann sowohl direkt (Solarthermie, Photovoltaik) als auch indirekt (Windenergie, Biomasse, Wasserkraft) genutzt werden.
- Auch in Deutschland ist das technisch und ökonomisch nutzbare Potenzial an regenerativen Energien groß genug, um eine Vollversorgung mit 100% regenerativen Energien zu ermöglichen. Als Beispiel für den Elektroenergiebedarf sei hier das Potenzial der Photovoltaik genannt: Das solare Strahlungsangebot beträgt in Deutschland pro Quadratmeter und Jahr etwa 1000 kWh. Verwendet man als Berechnungsgrundlage einen Gesamtwirkungsgrad von 8% für eine Photovoltaik-Anlage, dann würde die mit Solarmodulen zu belegende Fläche mit 6763 km^2 knapp zwei Prozent der Gesamtfläche Deutschlands betragen, um den deutschen Verbrauch an elektrischer Energie von 541 TWh im Jahr 2007 photovoltaisch zu decken.

Die Frage, wie schnell der Anteil der regenerativen Energien auf über 50% in Deutschland steigen kann, ist meines Erachtens eine rein politische, da die benötigten Technologien (Windkraftanlagen, Solarstromanlagen, Solarwärmeanlagen, Biomasse-Anlagen zur Strom- und Wärmegewinnung, Biokraftstoffe, geothermische Anlagen zur Strom- und Wärmegewinnung, Wasserkraftwerke) zur Verfügung stehen und beispielsweise im Elektroenergiebereich seit 1991 (Verabschiedung des

Stromeinspeisungsgesetzes, im Jahr 2000 dann Weiterentwicklung zum „Erneuerbare Energien Gesetz" (EEG)) erfolgreich in den Markt eingeführt werden.

Wie das Wachstumstempo bei den regenerativen Energie aussehen wird, hängt davon ab, in wieweit die Politik dem Lobbyeinfluss der fossilen und nuklearen Energiewirtschaft widerstehen wird. Als Maßnahmenkatalog zum weiteren Anwachsen der regenerativen Energien gäbe es folgende Komponenten:

Strombereich

- Am wichtigsten ist der Fortbestand des EEG. Lobbygruppen der fossilen und nuklearen Energiewirtschaft versuchen seit der Einführung des Stromeinspeisegesetzes 1991 und des EEG 2000 regelmäßig bei anstehenden Novellierungen, dieses wieder zu Fall zu bringen. Mehrere Landesregierungen (Bayern, Baden-Württemberg, Hessen, Nordrhein-Westfalen) blockieren momentan systematisch den weiteren Ausbau der Windenergie im Binnenland, diese Blockadepolitik müsste beendet werden.
- Der Neubau fossiler Kraftwerke müsste gesetzlich verboten werden. Ein neu gebautes Kraftwerk muss mindestens 20 Jahre laufen, um abgeschrieben zu werden. Die realen Betriebsdauern sind noch deutlich länger (40-50 Jahre).
- Im Bereich der Energieforschung gibt Deutschland weiterhin den allergrößten Teil für nukleare und fossile Energieforschung aus, dort wäre eine sehr drastische Umschichtung hin zur Weiterentwicklung von regenerativen Energien angesagt.
- Gesetzliches Verbot von Geräten mit Standby-Betrieb und anderen Dingen (Nachtspeicherheizungen etc.), die den Stromverbrauch in Deutschland künstlich in die Höhe treiben.
- Geräte, die elektrische Energie verbrauchen, sollten nur dann zum Verkauf zugelassen werden, wenn sie dem jeweilig aktuellen Stand der Energieeffizienz entsprechen.
- Abschaffung des Grundpreises (Fixteil) beim Strombezug. Wenn die Stromrechnung sich nur aus dem Arbeitspreis (verbrauchte kWh) zusammensetzt, wird derjenige belohnt, der wenig Strom verbraucht.

Wärmebereich

- Verschärfung der „Energie-Einsparverordnung" dahingehend, dass Neubauten Passiv-häuser oder „Plusenergie"-Häuser sein müssen (mit den heute verfügbaren Technologien können Häuser so gebaut werden, dass sie aufgrund einer sehr guten Dämmung, einer kontrollierten Lüftung und einer solarthermischen Anlage zur Warmwasserbereitung keine konventionelle Heizung mehr benötigen).

- Energetische Sanierung aller Altbauten (Wärmedämmung, Doppelverglasung etc.), zusätzlich Ausrüstung dieser mit solarthermischen Anlagen und Holzpellets- oder Biogasheizungen.

Kraftstoffbereich

- Wiedereinführung der Steuerbefreiung von Biokraftstoffen (wurde auf Druck der Mineralölwirtschaft zu Beginn dieses Jahres wieder abgeschafft).
- Einführung des Grenzwertes von 120g CO_2/100km, den aktuell die EU-Kommission vorschlägt – also kein Einknicken vor der Lobby der deutschen Automobilwirtschaft.

Wie sie sehen, kann durch eine konsequente Erschließung der Potenziale regenerativer Energien in Kombination mit einer deutlichen Steigerung der Energieeffizienz der durch die Energiebereitstellung bedingten Ausstoß von Treibhausgasen in Deutschland signifikant reduziert werden. Die deutsche Politik muss sich nur entscheiden, was ihr wichtiger ist: Das Gemeinwohl (Klimaschutz und viele neue Arbeitsplätze im Bereich der regenerativen Energiewirtschaft – das Potential liegt bei über 1 Million) oder die Milliarden-Gewinne von EON, RWE, EnBW und Vattenfall.“

(Dipl.-Ing. Thilo Kilper,
Forschungszentrum Jülich GmbH)

Krause antwortete:

„Eine der einfachsten Lösungen wäre eine deutliche Erhöhung der Steuern für konventionelle, nichtregenerative Energieträger, um die insbesondere im privaten Bereich vorliegenden Einsparpotentiale zu nutzen. Dies würde sicherlich einige Jahr benötigen, um z. B. den Personennahverkehr wieder aufzubauen und die LKW-Transporte auf die Bahn zu bringen.

Mobilisierung der Steuerpolitik in Hinblick auf die Steuerbefreiung biogener Kraftstoffe zur Nutzung in Land- und Forstwirtschaft. Hier wäre der Effekt zu mindestens kurzfristig erkennbar, da man sich in diesen Bereichen schon lange ernsthaft mit der Materie befasst.

Inwiefern die Industrie ihren Energiebedarf senkt, ist unsicher. Hier besteht natürlich die Möglichkeit der Umsiedlung in andere Länder. Aber auch das würde ja eine Reduzierung unserer Emissionen und Energieverbrauche senken. Dies geht manchmal ganz schnell.

Sind die technischen Voraussetzungen schon ausreichend vorhanden, um den Ausstoß von Treibhausgasen drastisch zu reduzieren?

Technische Voraussetzungen sind eigentlich da. Es gibt schon die handbetriebene Zahnbürste. Es gibt Kühlaggregate mit besseren Wirkungsgraden. Unsere Studenten fahren im SHELL Ecomarathon 170 km mit weniger als einem Liter. Ich fuhr nachweisbar ein Auto über 250.000 km mit 4,5 l/100 km. Dies war weit vor dem VW-Präsentationsmodell auf dem Stand des 3l-Autos und fuhr auch 170 km/h!

In vielen Bereichen gäbe es einfache technische Verbesserungsmöglichkeiten, die nur nicht umgesetzt werden, da man momentan keinen Geldvorteil sieht. Hier würden Steuererhöhung sicher zu kurzfristigen Umsetzung der Energieeinsparung führen können.

Wieweit ist es möglich Ihrer Einschätzung nach, eine Kreislaufwirtschaft zu praktizieren, um weniger Müll zu fabrizieren und mit den vorhandenen Rohstoffen einen schonenden Umgang zu gewährleisten?

Die Frage ist mit den Verhältnissen der ehemaligen DDR mit „SERO“ (Sekundärrohstoff-Annahmenstellen in der ehemaligen DDR/Vermerk der Autorin) zu beantworten. Da sind sicher einige Industriezweige betroffen, wie z. B. die Verpackungsindustrie. Aber auch hier spielt das Geld die wesentliche Rolle.

Man muss aber auch die Frage nach der Verpackung aus nachwachsenden Rohstoffen im Auge haben und die gibt es ja schon, wird aber aus Kostengründen nicht umfassend eingesetzt.

Der Begriff der Kreislaufwirtschaft ist zwar in vieler Munde, schafft sie doch nachweislich Arbeitsplätze und spart Energie ein, Worte sind das eine, Taten das andere.

Hier ist es sicher erforderlich politisch die guten bestehenden Beispiele wie Nahwärmeversorgung auf Basis biogener Energieträger zu fördern, um sie der Allgemeinheit verstärkt ins Bewusstsein zu tragen und damit wiederum politische Aktivitäten in den Kommunen zu initiieren.“

(Prof. Dr. Horst-Herbert Krause,
Hochschule Merseburg)

Der Kommentar von **Krewitt**:

„Die einzelnen Energieversorgungssektoren werden in der Öffentlichkeit unterschiedlich wahrgenommen. Größtes Interesse erfährt der Stromsektor, gefolgt vom Verkehrsbereich. Auf relativ geringes Interesse stößt meist der Wärmesektor, obwohl er mit dem größten Beitrag an den CO_2-Emissionen beteiligt ist. Aus energiepolitischer und wirtschaftlicher Sicht ist darauf zu achten, dass jeder Sektor in ausreichendem Maße seinen Beitrag zum Klimaschutz und zur volkswirtschaftlich effizienten Energiebereitstellung leistet und dass zum richtigen Zeitpunkt und mit der erforderlichen Intensität die jeweils klimaschutzwirksamsten und kosteneffizientesten Technologien mobilisiert werden.

In allen Sektoren haben erneuerbare Energien ihre eigentliche Wachstumsphase noch vor sich. Vorreiter wird weiterhin die Stromversorgung bleiben. Bei entsprechender Fortsetzung der eingeleiteten Wachstumsdynamik kann bis 2020 ein Anteil von mehr als 25% erreicht werden. Im Jahr 2050 kann der Beitrag erneuerbarer Energien im Strombereich bei über 70% liegen. Von großer Bedeutung ist die Einleitung eines ähnlichen Wachstumsprozesses im Wärmemarkt. Dieser wird aus heutiger Sicht allerdings erst nach 2010 einsetzen, da es zurzeit noch an geeigneten Anreizen fehlt. Bis 2050 kann aber der Anteil erneuerbarer Energien im Wärmemarkt kontinuierlich bis auf über 45% gesteigert werden. Nach dem zunächst verhaltenen Wachstum erneuerbarer Energien im Verkehrssektor könnten bis zur Jahrhundertmitte rund 30% des entsprechenden Kraftstoffbedarfs aus erneuerbaren Energien stammen.

Der wichtigste Zeitabschnitt für eine ausreichend kräftige Mobilisierung erneuerbarer Energien reicht etwa bis zum Jahr 2020. Im Erfolgsfall sind dann für alle Bereiche und Technologien stabile Wachstumsraten erreicht. Danach ist zu erwarten, dass das weitere Wachstum sich verstetigt und bis 2050 und darüber hinaus anhält. Bis 2050 können erneuerbare Energien in Deutschland so einen Anteil von ca. 50% des Primärenergiebedarfs abdecken.

Um dieses Ziel zu erreichen, kommt es entscheidend darauf an, die in den letzten zehn Jahren begonnene Marktdynamik dort, wo sie schon genügend Schwung erreicht hat, aufrechtzuerhalten bzw. da, wo es notwendig ist, zusätzliche Impulse auszulösen. Aufgrund der hohen Zeitkonstanten im Bereich der Energiewirtschaft kommt der Kontinuität in der Ausgestaltung der Rahmenbedingungen, die Planungssicherheit für die Investoren schafft, eine besonders hohe Bedeutung zu. Nicht zuletzt ist dies ein entscheidender Erfolgsfaktor für die Etablierung heimischer Produktionsstrukturen. In den nächsten Jahren ist in diesem Kontext insbesondere die konsequente Fortentwicklung des Erneuerbare-Energien-Gesetzes (EEG) zu sehen, die Fortführung der steuerlichen Begünstigung der Biokraftstoffe bei paralleler Erarbeitung einer Biomassestrategie, die vor dem Hintergrund eines möglichst effizienten Einsatzes der nur begrenzt verfügbaren Primärressourcen zu sehen ist und die vielfältige Nachfrage und die daraus resultierende Nutzungskonkurrenz nach Biomasse kanalisiert, und die möglichst rasche Etablierung eines ähnlich erfolgreichen Instrumentes wie das EEG für den Wärmemarkt.

Eine wichtige Voraussetzung für die Erhöhung des Anteils erneuerbarer Energien am Energiebedarf ist eine deutliche Steigerung der Umwandlungs- und Nutzungseffizienz. Aus technischer Sicht sind noch sehr weitreichende Effizienzverbesserungen möglich. Eine beschleunigte Effizienzsteigerung ist aus volkswirtschaftlicher Sicht vorteilhaft, da sie in vielen Fällen kostengünstiger ist als die zusätzliche Bereitstellung von Energie.

Durch das Zusammenwirken der beiden Strategieelemente Effizienzsteigerung und weiterer Ausbau erneuerbarer Energien können in Deutschland durch den oben beschriebenen Entwicklungspfad die CO_2-Emissionen bis 2050 auf ca. 200 Mio. t/a reduziert werden, dies entspricht einer Verminderung der CO_2-Emissionen um ca. 80% bezogen auf das Niveau von 1990."

(Dr. Wolfram Krewitt, Deutsches Zentrum für Luft- und Raumfahrt, Stuttgart)

Die LichtBlick GmbH, Heiko von Tschischwitz:

„1. Ich glaube, dass die Fokussierung Ihrer Frage auf die regenerativen Energien zu kurz greift. Wir dürfen uns nicht auf die Steigerung der regenerativen Quote konzentrieren und dabei den Bau neuer Braunkohlekraftwerke zulassen. Entscheidend ist die Frage, wie schnell es gelingt, den CO_2-Ausstoß zu reduzieren. Da die Energiewirtschaft für über 40% des Gesamt-CO_2-Ausstosses in Deutschland verantwortlich ist, muss insbesondere hier angesetzt werden. In Brüssel und Berlin wird zurzeit diskutiert, ob eine CO_2-Reduzierung von 20% oder 30% bis 2020 machbar ist. Ich bin der Überzeugung, dass es Deutschland bis 2020 gelingen kann, den CO_2-Ausstoß um 50% zu reduzieren. Die drei wesentlichen Maßnahmen zur Erreichung dieses Ziels sind:

- Der Ausstoß von CO_2 muss Geld kosten, und zwar für denjenigen, der CO_2 emittiert. Mit anderen Worten: CO_2-Zertifikate dürfen nicht mehr kostenlos zugeteilt werden, sondern müssen zu 100% vom Kraftwerksbetreiber zugekauft werden müssen. Damit würden umgehend Investitionen in Braunkohlekraftwerke gestoppt, weil sich der Betrieb nicht mehr rechnet. Dafür würde massiv in regenerative Erzeugung und Erdgaskraftwerke investiert, letztere sind in der Übergangszeit vom fossilen und atomaren zum regenerativen Zeitalter erforderlich und sinnvoll, da die spez. CO_2-Emissionen von Gaskraftwerken nur halb so hoch sind wie die von Steinkohlekraftwerken (und nur ein Drittel so hoch wie die von Braunkohlekraftwerken).

- Schaffung zusätzlicher Investitionsanreize für regenerative Strom- und Wärmeerzeugung durch Ausbau des Erneuerbare Energien Gesetzes (EEG), Stichwort „Wärme-EEG“).
- Schaffung von massiven gesetzlichen Investitionsanreizen für Energiesparmaßnahmen.

2. Ja, aber trotzdem stehen wir hier am Anfang dessen, was möglich ist. Die wesentlichen notwendigen Innovationen entstehen aber automatisch, wenn der entsprechende Investitionsbedarf vorhanden ist. Dieser entsteht durch die oben beschriebenen Maßnahmen.
3. Ich glaube, dass durch die aktuelle Klimadiskussion bereits ein Umdenken stattfindet. Wir bei LichtBlick merken dies an stark steigenden Neukundenzahlen. Die Bürger verstehen endlich, dass die Klimakatastrophe real ist. Ein breit angelegtes Mitwirken der Bürger wird aber nach meiner Überzeugung leider nur stattfinden, wenn CO_2- bzw. Energiesparen auch Geld sparen bedeutet. Nur wenn zum Beispiel sämtliche durch das Autofahren verursachten Umweltauswirkungen in den Kaufpreis bzw. das Benzin eingepreist werden, beginnt die Masse wirklich nachzudenken. Dann kostet ein großes Auto deutlich mehr als ein kleines und ein altes mehr als ein neues.“

(Heiko von Tschischwitz, Geschäftsführer der Stromvertriebsgesellschaft „LichtBlick GmbH”, Hamburg)

Von Petery kommentiert:

„Zu der ersten Frage bezüglich regenerativer Energien kann ich wenig sagen, da es sich hierbei nicht um mein Fachgebiet (Maschinenbau) handelt und ich auf diesem Gebiet nicht bewandert bin. Ich sehe kurzfristig zur Deckung des Energiebedarfs nur zwei Möglichkeiten, die nicht begrenzt sind:

Erstens ist diese Energie aus Atomkraft. Mir ist bekannt, dass diese Meinung von vielen Seiten mehr als angegriffen wird, ein zweischneidiges Schwert sein kann und mit z. T. hohen Risiken behaftet ist.

Zweitens sehe ich schwerste Versäumnisse von Politik und Industrie. Wie Sie dies in Ihrem Schreiben schildern, sind die allermeisten Personen aus diesen Kreisen nicht in der Lage, bis zum Rand des Salzlöffels zu sehen, geschweige auch nur einen Millimeter darüber hinaus.

Ihre zweite Frage ist mit der ersten Frage eng verbunden. Sowohl Atomkraft wie Brennstoffzelle vermindern bei ihrem breiten Einsatz den Ausstoß von Treibhausgasen drastisch. Für beide Verfahren sind die technischen Voraussetzungen mehr als ausreichend vorhanden.

Ihre dritte Frage kann ich nur teilweise als Prof. oder Maschinenbauingenieur beantworten, überwiegend nur als ganz normaler Bürger, der versucht mit etwas offenen Augen durch das Leben und die Welt zu gehen.

Mich ärgert es schon seit langem, dass der „Plastikmüll" = „gelbe Sack" einen erheblichen und immer mehr zunehmenden Umfang aufweist. Meine Frau und ich, als ganz normaler Kleinhaushalt, ohne Besonderheiten im Verbrauchsverhalten füllen leicht pro Woche einen ganzen gelben Sack mit überwiegend Kunststoffverpackungen und Kunststoffabfällen.

Kunststoffe werden ausschließlich aus Erdöl gewonnen, eine sehr begrenzten Energiereserve, was alle bedauern und weithin bekannt ist. Nur ändern tut sich gar nichts. Im Gegenteil, die Kunststoffverpackungen und Kunststoffteile bei einer Unzahl von Dingen und Geräten nehmen laufend zu. Diese Kunststoffabfälle werden fast überwiegend „thermisch aufbereitet" = verbrannt und sind damit aus einer Kreislaufwirtschaft ausgeschlossen und ewig verloren, wobei erhebliche Abgasmengen zusätzlich entstehen.

Die Rohölindustrie hat ein sehr großes Interesse, den Absatz von Kunststoffen zu erweitern, denn das bedeutet ja Steigerung des Rohölabsatzes, nach dem Satz: mich interessiert nur, was ich heute in die Kasse bekomme, Hauptsache, mir geht es gut, nach mir ist die Sintflut. Die Rohölindustrie überdeckt wie eine Krake mit ihren Armen den gesamten Bereich der Politik, man nennt dies freundlich Lobby-Arbeit.

Damit ist klar, weshalb von der politischen Seite keine wirkliche Hilfestellung oder Suche bzw. sogar Förderung von Alternativen zu erwarten ist, genau so, wie Sie es recht zutreffend in Ihrem Schreiben dargestellt haben.

Für die Vermeidung von Müll und vor allem für die Schonung von regenerativen Rohstoffen bietet sich eine Unzahl von Möglichkeiten.

Hier nur einige Beispiele. Die Mülltonnen in der BRD sind aus Kunststoff, was völlig unnötig ist. Ein kleiner Blick über die Grenzen hilft, wenn dem politischen Feld selber schon nichts einfällt. Aber auch dieser Blick ist offensichtlich bereits zuviel verlangt, die politische Seite ist bereits damit vollkommen überfordert.

In Dänemark gibt es keine Kunststoffmülltonnen, sondern bereits seit mindestens 40 Jahren Papiermüllsäcke, die in Halterungen im Freien angebracht, damit der normalen Witterung ausgesetzt sind und ihre Aufgaben als Müllsammelgerät bestens erfüllen. Warum nicht in der

BRD? Papier ist ein regeneratives Material. In Dänemark erhält man Joghurt in den Tüten, in denen in der BRD Milch verkauft wird. Hier in der BRD Joghurt immer in Kunststoffbechern, also Rohölverbrauch. Warum? Es ist unnötig.

Waschkörbe, Klappboxen sind aus Kunststoff, warum? Es gibt beste Alternativen aus nachwachsenden Rohstoffen ohne Verlust an Gebrauchsfähigkeiten. Eine Unzahl von Verpackungen der Lebensmittel ist aus Kunststoffen. Ich sehe hier keine zwingenden Notwendigkeiten. Milch in Tüten ist sicher eine gute Sache, aber ist das unbedingt nötig? In jeder Bundeswehrkaserne ist eine so genannte „Kuh“ vorhanden. Dieses Gerät ist gleich den Geräten, in denen Säfte umgewälzt und gekühlt werden und an denen man sich einen Becher Saft abzapfen kann. Diese Saftgeräte findet man in sehr vielen Kantinen. Warum muss Milch unbedingt in Tüten verkauft werden. Die gute, alte Milchkanne ist hier ideal. Die Kühlkette ist vom Lebensmittelgeschäft nach Hause mit Milchtüten genauso unterbrochen wie mit der Milchkanne. Allerdings ist es kein Problem, Milchkannen als Thermoskannen z.B. aus Edelstahl herzustellen. Stahl ist 100% rückführbar. Die Thermosmilchkanne wird zu Hause in den Kühlschrank gestellt.

Die Kühlkette ist deutlich besser als vorher gewährleistet und kein Müll und Abfall durch Milchtüten. Die Milchmenge, die man benötigt, zapft man von der „Kuh“ im Lebensmittelgeschäft und erhält einen Zettel über die gezapfte Menge, wie in der Tankstelle. In einer Bundeswehrkaserne sind schnell 1.000 Personen oder auch mehr zu versorgen. Das ist mit einem Lebensmittelgeschäft und seinen Kundenbezugsbereich durchaus vergleichbar. Im Zweifelsfall werden eben mehrere Kühe aufgestellt oder eine „Superkuh“.

Fast alle Haushaltsgeräte, Rundfunk-, Phono- und TV-Geräte sind mit erheblichen Kunststoffmengen hergestellt. Das muss nicht sein.

Um dies abzuwürgen, wird sehr schnell der Satz gesagt: dies sind ja immer nur kleine Anteile und geringe Mengen, wie z. B. Joghurtbecher, das bringt ja nichts. Da sollte die Wahrheit ausgesprochen werden: „viel Wenig bringt viel“, die jeder Finanzminister bestens kennt und ununterbrochen anwendet, wenn es darum geht, die Kasse zu überfüllen. „Für jeden Deutschen nur einen Euro pro Monat mehr an Steuern, das ist ja nichts, nur ein Euro, was bringt das schon. Es bringt 984 Millionen Euros im Jahr. Also fast eine Milliarde Euros“!

Es ist nicht sinnvoll, hier weitere Beispiele anzuführen. Ich will nur Gedanken in einer bestimmten Richtung anregen und Hinweise geben.

Um die hier geschilderten Gedanken umzusetzen, ist eine erhebliche Menge an fein detaillierter, genauer Untersuchungsarbeit zu leisten.

Das Rohöl wird zu Ende gehen, ohne Zweifel, aber es ist schon sehr viel erreicht, wenn das Ende des Rohöls erst in 200 Jahren auftritt. Bis dahin ist die Wissenschaft und Technik (hoffentlich) erheblich weiter mit Alternativmöglichkeiten gekommen."

(Prof. Dr. -Ing. Curt von Petery, Fachhochschule Gelsenkirchen)

Die Antwort von **Pitz-Paal**:

„Ich teile Ihre Sorge um die drängen Zukunftsprobleme der Welt, nicht jedoch ihre Einschätzung, dass es uns an Lösungsansätzen mangelt. Es fehlt uns nicht an Ideen, sondern an einem politischen Konzept, Lösungen in einer demokratischen globalen pluralistischen Welt mit ihren vielen unterschiedlichen Interessensvertretern schnell durchsetzen zu können. Die Geschichte zeigt, dass die Menschheit erst zu extremen Maßnahmen bereit ist, wenn sich einflussreiche und mächtige Staaten in ihrer Sicherheit und Existenz kurzfristig bedroht fühlen. Das wird bei zahlreichen Problemen heute jedoch noch nicht so wahrgenommen (selbst wenn das fatal ist!).

Die Möglichkeit, z. B. die Energieversorgung in Zukunft stärker auf erneuerbaren Energien abzustützen ist in zahlreichen wissenschaftlichen Studien untersucht worden, ebenso wie zahlreiche andere Optionen (Kernenergie, CO_2 Abtrennung etc.).

Untersuchungen zeigen die Möglichkeiten und Grenzen der erneuerbaren Energien auf und weisen nach, dass dies eine echte Alternative zur heutigen Energiewirtschaft darstellt. Es gibt jedoch auch andere Untersuchungen, die den möglichen Anteil als geringer einschätzen.

Ich habe aber insgeheim die Hoffnung, dass wir etwas bewirken können, wenn wir eine bestimmte kritische Masse überschreiten."

(Prof. Dr.-Ing. Robert Pitz-Paal, Institut für Thermodynamik, Köln)

Die Antwort von **Quaschning**:

„Wie schnell können wir Ihrer Ansicht nach den Anteil der regenerativen Energien über 50 Prozent vom Energiebedarf in Deutschland steigern und welche Maßnahmen wären dazu erforderlich?

Ein Zeitraum von 20 bis maximal 30 Jahren sollte ausreichend sein. Das bedeutet, pro Jahr muss der Anteil regenerativer Energien um 1,5 bis 2 Prozent zunehmen. Es sind dazu aber etwas stärkere Maßnahmen als bislang erforderlich:

- Ambitioniertes Markteinführungsprogramm (Fortsetzen und Optimierung des EEG).
- Verbesserte Forschungsförderung.
- Gesetzgeberische Pflicht z.B. zum Einbau von Solaranlagen in Neubauten sowie zur Umsetzung von Effizienzmaßnahmen.
- Kein Neubau langlebiger Anlagen mit hohem CO_2-Ausstoß (z.B. Braunkohlekraftwerke).

Sind die technischen Voraussetzungen schon ausreichend vorhanden, um den Ausstoß von Treibhausgasen zu reduzieren?

Eindeutig ja. Regenerative Energiesysteme und Effizienzmaßnahmen sind bekannt und funktionieren. Lediglich die ökonomischen Voraussetzungen sind noch zu optimieren.

Wieweit ist es möglich nach Ihrer Einschätzung, eine Kreislaufwirtschaft zu praktizieren, um weniger Müll zu fabrizieren und mit den vorhandenen Rohstoffen einen schonenden Umgang zu gewährleisten?

In einigen Bereichen funktioniert dies ja schon leidlich gut (Mülltrennung). In anderen Bereichen ist der Trend leider eher rückläufig. (Wer verwendet heute noch Recycling-Papier?) Das sollte dringend gestoppt werden. Noch wichtiger wären meines Erachtens langlebigere Produkte. Dem spricht aber der Zeitgeist (Geiz ist geil) entgegen. Hier wird zunehmend auf den Kaufpreis und weniger auf Qualität oder Haltbarkeit geachtet. Hier wäre Aufklärung ein wichtiger Aspekt. 3 Produkte, die wenig kosten und kurz halten sind am Ende teurer als ein langlebiges haltbares Produkt. Das gilt es zu vermitteln.“

(Prof. Dr.-Ing. Volker Quaschning, Fachhochschule für Technik und Wirtschaft Berlin)

Der Kommentar von **Rauschkolb**:

„Eprimo ist eine Stromvertriebsgesellschaft und bundesweit tätig. Die Energie wird bei verschiedenen Händlern eingekauft. Neben den klassischen Stromprodukten bietet eprimo ein reines Wasserkraftprodukt an und ca. 20% unserer Neukunden entscheiden sich für dieses Produkt. Wir können aus dem beschriebenen Wirken zu Ihrem Fragenkomplex Erzeugung und technische Voraussetzungen keine Antwort geben, aber zur Verantwortung.

Wir sehen uns als Versorger in einer besonderen Verantwortung im Umgang mit Energie. So müssen Informationen zum sinnvollen und sparsamen Einsatz von Energie weiter verbreitet werden und ein Bewusstsein geschaffen werden. Nach unserer Meinung sind erhebliche Einsparpotentiale noch nicht umgesetzt. Wir denken dabei an die Wärmedämmung von Gebäuden, standby-Verluste, Erdwärme usw., Maßnahmen, die ohne Komfortverluste umsetzbar sind. Viel Dinge sollten in unserer Gesellschaft überdacht werden wie z.B. die Frage: Muss es ein Rotwein aus Chile sein oder kann es auch ein Rotwein aus Rheinhessen sein. Es gibt noch sehr viele weitere Beispiele.“

(Jürgen Rauschkolb, Unternehmenssprecher,
Stromvertriebsgesellschaft Eprimo, Neu-Isenburg)

Richardts schreibt:

„Vorab erlauben Sie mir noch eine persönliche Anmerkung. In Ihrem Zitat des Albrecht Müller ist die Befürchtung enthalten, dass die Deutschen zu einem Volk von Egoisten werden könnten. Hierzu kann ich nur feststellen, dass dies nicht eine Befürchtung ist, sondern schon (seit vielen Generationen) ziemlich brutale Realität. Das bilanziere ich ganz nüchtern aus eigener persönlicher Erfahrung als Kind aus einer kinderreichen Familie (ich hatte noch fünf Geschwister) und als fünffacher Familienvater. Es wird auch belegt durch die unselige Pseudofamilien- und Bildungspolitik der Bundes- und Länderregierungen (aller politischer Couleur), die sich einer im internationalen Vergleich absolut einmaligen Geringschätzung von Kindern und Jugendlichen manifestiert und der die junge Generation konsequent eine Geburtenverweigerung entgegensetzt. Die demografische Entwicklung wird akribisch untersucht, vor allem die Folgen, weniger die Ursachen. Die Kernfrage „Warum ist es so gekommen“ habe ich bisher noch von keinem laut aussprechen hören, geschweige denn eine Diskussion darüber gehört oder gesehen. Damit keine Missverständnisse aufkommen: Für das Debakel mache ich nicht die Politiker oder irgendeine andere Gruppe, die „Verantwortung trägt“, haftbar, sondern jeden Deutschen, vor allem die aus meiner Generation. Ich bin Jahrgang 1942. Keine andere Generation hat in derart maßloser Weise auf Kosten der Zukunft gelebt:

In dem Moment, als das Wort „Umweltschutz“ erfunden wurde, war es um die Umwelt geschehen. Ebenso ist das Wort „Energieeinsparung“ de facto eine euphemistische Umschreibung, d. h. eine Verschleierung der Tatsache, dass seit ausgiebiger Verwendung dieser Vokabel weiter ungebremst Energie und Ressourcen verschleudert werden, auf Kosten der Umwelt und der Nachwelt. Damit wäre ich auch – nach einer etwas kurvenreichen Einleitung – bei dem Kernthema Ihres und meines Schreibens angekommen.

Zu Ihrer ersten Frage nach der Zeitachse für die Erreichung der 50%-Quote der regenerativen Energien in Deutschland habe ich folgende Feststellung zu treffen:

Der Gesamtbedarf an Endenergie in Deutschland beträgt jährlich ca. 2500 Milliarden Kilowattstunden. Diese teilen sich auf in 500 Mrd. in Form von elektrischer Energie, 750 Mrd. in Form von Kraftstoffen (hauptsächlich für den Verkehrssektor) und 1250 Mrd. für die Versorgung mit Wärme (der weitaus überwiegende Anteil davon ist Wärme für Raumheizung und Brauchwasser). Die genaue Aufteilung ist: 19,6% Elektrizität, 29,3% Kraftstoffe und der Rest Wärme, das sind immerhin 50,7%. Insider wissen, dass die 19,6% Elektrizität zu 1/3 in nichts anderem als in Wärme umgewandelt werden und eigentlich dem Wärmesektor zugeschlagen werden müssten. Damit würde sich der Stromanteil auf ca. 13% verringern und der Wärmeanteil auf ca. 58% erhöhen.

Um nun „auf die Schnelle" ein einigermaßen praktikables Umstiegsszenarium zu skizzieren, muss man schon die verschiedenen Sektoren auch getrennt betrachten. Und da sieht es nach meiner Einschätzung wie folgt aus:

In der Elektrizität ist man hier bereits auf einem guten Weg. Windkraft und Wasserkraft leisten schon messbare Beiträge mit steigender Tendenz. Es ist absehbar, dass hier innerhalb einer überschaubaren Zeitachse, z. B. 20 Jahren, die 50-%-Quote erreicht wird. Übrigens, trotz der großen Publicity um die Photovoltaik und trotz massivster finanzieller Förderung derselben ist diese auf marginale Beiträge auch in ferner Zukunft begrenzt. Das ergibt sich aus den Energiewirtschaftsdaten der letzten Jahre.

Für die Elektrizität 50% sind weniger als 10% des Gesamten. Was ist also mit den anderen Sektoren, Kraftstoffe und Wärme? Da sieht es allerdings zurzeit ziemlich düster aus.

Hier wird eine massive Schieflage im öffentlichen Bewusstsein und im wirtschaftlichen und politischen Handeln sichtbar: Elektrizität ist seit vielen Jahren das Hätschelkind der Energiewirtschaftler und der Energiepolitiker und auch der Umweltpolitiker. Wärme ist das Stiefkind und wird auch heute noch mit Geringschätzung belegt, obwohl diese sich inzwischen als die Schicksalsfrage in der Energieversorgung entpuppt hat. Sie umfasst über 50% des Ganzen, und keiner spricht von ihr.

Die Gewichtung der Energiesektoren (Strom, Kraftstoffe, Wärme) hinsichtlich ihrer Mengen konterkariert die Gewichtung in den politischen Zielsetzungen und Handlungen.

Um also ein Szenarium für die Gesamtheit zu entwickeln, muss man den Wärmemarkt betrachten und darin die Möglichkeit der Umstellung auf regenerative Energieträger untersuchen. Wärme aus regenerativen Quellen zu gewinnen ist ungleich einfacher und weitaus weniger kostenträchtig als die Erzeugung von Elektrizität.

Meine persönliche Prognose zum Wärmemarkt ist folgende:

Innerhalb von 20 Jahren lässt sich der Wärmemarkt zu einem Drittel durch Kraft-Wärme-Kopplung versorgen. Damit wäre auch ein nachhaltiger Beitrag für den Stromsektor geleistet. Die Kraft-Wärme-Kopplung wurde jahrzehntelang durch die etablierte Elektrizitätswirtschaft - auch mit dem Segen der Politiker - regelrecht niedergeknüppelt. Erst jetzt zeichnet sich - pikanterweise ohne Beteiligung der Bündnis90/Grünen an der Regierung - eine nachhaltige Trendwende ab. Dabei ist aber zu bedenken, dass der überwiegende Teil dieser Kraft-Wärme-Kopplungsanlagen auch weiterhin auf fossile Primärenergieträger angewiesen sein wird. Aber wir sind ja bescheiden, wir wollen (noch) nicht 100%, sondern begnügen uns (vorerst) mit 50%, innerhalb von 20 Jahren.

Ein weiteres Drittel lässt sich auf Solarwärme mittels Flachkollektoren umstellen. Die technischen Möglichkeiten und die Verfahren dazu existieren oder lassen sich mit überschaubarem Aufwand in wenigen Jahren aufbauen. Wärme aus Solaranlagen ist dann auch wettbewerbsfähig. Übrigens, von allen regenerativen Energiesystemen sind thermische Solaranlagen, d. h. Anlagen mit Flachkollektoren für die Raumwärme und Brauchwasserwärme, mit großem Abstand die ergiebigsten, d. h. die mit dem höchsten Energieertrag pro Quadratmeter Anlagenfläche, eine Erkenntnis, die sich noch nicht so richtig bei den Akteuren herumgesprochen hat. Ich habe beobachtet, dass die Protagonisten der Solarenergie selbst nicht richtig an deren Erfolg im Wärmemarkt glauben: Die Frage, was machen wir im Winter, wenn die Sonne kaum Ertrag liefert und der Bedarf am höchsten ist, treibt diese zur Verzweiflung, oder besser gesagt: Sie geben sich dann lieber mit der Photovoltaik ab, weil diese sowieso einen höheren politischen Rang und eine höhere Publicitywirkung hat. Diese Erkenntnis hat mich vor drei Jahren veranlasst, eine „Solarthermische Offensive“ zu starten. Diese baut darauf, dass mit moderner Produktionstechnik Solarkollektoren mit merklich höherer Effizienz und zu weitaus geringeren Kosten in Großserien hergestellt und vermarktet werden. Ferner gehört dazu ein Vermarktungskonzept, das den Wärmemarkt flächendeckend erfasst und einen Absatz eben dieser Massenfertigungen ermöglicht. Damit kann gegenüber dem derzeitigen Stand die Anzahl der jährlich installierten Kollektoren in kurzer Zeit auf das fünf- bis zwanzigfache gesteigert werden. Eine Nebenbedingung der Solarthermischen Offensive ist im Übrigen, dass diese Investitionen von Anfang an auch ohne Subventionierung wettbewerbsfähig mit herkömmlichen Energien (Öl und Erdgas) sind. Das ist das erklärte Ziel dieser Offensive.

Mit dem Abkoppeln des extrem importabhängigen Wärmemarktes von Öl und Erdgas wird der volkswirtschaftliche Aderlass durch Abfluss von Petrodollars oder Devisen für den Erdgasimport nachhaltig gebremst (was bei der Umstellung der Stromerzeugung in diesem Umfang keineswegs gegeben ist). Die damit verbundene ökologische Wirkung ist ebenfalls weitaus effizienter als die Maßnahmen in der Elektrizitätswirtschaft, weil das davon erfasste Gesamtpotenzial im Energiemarkt um den Faktor 2,5 höher ist! Außerdem sind die gesamtwirtschaftlichen Aufwendungen dafür ungleich geringer als die für die Umstellung des Elektrizitätsmarktes notwendigen technischen Maßnahmen. Dies ist innerhalb von maximal 20 Jahren technisch und wirtschaftlich umsetzbar. Das heißt aber auch, dass die Solarthermie nicht unbedingt die „Jobmaschine" ist, die gelegentlich anderen erneuerbaren Energietechnologien zugesprochen wird.

Mit dieser Feststellung wird auch schon die von Ihnen gestellte zweite Frage nach den technischen Voraussetzungen für die Reduktion der Treibhausgase beantwortet. Selbstverständlich wird mit einer Abkopplung des Wärmemarktes auch der Ausstoß von Treibhausgas nachhaltig, umfassend und obendrein ohne große Fördermaßnahmen wirksam reduziert.

Die Frage nach den Perspektiven im Verkehrssektor möchte ich an dieser Stelle vorerst noch offen lassen. Dort sehe ich zurzeit die größte Herausforderung, der ich selbst – da es auch nicht mein Metier ist – wenig entgegenzusetzen habe.

Nun zu der letzten Frage, inwieweit eine Kreislaufwirtschaft praktiziert werden könnte, um das Müllproblem und das diesem vorgelagerte Rohstoffproblem zu entschärfen. Dazu habe ich die Beobachtung gemacht, dass Recycling ein sehr schwieriges technisches Unterfangen ist und in den allermeisten Fällen, in denen dies versucht wurde, nicht zum erhofften Erfolg geführt hat. Paradebeispiel hierfür ist das DSD (Duales System Deutschland), das sowohl hinsichtlich der Rohstoffwirtschaft, als auch der Entsorgungsqualität pauschal als Flop einzustufen ist (was zu einem Tabu erklärt wurde und daher nicht mehr öffentlich diskutiert wird). Wenn man aber die Materialkette mit der Energiekette verknüpft, dann stellt sich das Problem schon in einem etwas anderen, milderen Licht dar. Es geht dann aber kein Weg an der überwiegend energetischen Verwertung des Mülls entsprechend den neueren gesetzlichen Bestimmungen (seit 1.6.2005) vorbei. Man muss sich dann konstruktiv mit dem unliebsamen Thema der Müllverbrennung bzw. Ersatzbrennstoffverwertung auseinandersetzen. Im Übrigen sind – mit Blick auf die jährlich umgesetzten Mengen – das Rohstoffproblem und das Müllproblem ungleich geringer, als das Energieproblem. Die jährlich im Verkehrssektor verbrauchte Rohölmenge liegt bei ca. 60 Mio. Tonnen. Nur wenige Prozent dieser Menge gehen in die Materialwirtschaft. Bekanntermaßen ist Rohöl zurzeit der wichtigste Rohstoffträger für die Kunststoffindustrie. Aus dieser Erkenntnis leitet sich die Folgerung ab, das es intelligenter ist, kohlenstoffhaltigen Müll energetisch zu verwerten und dadurch Rohöl zu verdrängen, als kohlenstoffhaltigen Müll zu recyceln (mit fragwürdigem technischen Resultat) und weiterhin eine adäquate Menge Rohöl in der Energieversorgung einzusetzen. Das Rohstoff- und Müllproblem, so darf ich hier zusammenfassen, ist weitaus weniger gravierend, als das Problem der fossilen Energieträger.

Generell kann ich aus meiner fachlichen Perspektive zu der Energiethematik festhalten, dass durch die bereits im Gang befindlichen Maßnahmen bei der Elektrizität eine zeitnahe Erreichung der 50% Quote nicht unrealistisch erscheint (allerdings mit aktiver politischer Unterstützung bzw. finanzieller Förderung). Bei dem weitaus gewichtigeren Wärmemarkt, der weitgehend unbeachtet von der politischen und öffentliche Fürsorge vor sich hin existiert, werden die Kräfte der Marktwirtschaft in kurzer Zeit soweit wirken, dass auch dort (ohne staatliche Förderung und ohne Politikgetöse) eine Bewegung in Gang gesetzt wird, die ebenfalls in ca. 20 Jahren zu einer Minderung des Einsatzes fossiler und Treibhausgas emittierender Brennstoffe auf ca. 50% der heutigen Werte führen kann.“

(Prof. Dr.-Ing. Fritz Richarts,
Fachhochschule Giessen-Friedberg)

Die Antwort von **Scherer**:

„Zu Frage 1:

Die Umstellung unserer Energiewirtschaft ist von größter Bedeutung. Dies bedeutet dreierlei: Energie einsparen, wo immer dies sinnvoll ist, mit Energie effizient umgehen, sowie erneuerbare Energien verwenden. Es gibt sehr große Energieeinsparpotentiale, die keine Einschränkung der Energienutzung bedeuten (z.B. leichte Kfz mit geringerem Energieverbrauch bei gleicher Leistung). Da in diesem Fall oft auch andere Ressourcen effizienter genutzt und die Kosten der Nutzung sogar verringert werden könnten, sehe ich hier die Chance einer breiten Akzeptanz und raschen Einführung. Energieeffizienz kann sowohl bei der Energieproduktion (z.B. erhöhte Wirkungsgrade bei der Kraft-Wärme-Kopplung) als auch bei der Energienutzung (z.B. Energiesparlampen, bessere Wärmedämmung von Gebäuden) in großem Umfang verbessert werden. Auch hier wäre die Akzeptanz wohl kein Problem, aber oft sind Anfangsinvestitionen notwendig, die abschreckend wirken. Erneuerbare Energien werden unausweichlich notwendig. Schon heute hat Deutschland einen sinnvollen Weg eingeschlagen, den es konsequent und möglichst noch beschleunigt zu gehen gilt. Erstens werden dadurch die anfänglich höheren Energieerzeugungskosten reduziert und dadurch ökonomisch konkurrenzfähig, zweitens werden fossile Energieträger zunehmend überflüssig, und drittens steigt unsere Wertschöpfung aus Umwelttechnologien, wo wir derzeit einen weltweiten Vorsprung haben, den wir sogar noch ausbauen können, was auch zur Neuschaffung von zukunftsfähigen Arbeitsplätzen führt.

Zu Frage 2:

Wie beim Thema „Energie“ (siehe Frage 1) gibt es in vielen Fragen der Ressourcennutzung Möglichkeiten, den Verbrauch durch Einsparung oder effizientere Nutzung zu senken, und die Produktion durch Kreisläufe auf nachhaltige „Füße“ zu stellen. Rasche Erfolge sind immer dort möglich, wo bereits heute ökonomisch konkurrenzfähige Technologien existieren, die den Verbraucher nicht zu großen Verhaltensänderungen zwingen. Das beste Beispiel wären leichtere Kfz (s.o.). Der große Vorteil der o.a. Vorgehensweise besteht darin, dass die Umstellung vergleichsweise rasch gehen kann, da es keine rasche, gravierende Umstellung unserer Lebensweise erfordert. Mittel- bis langfristig werden Nachhaltigkeitsaspekte auch für große Teile der Wirtschaft und Bevölkerung selbstverständlich werden.

Ich halte es für bedenklich, das Thema „Ökologie und Nachhaltigkeit“ mit staatlichen Regulierungen erreichen zu wollen, die letztlich ein negatives Image und dadurch Ablehnung erzeugen. Sachlichkeit und Herausstellung der positiven (insb. auch der ökonomischen) Aspekte wären zielführend. Ein gutes Negativbeispiel stellt die unsinnige Diskussion eines allgemeinen Tempolimits in Deutschland dar: Der Nutzen ist vergleichsweise gering (auch wenn manche Politikerinnen dies womöglich wider besseren Wissens anders darstellen), aber der Schaden sehr groß, da sowohl die Autofahrer sich gegängelt fühlen, und zudem die für

Deutschland extrem wichtige Automobilindustrie einen nicht unerheblichen Standortvorteil verliert. Der Druck muss von den Märkten ausgehen, und da helfen Bildungsangebote zu Umweltthemen weiter, die dazu führen, dass zunehmend mehr Autofahrer gezielt Autos auch wegen Umweltaspekten kaufen. Ein Auto, das auch bei hoher Geschwindigkeit sicher und mit geringem Energieverbrauch aus erneuerbaren Quellen fährt, stellt einen Kaufanreiz dar, nicht aber ein Auto, das nicht schneller als 130 km/h fahren kann! Das individuelle Fahrverhalten kann unabhängig von den technischen Möglichkeiten eines Autos optimiert werden. Es macht oft Sinn und wird daher praktiziert, auch mit einem schnellen Auto langsam zu fahren. Es ist zu erwarten, dass zunehmend mehr Fahrer lieber etwas langsamer, gleichmäßiger und ruhiger fahren werden, was das Problem des Energieverbrauchs infolge hoher Geschwindigkeiten von alleine nochmals stark reduzieren wird."

(Prof. Dr. Dieter Scherer,
Technische Universität Berlin)

Die Antwort von **Sponnholz**:

„Die wesentlichen Probleme unserer Klima-, Umwelt- und Energieversorgungsfragen können **nur global** und nur mit einem Wechsel der Energieversorgung in den Industriestaaten gelöst werden.

Die technischen Voraussetzungen gibt es, das Problem sind die ökonomischen Anreize und vor allem die notwendigen Änderungen im Bewusstsein jeder Einzelnen."

(Prof. Dr.-Ing. Hans-Juergen Sponnholz,
Fachhochschule Flensburg)

Wagner antwortet:

„Frage 1:

Ein Anteil erneuerbarer Energien an der Stromproduktion in Deutschland von 50% ist meiner Ansicht nach nicht vor dem Jahr 2050 zu erwarten. Der Grund dafür ist, dass schon heute der Kraftwerksplan der Zukunft geplant wird. Bei vielen dieser Kraftwerke handelt es sich um großkapazitive und investitionsintensive Erzeugungseinheiten mit langfristigen Abschreibe- und Betriebszeiten. Um den Anteil erneuerbarer Energien auf die 50% Marke zu hieven, müssen deren Kapazitäten weiterhin kontinuierlich ausgebaut werden.

Frage 2:

In Bezug auf die Kohleverstromung: die Abscheidung von CO_2 aus Kohlekraftwerken befindet sich derzeit in der Entwicklung und steht voraussichtlich 2020 für den großtechnischen Einsatz zur Verfügung. Eine wichtige und heute noch weitgehend ungeklärte Frage stellt die Lagerung des abgeschiedenen CO_2 dar. Weiterhin muss beachtet werden, dass durch den Energieaufwand der CO_2-Abscheidung mit der gleichen Menge an Brennstoff nur noch ca. 80% der elektrischen Energie verglichen mit einem konventionellen Kohlekraftwerk erzeugt werden kann.

Die erneuerbaren Energien Wind und Sonne haben den Nachteil, dass sie nur Strom produzieren, wenn diese Energieformen wetterbedingt anfallen. Bedingt durch die heute nicht mögliche großtechnische Speicherung von Elektrizität können sie konventionelle Kraftwerke somit nicht ersetzen, sondern nur zu einer Brennstoffeinsparung beitragen.

Die Nutzung der Wasserkraft ist in Deutschland bereits in der Vergangenheit weitestgehend ausgebaut worden, so dass ein wesentlicher Zuwachs in diesem Sektor nicht zu erwarten ist.

Die energetische Biomassenutzung ist zwar noch nicht komplett erschlossen, jedoch ist ihr Potential bedingt durch endliche Ackerflächen sowie der Konkurrenz mit dem Nahrungsmittel- und Treibstoffsektor begrenzt.

Die Nutzung der Kernenergie rangiert in Bezug auf die CO_2-Emission zwar im gleichen Bereich wie die Windenergie, jedoch ist ihre Nutzung politisch umstritten und der Ausstieg in der BRD bis 2020 geplant. Da die Kernenergienutzung unseren Strombedarf im Jahre 2006 zu 27% gedeckt hat und die erneuerbaren Energien nicht grundlastfähig sind, wird sie voraussichtlich zum größten Teil durch (CO_2-intensive) Kohlekraftwerke ersetzt werden. In Bezug auf den CO_2-Ausstoß werden wir uns mit dem Ausstieg aus der Kernenergie voraussichtlich wieder zurück bewegen.

Frage 3:

Nach heutigem Wissensstand ist das Recycling von max. 80% der Rohstoffe möglich. Dieser Wert ist heute bei weitem noch nicht ausgeschöpft, was sowohl europa- als auch weltweit gilt. Die verbleibenden 20% können nicht zurück gewonnen werden, da es sie in zu geringer Konzentration anfallen, z.B. aufgedampfte Silberlegierungen in elektrischen Schaltkreisen.“

(Prof. Dr. H.-J. Wagner,
Ruhr-Universität Bochum

Weise schreibt:

„1. Es ist relativ schnell möglich, den Anteil der regenerativen Energien zu steigern, wenn die wirtschaftspolitischen Bedingungen entsprechend gestaltet werden. Das konnten wir in der Entwicklung der Windenergienutzung sehen. Mit der Einführung von StrEG und EEG stieg der Anteil über mehrere Jahre exponentiell an. Und das alles mit einem Gesetz, das keine Subventionen beinhaltet. Eigentlich kann Deutschland auch auf die damit erreichte Spitzenposition in der Welt stolz sein. Das geht sogar soweit, dass das EEG als Vorlage für ähnliche Gesetze in anderen Ländern diente.

Um das angestrebte Ziel zu erreichen, sind aber neben den gesetzlichen und technischen Grundlagen noch andere Schritte notwendig:

Es muss das Verursacherprinzip konsequenter angewandt werden. Wenn die traditionelle Energieversorgung (Klima-, Umwelt-,...) Schäden verursacht, müssen diese letztendlich im Preis auftauchen – auch die externen Kosten. Marktwirtschaft kann nur funktionieren, wenn die Preise die Wahrheit sagen.

An dieser Stelle gibt es noch viel Überzeugungsarbeit zu leisten, auch auf der Verbraucherseite. Der Bund der Energieverbraucher leistet hier schon viel.

Es muss auch darauf hingewiesen werden, dass einige Energieunternehmen ihre hohen Gewinne auch dazu nutzen, um im groß angelegten Aktionen regenerative Energie zu unterdrücken (es gab z.B. eine Anzeige mit dem Titel „viel Wind um wenig Strom"). Nach Meinungsumfragen gibt es eine breite, mehrheitsfähige Unterstützung von Regenerativen Energien. Warum spürt man davon so wenig in den Landesparlamenten und im Bundestag?

Neuerungen setzen sich größtenteils mit neuen Leuten durch, nicht nur in der Wissenschaft, wie es Max Planck einmal treffend formulierte:

„Wenn eine neue Erkenntnis sich nicht durchsetzt, und das ist fast immer der Fall, dann muss man 40 Jahre warten, bis die Gegner der Neuerung alle gestorben sind, und dann ist auf einmal alles richtig."

Klar, wir haben keine Zeit mehr, 40 Jahre zu warten. Trotzdem müssen wir uns auf die Jugend konzentrieren. Das bedeutet aber nicht nur die Lehre entsprechend auszurichten, sondern vor allem auch die Chance eines beruflichen Einstieges im Bereich der regenerativen Energien zu bieten. In meiner Tätigkeit als Hochschullehrer habe ich mir das besonders vorgenommen und nutze jede Gelegenheit, um Diplomanden und Absolventen ‚unterzubringen'.

Das Umfeld im Hochschulsektor ist aber bei weitem nicht so, wie wir es uns vielleicht wünschen. Es gibt genügend Entscheidungsträger, die den regenerativen Energien nicht nur skeptisch, sondern auch konträr gegenüberstehen und überhaupt nur das für richtig halten, was heute Gewinn bringt.

2. Die technischen Voraussetzungen sind zum Teil schon vorhanden. Folgende Richtungen wären meiner Meinung nach weiter zu beschreiten:

Für Wind-, Wasser- und solarthermische Energie gibt es Lösungen, die nahe an theoretisch mögliche Wirkungsgrade kommen. Schwerpunkt in diesen Bereichen ist nach wie vor die Senkung des Aufwandes (sprich Fertigungskosten).

Für die Bereiche Solare Elektroenergieerzeugung, geothermische Energie und Bio-Energie sind noch Forschungen nötig, die neben der Aufwandsenkung auch auf deutliche Wirkungsgradverbesserungen abzielen.

Die Infrastruktur ist derzeit nicht auf dezentrale Energieversorgung ausgerichtet. Für die Nutzung regenerativer Energien in dem angestrebten Bereich über 50% müssen Elektroenergien-, Gas- und Fernwärmenetze anders ausgelegt werden. Sicherlich sind auch zusätzliche Strukturen erforderlich.

Das Problem der Energiespeicherung rückt immer mehr im den Vordergrund und nicht nur aus Gründen der Nutzung regenerativer Energien. Mit deutlich verbesserten Speichern kommen auch ganz andere Technologien ins Blickfeld, die bisher nicht effektiv realisierbar waren.

Bei allem Optimismus in Bezug auf regenerative Energien müssen wir auch Neben- und Rückwirkungen beachten. Insgesamt ist nichts gewonnen, wenn zur Palmölgewinnung Regenwald in großem Maßstab abgeholzt wird. Wir sollten auch bei regenerativen Energien bedenken: der Mensch ist in der Lage jeden auch noch so guten Ansatz ins Gegenteil zu verkehren.

3. Wenn man in größeren Zeiträumen denkt, als das Politiker gewöhnlich machen, kommt man unweigerlich dazu, dass eine überwiegende Kreislaufwirtschaft der einzig gangbare Weg für die Menschheit ist. Der Aufwand, neue Ressourcen zu erschließen, steigt deutlich überproportional im Vergleich mit allen anderen Ausgaben.

Auf Grund wirtschaftlicher Interessen wurden vielfach Kreislaufwirtschaften aufgegeben, die sich in der Vergangenheit herausgebildet hatten. An diesem Punkt ist die Frage unvermeidlich, ob die Marktwirtschaft in der derzeitigen Form – mit dem Drang zu immer größeren zentralen Einheiten – wirklich für die Zukunft tragfähiges Konzept darstellt. Infrastrukturelle Bereiche sollten auf jeden Fall einer parlamentarischen Kontrolle unterliegen.

Eine bessere Kreislaufwirtschaft wird bereits erzwungen, wenn die Transportkosten gewisse Werte übersteigen. Eigentlich zeigt die Entwicklung des Ölpreises in diese Richtung. Wichtig ist aber, darüber nicht zu klagen, sondern parallel Alternativen anzubieten.

Damit dezentrale Kreislaufwirtschaften funktionieren, ist eine gewisse Kompetenz auch auf den unteren Ebenen erforderlich. Auch hier kommen wir also wieder zu der Forderung an die Bildung."

(Prof. Dr.-Ing. habil. Volkmar Weise,
Hochschule Zittau/Görlitz)

Wiederuh schreibt:

„Ihre Absicht, neue Ideen einzubringen, ist sicher zu begrüßen. Entscheidend in meinen Augen wäre es aber, zunächst die Voraussetzungen dafür zu schaffen, dass diese Ideen auch von den entscheidenden Stellen, d. h. von den Politikern, richtig umgesetzt werden. Das hängt auch damit zusammen, dass das Energieproblem sehr komplex und derart breit gestreut ist, dass kaum jemand das ganze Spektrum überblickt. Es reicht vom großen Kraftwerk bis zum Joghurt auf dem Frühstückstisch. Aus diesem Grund hält man zunächst an der einmal gefassten Meinung fest.

Aktuelle Beispiele: Man möchte von den Rohstoffimporten wegkommen, steigt aber aus der deutschen Steinkohle aus. Man möchte den CO_2-Ausstoß reduzieren, schaltet aber die Kernkraftwerke ab. Man möchte den Kraftstoffverbrauch drosseln, scheut aber eine Geschwindigkeitsbegrenzung. Man möchte Biokraftstoffe einsetzen, schon warnen aber die Grünen davor, weil es sonst Probleme mit den Nahrungsmitteln geben könnte. Diese Reihe ließe sich beliebig fortsetzen. Mir fehlen immer wieder der rote Faden und eine langfristige umfassende Betrachtung. Energiepolitik darf keine Parteipolitik sein, wir können uns nicht jeden Monat eine neue Energiepolitik leisten.

Ich hoffe, Sie erkennen daraus, wo mich der Schuh drückt. Aber nun zu Ihren Fragen.

Bei Frage 1 gilt es zunächst zu klären, über welche Energie wir reden, Primärenergie, Endenergie oder Nutzenergie?

Am schwierigsten wäre es bei der Primärenergie. 50% sehe ich auf absehbare Zeit nicht. Ein Ersetzen durch regenerative Energien setzt erst einmal eine drastische Einsparung und ein völlig anderes Nutzerverhalten voraus. Es ist eine völlig falsche Vorstellung, dass wir so weiterleben können wie heute und nur den Schalter umlegen müssen. Es gibt genügend Recherchen, dass dazu die Potentiale nicht ausreichen. Hinzu kommt, dass sich die politischen Vorstellungen ständig ändern.

Wir hatten vor einiger Zeit den Wasserstoffboom bis man merkte, dass man Wasserstoff erst unter Energieeinsatz bereitstellen muss. Dann kam die Windenergie. Die guten Standorte sind aber inzwischen belegt und auf dem Meer geht es auch nicht so schnell wie erhofft. Der neueste Favorit ist die Biomasse. Davon wollen wir leben, Strom erzeugen, Wärme bereitstellen und Auto fahren. Geht man von der Fläche der Bundesrepublik mit ca. 35 Mio. ha aus und einer Bevölkerung von ca. 82 Mio., dann bleibt für jeden Einwohner grob ein halber ha, was in etwa einem Fußballplatz entspricht. Damit müsste er dann auskommen.

Erste Prognosen zeigen, dass wir bei dem heutigem Kraftstoffverbrauch (60 Mrd. Liter in der BRD) gerade einmal 10% bereitstellen könnten.

Hinzu kommt, dass heute keine regenerative Form wirtschaftlich ist, unsere Industrie aber von den Exporten lebt und wir deshalb auf dem Weltmarkt konkurrenzfähig bleiben müssen.

Meine Vorstellungen gehen dahin, dass wir zunächst drastisch Energie sparen müssen, alle technischen Möglichkeiten nutzen, auch Kernenergie, und dann ein langfristiges Konzept entwickeln, wo welche regenerativen Energien sinnvoll eingebracht werden können.

Frage 2 lässt sich von Frage 1 nicht trennen. Es gibt viele technische Möglichkeiten, die aber wirtschaftlich bleiben müssen. Der erste Schritt wäre auch hier ein geändertes Nutzerverhalten.

Um eine Kreislaufwirtschaft bemüht man sich schon. Weniger Müll setzt wieder ein geändertes Verbraucherverhalten voraus. Es gibt heute schon gute Verfahren, möglichst viele Rohstoffe wieder zu nutzen. Es gibt eine Anlage in unserer Nähe, die Anlage in Asslar, die aber von der Politik aus unverständliche Gründen torpediert wird."

(Prof. Dr.-Ing. Eckhardt Wiederuh,
Fachhochschule Giessen-Friedberg)

Resümee der ersten Befragung

1. Es herrscht bei allen Autoren die einhellige Meinung vor, dass in Zukunft ein Umstieg auf regenerative Energien notwendig und möglich ist. Wann die in der ersten Frage genannten 50% erreicht sein werden, wird unterschiedlich

diskutiert. Am häufigsten wird der Zeitraum um 2050 genannt. Es gibt aber auch Autoren, die einen früheren Zeitpunkt nennen, andere sehen dieses Ziel erst später. Man bewegt sich zwischen 2025 und 2100. Es gibt aber auch Autoren, die in diesem Zeitraum bereits eine Versorgung mit 100% erneuerbaren Energien für möglich halten.

Alle Autoren sind sich aber darin einig, dass ein solches Ziel nur erreicht werden kann, wenn gleichzeitig der Einsatz von Energie drastisch zurückgeht, sei es durch Verhaltensänderung und/oder durch Effizienzsteigerung. Viele sehen dieses Ziel aber auch nur durch den Import alternativer Energien erreichbar, sei es aus südlichen oder nördlichen Ländern. Als notwendig wird auch das entsprechende politische Handeln gesehen, es werden z. B. Steuern als Steuerungselement genannt. Interessant ist ein Vorschlag, nicht das CO_2 zu versteuern, sondern den eingesetzten Kohlenstoff, was die steuerliche Behandlung erheblich vereinfachen würde [25]. Die Geschwindigkeit der Umsetzung wird von den politischen Vorgaben, aber möglicherweise auch von der unsicheren Versorgung aus instabilen Ländern und den damit verbundenen, steigenden Energiepreisen, abhängen.

2. Was die zweite Frage betrifft, gibt es mehrere Autoren, die davon ausgehen, dass die notwendigen Techniken für eine Umstellung bereits vorhanden sind, um das oben genannte Ziel zu erreichen. Andere Autoren sehen noch nicht gelöste Probleme, z. B. im Bereich Verkehr. Was ist hier die Zukunft, sind es Biokraftstoffe, Elektroantriebe mit Batterien, Brennstoffzellen oder der direkte Wasserstoffantrieb mit Verbrennungsmotoren? Ein anderes noch zu lösendes Problem ist die Speicherung großer Energiemengen, eine Notwendigkeit bei den nicht kontinuierlich zur Verfügung stehenden Energien aus Wind oder Sonne.

   Wenn es um die Reduzierung von CO_2 geht, dann gibt es noch Entwicklungsbedarf bei der CO_2-Abscheidung in Kraftwerken und der unterirdischen Speicherung des CO_2. Es wird aber auch darauf hingewiesen, dass dadurch der Wirkungsgrad der Kraftwerke nicht unerheblich verschlechtert wird.

3. Was die Frage drei betrifft, ist man sich einig, dass eine Kreislaufwirtschaft notwendig ist, wenn man den Gedanken der Nachhaltigkeit auch nur ansatzweise umsetzen möchte. Wie notwendig ein Recycling ist, zeigt sich bereits heute bei verschiedenen Rohstoffen wie z. B. Kupfer, Platin, Nickel oder Wolfram, deren Preise sich in letzter Zeit teilweise vervielfacht haben. Technisch werden hier keine Probleme gesehen. Die Industrie muss früher oder später aus eigenem Interesse an einem Recycling interessiert sein. Beim Normalbürger wird aber noch Aufklärung notwendig sein, es scheint aber möglich.

Die Ergebnisse der zweiten Befragung waren weitgehend qualitativ. Es wäre aber interessant, genauere Zahlen und Vorstellungen zu haben, wie man sich die Umstellung auf regenerative Energien vorstellt und welche regenerative Energien man wo einzusetzen gedenkt. Es wurde deshalb eine zweite Umfrage mit der Bitte um Details nachgeschoben. In der Einleitung wurden die drei wesentlichen Bereiche, auch quantitativ, genannt, um die es geht: Strom, Wärme und Kraftstoffe. Es wäre also notwendig, präzise Lösungsvorschläge, auch quantitativ, zu machen, mit welchen alternativen Energien die heute eingesetzten fossilen Brennstoffe ersetzt werden sollen. Dazu wäre auch eine Abschätzung der in Deutschland vorhandenen Potentiale notwendig.

Die Frage der zweiten Anfrage:

Welche konkreten quantitativen Wege sehen Sie für einen zukünftigen Umstieg auf alternative Energien?

Hier war die Anzahl der Antworten geringer. Die Antworten wieder in alphabetischer Reihenfolge.

Bitsch antwortete wie folgt:

„Die im Auftrage des brandenburgischen Wirtschaftsministeriums unter Federführung des Centrums für Energietechnologie Brandenburg CEBra/BTU Cottbus erstellte Studie „Netzintegration der Erneuerbaren Energien in Brandenburg“ ist in der letzten Phase („Zusammenscheiben“) und wird Anfang 2008 veröffentlicht.

Darin sind Prognosen für den weiteren EE-Ausbau, die Konsequenzen für das Netz, innovative Lösungen zur Integration und eine energiewirtschaftliche Bewertung/Kostenermittlung.

Die innovativen Lösungen beinhalten eine Verstetigung einer auf rd. 25% abgesenkten Windleitungseinspeisung in Form von EE-Hybrid-Kraftwerken mit Jahresvolllaststunden von >7500h unter Nutzung von lokaler Biomasse/Biogas und ergänzender Rückverstromung durch GuD nach Zwischenspeicherung im Gasnetz. „Abgeschnittene" Leistungsspitzen und damit wesentliche Volatilität werden einer Elektrolyse als idealer Last zugeführt im Sinne eines zweiten Sekundärenergieausganges.

Am Beispiel Brandenburg zeigt sich aber auch, dass eine eingehende Analyse erforderlich ist und pauschale Aussagen gerade auch zur Nutzung der Biomasse sehr riskant sein können.

Diese Studie wird voraussichtlich im Internet verfügbar sein, ich werde es Sie wissen lassen."

(Prof. Dr.-Ing. Rainer Bitsch,
Technische Universität Cottbus)

Die Antwort von **Krause**

„In der Anlage finden Sie meine kurzen Kommentare zur Zusammenstellung von Kollegen Wiederuh.

In Summe finden sich als gemeinsame Antworten:

- Das Geld ist der treibende Faktor.
- Einsparpotentiale sind vorhanden und könnten heute schon mit bekannten Techniken umgesetzt werden.

Die Antwort:

Keine andere Generation hat in derart maßloser Weise auf Kosten der Zukunft und der Nachwelt gelebt. Die Geschichte zeigt, dass die Menschheit erst zu extremen Maßnahmen bereit ist, wenn sich einflussreiche und mächtige Staaten in ihrer Sicherheit und Existenz kurzfristig bedroht fühlen. Was braucht unsere Natur und deren Vielfalt? Sind wir im Sinne der Evolution vielleicht zu blöd? Es ist eine völlig falsche Vorstellung, dass wir so weiter leben können wie heute und nur den Schalter umlegen müssen. Wir müssen zuerst drastisch Energie sparen.

Gefordert wird ein Dezentrales Energiemanagementsystem (DEMS). Die erforderlichen Technologien sind im Grundsatz vorhanden.

Anstrengungen der rationellen Energienutzung. Wenn Verknappung von primären Ressourcen mit drastischer Preiserhöhung einhergeht, vermehrt sie Sekundärlösungen wirtschaftlich.

Entwicklung und Bau von CO_2-freien Kraftwerken sehe ich persönlich etwas skeptisch: Lange und teure Entwicklung, größerer Effizientverlust und letztlich doch auch Endlagerungsproblem. Eine Frage stellt die Lagerung des abgeschiedenen CO_2 dar 6 €/t. Der Ausstoß von CO_2 muss Geld kosten. Verursacherprinzip/die Wahrheit sagen.

Drastische Einsparmaßnahmen. Es sollte etwa 55% werden. Schaffung von massiven gesetzlichen Investitionsanreizen für Energiesparmaßnahmen.

Anstrengungen der rationellen Energienutzung. Druck muss von den Märkten ausgehen. Das Problem der regenerativen Energien ist zurzeit die nicht mögliche großtechnische Speicherung. Die energetische Biomassenutzung ist zwar noch nicht komplett erschlossen, jedoch ist ihr Potential bedingt durch endliche Ackerflächen sowie Konkurrenz mit dem Nahrungsmittel- und Treibstoffsektor.

Mit dem Ausstieg aus der Kernenergie werden wir voraussichtlich wieder zurück bewegen."

(Prof. Dr. Horst-Herbert Krause,
Hochschule Merseburg)

Quaschnings Kommentar:

„Hier meine Antworten in Kürze Diese beziehen sich auf Szenarien, die ich an der FHTW Berlin entwickelt habe.

In etwa 50 Jahren wäre es danach möglich, die deutsche Energiewirtschaft komplett auf regenerative Energien umzustellen. Durch Steigerungen der Energieeffizienz und Rückgang der Bevölkerung sowie statistische Effekte (Strom aus PV- und Windkraftwerken wird z.B. primärenergetisch anders gewertet als Strom aus Kohlekraftwerken) kann bis dahin der Primärenergiebedarf um über 50 Prozent sinken. Der Restbedarf ließe sich dann durch einen breiten Mix an regenerativen Energien decken. Eine sinnvolle Aufteilung entnehmen Sie der Grafik im Anhang, die Potenziale der meisten regenerativen Energieträger sind dabei deutlich größer als sie hierfür genutzt werden müssten. Die Szenarien werde ich genauer in einem Fachbuch vorstellen, dass im nächsten Herbst im Hanser-Verlag erscheinen wird."

(Prof. Dr.-Ing. habil. Volker Quaschning,
Fachhochschule für Technik und Wirtschaft Berlin)

Scherer schreibt:

„Hier meine Antworten, welche die bereits gegebenen Antworten nicht ersetzen, sondern ergänzen.

Die zu lösende Aufgabe besteht aus zwei Teilen: a) die Suche nach wiss.-techn. Lösungen inkl. ihrer quantitativen Bewertung, und b) die Suche nach Möglichkeiten einer Realisierung der als geeignet bewertenden Lösungen. Ohne b) sind alle Bemühungen, sich um a) zu kümmern, umsonst.

Zu a)

Die zentrale Frage lautet: Wer verbraucht wozu Energie und wie lässt sich dies optimieren? Die hier verwendeten Daten sind unter http://www.env-it.de/umweltdaten/public/theme.do?nodeIdent=2700 (Zugriff am 10.12.2007) zu ersehen.

1. Haushalte: Über 75% des Endenergieverbrauchs in den Haushalten werden zur Deckung des Raumwärmebedarfs benötigt. Das UBA nennt ein Reduktionspotenzial von 60% bei energetischer Sanierung des gesamten Gebäudebestands. Selbst im ungünstigsten Fall, dass alle übrigen Haushaltsbedarfe kein Reduktionspotential aufweisen, dann entspricht dies einer Gesamtabsenkung des Endenergiebedarfs von 46% im Haushaltssektor. Das wäre eine Gesamteinsparung von 12% (die Haushalte verbrauchen 29% der Endenergie). Selbst größere Reduktionspotenziale in den anderen Bedarfen, die sich sicher erschließen lassen, führen aber nur zu einer marginalen, wenn auch begrüßenswerten Steigerung.

   Durch Substitution der Energieträger lässt sich in den Haushalten ein weiteres gewaltiges Reduktionspotenzial erschließen. Hier spielen dezentrale Kraft-Wärme-Kopplungsanlagen (KWK) und erneuerbare Energien (EE) eine herausragende Rolle. Wenn der nach der Steigerung der Energieeffizienz verbleibende Bedarf über KWK und EE gedeckt würde, wäre dies mit einer Gesamtabsenkung der klimarelevanten Energieproduktion um weitere 10-14% (je nach Anteil KWK zu EE) verbunden. Die Energieproduktion mit KWK und EE müsste dabei gerade um das Dreifache im Vergleich zu heute gesteigert werden (das erscheint nicht gerade überambitioniert).

2. Industrie und Gewerbe: Das UBA nennt hier 30% Einsparpotenzial, was in Anbetracht der großen Dominanz von Prozesswärme (ca. 2/3 des Endenergieverbrauchs) und der Raumwärme (ca. 10%) realistisch erscheint. Dies würde eine Gesamtabsenkung von 8% (Industrie) bzw. 5% (Gewerbe) bedeuten. Anzumerken ist, dass die

Industrie bereits erhebliche Einsparpotenziale realisiert hat, da diese den ökonomischen Vorteil des Energiesparens rasch erkannt und genutzt hat.

3. Eine massive Absenkung des durchschnittlichen Energieverbrauchs im Verkehr lässt sich technisch schon heute realisieren, was sich leider jedoch bisher nur unzureichend am Markt durchsetzt. Eine Halbierung des durchschnittlichen PKW-Verbrauch von derzeit 7.7 l ist in Anbetracht der steigenden Kraftstoffpreise und des zunehmenden Bewusstseins der Verbraucher in den nächsten 20 Jahren als erreichbar zu betrachten. Im Güterverkehr kann auch von einer Reduktion von mindestens 25% ausgegangen werden. Lässt man die übrigen Verkehrsträger in Bezug auf eine Verbesserung der Energieeffizienz außer Acht, dann führt dies selbst bei einer zu erwartenden Zunahme des Verkehrsaufkommens zu einer Absenkung des Endenergieverbrauchs von ca. 6%, bezogen auf den Gesamtendenergieverbrauch in Deutschland.

Biokraftstoffe und Wasserstoff könnten in den nächsten Jahrzehnten mind. 50% der fossilen Kraftstoffe substituieren. Dies würde zu einer Gesamtabsenkung von weiteren 10% führen, wenn man weiterhin annimmt, dass der Stromverbrauch der Bahn zu 90% über EE gedeckt werden könnte. Biokraftstoffe sind bzgl. der Konkurrenz zur Nahrungsmittelproduktion sowie in Anbetracht der ökologischen Konsequenzen des Anbaus von Energiepflanzen nicht als unbedenklich anzusehen und führen außerdem zu Luftschadstoffemissionen. Hier wäre Wasserstoff vorzuziehen, sofern zwei Voraussetzungen erfüllt wären: a) Entwicklung besserer Transport- und Speichertechnologien, und b) Produktion des Wasserstoffs mit EE. Zu a): die Entwicklung dieser Technologien in Deutschland würde wirtschaftlich und sozial wichtige positive Entwicklungen auslösen, da diese Technologien am Weltmarkt stark nachgefragt wären. Zu b): die Produktion von Wasserstoff muss unbedingt nicht in Deutschland stattfinden. Auch derzeit importiert Deutschland 75% seiner Energie. Falls deutsche Firmen die Technologien für die großmaßstäbliche Erzeugung von Wasserstoff mit EE bereitstellen könnten, wären Länder wie Saudi-Arabien, die heute Öl nach Deutschland liefern, aber auch andere Schwellen- und Entwicklungsländer in den Trockengürteln der Erde sicher an entsprechenden Joint Ventures interessiert.

Fazit: Insgesamt ließen sich mit den diskutierten Lösungsansätzen innerhalb der nächsten Jahrzehnte mind. 55% Endenergie aus klimarelevanten Energieträgern einsparen. In Anbetracht der Preisentwicklung ist die Steigerung der Energieeffizienz einerseits und die Substituierung fossiler Energieträger durch EE in Kombination mit KWK auch unabhängig von der Diskussion um den Klimawandel angeraten.

Zu b)

Die zentrale Frage lautet: Wer sind die Akteure und welche Interessen verfolgen sie? Hier müssen im Wesentlichen vier Gruppen betrachtet werden.

1. Energieproduzenten und -verteiler: Es wäre absolut unrealistisch, die bisherigen Firmen auf diesem Sektor außer Acht zu lassen, obwohl es ebenso zwingend notwendig ist, auch neuen Wettbewerbern den Marktzugang zu ermöglichen. Aus diesem Grund ist es wichtig, Wege aufzuzeigen, die den derzeitigen Marktbeherrschern die Möglichkeit bieten, sich an veränderte Marktstrukturen anzupassen bzw. idealer Weise diese hinsichtlich gesamtgesellschaftlich wünschenswerter Ziele selbst mit zu entwickeln. Insbesondere gilt dies in Anbetracht der für die Umstrukturierung erforderlichen Großinvestitionen und des technologischen und ökonomischen Know-Hows.
2. Energieverbraucher: Das Grundinteresse aller Energieverbraucher besteht darin, möglichst viel Nutzen mit möglichst geringem Aufwand zu erzielen. Die triviale Konsequenz daraus ist, dass Energieverbraucher jede Möglichkeit, den Energieverbrauch zu senken, immer dann befürworten, wenn die für die Energieeinsparung erforderlichen Zusatzkosten niedriger sind als die aus der Einsparung resultierenden Kostensenkungen. Somit sind diese Akteure (egal, ob Privatpersonen oder Körperschaften) sehr einfach für Klimaschutzziele zu gewinnen, wenn die o.a. Grundregel beachtet wird. Nutzungseinschränkungen einzufordern ist kontraproduktiv (unsinnige Nutzungen wie stromfressende Standby-Schaltungen sind natürlich hiervon ausgenommen). Zu beachten ist aber, dass es Investitionshemmnisse gibt, die ökonomisch sinnvolle Investitionen verhindern (z.B. Unkenntnis über entsprechende Möglichkeiten). Diese gilt es zu identifizieren und durch Gegenmaßnahmen abzubauen.
3. WissenschaftlerInnen und EntwicklerInnen: Diese Gruppe ist meist hoch motiviert und in Deutschland (derzeit noch) hoch qualifiziert, Lösungsansätze, wie in a) beschrieben, zu entwickeln bzw. zur Marktreife zu bringen. Voraussetzung dafür, dass dies auch in der Zukunft stattfindet, ist ein Bildungs- und Ausbildungssystem, das genügend hochqualifizierte Nachwuchskräfte hervorbringt, sowie attraktive Berufsperspektiven, die bereits in der Schule sichtbar sind. In Deutschland ist derzeit leider zu beobachten, dass nicht genügend

Studienanfänger bereit oder befähigt sind, den lernaufwändigen Weg eines natur- oder ingenieurswissenschaftlichen Studiums einzuschlagen. Demotivierend wirkt in diesem Zusammenhang auch die Dominanz ökonomischer Denkweisen in allen Bereichen der Gesellschaft, die oft genug verhindert, dass erst einmal alle denkbaren Möglichkeiten durchdacht werden, bevor die finanziellen Aspekte in Kalkül kommen. Deutsche Firmen haben sich in der Vergangenheit oft dadurch ausgezeichnet, dass sie Ertragsbetrachtungen auf langen Zeitskalen von mehreren Jahren angestellt haben, während das heute vorherrschende Quartalsdenken alles zunichte macht, was nicht sofort zu einem Return-of-Investment führt.

4. PolitikerInnen: Idealer Weise sollten PolitikerInnen unabhängig von den o.a. Akteuren der Gesellschaft Konzepte und daraus abgeleitete Maßnahmen zur Gestaltung der Rahmenbedingungen vorschlagen, für Zustimmung im demokratischen Abstimmungsprozess werben, und die vom Souverän dann gewählten Lösungen im Sinne der zugrunde liegenden Zielsetzungen realisieren. Tatsächlich ist die Politik von dieser Vorgehensweise Lichtjahre entfernt. Wie sollte es auch sein, wenn man/frau im Aufsichtsrat der großen Firmen sitzt, selbst nur in Zeitdistanzen von Wahlgängen denkt, und die WählerInnen mit medientechnischen Tricks einfacher zu gewinnen sind als mit überzeugender Sachpolitik. In diesem Sinne ist die Tatsache, dass der Klimawandel ein großes Medieninteresse erzeugt hat, förderlich, auch wenn man als Klimatologe die Hände über den Kopf zusammenschlägt, wenn der Begriff „Klimakatastrophe" zum Wort des Jahres gewählt wird (Anm.: Katastrophen haben erstens nur negative Auswirkungen, was für den Klimawandel nicht gilt, und zweitens sind sie prinzipiell unvorhersagbar, was auf den globalen Klimawandel ebenfalls sicher nicht zutrifft).

Fazit: Aus den unter a) diskutierten Ansätzen gilt es nun diejenigen herauszufiltern, die bei möglichst vielen der o.a. Akteuren (zumindest in größeren Teilen) Zustimmung findet, d.h. die jeweiligen Interessenslagen kurzfristig zumindest nicht gravierend verletzen und mittel- bis langfristige Perspektiven bieten. Der wichtigste Punkt wäre, dass die Politik mit den Energieunternehmen den weitgehenden Ausstieg aus Großkraftwerkstechnologien vereinbart und dafür KWK und EE flächendeckend auf- und ausbaut. Aufgrund ihrer hervorragenden Skalierbarkeit in kleinen und mittleren Maßstäben können weitere Anbieter inkl. der vom EEG besonders geförderten Kleinstproduzenten in den Markt eintreten. Das EEG ist unbedingt weiter zu entwickeln und solange aufrecht zu erhalten, bis die Wirtschaftlichkeit von EE-Anlagen für die Betreiber sowie konkurrenzfähige Energieproduktionskosten auch ohne Subventionierung erreicht sind. Diese politische Förderung ist aufgrund ihrer Zukunftsorientierung und ihrer überschaubaren Höhe und Andauer gesellschaftlich akzeptanzfähig. Wichtig ist auch, den Wissensstand in der Bevölkerung über Energie- und Umweltthemen einschl. der wirtschaftlichen und sozialen Aspekten zu verbessern, und neue Anreize dafür zu schaffen, dass mehr Studierende in entsprechenden Studienfächern gewonnen, hervorragend qualifiziert und in attraktive Berufsfelder eingeschleust werden können.“

(Prof. Dr. Dieter Scherer,
Technische Universität Berlin)

Und zuletzt **Weise:**

„Weitere Entwicklung der Windenergienutzung

Repowering: Das Potenzial des Ersatzes kleiner Windenergieanlagen der 80er und 90er Jahre soll ein Beispiel verdeutlichen. Ende 2007 waren in Deutschland 7848 Windenergieanlagen mit Leistungen unter 750 kW installiert [1, S. 40]. Deren potenzieller Energieertrag beläuft sich auf 6,4 GWh/a. Das entspricht nur 16% des gesamten potenziellen Energieertrages aller Anlagen. Die Ausnutzung dieser kleinen Windenergieanlage liegt bei 1756 Volllaststunden.

Demgegenüber steht die Gruppe größerer Windenergieanalgen mit Nennleistung 750 kW, die potenziell 33,3GWh/a erbringen. Deren Volllaststundenzahl liegt mit 2795,2 deutlich höher.

Ersetzt man die Hälfte der kleinen Anlagen (Nennleistung < 750 kW) durch moderne mit je 5MW und setzt die Volllaststundenzahl der grossen Windenergieanlagen an, ergibt sich ein potenzieller Energieertrag von:

$$\frac{7848}{2} \,.\, 5\text{MW} \,.\, 2795.2\ \text{h/a} = 54{,}8\ \text{GWh/a}.$$

Zusammen mit den Anlagen der oben genannten großen Gruppe sind

$$33{,}3\ \text{GWh/a} + 54{,}8\ \text{GWh/a} = 88{,}1\ \text{GWh/a}$$

möglich. Der Anteil an der gesamten Elektroenergiebereitstellung könnte allein damit Werte über 17% erreichen – und das noch ohne Offshore-WEA und bei gleichzeitiger Verringerung der Gesamtanzahl der Anlagen.

Um korrekt zu bleiben, muss erwähnt werden, dass nicht alle Standorte gleichermaßen für (aktuelle) 5-MW-Anlagen geeignet sind. In Mittelgebirgsgebieten bieten sich derzeit Maschinen mit (2... 2,5)MW Nennleistung an, die bei entsprechend großen Nabenhöhen (100 m) mit der gesamten Rotorfläche in einer günstigeren Windzone mit gleichmäßigeren Geschwindigkeiten sind, als das bei 5-MW-Anlagen der Fall ist. Aktuelle Beispiele bringen hier für 2-MW-Anlagen mehr als 3000 Volllaststunden.

Neben dem enormen Leistungszuwachs sind noch weitere Vorteile mit dem Repowering verbunden:

- Durch die Verringerung der Anzahl kann eine Verminderung der optischen Landschaftsbelastung erreicht werden. Dazu trägt auch die Tatsache bei, dass die großen Anlagen deutlich geringere Drehzahlen aufweisen und in der Umgebung ruhiger wirken.
- Die Einbindung in Netz wird verbessert, da neuere Anlagen eine höhere Netzverträglichkeit aufweisen.
- Die bestehende Infrastruktur ist zum Teil nutzbar (unvermeidlich ist aber oft die Verstärkung der Kabel und Transformatoren).
- Die Zuwegung ist in den meisten Fällen nutzbar.
- Da größere Anlagen meist größeren Nabenhöhen mit sich bringen, sind die Gefahren für die meisten flugfähigen Tiere geringer.
- Wenn die neuen Anlagen mit Schwungradspeichern ausgerüstet sind, kann die Netzstabilität insgesamt deutlich verbessert werden, und das auch im Hinblick auf die Einbindung weiterer regenerativer Energiequellen.

Für die Neuerrichtung von WEA auf dem Festland und insbesondere für den Ersatz alter, kleiner Anlagen sollte auf große Nabenhöhen orientiert werden, um hohe Volllaststundenzahlen zu erreichen. Hier müssen planungstechnische Hemmnisse und gewisse Blockadehaltungen in lokalen Verwaltungseinheiten abgebaut werden.

Unter Einbeziehung von Offshore-WEA und WEA auf dem Festland mit größeren Nabenhöhen, die höhere Volllaststundenzahlen ermöglichen, sind 30% Windenergie am Gesamtelektroenergieaufkommen zu erreichen. Vor diesem Hintergrund nimmt sich das Ziel der Bundesregierung, 30% der Elektroenergie – mit den Beiträgen der anderen erneuerbaren Energien – regenerativ zu erzeugen, relativ bescheiden aus.

Direktnutzung: Neben der Einspeisung von Elektroenergie ins Netz müssen auch Möglichkeiten der Direktnutzung von Windenergie angestrebt werden, die einerseits keine Netzbelastung verursachen und andererseits noch die Nutzung von Überschüssen erlauben. Im Falle der Überlastung des Netzes durch hohes Windstromaufkommen und damit verbundener Abschaltung der Windenergieanlagen (Erzeugungsmanagement ‚ErzMan') ist die Stromlieferung zu niedrigen Preisen für bestimmte Prozesse immer noch günstiger als die bloße Abschaltung. Gegenwärtig scheinen derartige Anwendungen wenig Erfolg zu haben. Doch bei genauer Betrachtung ergeben sich tatsächlich Aufgaben, die sich zum Teil mit direkter Nutzung realisieren lassen, wie zum Beispiel die Trinkwasseraufbereitung oder die Trocknung von Futter in der Landwirtschaft - Prozesse, die durch eine gewisse Speicherfähigkeit der Produkte gekennzeichnet sind. Energetisch gesehen sind derartige (direkte) Nutzungen noch einer Speicherung vorzuziehen.

Im Wesentlich sind zwei Schritte nötig, um diese Direktnutzung zu verwirklichen:

1. die zielgerichtete Suche nach Prozessen, die die Nutzung von Energie-Überschüssen erlauben, die nicht ins Netz eingespeist werden können,
2. die Schaffung eines Umfeldes zur Vermarktung der Überschüsse.

Vermarktung: Neben der über das EEG geregelten Einspeisung in das Netz ist es für die Betreiber von Windenergieanlagen in Zukunft unabdingbar, selbst als Stromanbieter zu agieren. Dabei bietet sich natürlich die Kopplung mit anderen regenerativen Energien an, um eine gewisse Regelfähigkeit zu erreichen - bis hin zu virtuellen Kraftwerken. Dass das möglich ist, zeigen jüngste Beispiele [2].

Solarenergienutzung

Für die weitere thermische Nutzung der Sonnenenergie sind folgende Schritte möglich:

Solarthermische Einzelanlagen: Während in der Vergangenheit relativ kleine Anlagen (Kollektorfläche 10 m^2) dominierten, die immer nur nach niedrigsten Installationsaufwand dimensioniert wurden und nur einen kleinen Beitrag zur Brauchwassererwärmung liefern, muss das Ziel in Anlagen zur (deutlichen) Heizungsunterstützung bestehen. Dafür sollten verstärkt die kompletten Dächer ('Solardach') mit Kollektoren ausgerüstet und entsprechend große Speichervolumina vorgesehen werden.

Solarkollektoren für regionale Wärmeversorgung: Die Nutzung solarthermischer Anlagen ist auch für Wärmeversorger (Stadtwerke,...) von Interesse. Die industriell geprägten Gebäude weisen oft sehr große Dachflächen auf, die für Solarkollektoren genutzt werden können. Ein weitergehender Schritt ist der eines solaren Nahwärmenetzes, bei dem die angeschlossen Gebäude mit Kollektoren ausgerüstet sind und ein zentraler, großer Speicher eine saisonale Wärmespeicherung effektiver erlaubt als viele kleine Speicher. Solarthermische Klimatisierung: Der gestiegene Komfort rückt auch Deutschland Klimaanlagen mehr ins Interesse der Verbraucher. Eine energetisch und regelungstechnisch nahezu ideale Anpassung wird bei solarthermische Klimaanlagen erreicht, die nur geringe Zusatzenergien benötigen.

Biogene Energie

In den Medien werden derzeit Bio-Energieträger für den Preisanstieg von Nahrungsmitteln verantwortlich gemacht. Unabhängig von der Tatsache, dass hier eine Reihe ganz anderer Faktoren eine große Rolle spielen (z. B. steigender Bedarf der Schwellenländer, Verteuerung des Transportes, Gentechnik, Finanzkrisen), müssen wir verhindern dass es zu Ressourcenkonflikten kommt. Deshalb ist es wichtig, biogene Rest- und Abfallstoffe (Grünschnitt, Gras,...) konsequenter zur Energiegewinnung zu nutzen. Gegenüber der Nutzung von, gerade in Deutschland, knapper landwirtschaftlicher Nutzfläche muss die Nutzung von Rest- und Abfallstoffe steuerlich oder anderweitig bevorteilt werden. Damit werden auch Entsorgungsprobleme langfristig entschärft.

Kombination Regenerativer Energien

Die Sicherheit der Energieversorgung ist nur mit einer Kombination der verschiedenen Regenerativen Energien zu erreichen. Das ist auch aus regelungstechnischen Gründen erforderlich. Im Bereich der Elektroenergieerzeugung gibt es dazu schon Beispiele, die als ‚Virtuelle Kraftwerke' bezeichnet werden. Neben einem deutlichen Ausbau dieser Kombinationen ist es auch sinnvoll, andere Energiebereiche, insbesondere die Wärmeversorgung mit einzubeziehen.

Entwicklung von Speichertechnologien

Die bisherigen Möglichkeiten, die Energiebereitstellung an den Bedarf zu koppeln, haben die Entwicklung besserer Speichertechnologien nicht befördert. Für die stärkere Dezentralisierung der Energietechnik und die bessere Nutzung regenerativer Energien sind verbesserte Speichertechnologien unabdingbar.

Preisgestaltung für Energieträger

Die aktuellen Preiserhöhungen für alle Arten der Energieträger haben vor allem auch verdeutlicht: Energie ist wertvoll. Für einen bewussteren Umgang mit Energie sind gestufte Preise als Steuerungsinstrument sinnvoll. Beispielsweise könnte die Staffelung folgende Prämissen enthalten:

- Normalverbrauch
- Verbrauch in Spitzenlastzeiten
- Verbrauch in Unterlastzeiten
- Speicherung in Unterlastzeiten
- Rücklieferung Speicherenergie (z.B. Elektrofahrzeuge, die in Betriebspausen als Speicher dienen)

Mobilität

Unsere zivilisierte Gesellschaft ist zu einem großen Teil an die Mobilität der Menschen gebunden. Knapper werdende Ressourcen und höhere Preise erfordern auch im Verkehr deutliche Anpassungen. Eine Steuerungsmöglichkeit ist dabei die stärkere Kopplung der Kraftfahrzeugsteuer an den Verkehr. Das ermöglicht es, neben größeren Fahrzeugen, die nur gelegentlich benutzt werden (Familienurlaub), auch kleinere anzuschaffen, ohne dafür mit zusätzlichen Steuern bestraft zu werden. Diese kleineren Fahrzeuge sind dann für tägliche Fahrten deutlich effektiver. Gerade die derzeitigen Ansätze für Elektrofahrzeuge (vorzugsweise aus regenerativen Quellen gespeist) werden eigentlich nur dann breitenwirksam, wenn für diese als Zweitfahrzeuge deutlich geringere Steuern zu zahlen sind.

Neue steuerliche Regelungen sind auf diesem Gebiet aber kaum noch innerhalb eines Landes durchsetzbar.

Politische Bedingungen

Politiker können keine Aufklärungsarbeit in Bezug auf ihre Ziele, Methoden und ihr Handeln leisten, da sie in den meisten Fällen in Parteistrukturen eingebunden sind. Der einzige Ausweg ist die Befähigung der Wähler, mit ihrem Wissen selbst zu entscheiden, welche Politiker gewählt werden. Gerade der Wahlkampf kann diese Aufklärung nicht mehr leisten, da hier die Politik auf wenige, aus dem Zusammenhang herausgelöste und zum Teil fragwürdig vereinfachte Losungen reduziert wird. Die Angst, Wählerstimmen zu verlieren, überwiegt manchmal das strategische Denken.

In diesem Zusammenhang wird auch eine gewisse Verantwortung der Medien offenbar: wirken diese wirklich aufklärend oder nur der Schlagzeilen wegen? Die Medien sollten sich deutlich stärker für ein energetisch positives Käuferverhalten einsetzen. Z. B. für

- energiesparende Geräte, Bauweise, Fahrzeuge;
- Zulassungen unabhängiger Messungen im Energiesektor;
- die konsequente Anwendung des Verursacherprinzips bei allen Schadstoffemissionen.

Nur über die Medien kann vermittelt werden, dass hoher Energieverbrauch kein Wohlstandsindikator (‚wir können uns das leisten!') mehr sein darf bzw. kann.

Literatur

[1] Ender, C.: Wind Energy Use in Germany - Status 31.12.207. In: DEWI-Magazin. 17 (2008), Nr. February, S. 32–46. – ISSN 0946-1787

[2] Lange, Matthias: Direktvermarktung von Windstrom. In: Erneuerbare Energien. 17 (2007), Juni, S. 38–40"

(Prof. Dr.-Ing. habil. Volkmar Weise,
Hochschule Zittau/Görlitz)

Resümee der zweiten Befragung

Es liegt in der Natur der Sache, dass eine Antwort auf diese Frage umfangreicher ausfallen muss. Es wird in den Antworten deshalb auf Arbeiten verwiesen, die veröffentlicht sind oder veröffentlicht werden. Es geht dabei stärker in die Details. Bitsch verweist auf eine Studie, die sich mit der Netzproblematik bei der Einspeisung nicht kontinuierlicher Energien wie Wind oder Sonne beschäftigt.

Krause verweist noch einmal auf die Energieeinsparung, sieht noch zu lösende Probleme bei der Abscheidung des CO_2 und berücksichtigt auch das endliche Potential der Biomasse.

Quaschning dokumentiert seine Vorstellungen für das Jahr 2050 in zwei Diagrammen, wobei man diskutieren kann, ob die Wärmepumpe und der Wasserstoff zur Primärenergie gehören. Entscheidend ist aber, dass bis 2050 der Primärenergiebedarf auf 50% reduziert werden muss. Für weitere Details verweist er auf sein Buch.

Eine längere Antwort gibt Scherer. Aber auch er sieht den ersten Schritt in einer erheblichen Energieeinsparung und nennt große Potentiale im Bereich der Wohngebäude. In der Industrie gehen immer noch erhebliche Wärmemengen ungenutzt an die Umgebung. Bei den Kraftstoffen sieht er den Weg zu Biokraftstoffen oder zum Wasserstoff, der aber regenerativ erzeugt werden muss, teilweise auch im Ausland. Er sieht ein Einsparpotential von 55%, aber im Bereich der Endenergie, was wegen der Wirkungsgradmethode deutlich schwieriger sein dürfte als eine Einsparung im Primärenergiebereich.

Für die Umsetzung dieser Ziele hält er das Zusammenarbeiten von vier Gruppen für wesentlich. Da sind zunächst die Energieversorger, die auch in Zukunft eine wesentliche Rolle spielen werden. Dann die Nutzer der Energie, die durch ihr Verhalten eine entscheidende Rolle beim Einsparen von Energie spielen. Für die Weiterentwicklung der Technik ist letztlich die Bildung entscheidend, damit auch in Zukunft genügend Wissenschaftler und Ingenieure die notwendigen Technologien entwickeln oder weiterentwickeln. Letztlich sind sinnvolle, langfristige und verlässliche Vorgaben seitens der Politik notwendig.

Auch Weise antwortet ausführlich. Damit haben Scherer und Weise eigentlich das Wesentliche noch einmal zusammengefasst. Es ist eine Veränderung der Energiesituation möglich, wesentliche Technologien sind bereits vorhanden, aber es müssen die verschiedenen Gruppen intensiv zusammenarbeiten, um die gesteckten Ziele zu erreichen. Es ist aber noch viel Arbeit und teilweise auch ein Umdenken notwendig.

Es wäre wünschenswert, dass die hier begonnene Diskussion weitergeführt wird. Frau Grimmenstein sei zunächst für die Initiative zum Einstieg in diese Problematik gedankt.

Literatur und Autoren

Bundesministerium für Wirtschaft und Technologie Energiedaten, Stand 23.3.2007

BWK Heft 5, 2007, Springer-Verlag, Düsseldorf

Verkehr in Zahlen 2006/2007, Deutscher Verkehrs Verlag, Hamburg

Prof. Dr.-Ing. Rainer Bitsch, Technische Universität Cottbus

Bitsch, Rainer, Integration von erneuerbaren Energiequellen und dezentralen Erzeugungen in bestehende Elektro-Energiesysteme Centrum für Energietechnologie Brandenburg CEBra, BTU Cottbus

Prof. Dr. Gerd Hagedorn, Fachhochschule Flensburg

Dr. Ingo Harms, 1. Vorsitzender des Oldenburger Energierats e. V.

Prof. Dr. Olav Hohmeyer, Universität Flensburg

Prof. Dr.-Ing. Holger Janssen, Fachhochschule Hannover

Dipl-Ing. Thilo Kilper, Forschungszentrum Jülich GmbH

Prof. Dr. Horst-Herbert Krause, Hochschule Merseburg

Dr. Wolfram Krewitt, Deutsches Zentrum für Luft- und Raumfahrt, Stuttgart

Prof. Dr.-Ing Curt von Petery, Fachhochschule Gelsenkirchen

Prof. Dr.-Ing. Robert Pitz-Paal, Institut für Technische Thermodynamik, Köln

Prof. Dr.-Ing. habil. Volker Quaschning, Fachhochschule für Technik und Wirtschaft Berlin

Jürgen Rauschkolb, Unternehmenssprecher, Stromvertriebsgesellschaft Eprimo, Neu-Isenburg

Prof. Dr.-Ing. Fritz Richarts, Fachhochschule Giessen-Friedberg

Prof. Dr. Dieter Scherer, Technische Universität Berlin

Prof. Dr.-Ing. Hans-Juergen Sponnholz, Fachhochschule Flensburg

Heiko von Tschischwitz, Geschäftsführer der Stromvertriebsgesellschaft „LichtBlick GmbH“, Hamburg

Prof. Dr.-Ing. H.-J. Wagner, Ruhr-Universität Bochum

Prof. Dr.-Ing. habil. Volkmar Weise, Hochschule Zittau/Görlitz

Prof. Dr.-Ing. Eckhardt Wiederuh, Fachhochschule Giessen-Friedberg

Dr. Gerd Eisenbeiss: Nachhaltige Energieversorgung – Schaffen wir das?, Vortrag in Giessen, Januar 2008

Kapitel 7

Gesundheitswesen

von Marianne Grimmenstein und Klaus Kairies

In der Allgemeinen Erklärung der Menschenrechte der Vereinten Nationen vom 10. Dezember 1948 wird schon im Artikel 25 festgelegt: „Jedermann hat das Recht auf einen für die Gesundheit und das Wohlergehen von sich und seiner Familie angemessenen Lebensstandard, einschließlich ausreichender Ernährung, Bekleidung, Wohnung, ärztlicher Versorgung..." Diese Forderungen wurden an der ersten Internationalen Konferenz zur Gesundheitsförderung in Ottawa am 21. November 1986 nochmals bekräftigt. An diesem Tag wurde eine Charta verabschiedet, die zu aktivem Handeln für das Ziel „Gesundheit für alle" bis zum Jahr 2000 und darüber hinaus ruft. Leider ist zu beobachten, dass sich die Gesundheitssysteme der Industrienationen inzwischen nicht positiv entwickeln. Es sind überall eher Verschlechterungen als Verbesserungen zu erwarten, weil die Gesundheitssysteme fast nur unter Aspekten der Wirtschaftlichkeit gemanagt werden. Die negative Auswirkung der Ökonomisierung sämtlicher Lebensbereiche kann man auch bei der Entwicklung des Gesundheitssystems eindeutig feststellen, wie es z. B. im Kapitel „Soziologie" oder „Ökonomie" schon erwähnt wurde. Es gibt in Deutschland schon längst die Zwei-Klassen-Medizin. Gegen Ende eines Quartals versuchen viele Ärzte, Behandlungen auf das nächste Vierteljahr zu verlegen, da die gesetzlich vorgesehenen Finanzmittel dann oft bereits erschöpft sind. Davon sind nur die Kassenpatienten betroffen. Privatpatienten bekommen nachweislich oft bessere Behandlungen. Eine Studie des Instituts für Gesundheitsökonomie der Universität Köln hat sogar bewiesen, dass Kassenpatienten im Durchschnitt dreimal so lange auf einen Termin beim Facharzt warten wie privat Krankenversicherte. Auch Ärztekammer-Präsident Jörg-Dieter Hoppe hat den Patienten eine Verschlechterung der medizinischen Versorgung in Aussicht gestellt. Er sagte im Mai 2008 am Deutschen Ärztetag in Ulm: „Es ist inzwischen so, dass wegen der strikten Ausgabenbegrenzung nicht mehr alles für alle bezahlbar ist. Eine Form von Rationierung medizinischer Leistung ist unumgänglich. Es gibt seit Jahren eine heimliche Rationierung.“ Er fordert, diese Rationierung solle transparent sein und nicht dem behandelnden Mediziner aufgezwungen werden.[1]

Da sich ärztliches Handeln zwangsläufig an ökonomischen Maßstäben orientieren muss, geben führende Ärztefunktionäre der Politik die Schuld und wollen ein Ende der festen Honorar-Obergrenzen für die Behandlung gesetzlich Versicherter durchsetzen. Die meisten Probleme haben die chronisch Kranken, die langfristig teure Medikamente und ständige Therapien benötigen. Für sie ist es sehr schwierig überhaupt eine Arztpraxis zu finden, die sie als Stammpatienten annimmt. Die große Mehrheit der Ärzte in Deutschland erwartet für die kommenden Jahre, dass immer mehr Praxen besonders in den ländlichen Regionen mangels Nachfolger schließen und junge Mediziner verstärkt wegen mangelnder Arbeitsbedingungen und zu geringen Lohns abwandern. Diese Zeichen weisen eindeutig darauf hin, dass die medizinische Versorgung der Bevölkerung bedroht ist. Unter der Berücksichtigung dieser Aspekte wurde die Umfrage durchgeführt.

Anfrage Gesundheitswesen

Alle Industriestaaten sind stets bemüht, die Kostenspirale ihrer Gesundheitsausgaben unter Kontrolle zu bekommen. Das ist immer wieder das Ziel der verschiedenen Gesundheitsreformen auch in Deutschland, mit den Patienten, Ärzte und Krankenkassen in den meisten Fällen überhaupt nicht zufrieden sind. Diese Reformen bringen meistens keine Verbesse-

---

1 Quelle: Lüdenscheider Nachrichten, 19. Mai 2008

rungen sowohl für die Patienten als auch für die Ärzte und das Pflegepersonal. Auch die gewünschte Kostensenkung bleibt stets ein Traum, da die Krankenkassen ihre Beiträge immer wieder erhöhen. In keinem Land auf unserem Erdball finden wir ein perfekt funktionierendes Gesundheitssystem. Das sollte aber nicht bedeuten, dass es nicht möglich ist, ein ziemlich gut funktionierendes Gesundheitssystem zu organisieren. Meiner Meinung nach können radikale Mechanisierung und Zentralisierung der Abläufe, blindes Einsetzen von Technologie und intensive Kontrolle des Menschen als Fehlerquelle aber nicht die gewünschten Kostenreduktion und gleichzeitig Qualitätsverbesserung, zufriedene Patienten, Ärzte und Krankenkassen schaffen. Eine Kostenreduktion könnte man meiner Ansicht nach nur dadurch schaffen, indem man den Menschen wieder in den Mittelpunkt aller Dinge stellt, sowohl als Kunden, als auch als Arbeitnehmer. Im Gesundheitswesen stellt man schließlich keine Produkte her, sondern Lösungen für Probleme, welche die Menschen nun einmal haben. Diese Lösungen können auch nur dann gefunden werden, wenn man den Menschen bestimmen lässt, was für ihn nützlich ist und nicht das System vorschreibt, was er verbrauchen darf oder muss. Ein gut funktionierendes Gesundheitssystem muss sich nach den Bedürfnissen des Menschen richten und nicht umgekehrt. Eine moderne Industriegesellschaft kann es sich durchaus leisten, auch den Chronischkranken, Schwerkranken und Alten ein würdiges Leben zu garantieren.

Die Fragen:

Welche Leistungen müssten die Patienten Ihrer Ansicht nach durch das Gesundheitssystem auf jeden Fall erhalten können?

Welche Rahmenbedingungen müsste das Gesundheitssystem den Ärzten und dem Pflegepersonal schaffen, um von ihnen das optimale Leistungsniveau zu erhalten?

Es wurden bei der Umfrage Gesundheitsökonomen, Ärzte und solche Vereine, die die Interessen der Patienten vertreten, gefragt, damit man Antworten für diese besondere Problematik, wovon jeder Mensch betroffen ist, aus verschiedenen Aspekten erhält. Zuerst werden die Antworten der Gesundheitsökonomen und dann der Ärzte zitiert. Leider kam von den Vereinen keine Antwort, obwohl die Patienten die Wichtigsten im Gesundheitssystem sind. Sie müssten schließlich im Mittelpunkt stehen und sie sollten endlich lernen, sich viel mehr zu äußern.

Dieter Tscheulin:

„Gerne versuche ich, Ihre Bemühungen zu unterstützen.

Grundsätzlich ist eine Lösung der Probleme im Gesundheitswesen nur über eine Ankurbelung des Wirtschaftswachstums und einen grundlegenden Systemwechsel zu erzielen.

Kostenanstiege gibt es, solange es den medizinischen Fortschritt gibt. Allerdings konnten diese während der so genannten Wirtschaftswunderjahre durch ein entsprechendes Wirtschaftswachstum (über-) kompensiert werden, wodurch die Beiträge zu GKV bei ca. 7-8% konstant gehalten werden konnten.

Ein grundlegender Systemwechsel würde die Abschaffung der GKV und die Einführung einer privaten Pflichtversicherung bedeuten. Auf der Einnahmeseite ist man dann immer noch frei, ob man die Ausgaben durch Bürgerversicherung oder Kopfpauschale, etc. finanziert.

Bürgerversicherung und Kopfpauschale bedeuten für sich genommen keinen grundlegenden Systemwechsel und sind daher nicht in der Lage, die Probleme zu lösen. Im Rahmen einer privaten Pflichtversicherung gäbe es auch wieder hinreichend Anreize für Ärzte zur Einbringung eines „optimalen Leistungsniveaus“.

Ich hoffe, Sie gestatten mir die Bemerkung, dass Plattitüden wie „der Mensch solle wieder in den Mittelpunkt aller Dinge gestellt werden“, die Probleme nicht lösen können. Vielmehr brauchen wir einen Systemwechsel, der einen Effizienzwettbewerb anstelle eines Selektionswettbewerbs vorsieht.

Für die Beantwortung der Frage, welche Leistungen Patienten durch das Gesundheitssystem auf jeden Fall erhalten sollen, halte ich Ökonomen nur bedingt für kompetent. Ich empfehle dafür eher meine Kollegen aus der Medizin.

Ich würde mich freuen, Ihnen mit meinen Angaben etwas weiter geholfen zu haben und wünsche Ihnen für Ihr Buchprojekt ein gutes Gelingen.“

(Prof. Dr. Dieter K. Tscheulin,
Albert-Ludwigs-Universität Freiburg)

Stefan Felder:

„Haben Sie vielen Dank für Ihren Brief. Ich stimme mit Ihrer Diagnose der gesellschaftlichen und politischen Verhältnisse in Deutschland weitgehend überein, abgesehen von den Übeln, die Sie mit den Marktkräften verbinden. So bedauerlich es ist, man kann die Welt nur mit kleinen Tippelschritten verändern.

Sie haben ganz Recht, dass der Versicherte in den Mittelpunkt der Überlegungen einer Gesundheitsreform gehört. Das bedeutet freie Kassenwahl (die wir haben), Krankenkassenprämien und spürbare Zuzahlungen (haben wir beides nicht).

Sie fragen mich, was ein gesetzliches Gesundheitssystem alles enthalten müsste. Zur Beantwortung dieser Fragen haben die Ökonomen die Instrumente entwickelt (Kosten-Nutzen-Analyse), darüber entscheiden muss aber das politische System. Der gesetzlich festgelegte Versicherungsschutz müsste für alle gelten; die aktuelle Aufteilung im Grundversicherungsbereich in gesetzlich und privat Versicherte lässt sich nicht begründen.

Alles andere, insbesondere Verträge zwischen Krankenkassen und Leistungsbringer, kann man dem freien Mark überlassen. Wir kommen aber in diesem Bereich nur mühsam weiter. Der Gesundheitsbereich steckt halt noch tief in den korporatistischen (=stark reguliert/Vermerk der Herausgeberin) Strukturen der Weimarer Republik.

Abschließend möchte ich Ihnen noch einen Punkt ausreden. Unabhängig davon, wie wir das Gesundheitssystem organisieren, wir können nicht mit einer Reduktion der Kosten rechnen. Je reicher die Menschen werden, umso mehr wollen sie für ihre Gesundheit ausgeben."

(Prof. Dr. rer. pol. Stefan Felder,
Otto-von-Guericke-Universität Magdeburg)

Christof Schenkel-Häger:

„Antwort auf die erste Frage: Selbstverständlich muss ein Gesundheitssystem die Notfallleistungen ohne Rücksicht auf Rang und Namen anbieten. Besonderer Fokus ist auf die Entwicklung und den Ausbau der Prävention zu legen (mehr Geld, bessere Ausbildung der Mediziner und anderer Professionen, bessere allgemeine Schulbildung, Prävention am Arbeitsplatz, Raucherschutz, etc.). Auch chronische Erkrankungen müssen besser behandelt werden (da fehlen vielen Kollegen die Kenntnisse, z. B. Schmerztherapie).

Ein rigideres Vorgehen hinsichtlich der so genannten „Banalerkrankungen" ist schwierig und würde bessere Kenntnisse der „Patienten" voraussetzen, wie vorstehend gefordert. In diesem Fall wäre der Einzelne nämlich besser in der Lage, Banalerkrankungen von ggf. ernsten Erkrankungen zu unterscheiden. Ich empfehle in diesem Zusammenhang die Lektüre eines Artikels im deutschen Ärzteblatt (Deutsches Gesundheitssystem – mehr Mut zum Neinsagen, DÄB 2007 (104), S. 93ff), der mich sehr nachdenklich gemacht hat.

Antwort auf die zweite Frage: Es beginnt mit der Ausbildung der Ärzte, in denen umfangreiche Praxisphasen gefordert sein müssten (z.B. während des Studiums längere Pflichtpraktika in der Allgemeinmedizin). Entscheidend ist der strukturierte häufige Kontakt mit dem Patienten unter Anleitung erfahrener Ärzte.

Die Rahmenbedingungen in den Kliniken – auf diese Situation scheint die Frage abzuzielen – werden wir im Sinne von Zentrumsstrukturen und therapeutischen Teams weiterentwickeln müssen. Auch die Reorganisation des klinischen Alltags (z. B. Arbeitsaufteilung) steht auf der Agenda.

Eine Katastrophe ist die Entwicklung der Vergütungssysteme, die von unnötiger Komplexität und unnötigem Dokumentationsaufwand gekennzeichnet sind. Dies ist eine Ressourcenverschwendung unvorstellbaren und unverantwortbaren Ausmaßes, was aber keine Instanz wahrhaben möchte, was aber jeder einzelne Arzt und jede Pflegende auf der Station in erster Linie beklagt!"

(Prof. Dr. Christof Schenkel-Häger,
Fachhochschule Koblenz)

Steffen Fleßa:

„Vielen Dank für Ihren Brief vom 30.01.2007, den ich erst jetzt nach meinem Urlaub beantworten kann. Ein Rezeptbuch ist schwierig, denn komplexe Systeme verlangen komplexe Antworten – und eben kein Rezeptbuch. Ich tue mich deshalb schwer, Ihre Fragen zu beantworten, denn stets kann es nur verkürzt sein. Unsere Probleme in Deutschland ergeben sich meiner Ansicht nach primär daraus, dass wir keinen gemeinsamen Nenner in unseren Wertsystemen finden, so dass wir es allen Recht machen wollen. Das geht aber nur im Paradies oder Schlaraffenland, aber nicht in einer realen Welt des mittleren Äons.

1. Welche Leistungen müssten Patienten erhalten? Ich würde ein Portfolio zusammenstellen, das bei gegebenen Ressourcen den Verlust an Lebensqualität minimiert. Als Instrument erscheinen mir die QUALY

(= Schmerzzustand/Vermerk der Herausgeberin) durchaus sinnvoll. Dadurch würde der Lebensverlust mit der erwarteten Restlebensdauer gewichtet, so dass eine gewisse Priorität auf der Kindergesundheit liegen würde. Entscheidend ist jedoch, dass Portfolio nicht nach irgendwelchen kaum begründbaren Schwellenwerten berechnet wird, sondern nach dem gegebenen Budget. Das bedeutet Rationierung – aber eine begründbare und ethisch verantwortbare. Alles andere impliziert eine ethisch unvereinbare Bevorzugung bestimmter Gruppen – meist Gruppen, die am lautesten schreien. Konkret würde ich sehr viel mehr Präventionsleistungen in den Katalog aufnehmen, und dafür lebenserhaltende Maßnahmen der letzten Lebensjahre stark reduzieren.

2. Rahmenbedingungen für Ärzte: Die Frage ist nicht klar formuliert. Meinen Sie Vertragsärzte (niedergelassenen), oder allgemein? Letzteres würde ich als Bevorzugung einer Berufsgruppe ansehen. Warum nicht die Pflegekräfte? Sind sie weniger wichtig? Wenn Sie die Vertragsärzte meinen, dann sehe ich die Zukunft zumindest in den dünn besiedelten Bundesländern in einer finanziellen Stärkung des Hausarztes, während Fachärzte entweder an die Krankenhäuser gezogen werden oder zumindest durch mobile Gruppen unterstützt werden."

(Prof. Dr. Steffen Fleßa,
Universität Greifswald)

Tobias Esch:

„Sie hatten per Post an mich zwei Fragen geschickt.

Hier die Antworten:

Welche Leistungen müssten die Patienten Ihrer Ansicht nach durch das Gesundheitssystem auf jeden Fall erhalten können?

Notfallversorgung, Behandlungen/Eingriffe und Diagnostik bei ernsten oder potenziell lebensbedrohlichen Symptomen und Erkrankungen, medizinische Basisversorgung, Früherkennungsmaßnahmen bzw. evidenzbasierte Maßnahmen der Primär-, Sekundär- und Tertiärprävention inkl. Gesundheitsförderung nach etablierter/anerkannter wissenschaftlicher Daten- und Studienlage

Welche Rahmenbedingungen müsste das Gesundheitssystem den Ärzten und dem Pflegepersonal schaffen, um von ihnen das optimale Leistungsniveau zu erhalten?

Angemessene Bezahlung im Rahmen angemessener Arbeitszeit- und Umfeldbedingungen Fort- und Weiterbildungen, Teamorientierung,

Zielvereinbarungen und leistungsorientierte Mittelvergabe (in Anteilen), Selbstkontrolle, Wertschätzung, Patient als Mensch und nicht als Ware: Würdigung des ärztlichen Gesprächs und der Zuwendung, Integrative Medizin und Integrative Gesundheitsförderung – für Arzt, Pflege UND Patient.“

(Prof. Dr. med. Tobias Esch,
Fachhochschule Coburg)

Oliver Groß:

„Die Fragen:

Welche Leistungen müssten die Patienten Ihrer Ansicht nach durch das Gesundheitssystem auf jeden Fall erhalten können?

Schwierige Frage! Ich führe also nur die Leistungen auf, die m. E. zu einem ‚Basispaket‘ der Grundversorgung gehören sollten.

1. Leistungen, die Notfallmaßnahmen betreffen, also Leistungen zur Abwendung unmittelbarer Gefahren für Gesundheit und Leben in einem Notfall (d. h. Notfallmedizin nach der gängigen Praxis in Deutschland).
2. Medizinische Heil-Maßnahmen, deren Wirksamkeit durch anerkannte Studien validiert worden ist. Was sind anerkannte Studien? Solche, die in den zahlreich vorhandenen nationalen und internationalen medizinischen Expertengremien akzeptiert worden sind und Aufnahme in die sog. Leitlinien-Medizin gefunden haben. Dabei müssen allerdings Maßnahmen ausgeklammert werden, die extreme Kosten bei zu erwartendem geringem Nutzen für den Patienten verursachen, weil sonst das gesamte Gesundheitssystem finanziell in Schieflage gerät und die Versorgung insgesamt gefährdet ist. Die Entscheidung sollte im Einzelfall vom behandelnden Arzt nach Rücksprache mit dem Kostenträger gefällt werden.
3. Krankheitsvorbeugende Maßnahmen, deren Wirksamkeit ebenfalls in anerkannten Untersuchungen nachgewiesen wurde (Screening und Prophylaxe). Auch hierbei sind die Kosten der Wirksamkeit im Einzelfall gegenüberzustellen (es kann nur das Geld ausgegeben werden, das auch durch die Beiträge und Steuern der Gesamtheit eingenommen wird). B.: ein Bronchial-Karzinom-Screening wird heutzutage noch nicht durchgeführt, weil die Kosten in keinem Verhältnis zur Sensitivität der heute bekannten Maßnahmen stehen, mit anderen Worten: wird ein BC (Bronchial-Karzinom) in der Diagnostik sichtbar, ist es für Heilung meist zu spät (doch, die Forschung steht nicht still).

Welche Rahmenbedingungen müsste das Gesundheitssystem den Ärzten und dem Pflegepersonal schaffen, um von ihnen das optimale Leistungsniveau zu erhalten?

1. Mit Abstand am wichtigsten: Ausreichend Personal. Hier wird gerne gespart, vor allem beim Pflegepersonal, das den größten Kostenfaktor einer Klinik darstellt und wo sich offenbar am leichtesten sparen lässt. Durch mehr Personal ließe sich die Zufriedenheit am ehesten fördern.
2. Die Löhne und Gehälter und Arbeitszeiten müssen langfristig an westeuropäisches Niveau angepasst werden, damit die Branche für Schulabgänger attraktiv bleibt. Natürlich ist Geld nicht alles und die Krankenhäuser bauen darauf, das es nicht der Hauptantrieb ist, im Gesundheitswesen zu arbeiten, aber die Diskrepanz zu vergleichbaren Berufen im In- und Ausland (was die Verantwortung betrifft, die man hat) darf nicht zu groß werden.
3. Speziell bei Ärzten: mehr unbefristete Verträge, auch in Zeiten, wo vielleicht mal kein Ärztemangel mehr herrscht.
4. Ärzte sollten bei ihrer Weiter- und Fortbildung von der Klinikleitung besser unterstützt (z.B. freigestellt) werden, natürlich nur machbar, wenn Punkt 1 erfüllt wird. Jeder Arzt fängt als Assistent in einer Klinik an, hier werden die Weichen für die Qualität des späteren Facharztes gestellt."

(Oliver Groß, Assistentenarzt, NRW)

Heike Sholz:

„Leider bin ich nicht früher zu der Beantwortung Ihrer Fragen gekommen. Auch jetzt fallen meine Antworten recht kurz und vielleicht auch unvollständig aus. Trotzdem hoffe ich, dass diese Antworten Ihnen eine kleine Hilfe sind.

zu Frage Nr. 1:
- Notfallbehandlung in Wohnortnähe von ausgebildeten Ärzten
- freie Arztwahl
- ausreichende medizinische Vorsorge und Nachsorgeuntersuchungen
- Zeit für Patientenaufklärung, -erklärungen, -beratungen
- Übernahme der notwendigsten Medikamenten und Therapiekosten (Logopädie, Ergotherapie; Physikalische Therapie)

zu Frage Nr. 2:
- Therapiefreiheit des behandelnden Arztes
- individuelle Bugetschaffung je nach Praxisbesonderheit
- keine Diskussionen mehr zwischen Arzt und wegen der Kostenübernahmen, diese Patienten Diskussion sollte zwischen und Krankenkasse stattfinden und Patienten dort auch gelöst werden (Z. B. Einzelrechnungen, keine Bugettierung der ärztlichen Therapie; die Auswahl muss die Krankenkasse dann treffen)
- Mehr Zeit für die Behandlung und das Gespräch mit Patient, geregelte Arbeitszeit, vor allem im Krankenhaus; Patienten weniger unnötige Bürokratie (kostet mehr Zeit/Patient als seine Untersuchung)."

(Dr. med. Heike Scholz, NRW)

Hans-Ulrich Groß:

„Dieses komplexe Gebiet ist so überhaupt nicht zu beantworten. Überlege mal: Wie viele Regierungen, nicht nur in Deutschland, haben sich schon versucht dieses Problem in den Griff zubekommen. Aber trotzdem zu Deiner ersten Frage:

Alle Patienten müssen ohne Einschränkung alle Leistungen nach den modernsten Erkenntnissen der Medizin erhalten können Wie das finanziert werden soll kann ich Dir nicht beantworten. Allerdings müsste der Eigenanteil bei den Kosten erheblich gesteigert werden. Auch sollten Risikogruppen die unter Alkohol- und Nikotinabusus „leiden" rigoros in die Verantwortung genommen werden. Dazu gehört auch die Fettleibigkeit. Zu Deiner Erheiterung: In einer Berliner Allgemeinpraxis hat ein Arzt, der dem Volk „auf Maul schaut" ein Schild aufgehängt auf dem gut lesbar steht: „40 Jahr geraucht gesoffen und dann auf den Doktor hoffen!!!"

Frage zwei: Sie ist noch schwerer zu beantworten. Die Spezialisierung aller Ärzte müsste verbessert werden Es geht nicht, dass alle Ärzte dieselben Leistungen erbringen dürfen, ob in Allgemeinpraxen Facharztpraxen oder in Krankenhäusern.

Ein Beispiel: Auf Borkum werden regelmäßig Kurse angeboten, die natürlich etwas kosten, in denen niedergelassene Ärzte Ultraschalluntersuchungen lernen können und nach Abschluss erhalten sie ein Zertifikat, welches sie berechtigt, nach Erwerb eines teuren Ultraschallgerätes, in der Praxis Ultraschalluntersuchungen durchzuführen und!! auch über die Kassen abzurechnen. Das kann so nicht funktionieren.

Beim Pflegepersonal müsste man es schaffen, das Gefühl für die Berufsethik zu verbessern oder anders gesagt: wer sich dem Heilsberuf verpflichtet, muss wissen, dass er eine andere Verpflichtung eingeht als jemand, der z. B. im Rathhaus oder auf dem Finanzamt arbeitet. Wie das allerdings erreicht werden kann, kann ich nicht beantworten."

(Dr. med. Hans-Ulrich Groß, NRW)

Birgit Hildenbrand:

„Anbei meine Meinung:

Unbedingt notwendige Leistungen:

Arzt und Patient sollten gemeinsam überlegen, welche Untersuchungen für den Patienten sinnvoll und wichtig sind (der Arzt fungiert hier als Berater), nicht alle medizinische Leistung um jeden Preis, vorab sollte klar sein, dass ein Untersuchungsergebnis auch eine therapeutische Konsequenz beinhaltet. Der Patient sollte seinen Arzt frei wählen können. Das Arzt-Patienten-Gespräch sollte viel höher bewertet werden, in diesem Bereich erbrachte qualifizierte Leistung sollte gleichwertig mit technischen Leistungen bewertet werden. Präventivmaßnahmen sollten ebenfalls mit in den Leistungskatalog aufgenommen werden. Schwierig ist es, Maßnahmen für REHA oder auch Mutter-Kind-Kuren zu bewerten. Ich persönlich halte von Mutter-Kind-Kuren nicht allzu viel, da dort keine Veränderung der Familienstruktur herbeigeführt werden kann, was häufig ein Problem ist und letztlich zu Erschöpfungszuständen führt. Ein „Ausspannen aus dem Alltagsleben" sollte anderweitig finanziert werden. REHA-Maßnahmen sind sicher wichtig um Arbeitsfähigkeit wieder herzustellen, bei älteren Mensche ist hier eine geriatrische Behandlung oft sinnvoller, auch ambulante REHA sollte meiner Meinung nach gefördert werden. Da die Bevölkerung immer älter wird und der medizinische Fortschritt immer weiter voranschreitet wird man eine 2-Klassenmedizin kaum verhindern können, deshalb halte ich eine Basismedizin und ein erweitertes Angebot zu extra Preisen für letztlich unumgänglich.

Mein Vorschlag: med. Grundkatalog – was praktisch aufgrund sehr unterschiedlicher Interessen kaum zu verwirklichen sein wird und ein Zusatzkatalog, wobei der Zuschlag den der Patient zu zahlen hat nur gering ist und sich auch an den finanziellen Möglichkeiten orientiert; alternativ kann eine Zusatzversicherung abgeschlossen werden. Bereits heute erhält der Sozialhilfeempfänger bessere med. Versorgung als der gesetzlich Versicherte, da das Sozialamt in der Regel rasch eine Kostenübernahme für außergewöhnliche Behandlungsmaßnahmen übernimmt. Eine wichtige Aufgabe für die Fachgesellschaften wäre eine umfassende Erstellung von Leistungskatalogen, die eine Grundversorgung abdecken. In diesem Basisleistungskatalog sollten alle medizinischen Disziplinen vertreten sein.

Rahmenbedingungen, die das Gesundheitssystem für Ärzte u. Pflegepersonal schaffen müsste:

Hier kann ich im wesentlichen nur für die Klinik sprechen (langjährige klinische Tätigkeit, Anästhesie 7 Monate, 12 Jahre Innere Medizin am Krankenhaus der Grundversorgung u. Maximalversorgung, 8 ½ Jahre Kinderpause u. jetzt wieder 2 Jahre Innere Medizin an einem Krankenhaus der Maximalversorgung, seit 1993 Fachärztin für Innere Medizin):

Ausreichende Vergütung bzw. leistungsgerechte Bezahlung, ausreichend Personal; wichtig ist auch genügend Zeit um auf Patienten eingehen zu können, im Laufe der Jahre konnte ich beobachten, dass alles immer schneller und hektischer wurde, immer mehr Bürokratieaufgaben müssen übernommen werden, Dokumentationsaufgaben nehmen zu und der Kontakt zum Patienten wird immer weniger. Insbesondere hierunter leiden Ärzte, Patienten und Pflegepersonal. Das was eigentlich den Arztberuf ausmacht und was ausschlaggebend war, diesen Beruf zu wählen, reduziert sich somit auf ein Minimum. Fort- u. Weiterbildung ist sehr wichtig, Erfahrungsaustausch, Anlernen durch erfahrene Ärzte und dann Weitergabe der Fähigkeiten an junge Kollegen. Dies schafft Zufriedenheit, stärkt den Teamgeist und führt zu Patientenzufriedenheit. Ein zufriedener Patient kann auch schneller gesund werden. Das Zusammenspiel zwischen Seele und Organmedizin muss gestärkt werden. So sind sowohl Ärzte als Pflegepersonal und Patienten immer gestresster, das Krankenhaus ist nur noch zur Diagnostik und Notfallbehandlung da, gesund werden muss der Patient zu Hause. Das ist nicht nur für Patienten schwer zu verstehen. Dies war früher anders. Ich habe mein Studium 1985 abgeschlossen und hatte zwischenzeitlich eine 8 ½ jährige Kinderpause, so dass ich diesen Verlauf durch den vorübergehenden Berufsausstieg sicher besonders gut beurteilen kann.“

(Dr. med. Birgit Hildenbrand, NRW)

Resümee

Alle Antwortgebenden sind mit dem jetzigen System nicht zufrieden und viele konstatieren die schleichende Verschlechterung für die wichtigsten Akteure des Systems: Patienten und Ärzte. Selbstverständlich versuchen die Gesundheitsökonomen, die vorhandenen Probleme mit wirtschaftlichen Maßnahmen zu lösen.

Prof. Tscheulin meint: *„Grundsätzlich ist eine Lösung der Probleme im Gesundheitswesen nur über eine Ankurbelung des Wirtschaftswachstums und einen grundlegenden Systemwechsel zu erzielen."*

Krankenkassenprämien und spürbare Zuzahlungen schlägt Prof. Felder vor. Er ist für den gesetzlich festgelegten Versicherungsschutz für alle, aber er bezweifelt die Notwendigkeit der aktuellen Aufteilung im Grundversicherungsbereich in gesetzlich und privat Versicherte, da sich diese Regelung nicht begründen lässt.

Nach Prof. Schenkel-Häger würde Entwicklung und Ausbau der Prävention eine wesentliche Verbesserung bedeuten. Auch ist eine bessere allgemeine Schulbildung und während des Studiums eine längere Pflichtpraktika in der Allgemeinmedizin notwendig. Er bemängelt die Behandlung der chronischen Erkrankungen. Sie müssten besser behandelt werden, aber *„da fehlen vielen Kollegen die Kenntnisse, z.B. Schmerztherapie"*. Er weist auch auf die Entwicklung der Vergütungssysteme hin, *„die von unnötiger Komplexität und unnötigem Dokumentationsaufwand gekennzeichnet sind"*.

Prof. Fleßa setzt gewisse Prioritäten auf die Kindergesundheit und will auch viel mehr Präventionsleistungen einführen. Er meint, dass eine finanzielle Stärkung des Hausarztes in den dünn besiedelten Bundesländern notwendig ist, *„während Fachärzte entweder an die Krankenhäuser gezogen werden oder zumindest durch mobile Gruppen unterstützt werden"*.

Prof. Esch sieht die Verbesserung darin, wenn *„der Patient als Mensch und nicht als Ware"* behandelt wird und das ärztliche Gespräch und die Zuwendung mehr Würdigung erhält.

Die nächsten vier Beiträge von Ärzten wiederholen und bekräftigen die schon geschilderten Problemfelder der vorherigen Beiträge und stellen ähnliche Forderungen. Sie beklagen, dass das weniger werdende Personal, gekoppelt mit einer immer größeren Bürokratie, der Beziehung zwischen Arzt und Patienten immer mehr schadet.

Als Fazit kann man feststellen, dass es sich aus den Beiträgen leider nicht ermitteln lässt, wie man ein Gesundheitssystem dazu bringen kann, sich für die Unterstützung bei der gesundheitlichen Hilfebedürftigkeit der Menschen optimal zu engagieren. Nicht zuletzt vor diesem Hintergrund wäre es sicher sehr sinnvoll und absolut empfehlenswert – in Anlehnung an Aaron Antonovsky's Ansatz der Salutogenese[2] (=Gesundheitsentstehung) – die Aufmerksamkeit stärker auf das zu lenken, was den Menschen gesund erhält. Dann ginge es neben der Bekämpfung von Krankheiten in hohem Maße auch um die Förderung von Gesundheit. Das wäre ein Perspektivenwechsel im Sinne einer entscheidenden Veränderung. Denn es ist doch vielfach dokumentiert, dass beispielsweise nicht alle Raucher krank werden, und nicht alle Trinker einen Leberschaden haben! Als gesichert kann auch die Erkenntnis angesehen werden, dass Menschen durchaus extrem belastende Situationen sehr unterschiedlich bewältigen können. Kaum mehr von der Hand zu weisen ist in diesem Zusammenhang, dass Grundeinstellungen, also die innere Kommunikation der Menschen, eine entscheidende Rolle spielt. Diesbezügliche Konzepte sollten stärker in den Vordergrund rücken.

---

2 Vgl. Antonovsky, Aaron: Salutogenese, Entmystifizierung der Gesundheit, Tübingen, dgvt-Verlag, 1997.
Aaron Antonovsky (geb. 1923 in Brooklyn, USA; gestr. 1949 Israel) war Professor der Soziologie. Aus der Fragestellung, was Menschen gesund hält, ging das Konzept der Salutogense hervor, das Antonovsky während der 1970er Jahre entwickelte. Er erregte große Aufmerksamkeit mit der Veröffentlichung seines Buches: Health, stress, and coping. New perspectives on mental and physical well-being, San Francisco 1979.

Beiträge von:

Prof. Dr. med. Tobias Esch, Fachhochschule Coburg

Prof. Dr. rer. pol. Stefan Felder, Otto-von-Guericke Universität Magdeburg

Prof. Dr. Steffen Flessa, Universität Greifswald

Dr. med. Hans-Ulrich Gross, NRW

Oliver Gross, Assistentenarzt, NRW

Dr. med. Birgit Hildenbrand, NRW

Prof. Dr. Christof Schenkel-Häger, Fachhochschule Koblenz

Dr. med. Heike Scholz, NRW

Prof. Dr. Dieter K. Tscheulin, Albert-Ludwigs-Universität Freiburg

Kapitel 8

Pädagogik

von Klaus Wenzel

Das Gute braucht zum Entstehen Zeit,
das Böse braucht sie zum Vergehen.
(Jean Paul)

Einleitung

In jedem Kapitel dieses Buches wird von zahlreichen Teilnehmern dieser Studie die außerordentliche Wichtigkeit des Bildungssystems hervorgehoben. Jedes Bildungssystem sollte darauf vorbereiten, den Herausforderungen der jeweiligen Zeit gerecht zu werden. Ob es jedoch die dazu notwendigen Kriterien erfüllen kann, hängt nicht zuletzt von den vorhandenen Gesellschaftsstrukturen ab, die insofern Bestandteil der Analyse dieses Kapitels sein müssen.

Aus dem Griechischen von παιδεια *paideia* kommend, bedeutet Pädagogik sowohl Erziehung als auch Bildung und daraus hat sich jene wissenschaftliche Disziplin entwickelt, die sich mit der Theorie und Praxis von Bildung und Erziehung auseinandersetzt.

Eine Unterscheidung zwischen Bildung und Erziehung kennt übrigens neben der deutschen nur noch die russische Sprache, obwohl schon in der Antike zwischen „educatio" (Aufzucht, Disziplinierung, Zivilisierung) und „eruditio" (Entrohung durch Kultivierung der Seele und des Geistes) differenziert wurde. Grundsätzlich ist also eine Unterscheidung möglich, im weiteren soll der Begriff der Pädagogik aber mit dem der Bildung synonym verwendet werden, trotz des ebenso richtigen Hinweises von Niklas Luhmann (1): „Erziehung ist eine

Zumutung, Bildung ein Angebot“, denn zu keiner Zeit mehr als heute haben wir eine Erziehung in Richtung vollständiger Anpassung an das angeblich „politisch Korrekte“, so dass aus der Antipädagogik der Satz „Jede Form von Erziehung ist (Kindes-)Misshandlung“ an Bedeutung gewinnt.

Deshalb bedeutet Erziehungssystem also auch Bildungssystem, obwohl sich Erziehung nach allgemeinem Verständnis an Kinder und Heranwachsende, Bildung nicht nur an diese, richtet. Jedoch haben wir gerade in Deutschland mehrere Phasen der Umerziehung erlebt und stecken gerade wieder in einem „Umbau der Gesellschaft“ (2) mit einer „gigantischen Umerziehung“ (3), so dass offenbar nicht nur Kinder, sondern vor allem auch Erwachsene „erzogen“ werden – und das vor allem unfreiwillig und unerwünscht. Aber Politiker fordern in der Folge der beabsichtigten Umerziehung immer mehr und tiefer greifende Veränderungen im Bildungswesen, um die Kontrolle über das Denken und Handeln mittels Manipulation zu gewinnen.

Doch bevor wir uns der Meinungsmanipulation und Umerziehung zuwenden, stellen wir am Anfang dieses Kapitels in der „Umfrage Pädagogik“ zwei Fragen, die unter folgender Prämisse stehen:

In unserer Gesellschaft besteht das Lernen vor allem aus Einprägen von Schulstoff. Man will hauptsächlich den Kindern möglichst viel Wissen eintrichtern. Im Schulunterricht und auch im Studium werden Einzelheiten und Fakten statt Zusammenhänge unterrichtet. Die Einbeziehung der Erkenntnisse der Hirn- und Verhaltensforschung und anderer wertvoller Studien könnten nicht nur die Erziehung an den Schulen, sondern auch die Bewältigung der wachsenden Gewaltbereitschaft und anderer Probleme wesentlich verbessern.

Die Fragen:

1. Was sind Ihrer Ansicht nach die Gründe, die verhindern, die wertvollen und hilfreichen Erkenntnisse der Forschungsergebnisse der Studien im Schulunterricht zu praktizieren?
2. Welche Reformen wären im Bildungswesen notwendig, um diese Erkenntnisse endlich zu praktizieren?

Die Antworten:

Rosemarie Boenicke:

„Vielen Dank für Ihre exzellente Analyse. Was ich an ihr bezweifle, ist die Behauptung, dass wir hierzulande ein „enormes Problemlösungspotential“ besitzen, denn dazu braucht es mehr, als Probleme zu diagnostizieren. Vor allem braucht man dazu wirklich gewollte demokratische bzw. nicht-obrigkeitsstaatlichfixierte Einstellungen, anstatt des Abwartens, dass schon irgendwann „die da oben“ es richten werden. Wie wenig es diese Einstellung nach wie vor gibt, ist nachzulesen in den Analysen von Falko Peschel (Offener Unterricht in der Evaluation, Hohengehren 2003, 2.Aufl. 2006), in denen er beschreibt, wie sehr selbst reformorientierte Lehrer in der Praxis hinter ihre eigenen Überzeugungen zurückfallen, weil sie sich nicht von latenten autoritären und antidemokratischen Mustern lösen können bzw. sie gar nicht durchschauen.

So bedarf es nicht einmal unbedingt der von Ihnen angesprochenen Forschungsergebnisse: was deren Konsequenzen anbelangt – als Forderungen an die Weiterentwicklung des Unterrichts – werden sie ständig aufs Neue und unabhängig voneinander von Lehrerinnen und Lehrern entwickelt und zielen allesamt und sogar international auf eine größere Öffnung des Unterrichts in Richtung stärkerer Orientierung an den lebensweltlichen Fragestellungen und Interessen der Schüler/-innen, Individualisierung und systematischem Aufbau von Eigenständigkeit und kooperativen Kompetenzen.

Was man braucht, um diese Konzepte zu verwirklichen:

- Feste Präsenzzeiten der Lehrer/-innen in den Schulen über die Unterrichtszeit hinaus, d.h.
- einen eigenen Arbeitsplatz
- verpflichtende schulinterne Fortbildung
- Aufbau von fest installierten Kooperationsstrukturen (= Teamstrukturen)
- Anreize (Belohnungssysteme)
- Abschaffung des Beamtenstatus
- Ganztagsangebote an die Schüler/Ganztagsverpflichtung für die Lehrer/-innen“

(Prof. Dr. phil. Rosemarie Boenicke,
Universität Heidelberg)

Heinz-Jürgen Ipfling:

„Zwar stehe ich im Augenblick ziemlich unter Termindruck, will aber wenigstens kurz auf Ihren ausführlichen Brief vom 30.1.2007 antworten:

1. Zunächst teile ich Ihre Einschätzung. Wir haben gesicherte wissenschaftliche Forschungsergebnisse in Sachen Schule. Sie werden von den politisch Verantwortlichen teils nicht wahrgenommen, teils angezweifelt, jedenfalls nur unzureichend umgesetzt.
2. Ich war/bin selbst Betroffener dieser Umstände. In den 70-er Jahren habe ich zwei umfangreiche Berichte zur Ganztagsschule vorgelegt. Geschehen ist in der Praxis kaum etwas. Jetzt läuft die gleiche Diskussion wie damals erneut an, nach 30 Jahren Ignoranz.
3. Sie fragen nach den Gründen für dieses Phänomen. Es ist eine Gemengelage von Gründen, wie ich meine:
   - Manche Politiker haben keine Zeit/Lust, sich mit den Forschungsergebnissen zu befassen.
   - Viele suchen die einfache Lösung (Kausalitätsdenken); in Wirklichkeit sind die Probleme meist differenzierter; sich dem zu stellen, ist lästig.
   - Häufig ist es die Parteiideologie, die für Entscheidungen den Ausschlag gibt, nicht empirisch gewonnene Ergebnisse von Forschung. Das ist ein ganz entscheidender Grund.
   - Manchmal macht auch die Wissenschaft die Rezeption von Ergebnissen nicht leicht, weil sie (unnötig) kompliziert formuliert bzw. sich widersprechende Daten liefert.
   - Ein letzter Grund: Gute Lösungen sind meist nicht billig und – wie sagte ein Lehrerverbandsvorsitzender (Dr. Albin Dannhäuser): „Kein Geld ist immer da!“

(Prof. Dr. Heinz Jürgen Ipfling (em.),
zuletzt Universität Regensburg)

Hans Hermsen:

„Was sind die Gründe, die verhindern, die wertvollen und hilfsreichen Erkenntnisse der Forschungsergebnisse der Studien im Schulunterricht zu praktizieren?

Die **Macht des Staates**, die sich dann in verschiedenen **Herrschaftsformen** auf der mittleren und unteren Ebene durchsetzt.

Auf der **mittleren Ebene** sind es die Juristen in den Ministerien und Bezirksregierungen, die nicht pädagogisch denken, sondern eben in reinen juristischen Kategorien sich bewegen und sich fragen, was ist machbar und was ist nicht machbar und dann die Gesetze eng auslegen bzw. immer wieder neue Lehrpläne und Richtlinien erlassen, um den ökonomischen Sachzwängen der Gesellschaft (Stichwort: Standort Deutschland) gerecht zu werden, und damit nicht sehen, dass Menschen keine Maschinen sind, sondern lebendige Potentiale, die aber in enge Korsetts gezwängt werden.

Auf der **unteren Ebene** die vielen Lehrenden, die nicht erkennen können, dass sie Spielräume haben und die sie im Rahmen der Richtlinien nicht ausnutzen und innovativ werden können, weil sie ständig überfordert wirken, die Macht nach unten durchsetzen müssen (obwohl viele es so nicht wollten), und dann nur noch Dienst nach Vorschrift machen und manchmal diese noch enger auslegen als sie erdacht sind oder krank werden (Stichwort: Burn Out).

Die Schüler, die oft nicht anders können, als um gute Noten konkurrieren und sich anpassen müssen oder sogar sich anschleimen, was dann auch nicht für das Lernverhalten sehr förderlich ist.

Es wäre so einfach, wenn sich Schüler und Lehrer in Gleichheit und Freundschaft begegnen könnten, sich gleich viel wert fühlen und sich ernst nehmen würden. D.h. sie müssen sich nicht mögen, aber das Gefühl haben, dass sie gleichberechtigt sind und dass jedes auftauchende Problem gleichberechtigt besprochen und gemeinsam eine Lösung gefunden werden kann.

Die politischen Kräfte betreiben dagegen ein verantwortungsloses Schulsystem: **Auslesen statt Fördern**, Gleichmachen statt auf individuelle Stärken achten. Wo ist das Recht auf Bildung? Keine Zeit, kein Personal sind oft die Ausreden schon in den Grundschulen. Sitzenbleiben und „Abschulen“ sind die Methoden, die leistungsschwächeren SchülerInnen los zu werden. Obwohl seit PISA 2001 die Öffentlichkeit aufgerüttelt wurde und ¼ aller 15jährigen Risikoschüler sind, hat sich strukturell im Bildungssystem wenig geändert. In Deutschland besteht eine Schulstruktur, die aus dem Kaiserreich herrührt. Haupt- und Sonderschulen sind heute Ghettos der Chancenlosigkeit geworden. Lehrer werden auch noch so ausgebildet wie vor 50 Jahren. Deutlich wird es auch am Schulbeginn um 7.30, der viel zu früh ist Dabei wissen die (Neuro-)Wissenschaften, dass dies zum einen familiären Stress erzeugt, zum anderen keine günstige Zeit ist, für Jugendliche zu lernen. Schlafforscher raten den Unterricht um 9 Uhr zu beginnen, wie wir es am Oberstufen-Kolleg jahrelang praktiziert haben. Deutsche Lehreinrichtungen sind nicht Schulen, sondern Anstalten mit einem hohen bürokratischen Aufwand und mit Anwesenheitspflicht. Der Soziologe Ulrich Beck hat für dieses Phänomen den Begriff der „organisierten Verantwortungslosigkeit" geprägt. Alle sind zuständig, nur keiner richtig verantwortlich für sein Tun. Verantwortung wird dem Kultusministerium zugeschustert Diese Ansammlung der Schulminister ist intransparent, undemokratisch und verhindert eine positive Schulentwicklung.

Im Schulsystem finden sich heute viele Veränderungen, aber nur vereinzelt und nicht wirklich gesamtgesellschaftlich. Wie steht es mit dem vorherrschenden Frontalunterricht, mit schrillen Schulklingeln, mit 45-minütigen Schulstunden, mit Schulklassen und Klassenzimmern? „Schule neu denken" schrieb Hartmut von Hentig und entwickelte zahlreiche Ideen für ein wirkliches Lernen der Zukunft. „Im Blick über den Zaun" haben sich Schulen zusammengeschlossen, um andere Wege zu gehen.

Stattdessen zeigt sich nach TIMSS, PISA, IGLU und LAU, dass die Politiker nur daran gehen, die Angst und Selektion zu erhöhen. Beides hat viel mit Gehorsam zu tun. Gehorsam ist eine wirkungsvolle Erziehungsmaßnahme. Es muss hier nicht weiter ausgeführt werden, dass dies für Obrigkeitsstaaten mit dem Ziel, Untertanen zu produzieren, gilt. Demokratische Werte und Ethik haben etwas mit der Anerkennung der Eigentümlichkeiten, des Eigensinnes, der Eigenverantwortlichkeit von Menschen zu tun. Wenn wir diesen misstrauen und vieles spricht dafür, dann verbauen wir uns die Zukunft. Es ist auch nur schwer zu verstehen, angesichts der aktuellen Diskussion über die umstrittene Notwendigkeit von Dreigliedrigkeit, die Einführung von Noten auch in den Grundschulklassen, die Einführung von Kopfnoten etc., dass in den Leistungsvergleichstudien etwa Schweden bei TIMSS als auch bei IGLU auf Platz 1 liegen konnte, obwohl es dort seit 30 Jahren nur Gesamtschulen gibt, und obwohl es die ersten acht Jahre gar keine Noten und keine Leistungsdifferenzierung in A- und B- Kursen gibt. Auch hier in Deutschland gab und gibt es Gesamtschulen, und es wurde mit offenem Unterricht, mit der Projektmethode, mit Berichtszeugnissen und sozialen Lernzielen gearbeitet, aber alles nur halbherzig und mit vielen Kompromissen. Die Dreigliedrigkeit blieb bestehen und obwohl selbst UNO-Berichte (Munoz) davon ausgehen, dass die Selektion, und vor allem auf dem Hintergrund von Migrationen, in Deutschland vorherrschend ist, ändert sich nichts. Und die Einführung von Ganztagsschulen mit einem Vier-Milliarden Euro Zuschuss vom Bund ändert noch nichts, wenn die Lernkultur sich nicht ändert. Wir brauchen sog.

Paradigmenwechsel: eine neue Lehrerbildung, die nicht nur Lehrer für Fächer und Schulformen, sondern auch pädagogisches Know how für Erziehung ermöglicht, die Umsetzung der Erkenntnisse von Hirnforschern und Lernpsychologie, eine Schule für alle mit differenzierten Abschlussmöglichkeiten.

> „Eine gute Schule erkennt man nicht daran,
> dass die Lehrer Fragen stellen können,
> sondern daran, dass die Schüler das können"
>
> (Ein finnischer Lehrer)

„Welche Reformen wären im Bildungswesen notwendig, um diese Erkenntnisse endlich zu praktizieren", fragen Sie?

Die wichtigste Aufgabe wäre es, eine Enthierarchisierung aller Bereiche durchzusetzen und die Lehrer nicht mehr als Vorgesetzte der Schüler, die Bezirkregierungen nicht mehr als Vor-gesetzte der Lehrer usw. zu platzieren. Es ist einfach undemokratisch und entspricht nicht den Prinzipien, die auch gelehrt werden (Mündigkeit, Autonomie), wenn Macht ausgeübt wird. Denn die Macht, die über Noten, Reglements, Schulverweise, Klassenarbeiten, Unterrichtspläne etc. ausgeübt wird, ist für das Lernen schädlich.

Was brauchen wir im gesamten Bildungssystem?

1. Kinder lernen besser, wenn sie **selber lernen und nicht belehrt** werden. Peter Struck (4) sagt: „Umwandlung der Belehrungsanstalten zu Lernwerkstätten". Es ist eine Verantwortlichkeit des Lernenden für seinen Lernprozess herzustellen. Eine ernst gemeinte Bildungsreform ist nur möglich, wenn alle Beteiligten wirklich diese Verantwortung haben.
2. Eine **neue Lernkultur** schaffen: individuelles und selbständiges Lernen muss gefördert werden. Kinder/Jugendliche lernen besser, wenn man sie handeln und sprechen lässt als durch Zuhören, d.h. weniger Frontalunterricht, mehr Autonomie für die Lehrer und Schüler, die Schul-Organisation nicht in einem Wust von Regeln, Erlassen, Disziplinierungen einordnen. Daraus folgt
3. eine **andere Fehlerkultur** beim Lernen entwickeln: Es darf und soll Um- und Irrwege gehen. Auch die Notengebung soll reduziert werden, weil sie nichts bringt und es besser ist über Portfolios und andere dialogische Leistungsbewertungsverfahren Rückmeldungen inhaltlicher Art zu geben. Die Lernenden können nämlich lernen, sich selbst einzuschätzen.

4. **Partnerarbeit** vorbereiten; sie ist anderen Formen wie Einzelarbeit, Kleingruppenarbeit und im Plenum überlegen, natürlich soll nicht eine Form allein praktiziert werden.
5. **„Lernen durch Lehren“**, ist mein Konzept seit Jahrzehnten, weil jeder Lehrende die Erfahrung gemacht hat, wenn man einem anderen seinen gerade gelernten Lehrstoff vermittelt, bekommt man die eigenen Lücken zu spüren (ich habe das „Rotationsverfahren des wechselseitigen Lehren und Lernens“ entwickelt (auch früher Gruppenpuzzle genannt oder WELL-Verfahren).
6. **Gleichberechtigte Beziehungen** mit gegenseitigem Respekt sind wichtig.
7. **Üben und Anwenden:** Resonanz beim Lernen erzeugen, individuelle Zeit ermöglichen; der Lehrer soll Lernberater und Lernbegleiter sein.
8. **Lehrer sollen in Teams** arbeiten. Lehrer brauchen eine neue Ausbildung, Lehrer sind auch zuständig für Ernährung, Bewegung, Spiel, bei Verhaltenskränkungen, Gewalt und Suchtprävention, Medienerziehung, Elternschaftslernen.
9. In zunehmendem Maße wird die von Klaus Hurrelmann diskutierte Forderung **„Jeder sein eigener Bildungsmanager“** zum Konzept des lebenslangen Lernens betont. Die Arbeitsplatzforschung belegt eine wesentliche Umstrukturierung der Erwerbsarbeit mit Kompetenzanforderungen, denen die ArbeiterInnen nur bedingt nachkommen: hohe Selbständigkeit, Flexibilität, Selbstkontrolle und Selbstmotivation sind wichtig. Die Arbeitskraft allein ist nicht gefragt, sondern jemand, der mit seinen Fähigkeiten und Kompetenzen gezielt und selbstbewusst umgehen kann. Schule muss daher wirklich individuell fördern (und nicht nur auf dem Papier), beraten und ihre Voraussetzungen anpassen. Wir arbeiten am OS an einer neuen Grundbildung (Basiskompetenzen in Deutsch, Mathe und Fremdsprachen) und darauf aufbauend flexibles Wissen, dass sich selber angeeignet werden kann (Kerncurriculum, Kernkompetenzen und Weiterbildungsthemen). Daher sind auch Gymnasien als Marktführer und Bachelor und Master absurd. Schulen müssen tatsächlich innovativ und selbständig sein und dies in Teams. Das bedeutet auch Kultusminister entmachten und Schule entstaatlichen (vgl. Füller 2008). Schulen sind überregulierte Lehranstalten. Das kann dadurch geändert werden, dass sie radikal entbürokratisiert werden.

10. Das **Recht auf Bildung** muss als ein explizites Recht auf Bildung im Grundgesetz aufgenommen werden. Eltern von Haupt- und Sonderschulen könnten dagegen klagen, weil diese Menschen keine Chance haben. Es muss dann die Aussortierung von Menschen aufhören und das bedeutet auch mehr Geld in die Bildung zu stecken. (4)"

(Dr. Hans Hermsen, Diplom-Psychologe am Oberstufen-Kolleg Bielefeld, Universität Bielefeld))

Resümee und Analyse:

Zusammenfassend ist festzustellen, dass alle drei Pädagogen im Kern

1. das Recht und die Notwendigkeit auf lebenslange Bildung betonen und
2. dies nur bei Abschaffung oder Reduzierung staatlicher Macht gewährleistet sehen und
3. eine Kenntnisnahme des Forschungsstands und einen Paradigmenwechsel fordern.

Demnach wäre ein Grundrecht auf Bildung zu fordern, eine Reduzierung überbordender staatlicher Macht durch eine Betonung des Souveräns, nämlich des Volkes, und eine Kenntnisnahme des Forschungsstandes sowie die Entwicklung aktueller Parameter, dem Prozesshaften ständiger Weiterentwicklung aller Wissenschaften Rechnung tragend.

Doch lassen Sie uns zunächst mit der Frage fortfahren:

1. Was versteht man eigentlich unter einem gebildeten Menschen? Und: Ist Bildung mit Bewusstwerdung (teil-) identisch?

Grundlegend ist die Feststellung zu treffen, dass Bildung dem Individuum neutral gegenübersteht. So bedeutet es für das „Menschsein" nicht, ein hohes Bildungsniveau erreicht zu haben, aber es entspricht, wie Wilhelm von Humboldt es definierte, *„der letzten Aufgabe unseres Daseins, durch Spuren des lebendigen Wirkens, die wir zurücklassen, einen so großen Inhalt wie nur möglich zu schaffen durch Verknüpfung des Ichs mit der Welt zu der allgemeinsten, regesten und freiesten Wechselwirkung"*, und das ist durch Bildung auch im Sinne von Bewusstwerdung des eigenen Ichs und des Tätigwerdens in Wechselwirkung mit der Welt wirkungsvoller möglich.

Insofern impliziert Bildung – und das einhergehende Maß an Bewusstwerdung – die Fähigkeit und Mündigkeit einer vernünftigen Wirklichkeitsbewältigung. Da aber, dem Schillerwort gemäß, „Vernunft stets nur bei wenigen ist gewesen", das „lebendige Wirken" auch negative gesellschaftliche Wirkungen erzeugen kann, untersteht die Bildung quasi der Ausbildung und Charakterprägung von Ethik und Moral, und deshalb entfaltet erst der ethisch-sittlich gebildete Mensch wünschenswerte gesellschaftliche Dynamik.

Bildung ist kein statischer Begriff, sondern unterliegt zahlreichen Variablen wie sozialer Herkunft und entsprechender Sozialisation. Der Bildungsgrad ist abhängig von Grundvoraussetzungen wie Intelligenz, die wiederum durch Bildung steigerbar ist, Wahrnehmungsfähigkeiten, Problembewusstsein und Wirklichkeitsverarbeitung und steht immer in Kausalität zu den Handlungen des jeweiligen Menschen.

Welche Art von Bildung besitzt nun ein gebildeter Mensch?

Wir finden diesbezüglich ein frühes divide-et-impera von Geistes- und Naturwissenschaften, wobei im allgemeinen der geisteswissenschaftlich geprägte Mensch als der „gebildete" angesehen wird, der naturwissenschaftlich befähigte als „fachlich qualifiziert".

Naturwissenschaftler von Weltruf wie Albert Einstein, der Astronom Edwin Hubble, der Kybernetiker Norbert Wiener und auch Nils Bohr oder Werner Heisenberg wären nach dieser traditionellen Anschauung keine gebildeten Menschen, denn die Tradition verweigert den Naturwissenschaftlern die elitärste Ebene der geisteswissenschaftlichen Intellektualität, nämlich ein gebildeter Mensch beziehungsweise ein Intellektueller zu sein. Das ist natürlich schlicht Unsinn.

Wilhelm Dilthey, der sich ausgiebig mit dieser Thematik befasste, bringt es folgendermaßen auf den Punkt, indem er schreibt: *„Die Menschheit wäre, aufgefasst in Wahrnehmung und Erkennen, für uns eine physische Tatsache, und sie wäre als solche nur dem naturwissenschaftlichen Erkennen zugäng-*

lich. Als Gegenstand der Geisteswissenschaften entsteht sie, aber nur sofern menschliche Zustände erlebt werden, sofern sie in Lebensäußerungen zum Ausdruck gelangen und sofern diese Ausdrücke verstanden werden“.

Wir alle sind nicht nur bloße Physik oder Chemie, sondern durch unsere dominanten seelischen Eigenschaften vor allem „menschlicher Zustand“ mit Lebensäußerungen. Ein gebildeter Mensch besitzt demnach die Fähigkeit, sich über das Materielle und das eigene Subjektive hinaus zu entwickeln und sich und andere in einen neuen Kontext zu stellen. Die Wissenschaften dürfen sich nicht länger atomisieren lassen, um nur Teilergebnisse zu produzieren, von denen die Industrie profitiert, sondern müssen sich an der neueren Wissenskategorie der Option der Ganzheitlichkeit ausrichten, wozu selbstverständlich auch die Kommunikations- und Kulturwissenschaften zählen, die – mehr oder weniger – freiwilligen autonomen Strömungen der sogenannten Para- und Pseudowissenschaften und auch der Esoterik, denken wir an den Esoteriker und damit „Eingeweihten“ Goethe.

Der gebildete Mensch zeichnet sich durch Ruhe, Muße und Kontemplation aus, denn nur in diesen Zuständen kann „die Idee“ reifen, die Ursache für die Wirkung ist - das ist also der diametrale Standpunkt zur Gesellschaft des Controlling, der hektischen Betriebsamkeit, des „time is money“ und des überstürzten Aktionismus.

Der gebildete Mensch hat nicht unbedingt einen akademischen Status, diesen aber durch seine überlegene Geisteshaltung quasi honoris causa. Er unterstellt sich keiner Wissenshierarchie und giert nicht nach Popularität, Prominenz und Einfluss – obwohl ihm solches angeboten werden kann und er seine Bildung durchaus in soziale oder auch politische Wirkungsprozesse einbringen muss. Der wahrhaft Gebildete pflegt keinen Individualismus, er ist weder ein Egozentriker noch ein Einsiedler. Bei Goethe heißt es: *„Sich mitteilen ist Natur. Mitgeteiltes auffassen, wie es gegeben ist, ist Bildung.“*

Die wörtliche Übersetzung des lateinischen „inter-esse“ lautet: bei den Dingen / zwischen den Dingen sein. Der gebildete Mensch ist also buchstäblich „bei den Dingen“ in der Welt und ist damit das Gegenteil eines Egozentrikers. Ungebildete würden unter der Einsicht, dass sie nicht der Nabel der Welt sind, leiden. Der Gebildete dagegen nimmt diese Erkenntnis gelassen. Sein Selbstbewusstsein verschafft ihm diese Ruhe.

Der Rückzug in individuelle Sphären mit den Folgen einer möglichen Wirklichkeitsverzerrung und einer Störung des Ichs zur Welt entspricht nicht dem Gebildeten, sondern dem Verzweifelten. Der Gebildete nimmt die Komplexität, die Kompliziertheit und Vielgestaltigkeit an und sieht Lösungswege ohne Ohnmachtgefühl.

Auch der Philosoph Friedrich Albert Lange sieht Bildung als Erhebung über den (Ich-) Bereich des Materiellen und als Fähigkeit, Zusammenhänge zu denken, die über „die Welt" hinaus gehen und auf „etwa Höheres" gerichtet sind, gleichsam Philosophisches, nämlich auf das Transplanetare des Universum. Damit wird über den Pragmatismus des Alltagslebens auf eine philosophische (Rück-)Besinnung verwiesen quasi über das materiell-ökonomische hinaus in Richtung des Erinnerns einer höheren Heimat.

Ein wahrhaft gebildeter Mensch ist nicht eingebildet, er ist im Gegenteil demütig. Gerade bei dem hochgebildeten Goethe finden wir dazu den Hinweis im berühmten Eingangsmonolog seines Faust: *„Habe nun, ach! Philosophie, Juristerei und Medizin, Und leider auch Theologie, Durchaus studiert, mit heißem Bemühn. Da steh ich nun, ich armer Tor! Und bin so klug als wie zuvor; Heiße Magister, heiße Doktor gar, Und ziehe schon an die zehen Jahr, Herauf, herab und quer und krumm, Meine Schüler an der Nase herum, Und sehe, daß wir nichts wissen können!"*, so wie Sokrates lange vor Goethe schon feststellte: *„Ich weiß, dass ich nichts weiß"* – was allerdings so zu verstehen ist, dass der Lehrer Sokrates regelmäßig als Schüler auftrat, der nicht belehren wollte, sondern der die anderen in die Position der Wissenden durch konsequentes Nachfragen brachte (die Erwähnung der sokratischen Fragetechnik ist mir deshalb wichtig, weil sie mit der Neuen Pädagogik des Lernens und Erinnerns korrespondiert – vgl. gegen Schluss des Kapitels).

Mithin ist Einbildung keine Bildung, aus der Banalität dieser Phrase müssen wir die Bildung befreien. Aber es besteht ein großer und starker Zweifel an der Qualität und dem Sinn dessen, was schon gedacht worden ist und gedacht wird angesichts dessen, was mit brutaler Politik und konsequent gegen die Interessen der Völker formulierter Gesetzgebung heute realpolitisch umgesetzt wird.

Natürlich möchte jeder „ein großer Denker" sein, aber es besteht auch eine große Faulheit, Unlust und mangelnde Disziplin, sich das entsprechende Wissen über Strukturen, Verfahren und Abläufe anzueignen. Konfuzius wusste dazu schon zu sagen: *„Wer als gebildeter Mensch nur an seine eigene Bequemlichkeit denkt, der kann nicht als wahrhaft gebildeter gelten."*

Auch sind gebildete Menschen nicht unbedingt hochintelligent, denn Intelligenz schließt unter anderem die Fähigkeit ein, Probleme mittels kreativer Denkprozesse zu lösen. Zwischen Intelligenz und Bildung besteht eine Wechselwirkung. Die von Geburt an intelligenteren Menschen können zu erlernendes Wissen schneller aufnehmen, verarbeiten und verknüpfen und so Schlussfolgerungen ziehen, so dass potentiell alle intelligenten Menschen auch gebildet sind. Es sind aber gerade die intelligenten (und gebildeten) Menschen, die oft an einer verstandesbeschränkten Umwelt scheitern, die außer Kriegen und Katastrophen wenig zu bieten hat. Dafür verfügt der gebildete Mensch über inneren Reichtum (Homo doctus in se semper divitias habet) – und: Gebildete Menschen leben länger und zwar im Schnitt bis zu 7 Jahre.

Bildung hingegen ist die Summe des angelernten bzw. angelesenen und reproduzierbaren Wissens, wozu aber schon eine gewisse Merkfähigkeit vorhanden sein muss. Der gebildete Mensch verfügt über eine möglichst breite Allgemeinbildung in Geschichte, Wirtschaft, Geographie, Politik, Natur-, Kultur- und Geisteswissenschaften und baut dabei zumeist auf einen guten Schulabschluss einer weiterführenden Schule, eventuell sogar auf den Abschluss eines Fachhochschul- oder Universitätsstudiums, auf.

Dieser Bildungsaufbau bewirkt für das Leben zahlreiche Vorteile, denn Wissen erleichtert das Verständnis und die Bewältigung von Lebens- und Berufssituationen und ist hilfreich für den persönlichen oder gesellschaftlichen Erfolg. – So war es zumindest einmal in der Welt. In den heutigen Zeiten der Verwüstung bedeutet Wissen nicht mehr Macht und Erfolg, sondern alleine Geld bedeutet Macht... und das Wissen wurde dequalifiziert. Wir finden leider – und davon nicht einmal wenige, sondern immer mehr – hervorragend qualifizierte Akademiker, teilweise sogar promoviert – unter den Geringverdienern und Langzeitarbeitslosen, was für eine Volkswirtschaft „untragbar" ist, aber nicht nur für die Volkswirtschaft, sondern auch für die Jugend eine negative „Vorbild" funktion erfüllt.

Quasi in der Umkehrung, die Welt auf den Kopf stellend, finden wir Politiker, die über keine oder keine besonderen Bildungsabschlüsse verfügen wie etwa der mit der Mittleren Reife und einer Lehre als Elektriker ausgestattete Kurt Beck von der SPD oder der ehemalige Außenminister und Vizekanzler J. Fischer, der sich jeden Schulabschluss versagte und zweimal die Lehre hinwarf, und der heute über einen verliehenen Dr. h.c. zum Professor avancierte, was deutlich zeigt, was den Machteliten durch Verleihungen möglich ist.

Mehr Bildung bräuchte der Mensch also, um länger und gesünder leben zu können, da ein positiver Zusammenhang zwischen Bildung, Leben und Glück besteht. Eine Rarität dürfte die Herzensbildung sein, die nicht unbedingt mit der Sozialkompetenz gleichzusetzen ist, denn Sozialkompetenz ist ein technischer Begriff, der Erlernbares beschreibt, während man unter Herzensbildung etwas „von innen Kommendes" versteht. Diese Herzensbildung zählt wohl zu den seltensten Gütern, die sie einmalig und begehrenswert machen müsste – aber in dieser technokratisierten, entseelten Welt ist der Herzensgute oft genug der Idiot, der ausgenutzt wird und der als „zu weich" für Führungsaufgaben erscheint. Fälschlicherweise.

Denn die Persönlichkeitsbildung wird neben der Wissensvermittlung eine immer wichtigere Rolle in der Ausbildung junger Akademiker spielen – das war eine der Schlussfolgerungen der transnationalen Tagung „Putting Students at the Center" vom 21. bis 22. Mai 2008 in Luxemburg. Unter einer „Persönlichkeit" versteht man einen Menschen, der zu eigenständigem Denken in der Lage ist und dabei Grenzen überschreiten kann.

Bildung bedeutet also auch Bewusstwerdung. Jeder Einzelne muss sich bewusst werden, was ihm wesenseigen ist und was ihm exogen zur Zeit an politischer Verwüstung zugefügt wird, woraufhin die Physis, psychosomatisch bewegt, beeinträchtigt wird und Charakterbildung zunehmend unmöglich macht.

Der Sinn und die höchste Form der Bildung ist eine vollständige Bewusstwerdung seiner selbst in das Transpersonale und damit Universelle. Das Subjekt hat seine inneren Fähigkeiten durch Absorption, Reflexion und Erinnerung entwickelt und ergießt sich in die Dynamik des ihm objektiv von außen Entgegenkommenden.

Der Philosoph Robert Spaemann hat folgendes, möglicherweise kontrovers zu diskutierendes Profil eines gebildeten Menschen erstellt:

Ein gebildeter Mensch hat den animalischen Egozentrismus hinter sich gelassen. Es interessiert ihn, wie die Welt aus anderen Augen aussieht. Sein Selbstwertgefühl kann deutlich und stark sein, weil er es nicht aus dem Vergleich mit anderen bezieht. Er spricht eine differenzierte, nuancenreiche und persönliche Sprache und leistet es sich, einfache Sachverhalte einfach auszudrücken. Er beherrscht die Wissenschaftssprache, aber er wird nicht von ihr beherrscht. Vor allem weiß er, dass Bildung nicht das Wichtigste ist, denn ein gebildeter Mensch kann zum Verräter werden, denn die innere Distanz, die ihn auszeichnet, macht ihm den Verrat leichter als anderen Menschen. Bildung schafft eine menschenwürdige Normalität. Gebildete Menschen haben Freude aneinander und gebildete Menschen sind in hohem Maße genussfähig, wobei das Fremde ihnen eine Bereicherung ist.

Friedrich Schlegel hinterließ uns sein Wissen über den gebildeten Menschen in dem Satz: *„Ein recht freier und gebildeter Mensch müsste sich selbst nach Belieben philosophisch oder philologisch, kritisch oder poetisch, historisch oder rhetorisch,* *antik oder modern stimmen können, ganz willkürlich, wie man ein Instrument stimmt, zu jeder Zeit, und in jedem Grade."*

Verlangen wir mit Schlegel nach dem „recht freien und gebildeten" Menschen, so müssen wir uns im weiteren fragen, in welcher Gesellschaftsform wir leben, ob diese die größtmögliche Freiheit impliziert oder ob wir nicht vielmehr mit einem Haufen von Bildungsmüll und falschen Daten überfrachtet werden, so dass „das Instrument", die freie Willensentscheidung, lange nicht mehr frei ist.

Menschen geben das weiter, was selbst in sie hineinwirkte und sie prägte: Wachsen sie mit Liebe auf, werden sie Liebe weitergeben. Wachsen sie mit Zerstörung auf, werden sie diese Zerstörung gegen sich selbst richten oder auf andere abwälzen. Die Quelle dieser Entwicklung ist in ihnen selbst zu finden, dann in ihren Familien, dann in ihrem Freundeskreis, dann in der Familie, die sie gründen und setzt sich fort in die gesamte gesellschaftliche Dynamik. Jeder möge an die Quelle seiner Lebendigkeit gehen und diese auf Qualität überprüfen.

Immer mehr Kinder werden durch nicht erwachsen gewordene Menschen missbraucht, gequält oder umgebracht. Ebenso Tiere, ebenso Erwachsene – und wir werden mit einer Ausweitung rechnen müssen, so lange „unser" Gesellschaftssystem den Nährboden für diese Ungeheuerlichkeiten produziert.

Bildung entsteht nicht losgelöst in einem Vakuum, sondern in einem sozio-kulturellen und politischen Raum. Deswegen muss gefragt werden, ob die heute herrschenden politischen Zustände innerhalb der Gesellschaft Bildung ermöglichen und fördern, ja, ob Bildung überhaupt erwünscht ist etwa auch in Richtung des mündigen Bürgers.

Ist Bildung die Form, die Kultur in einem Individuum annimmt, so ist eben zu fragen, in welcher Kultur wir leben – und die Antwort kann zur Zeit keine andere sein: In einer Kultur der Zerstörung aller geistigen und moralischen Werte, dem sogenannten „devastatio" (Zerstörungs-)Zeitalter. Die Gegenwart wird bestimmt durch Lüge, Zersetzung, falsche Daten, gelenkte Medien, zensurierte Literatur, verlogene Siegergeschichte, unterdrückte Wissenschaft, bezahlte Gefälligkeitswissenschaft und Machbarkeitswahn ohne Verstand und Moral. Zeichnet Schopenhauer schon ein pessimistisches Bild vom Menschen, den er als „wildes" Tier ansieht, so erleben wir heute einen global wütenden Raubtierkapitalismus, der sich durch eine beispiellose Hemmungslosigkeit auszeichnet.

2. Welcher politischen und sozialen Voraussetzungen bedarf es, um einen optimalen Nährboden für Bildung zu haben und welcher Status ist dominant?

Die Autorin Naomi Klein (5) hat ein Grundmuster sichtbar gemacht, das die großen, übergeordneten Strategien erkennen lässt, die unseren Globus in ein Tollhaus der Globalisierung verwandelt haben, in eine Welt, in der Krieg und Folter, physische und psychische Zerstörung von Menschen und Nationen zum selbstverständlichen Mittel jener Profitoptimierer geworden ist, die als Global Player nicht nur der staatlichen Aufsicht weitgehend entronnen sind, sondern kurz davor stehen, den „Staat" als Machtfaktor vollständig zu demontieren.

Sie haben von Heuschrecken gehört? Von solchen, die Unternehmen aufkaufen und mit großem Appetit kahl fressen, ohne Rücksicht auf den gesamtwirtschaftlichen Nutzen, den das Unternehmen vorher hervorgebracht hat, ohne Rücksicht auf die Mitarbeiter, Lieferanten und Kunden.

Sie haben gehört, dass feindliche Übernahmen dieser Art häufig mit Krediten finanziert werden – und Sie haben gehört, dass diese Kredite regelmäßig den aufgekauften Unternehmen zur Bedienung der Zins- und Tilgungsforderungen aufgebürdet werden.

Entschuldigen Sie, wenn ich nachfrage: Haben Sie das aber auch verstanden? Kann man das überhaupt glauben, wenn man das hört?

Und wenn Sie es verstanden haben, haben Sie dann auch das dahinterstehende dämonische Prinzip erkannt? Wenn Sie der Meinung sind, dass sich die Bezeichnung „dämonisches gleich teuflisches Prinzip" zu populistisch oder polemisch anhört, dann denken Sie bitte an die Atombombentests der Franzosen unter Chirac auf dem Mururoa-Atoll und die Freisetzung erheblicher Mengen von Radioaktivität, so dass heute dort Kinder geboren werden, die keinen einzigen Knochen im Körper haben (sog. Quallenkinder) oder mit offenem Rücken, mit nur einem Auge oder zahlreichen Deformationen. Denken Sie vielleicht danach an die uranangereicherte Munition, die im Irakkrieg verwendet wurde und ebensolche Missbildungen hervorrufen wird. Denken Sie vielleicht noch an die Streubomben, die Menschen töten oder ihnen zumindest Teile ihres Körpers abreißen. Denken Sie eventuell auch noch an die Sozialverbrechen, die aktuell, zwar milder als das vorgenannte, das Lebensglück von Menschen in Deutschland zerstören und denken Sie an die Altersarmut. Sollte ich dazu hier Bilder veröffentlichen, damit Sie wissen, dass das weder Polemik noch Populismus ist, sondern Realität der Politik, die heute in der Welt wirkt und die mit Ihren Steuergeldern mitfinanziert wird, ohne dass Sie gefragt werden?

Wir tolerieren eine auf Raub und Plünderung spezialisierte „Spekulationswirtschaft", die sich die für ihre Attacken benötigten Finanzmittel im Zusammenspiel von Banken und Aufkäufern praktisch unbegrenzt selbst zur Verfügung stellt. Aus dieser absurden Kapitalschöpfung erwachsen verheerende Probleme, wie sie andererseits aus der Unterversorgung der Realwirtschaft mit Zahlungsmitteln entstehen. Fraglich ist, wie den im Geld schwimmenden Heuschrecken das Handwerk gelegt werden könnte, da ihnen zudem die Politiker, die sich für „aktiv legitimiert" halten, Vorschub leisten und auch Deckung geben.

Zwar ist Raub und Plünderung strafbewehrt. Es gibt also entsprechende Gesetze. Nur versagen diese immer da, wo viel Geld sich die Politik und dazu willfährigen Sachverstand gekauft hat, um jenes Handeln als „vollkommen legal" und „volkswirtschaftlich sinnvoll" und „nützlich" darstellen zu lassen und die reGIERenden Parteien profitieren mit.

Als einzig wirksame Gegenmaßnahme erscheint, dass sich die Völker ihren Staat zurückerobern, um ihn dann gegen den Raubtierkapitalismus wirksam zu schützen. Darauf verwies schon Heraklit, als er sagte: „Kämpfen muss das Volk um den Nomos (= das heutige Grundgesetz) wie um eine Mauer".

Das Volk als Souverän hat in Deutschland die Regierungsmacht nur auf Zeit und widerruflich an Vertreter abgegeben, die in seinem Namen die politischen und gesellschaftlichen Probleme lösen sollten. Da sie dazu nicht fähig sind und sich obendrein missbrauchen ließen, ist es JETZT an der Zeit, die Regierungsmacht wieder selbst zu übernehmen (6).

Eine der Anforderungen von Politik ist die Teilnahme eines jeden an der öffentlichen Gemeinschaft *„zur Vorbereitung und Herstellung gesamtgesellschaftlich verbindlicher und/oder am Gemeinwohl orientierter und der ganzen Gesellschaft zugute kommender Entscheidungen“*, zumindest nach dem Politikwissenschaftler Thomas Meyer. Am Gemeinwohl orientiert, der ganzen Gesellschaft zugute kommend? Davon kann doch heute in keinem politischen und/oder wirtschaftlichen Bereich mehr die Rede sein. Wir erleben einen dramatischen Zerfall des Allgemeinwohls.

Eine günstige Voraussetzung für die erwünschte Teilnahme an Politik ist natürlich eine möglichst umfassende politische Bildung unter Kenntnisnahme der grundlegenden und historischen Tatsachen, die ein Land beeinflussen. Für Deutschland wäre es insofern notwendig, folgende Tatsachen zu konfrontieren:

1. Deutschland steht heute noch unter Besatzungsrecht
2. Die fürchterlichen Gefahren durch die multinationalen Konzerne (7)
3. Die Tatsache der chemtrails (8) und gefährlicher Strahlen wie UMTS
4. Die Tatsache der Wettermanipulation (9) durch HAARP (10)
5. Die Gefahr der gescheiterten Multikulti-Gesellschaft (11) und der demographische Faktor

Das sind fünf Gefahren, die zur Zeit am gefährlichsten für Deutschland und Europa sind, wobei am alarmierendsten die Tatsache ist, dass über die Gefährlichkeit dieser Situation überhaupt keine offene Debatte, also eben keine Meinungs-Bildung, stattfindet.

Gerade gebildete Menschen wissen nämlich, dass die heutige Zeit eine der dunkelsten Phasen der Menschheitsgeschichte ist. Sie empfinden keinen Genuss mehr an der Zeit, in der chemtrails den Himmel verdunkeln und durchgeknallte Wissenschaftler Schimären erzeugen. Es besteht auch keine Dialogbereitschaft seitens der Herrschenden, weder gegenüber den Gebildeten noch gar gegenüber den Ungebildeteren der Völker. Die Völker werden weltweit von wenigen Familien beherrscht (12) und es besteht die massive Bestrebung nach Weltpolitik unter der Kuratel dieser Finanzoligarchie. Insofern wird auch dem Wissen, der Wissenschaft und der Bildung so wenig Verantwortung wie möglich gegeben, so dass Denkende, Forschende und Gebildete möglichst ohnmächtig (ohne Macht) und dadurch handlungsunfähig sind.

Richtig ist, dass sie sich teilweise auch selbst zurückgezogen haben. Ein Erwachen aus dem katatonischen Zustand wäre aber jetzt sehr wichtig, denn wer in der vermeintlichen Sicherheit einer Nachkriegsdemokratie eingeschlafen ist, der sieht sich beim Erwachen heute mit einer Diktatur der Parteien konfrontiert, die es fast vollbracht haben, die persönliche Freiheit abzuschaffen und die bis in die Kinderstuben hineinregieren.

Diejenigen, die sich heute als „Eliten“ bezeichnen, sind keine Eliten im Sinne von Intelligenz, Verstand und (Herzens-) Bildung, sondern Machteliten, deren Macht einzig auf Geld beruht. Da schweigt oft der Verstand. Da schweigt auch der Gebildete.

Sehen Sie nach draußen und schauen, was passiert. Gehen Sie in die Einkaufspassagen Ihrer Städte und sehen Sie sich das täglich anwachsende Ausmaß an Verwahrlosung an, an fort-schreitendem Elend, an menschlicher Not. Wenn diese „Eliten“ von Elitebildung an entsprechenden Eliteschulen und Eliteuniversitäten sprechen, dann meinen sie die Heranzüchtung von Ergebenen. Das sind dann die Nachwuchsauserlesenen, die Klone der Machteliten.

Bildungseliten als wünschenswerte Eliten sind dagegen etwas vollkommen anderes: Es handelt sich dabei um Menschen, die sich ihre gesellschaftliche Position durch Fleiß und Disziplin verdient haben, die sich durch eine hohe Reflexions- und

Leistungsfähigkeit auszeichnen und sich außerdem der sozialen Entwicklung verpflichtet fühlen und diesbezüglich eine einwandfreie charakterliche Haltung entwickelten, frei vom ausufernden und egozentrischen Eigennutz.

Was bis heute herrscht ist dasjenige, was in der Bibel als „Biest“ bezeichnet wird und seine Wurzeln in Babylon (im heutigen Irak) hat, über viele Jahrhunderte wuchs und schon viele Weltreiche und Dynastien verschlang, sowohl das ägyptische, das griechische als auch das römische und persische, heute das europäische und morgen hoffentlich an der Ostküste der USA stirbt. Es ist das Biest, welches erst Banken, Weltbanken, multifusionierte Konzerne, Völker und Staaten gründet, dann zerstört und frisst – und zuletzt sich selbst. Das ist das Ende des Fische-Zeitalters, das Ende aller Religionen, Wissenschaften, Kulturen und Bräuche, worauf das Zeitalter des Geistes folgt, so man hoffen darf.

Wir erleben heute nicht nur in Deutschland sich tagtäglich verschlechternde wirtschaftliche, soziale und politische Verhältnisse mit immer weniger Perspektive und Zukunftschance für immer mehr Menschen. Das bemerken schon die Kinder (13) und reagieren natürlich mit Leistungsverweigerungen und Überempfindlichkeitsstörungen, aber es sind nicht nur die Kinder, die betroffen sind.

Wir müssen ebenfalls zur Zeit einen sprunghaften Anstieg von schweren Depressionen bei Erwachsenen verzeichnen als Ausfluss einer immer unlebbarer werdenden, entseelten sogenannten Realität, die von einzelnen geschaffen worden ist.

Die seit der Wende zum 20. Jahrhundert beschleunigte neoliberale Globalisierung schafft die gefährlichste Wahrscheinlichkeit einer globalen Krise, und zwar der schlimmsten, die die Welt je erlebt hat. Erst wenn diese Krise, wahrscheinlich in Form einer jahrelangen Stagflation, richtig durchgreift, wird erkennbar, dass Deutschland eines der Hauptopfer ist, da kein anderes der großen Industrieländer so von den Auslandsmärkten abhängig ist. Kein anderes Land hat die Binnennachfrage seiner privaten Verbraucher so vernachlässigt – auch eine Folge der falschen Sozialreformen. Kein anderes Land hat sein Bildungssystem so in den Keller gewirtschaftet wie Deutschland, vor allem auch mit einer mangelnden Integration der Immigrantenkinder, und kein anderes Land hat einen so hohen Sockel an Langzeitarbeitslosigkeit gehalten, wobei vorauszusehen ist, dass die (Langzeit-)Arbeitslosigkeit bald wieder wachsen wird.

Ab Ende der 50er Jahre bis gegen Ende der 80er Jahre konnte ein durchschnittlich verdienender deutscher Arbeitnehmer allein eine Familie mit 4 Kindern problemlos unterhalten. Heute kann er sich selbst kaum ernähren. Haben Sie berechtigte Veranlassung zu glauben, dass der so vielfältig Abgewertete den Grad seiner Bildung zu erhöhen gedenkt?

Wir leben in Deutschland ganz sicher nicht in einer Demokratie und haben niemals in einer solchen gelebt, so wie es weltweit nicht EINE verwirklichte Demokratie gibt ! Das Gefühl, dass diese Demokratie noch nicht die rechte Form der Freiheit sei, ist ziemlich allgemein und breitet sich immer mehr aus. Die marxistische Demokratiekritik kann man nicht einfach beiseite schieben: Wie frei sind Wahlen, wie weit ist der Wille durch Werbung, also durch Kapital, durch einige Herrscher über die öffentliche Meinung manipuliert? Gibt es nicht die Oligarchie derer, die bestimmen, was modern und fortschrittlich ist, was ein aufgeklärter Mensch zu denken hat? Die Grausamkeit dieser Oligarchie, ihre Möglichkeit öffentlicher Hinrichtungen, ist hinlänglich bekannt. Wer sich ihr in den Weg stellen möchte, ist „Feind der Freiheit", weil er ja die „freie Meinungsäußerung" behindert. Und wie ist es mit der Willensbildung in den Gremien demokratischer Repräsentation? Wer möchte noch glauben, dass das Wohl der Allgemeinheit dabei das eigentlich bestimmende Moment ist? Wer könnte an der Macht von Interessen zweifeln, deren schmutzige Hände immer häufiger sichtbar werden? Und überhaupt: Ist das System von Mehrheit und Minderheit wirklich ein System der Freiheit? Diese Kritik an der gegenwärtig herrschenden Herrschaftsform, die „Demokratie" genannt wird, aber eine Form totalitärer Diktatur ist, stammt nicht etwa von einem „Zustandsverbesserer" oder einem „Verschwörungstheoretiker", sondern von Kardinal Ratzinger (1998), der ja inzwischen Karriere gemacht hat und zum Papst gewählt wurde.

Als der Deutsche Bundestag am 24. April 2008 den sogenannten „Vertrag von Lissabon" absegnete, konnten die Abgeordneten ihn tatsächlich nicht kennen, weil er in Gänze NICHT vorlag. Der Bundestagsabgeordnete Dr. Hermann Scheer von der SPD blieb deshalb der Abstimmung fern mit der Begründung: *„Ein vollständiger Vertragstext liegt nicht vor. Insofern fehlt aus meiner Sicht die Voraussetzung für eine entsprechende Abstimmung."*

Fast alle anderen Abgeordneten sahen darin offenbar kein Problem. Der ehemalige CDU-Abgeordnete Henry Nitzsche bezeichnete den Vertrag sogar als „Ermächtigungsgesetz" – was objektiv nicht ganz falsch war, denn

1. zementiert der Vertrag, der die gescheiterte „Verfassung für Europa" ersetzen soll, einen Zustand, der einen Großteil der Gesetzgebung von Berlin nach Brüssel verlagert... damit wird der angeblich frei gewählte, aber für den Wähler auf unkontrollierbaren „Koalitionen" beruhende „Deutsche Bundestag" im Grunde überflüssig,
2. entmachtet der Vertrag von Lissabon den Souverän, nämlich das deutsche Volk, und gibt deutsche Staatlichkeit preis. Insofern ist das ein klarer Verstoß gegen das Grundgesetz – sofern es noch existiert – vgl. hier vor allem die Ausführungen von Prof. Karl-Albrecht Schachtschneider (14),
3. ermächtigt der Vertrag den Europäischen Rat (bestehend aus den in Brüssel versammelten Regierungs- und Staatschefs), die Vertragsbestimmungen jederzeit ganz oder teilweise zu ändern- und zwar OHNE DASS dem von irgendeinem Volk zugestimmt werden muss. Das ist natürlich kein demokratisches Verhalten.

Der tschechische Präsident Vaclav Klaus – und dieser Auffassung schließe ich mich an – sieht eine schikanöse Diktatur auf Europa zukommen, wobei sich die ReGIERung in Brüssel für alles zuständig hält, vor allem für die Umerziehung der Untertanen, was nicht anders als ein Rückfall in die Barbarei oder als die „Rückkehr zum Helotentum" zu bezeichnen ist.

Seit Jahrzehnten finden teure Abrüstungskonferenzen statt und doch war das Jahr 2008 wieder ein goldenes Jahr für die Kriegsindustrie. Der Anstieg der Militärausgaben hat sich weltweit fortgesetzt und mit offiziell 851 Milliarden Euro (1,34 Billionen Dollar) einen historischen Höchststand erreicht. Damit hat das Waffengeschäft in den letzten zehn Jahren um fast die Hälfte zugenommen. Das Stockholm International Peace Research Institute (SIPRI) gab die Zahlen bei der Vorstellung seines aktuellen Jahresberichts 2008 bekannt. Die realen Militärausgaben sind nach Ansicht zahlreicher Experten jedoch noch wesentlich höher.

Im Vergleich zum Vorjahr erzielte die offenbar krisenfeste Branche einen Zuwachs um sechs Prozent. Uneinholbar an der Spitze bleiben die USA, die mit rund 350 Milliarden Euro (547 Milliarden Dollar) für 45 Prozent des Weltumsatzes sorgen. Den Löwenanteil der Ausgaben verursachen nach SIPRI-Angaben die Kriege im Irak und in Afghanistan sowie der »Krieg gegen Terror« im Inneren der USA. Auf den Plätzen folgen Großbritannien, China und Frankreich mit 38 bis 35 Milliarden Euro. Die BRD erreicht demnach mit 23,7 Milliarden Euro den sechsten Platz. Wie in den Vorjahren erweisen sich die NATO-Staaten damit als absolute Spitzenreiter bei der Militarisierung der Welt. Aber auch Russland hat 2007 13 Prozent mehr für Rüstung ausgegeben als im Jahr zuvor.

Am 10. 5. 2008 zitiert der Spiegel ein EU-Strategiepapier, wonach es um den „Umbau der Gesellschaft“ geht und das Hamburger Magazin titelte: „Gigantische Umerziehung“ – es wäre dann bereits mindestens die zweite in Deutschland (15).

Wir gehen in Deutschland keinen demokratischen Sonderweg (16) und haben auch keine „Postdemokratie“, was ja voraussetzen würde, dass man zu einem Zeitpunkt demokratische Strukturen hatte, was aber nicht der Fall ist. Wir haben und hatten zu keinem Zeitpunkt in Deutschland eine Demokratie, die sich nach Art. 20 Abs. 4 GG auf die Souveränität des Volkes stützt.

Deutschland hat bis heute, 63 Jahre nach Ende des 2. Weltkrieges, keinen Friedensvertrag und keine eigene Verfassung, sondern nur eine „für“ das deutsche Volk, aber nicht

„des" deutschen Volkes. Deutschland ist nach wie vor eine „besetzte Zone", in der die wechselnden Bundesregierungen nicht die Interessen der deutschen Bevölkerung vertritt, sondern die Besatzungszone im Interesse der ausländischen Regierungen, hier vor allem der USA, verwaltet. Mit dem „Personal"ausweis wird im übrigen gut dokumentiert, dass die BürgerInnen Deutschlands das Personal der Besatzungszone sind, denn heißen müsste es eigentlich „Personenausweis".

Ist es nicht erstaunlich, dass wir heute in der Bundesrepublik eine Kanzlerin (17) haben, die am 16.6.2005 folgenden bedenklichen Satz äußerte: *„Denn wir haben wahrlich keinen Rechtsanspruch auf Demokratie und soziale Marktwirtschaft auf alle Ewigkeit"* (18). Man muss dazu noch ergänzen: Dasjenige, was den BürgerInnen hier an Demokratie vorgespielt wird und fragen: Wer bestimmt denn, worauf wir Anspruch haben? Etwa Frau Merkel oder die hinter ihr Stehenden? Oder die rund 80 Millionen StaatsBürgerInnen Deutschlands?

Mit Autoren, die auf die Tatsachen hinweisen, dass in Deutschland die Demokratie NICHT verwirklicht ist, verfahren diejenigen, die sich des Staates bemächtigt haben, wie Kardinal Ratzinger das schon andeutete: Mit öffentlicher Hinrichtung in geübter Weise (19): Zunächst werden sie ignoriert. Geht das nicht mehr, werden sie mit Hilfe der Medien diffamiert, in die rechte Ecke geschoben, kaltgestellt, psychiatrisiert und eventuell mit Hilfe der Justiz weggebügelt. Kritik ist nur in dem Maße erlaubt, wie die handelnden Politiker nicht gefährdet sind. Die einstige Forderung nach dem „mündigen Bürger" ist eingetauscht worden gegen die wesentlich bequemere der „political correctness".

Achten Sie einmal darauf, wie die Politiker heutzutage „von den Menschen" sprechen, nicht mehr von den Bürgerinnen und Bürgern oder gar vom deutschen Volk. Im Amtsdeutsch der Polizei spricht man auch nicht mehr von der Ausländerkriminalität, sondern von „nicht-deutschen Tatverdächtigen" oder „nichtdeutschen Menschen". Der Ausdruck „Mensch" umfasst nämlich auch den Ausländer und ist somit Teil einer Bewusstseinsänderung und Umerziehung. Die Verwendung des Begriffes impliziert aber auch, dass sich die Politiker als etwas anderes verstehen als „die Menschen“, sich also als bereits losgelöst vom Menschsein verstehen. Eine typisch geistige Entwicklung zur Soziopathie in prädiktatorischen Verhältnissen: man gehört nicht mehr zum (vulgären) Volk, der Plebs, man ist „anders“, „die Menschen“ verstehen das nicht, man entschwindet mit Allmacht in höhere „Sphären“ und subsistiert nicht mehr beim gewöhnlichen Volk – alle Anzeichen einer Megalomanie werden deutlich sichtbar.

Aber alle Unterdrückung der Wahrheit ändert nichts an der Tatsache, dass Deutschland ein Provisorium ohne eigene Verfassung ist und dann versteht man wahrscheinlich auch, dass die BRD-Politiker dieses Land mit finanziell ausnehmen und letztlich ausländischen Interessen überantworten. Es mag polemisch klingen, aber tatsächlich ist es so, dass Deutschland vom Großkapital filetiert und privatisiert wird, während immer breitere Bevölkerungsschichten systematisch durch Gesetze wie das Hartz-Gesetzesmachwerk und den TVöD verarmt werden.

Wir leben in Zeiten der Wirtschaftsdiktatur ausländischer Investoren und nicht in einem demokratischen Rechtsstaat und das belastet das Bildungswesen in ganz erheblicher Weise.

Was ebenfalls gegen das Vorhandensein einer Demokratie spricht, ist die Tatsache, dass die BürgerInnen keine andere Politik wählen können. Als H. Kohl nach 16 Jahren Umbau und Umverteilung endlich abgelöst wurde, konnten die Wähler letztlich nur Gerhard Schröder wählen, der dem Volk mit der Agenda 2010 endgültig das soziale Rückgrat brach. Es ist ein Skandal und zeigt deutlich, wie sehr das deutsche Bundesverfassungsgericht politische Instanz ist, dass es bis heute, 3 Jahren nach Einführung der Gesetze, die in mehrfacher Hinsicht verfassungswidrig sind, keine Stellung bezieht. Nach Schröder blieb dem Volk nichts anderes übrig, als wieder die CDU zu wählen und das war ganz klar berechen- und vorhersehbar. Es erfolgt die einzig mögliche Reaktion, die dem Volk noch übrig geblieben ist: Nachlassende Wahlbeteiligung. Bei den Kommunalwahlen in Sachsen 2008 lag die Wahlbeteiligung unter 40 Prozent – doch es steht zu befürchten, dass die koalierten Parteien selbst dann weiter regieren werden, wenn die Wahlbeteiligung bei 10 Prozent angekommen ist.

Bei allen wesentlichen politischen Entscheidungen wird die bundesrepublikanische Bevölkerung nicht beteiligt: Weder bei der Einführung des Euro, noch bei der völligen Überantwortung Deutschlands an die Eurokratie. Das ist ein Armutszeugnis erster Güte, doch noch lange nicht alles, was die sich selbst als „Elite" Bezeichnenden für die Bevölkerung vorsehen. Der Euro jedenfalls raubte den Euro-Ländern ihre volkswirtschaftliche Souveränität, da er keine nationale Wirtschaftspolitik mehr zulässt, und genau das war Sinn seiner Einführung.

Deutsche Politiker sind ausschließlich Dienstleister für das internationale Kapital. Werden sie abgewählt, so wie G. Schröder oder W. Clement – werden sie vom Kapital in Spitzenpositionen/Aufsichtsräte – hochgesaugt, wo sie nochmals mehr verdienen können. Der Bundestag ist ein „Parlament aus Lobbyisten", die den „Staat als Beute" betrachten (20), und die Wirtschafts- und Industriespitzen betrachten den Staat als Dienstleistungsbetrieb für ihre Interessen, so der ehemalige BDI-Präsident Olaf Henkel.

Dafür werden die Gesetze *für* Deutschland im Interesse der internationalen Konzerne von den Lobbyisten teilweise direkt in bundesdeutschen Ministerien oder in der EU-Bürokratie gemacht und beinhalten neben weiterer Selbstentmachtung der Politik jene fortschreitende Verarmung für das Volk.

Ämtern wie den Kartell- und Datenschutzbehörden ist ihre Aufsichts- und Genehmigungsfunktion weitestgehend entzogen. Im Grunde handelt es sich nur noch um Camouflage-Tätigkeiten, die eine Kontrollinstanz vorspiegeln sollen. Weitere Camouflage-Tätigkeiten sind Untersuchungsausschüsse des Deutschen Bundestages, die Petitionsausschüsse, die Aufsichtsräte in der deutschen Wirtschaft oder gar Bürgerbüros, da weitgehend unwirksam. Der Rockmusiker Frank Zappa sagte über die Politik, dass sie die Entertainment-Abteilung der Großindustrie wäre. Treffender kann man es kaum sagen: Das „We love to entertain you" gilt vor allem für den Deutschen Bundestag. Das deutsche Volk leistet sich ein Parlament mit

611 teuren Abgeordneten, die wie Staatsschauspieler mit nochmals sehr teuren Maskenbildnern (Ministerien) agieren, um dem Volk eine Art demokratische Auseinandersetzung vorzuspielen, OBWOHL sie nicht das Geringste mehr zu sagen haben, letztlich so wenig wie das Volk, weil die wirklich wichtigen Entscheidungen längst in Brüssel und in den Konzernspitzen gefällt werden (21). Der nächste logische Schritt, der längst angedacht ist und geplant wird, ist die formelle Auflösung des Deutschen Bundestages bei gleichzeitiger Entmachtung der Länderparlamente.

Auf allen Ebenen (Kommune, Land, Bund) treffen mittlerweile die Konzernbosse Entscheidungen, für deren Umsetzung die jeweiligen gewählten Politiker zuständig sind, so dass explizit die Gesellschaft von den Vorstellungen und nach den Bedürfnissen des großen Kapitals geprägt wird, und zwar auch in bildungspolitischer Hinsicht.

Die Lehrstoffe in den Schulen, an den Universitäten und sonstigen Bildungsstätten sind – wie in den USA bereits üblich – nach den Wünschen der Wirtschaft ausgerichtet.

Die Menschen sind entwürdigt und vermasst und das einzige, was ihre Existenz sichert, ihre Arbeitskraft, ist zur käuflichen Ware zu Dumpingpreisen verkommen. Immer mehr arbeiten zu Sklavenbedingungen als Leiharbeiter und es wird ihnen täglich mehr zugemutet – Schöne neue Welt!

Deutschland ist bereits derart abgewirtschaftet, dass sich immer mehr Menschen in einem Strudel von Armut und Hoffnungslosigkeit befinden. Jede/r vierte BundsbürgerIn lebt bereits an oder unterhalb der Armutsgrenze – Tendenz steigend – während in der Politik keineswegs Stillstand herrscht, sondern der Abbau von Grund-, Sozial- und Menschenrechten und der Ausverkauf nationaler Ressourcen täglich weiter betrieben wird.

„Armuts"- und auch „Reichtumsberichte", „Mindestlöhne", Kombilöhne, „Sozialtransfers", Bedarfsgemeinschaften etc., all dies brauchen wir nicht, wenn die BürgerInnen über ein tatsächlich adäquates Einkommen verfügen würden, von dem man mit seiner Familie in Würde leben kann. – Da das Gegenteil der Fall ist, schwindet die Kraft der BürgerInnen und drückt sich nicht in Politikverdrossenheit aus, sondern genauer gesagt in einer Politikerverdrossenheit.

Dem Bundeswirtschaftsminister Michael Glos, seines Zeichens Müllermeister und Inhaber eines Getreidemühlen- und Landwirtschaftsbetriebes, lag der 3. Armuts- und Reichtumsbericht des Jahres 2008 offensichtlich im Magen und er fühlt sich zu einer Presseerklärung veranlasst: *„Die soziale Realität des Jahres 2008 ist eine völlig andere als die des Jahres 2005. Leider reichen viele der Zahlen im Bericht nur bis 2005 und blenden damit die sozialen Erfolge der letzten Jahre aus. Die Menschen haben vom Aufschwung profitiert – und zwar in Form von mehr Arbeitsplätzen, verbesserten Einkommenschancen, höheren Transferzahlungen und verstärkten öffentlichen Investitionen in Infrastruktur. 38% der Arbeitslosen, das sind rund 2 Mio. Menschen, haben seit Anfang 2005 einen Weg aus der Bedürftigkeit gefunden. Unser Staat bekämpft die Armut äußerst wirksam."*

Dabei sind dem Bundeswirtschaftsminister wesentliche Fakten (s. auch Kapitel Soziologie) entgangen:

1. hat sich seit 2005 die soziale Schere in Deutschland weiter drastisch geöffnet. Der Abstand zwischen oben und unten stieg nirgendwo in der EU so stark wie in Deutschland und damit hat Deutschland unter den EU-Ländern die schlechteste Entwicklung der privaten Haushalte,
2. ist der Anteil von Menschen mit Armutsrisiko weiter gestiegen. Laut Kinderreport 2007 des Deutschen Kinderhilfswerks hat sich seit Einführung des ALG II am 1. 1. 2005 die Zahl der auf Sozialhilfe angewiesenen Kinder verdoppelt – zur Zeit mehr als 2,5 Millionen Kinder,
3. erhöhten sich die Sozialrenten zwischen 2005 und 2007 nur um 0,5%. Damit wurde die Verbraucherpreisinflation nicht aufgefangen und somit gab es keinen Aufschwung,
4. sind seit 2005 224.000 Verbraucher amtlich in die Insolvenz gegangen und diese Entwicklung setzt sich in 2008 fort,
5. beruht die Berechnung der Arbeitslosigkeit auf statistischen Tricks, denn es werden einfach immer weniger Arbeitslose arbeitslos registriert. Waren es 2006 noch 71%,

2007 aber nur noch 55%. Die Zahl derer, die auf öffentliche Hilfe angewiesen sind, lag im Mai 2008 bei 6 Millionen und damit fast auf der Höhe der 6,2 Millionen vom Mai 2005,

6. sind die meisten Arbeitsplätze unsichere, gering bezahlte Tätigkeiten mit befristeten Verträgen (auch Leiharbeit) ohne Aufstiegschancen. Die Übergangsrate von arbeitslosen Personen mit Leistungsbezug in sozialversicherungspflichtige Beschäftigung lag 2007 bei 3,4 Prozent. Damit gelang es 34 von 1000 Personen, eine sozialversicherungspflichtige Beschäftigung aufzunehmen.

Wir wissen bereits, dass die soziale Entwicklung unmittelbar mit der Entwicklung der Bildung einhergeht. Wie lange kann sich eigentlich ein Bundesminister mit einer derartigen Unkenntnis in seinem Job halten? Oder ist das keine Unkenntnis und vielmehr wieder ein Täuschungsversuch?

„Dadurch, das ein Volk nicht mehr die Kraft oder den Willen hat, sich in der Sphäre des Politischen zu halten, verschwindet das Politische nicht aus der Welt. Es verschwindet nur ein schwaches Volk“, soweit Carl Schmitt (22). Nun, die Deutschen scheinen aus Deutschland zu verschwinden. Nicht nur, dass immer mehr und vor allem gut qualifizierte Menschen Deutschland verlassen, es werden auch immer weniger deutsche Kinder geboren. In wenigen Jahren werden in Deutschland, welches dann nach dem Willen der dominanten Parteien gegen den Willen des Volkes in die EU aufgegangen sein wird, mehr BürgerInnen mit Migrationhintergrund leben als autochthone Deutsche. Diese Situation finden wir bereits an vielen Schulen vor mit den bekannten Folgen von Verrohung und Gewalt, da hier soziokulturelle und religiöse Konflikte ausgelebt werden. Jeder vierte junge Moslem ist nach einer unlängst veröffentlichten Studie des Bundesinnenministeriums (23) in Deutschland zur Gewalt gegen Andersgläubige bereit. Wir sprechen hier vom Inland – nicht von einem Land der Dritten Welt (24).

Am 27. Juni 2008 titelte die Rheinische Post: „Studie: Die Falschen wandern ein“ Der Bildungsgrad der Zuwanderer nach Deutschland ist exzeptionell schlecht, dafür die Gewaltbereitschaft außergewöhnlich hoch. Fast alle Straftaten, die von Ausländern begangen werden, werden in den Medien verschwiegen, da es der political correctness nicht entspricht, über Ausländerstraftaten zu berichten (25).

Es ist nicht eben zu erwarten, dass die in Europa aufgelösten Nationalstaaten „herrlich und in Freuden" in Frieden und Wohlstand leben können, dazu sind, eingedenk Huntingtons „Clash of Civilisation" – der „Clash", der wahrscheinlich sogar erwünscht ist - die ethisch-religiösen Spannungen viel zu groß, vor allem aber der Größenwahn der internationalen Privatiers. Diese beabsichtigen deshalb, die Menschheit auf 2 Milliarden zu reduzieren und der Bevölkerung einen Chip zu implantieren (26), so dass sie diese vollständig kontrollieren und im Sinne der Weltenlenker manipulieren können.

Wenn Sie sich jetzt vergegenwärtigen, dass Sie heute schon kaum etwas mitzuentscheiden haben, sondern schon zur großen Masse der Dummen gerechnet werden, denen man Brocken wie „Verschwörungstheorie" oder dergleichen hingeworfen hat, damit sie scheinbar wissen, „was läuft", die nach J. Kirschner immer nur darauf warten, dass ihnen eine Autorität sagt, was sie denken, glauben und kaufen sollen (27) und die ihr persönliches Lebensglück und ihre Freiheit opferten, dass Sie zur Gruppe der „useless eaters" (der nutzlosen Esser) gerechnet werden, denen „nation builders" (Staatenbilder) gegenüberstehen, dann wissen Sie, was Ihre Menschenwürde und Ihre Bildung noch wert sind, wenn Sie nicht endlich Gebrauch davon machen – nämlich nichts!

In allen Städten ist das Maß der Verwahrlosung deutlich zu sehen: Es gibt immer mehr Obdachlose, öffentliche Essenstafeln, psychisch verwirrte und verzweifelte Menschen, Menschen, die sich von Tierfutter ernähren, Kinder, die durch die Straßen wandern und ihren Körper anbieten, um Geld für das Überleben zu haben, nicht vermietete Wohnungen, Ärzte, die ihre Dienste für Mensch und Tier ab und an kostenlos anbieten, Pleite gegangene Geschäfte und ein steigendes Maß an Privatinsolvenzen – die ReGIErung reagiert nicht.

„Wohlstand für alle heißt Bildung für alle" (28), so Angela Merkel am 12. Juni 2008 bei einer Festveranstaltung in Berlin in Anlehnung an Ludwig Erhards Motto. Doch wo ist dieser „Wohlstand

für alle"? Wo die Bildung für alle? Arbeitsplatzverlagerungen ins Ausland, Billigkonkurrenz, Reallohnverlust, Finanzkrisen, Studiengebühren. Bundeskanzlerin Merkel hatte bereits in ihrer Neujahrsansprache 2005/2006 gesagt: *„Deutschland ist das Land der Ideen. Wir können von unseren Ideen leben, wenn wir sie in die Tat umsetzen"*.

Apropos Studiengebühren: Als diese eingeführt wurden, nahm die Prostitution unter Studentinnen um 400% zu – und ich versage mir hier die zynische Frage nicht, ob es sich dabei um jene Arbeitsplätze gehandelt hat, die man seitens der Regierung schaffen wollte. Im übrigen hatte die Einführung der Studiengebühren keinerlei Auswirkungen auf die Lehre (29) ebenso- wenig wie auf eine allgemein verbessernde Situation für die Universitäten. Karl-Heinz Koch, der spätere hessische Justizminister und Vater des heutigen hessischen Ministerpräsidenten Roland Koch, klagte im Jahr 1949 als Jura-Student vor dem Hessischen Staatsgerichtshof erfolgreich gegen Studiengebühren. 17 Jahre später wurde von der UNO der Internationale Pakt über wirtschaftliche, soziale und kulturelle Rechte verabschiedet. In Artikel 13.2.c fordert der UNO-Pakt, dass *„der Hochschulunterricht auf jede geeignete Weise, insbesondere durch allmähliche Einführung der Unentgeltlichkeit, jedermann gleichermaßen entsprechend seinen Fähigkeiten zugänglich gemacht werden muss"*. Die Unentgeltlichkeit des Universitätsstudiums ist damit verbrieft und das kulturelle Menschenrecht auf Bildung sollte gewährleistet sein. Auch Deutschland hat den UNO-Pakt ratifiziert. Doch mit der Einführung von Studiengebühren verabschiedete sich die BRD vom Menschenrecht auf Bildung für alle. Die Folgen sind verheerend. Neben der Zwei-Klassen-Medizin haben wir in Deutschland nun auch die Zwei-Klassen-Bildung. Es ist eine Illusion zu glauben, dass sich die Erhebung von Studiengebühren nicht negativ auf die Bildungschancen auswirkt. Doch bundesdeutsche Politiker haben das, was wir „den gesunden Menschenverstand" nennen, längst verloren: Die Einführung von Studiengebühren hat Tausende von Studenten ohne Abschluss chancenlos auf den Arbeitsmarkt geworfen und viele weitere tausend vom Studium abgehalten. Mittlerweile hat

Hessen diesem Irrsinn wieder abgeschworen. Ob Verstand bei den anderen Verantwortlichen der Länder einkehrt, ist ungewiss.

Nun setzt Bundeskanzlerin Angela Merkel hohe Erwartungen in den Bildungsgipfel im Herbst 2008 und verspricht sich von dessen Ergebnissen Aufstiegschancen für jedermann. Man sollte hierbei folgendes konstatieren: Ständig werden die Erwartenshaltungen in die Zukunft verlagert: Agenda 2010, Agenda 2020, im kommenden Herbst, im kommenden Jahr, 2009 usw.

Das ist das permanente Bestreben der ReGIERenden, in einer unentwegt aussichtslosen Gegenwart eine möglichst positive Zukunftserwartung nach dem Motto zu projizieren: *„(Wenigstens) Unsere Kinder sollen und werden es einmal besser haben“*, um jetzt keine Aufstände heraufzubeschwören und möglichst Ruhe zu haben, wobei gerade jene, die diesen Scheck auf die Zukunft ausstellen, bereits in der Gegenwart überversorgt und luxuriös leben.

Es gehe auf dem Gipfel darum, so Merkel, *„aus Deutschland eine Bildungsrepublik zu machen, in der Chancen zum Einstieg und Aufstieg für jedermann im Mittelpunkt stehen“*. Sie sagte auch: Eine sozial gerechte Politik sei *„etwas grundlegend anderes als die Befriedigung möglichst vieler Einzelinteressen“* und *„Wenn wir heute einen neuen Anlauf zur breiteren Verankerung von Investivlohn und Arbeitnehmerbeteiligung unternehmen, dann nehmen wir damit einen seiner zentralen Ansätze auf, der in den vergangenen Jahrzehnten zu stark an den Rand gedrängt worden war“*, so die CDU-Vorsitzende (30).

Anstatt in einer „Bildungsrepublik“ zu leben, leben wir unter empörenden Zuständen. Bereits jedes 6. Kind lebt von Hartz-IV und Kinder werden für ihr Wachstum und ihren Schulbesuch bestraft, weil die damit verbundenen Kosten nicht übernommen werden.

Zwar hieß es: *„Die Bundesregierung hat es zu ihren vordringlichen Zielen erhoben,... die individuelle Förderung jedes einzelnen Kindes zum Herzstück einer neuen Bildungspolitik zu erklären“* (31).

Doch wie setzte sie das um?

Mit Einführung von Hartz IV wurden die Regelsätze für Schulkinder bis 14 Jahre auf das Niveau von Säuglingen gekürzt. Vor Hartz IV waren sie rund 20% höher. Die Bundesregierung geht damit zurück in die Zeit von Weimar und des Faschismus, in der sogar der Bedarf von Kindern bis 16 mit dem von Säuglingen gleichgesetzt wurde (32). Schulkosten sind im Hartz IV-Regelsatz nicht enthalten.

Hartz IV entzieht so etwa 1,4 Millionen Kindern zwischen 7 und 17, die ohnehin in Armut leben, erhebliche Mittel für Essen und Trinken und erschwert damit ihre Bildungschancen.

Als Begründung gab die Bundesregierung an: *„Damit werden die Leistungen für Familien gerechter verteilt“* (33).

Das Bundesministerium für Arbeit und Soziales fügte hinzu: *„Die Einteilung der Altersklassen ‚bis unter 14 Jahre‘ ... entspricht international anerkannten wissenschaftlichen Verfahren“* (34). Wissenschaftliche Verfahren und Vorschriften, wie viele Kinder essen dürfen? (35)

Vorschriften über Vorschriften für Leistungsempfänger, offenbar Menschen 2. Ordnung ohne Würde: Der Essensbedarf von Kindern, wie lange Erwachsene duschen dürfen, wie groß Wohnungen sein dürfen, wie viele Räume mit welcher Temperatur im Winter noch zu beheizen sind, damit die Heizkosten übernommen werden, Stromkosten werden generell nicht übernommen, Kabelfernsehen ist nicht vorgesehen – andererseits ab dem kommenden Jahr rund 2 Millionen Euro mehr für die EU-Abgeordneten, wobei Deutschland nicht nur für die 99 deutschen Politiker 7 900 Euro pro Monat zahlt, sondern gleich für ein Fünftel aller Abgeordnetendiäten aus allen Ländern mit übernimmt. Demokratie? Fehlanzeige. Jeder zweite Deutsche glaubt nicht mehr an die Demokratie jetzigen Zuschnitts. Die gebildeten Schichten in Russland, den USA, Japan und Indien wissen ganz genau, dass Deutschland keine Demokratie ist, sondern ein Gebilde der Fremdherrschaft, welches zur Zahlung verpflichtet ist (36) und die Bevölkerung Deutschlands wacht unendlich langsam auf!

Da das Buch zeitnah zum Bildungsgipfel im Herbst diesen Jahres erscheint, wage ich jetzt, einige Monate vor diesem

Datum, die Prognose: Es wird bei den Ankündigungen bezüglich allgemeiner Aufstiegschancen und sonstiger Versprechungen bleiben!

Am 20.06. diesen Jahres erklärte Frau Merkel, dass seitens der Bundesregierung kein Geld für die Stützung der hohen Energiekosten da wäre. Es ist auch kein Geld für Schulbücher und Schulranzen da, aber für exklusive Politikerreisen. Bezahlt wurden außerdem 25 Milliarden Euro an EU-Beiträgen und 28 Milliarden Euro für Waffenkäufe sowie weitere 24 Milliarden Euro für Pensionen von ca. 900.000 Politiker und Beamte, die selber keinen Cent in die Pensionskassen gezahlt haben.

Vernor Muñoz, der Sonderberichterstatter der Vereinten Nationen für das Recht auf Bildung, hat am 21. März 2007 in Genf einen Bericht über das deutsche Bildungswesen vorgelegt und darin beschrieben, was er vorgefunden hatte: Das deutsche Bildungswesen ist ungerecht. Es benachteiligt insbesondere Kinder mit Migrationhintergrund, Behinderte und Kinder aus bildungsfernen Schichten. Die Ausgrenzung beginnt laut Muñoz schon bei der unzureichenden frühkindlichen Erziehung im Kindergarten, wird verstärkt durch die viel zu frühe Auslese der Kinder nach vier Jahren Grundschule. Sie setzt sich bis zum Ende der Schulzeit und der Berufsfindungsphase fort.

Diese Kritik wird von vielen nationalen und internationalen Experten geteilt. Doch sie zeigt kaum Wirkung. *„Muñoz hat die Kultusminister in Deutschland nicht gerade in eifrige Aktivität versetzt“*, meint die Vizevorsitzende der Gewerkschaft Erziehung und Wissenschaft, Marianne Demmer. Sowohl von Seiten der Bundesregierung als auch von der Kultusministerkonferenz gibt es auch ein Jahr nach dem Bericht noch keine offizielle Reaktion (37).

Schauen wir uns nun an, was die Autorengruppe Bildungsberichterstattung über die „Bildung in Deutschland 2008“, als zweite umfassende empirische Bestandsaufnahme des deutschen Bildungswesen angepriesen, am 12. Juni 2008 verfasst hat, dann sehen wir das Ausmaß der Katastrophe:

1. Die Studiennachfrage bleibt zu gering – dank der Studiengebühren war über Jahre ein deutlicher Rückgang der

Studienanfängerzahl zu verzeichnen, der nun allerdings leicht wieder ansteigt

2. Die Weiterbildungsbeteiligung stagniert
3. Die Zahl der Schulabgänger ohne Hauptschulabschluss ist unverändert hoch
4. Die Abschlüsse des Sekundarbereichs II werden insgesamt zu spät erreicht
5. Die Effektivität der Übergangssysteme ist zu hinterfragen
6. Ein direkter Übergang aus der Berufsausbildung in eine Hochschule ist kaum möglich
7. Zum Teil lange Übergangswege in eine vollqualifizierte Ausbildung
8. Die Risikolagen von Kindern nehmen zu
9. Der Einfluss des sozialen Status und der Bildungsstand der Herkunftsfamilie verstärkt sich
10. Junge Menschen mit Migrationhintergrund machen in einigen Regionen mehr als die Hälfte ihrer Altersgruppe aus: In Westdeutschland haben rund 21% der Bevölkerung bereits einen Migrationhintergrund, so dass die Kinder nicht deutsch als Familiensprache haben – was für die Bildung, die nur mittels Sprache möglich ist, ein exorbitantes Problem darstellt.

Die wenigen positiven Feststellungen im Bildungsberichts sind angesichts der Problemlage vernachlässigbar. Es ist nicht anzunehmen, dass die Probleme, die über Jahrzehnte entstanden sind und lanciert wurden, mit einem Bildungsgipfel zu beheben sind. Ich bezweifle sogar die gute Absicht. Wer in Deutschland mit gegebener Voraussetzung studieren möchte, kann mitunter ein ganzes Jahr warten, bis das Studium auch nur anfängt. Dafür stehen die Universitäten ein halbes Jahr leer. Es ist keineswegs die Ausnahme, dass der Lehrstuhlinhaber ein Forschungssemester hat, die ihn vertretende Professorin im Mutterschaftsurlaub ist und der sie vertretende wissenschaftliche Mitarbeiter alle Arbeit macht, keine Rechte hat und auch wesentlich schlechter bezahlt wird.

Viele Politiker scheinen mit einer ständigen kognitiven Dissonanz zu leben, die sie manchmal das Richtige sagen, dann aber wieder falsch handeln lässt (38). Oder versuchen sie das Volk vorsätzlich zu täuschen? Oder mit einem bunten Strauß von guten Absichten zu beruhigen, aus denen dann allesamt nichts wird wie bei H. Kohl, dessen „blühende Landschaften" im Osten sich zu „verbrannter Erde" entwickelten?

Frau Merkels „roter Faden", was die Bildungspolitik betrifft, ist: Mit ausreichender Bildung könne heute noch jeder Bürger die Chance auf einen Einstieg und auch auf einen Aufstieg im Wirtschaftsleben ergreifen. – Doch das stimmt längst nicht mehr. Der Doktor Arbeitslos und die Einkommensarmut für Akademiker ist leider nicht ungewöhnlich, sondern bereits üblich. Doktoren der Philosophie und Soziologie, die in den Rathausverwaltungen Bußgeldbescheide bearbeiten und Pädagogen und Psychologen mit jahrelanger Berufserfahrung, denen man 1200 € anbietet, sind die Realität. Bei Stellenausschreibungen der Bundesagentur für Arbeit findet man sowohl den 47-jährigen Historiker und Politologen, Dr. phil. mit Auslandserfahrung in den USA und Großbritannien, wie den 34-jährigen, ledigen Ökologen und den 28-jährigen Diplom-Physiker – wahrscheinlich sind das alles Arbeitslose mit multiplen Vermittlungshemmnissen, denen man nur mal „die Daumenschrauben" ansetzen muss.

Diese Realität kennt Frau Merkel offensichtlich nicht oder will sie nicht wahrhaben. Zur Generation „Praktikum" gesellte sich nicht nur das „working poor" sondern auch die zunehmende Unmöglichkeit, ÜBERHAUPT einen Arbeitsplatz zu erhalten.

Falsche, täuschende und verlogene Versprechungen von Politikern sind es aber nicht alleine, die die Welt ruinieren. Es sind zudem die Anspruchshaltungen, gekennzeichnet durch die vielen Skandale der sogenannten Top-Manager (39), die astronomischen Bereicherungen, die Gier der Mächtigen. Zur Zeit versuchen die Parteien wieder, „die Schwachen", also diejenigen, die sie selbst über Jahrzehnte schwächten, um sich zu scharen, um irgendwoher Mehrheiten für weitere Zerstörungspolitik zu bekommen.

Was wir erleben, ist eine gezielte, absichtliche Destabilisierung europäischer Länder durch eine international verflochtene Politik, die durch Round-Table-Gruppierungen und Zusammenschlüsse transnational alliiert sind und die ihrerseits durch die hinter ihnen stehenden Täter der globalisierenden Finanziers kontrolliert werden.

Dabei ist in Europa nicht nur Deutschland betroffen, sondern in gleichem Maße Österreich, die noch neutrale Schweiz, Großbritannien, Frankreich, Italien und Spanien und Griechenland sowie alle weiteren EU-Länder. Dabei, und das möchte ich an dieser Stelle ausdrücklich betonen, bin ich kein EU-Gegner, sondern bin für ein Europa der Vaterländer und der Muttersprachen und der regionalen Autonomie und, da ich gerade dabei bin: Ich bin auch kein Defätist und neige auch nicht zu Übertreibungen, aber wir müssen einmal die Sachlage genau so sehen, wie sie ist, nicht verzerrt durch Partei- oder Interessenbrillen.

Diese Destabilisierung der Völker wird in Deutschland durch Gesetze erreicht wie z.B. die schon erwähnten Hartz-Gesetze innerhalb der sogenannten „Sozial" gesetzgebung, die das Wort „sozial" schon lange nicht mehr verdienen und durch den zeitgleich verabschiedeten TVöD. Was mittels der Hartz-Gesetzgebung, die ja nach einem rechtskräftig verurteilten Straftäter als Urheber bezeichnet wird, an den Sozial- und Landesozialgerichten angerichtet wird und wie die Opfer zusätzlich zugerichtet werden, ist kaum zu beschreiben.

Wenn etwa Menschen sich aus innerer und äußerer Not zu Haushaltsgemeinschaften zusammenschließen, dann werden diese mit sprachlicher Gewalt als „Bedarfsgemeinschaften" tituliert, die Beweislast wird gegen sie gekehrt und ihnen daraufhin der Regelsatz gekürzt.

Da „ermitteln" Sozialinspektoren, die sich mit Dauerpolizeiklingeln Einlass verschafft haben – ohne richterliche Anordnung, ohne Durchsuchungsbefehl, ohne Gefahr im Verzug – in den Kühl- und Wäscheschränken nach der „Beweislage" der Lebenssituation von Empfängern von Lohnersatzleistungen, die im übrigen nie damit gerechnet hätten, darauf angewiesen zu sein.

Da wird vor Gerichten mit selbst gebastelten Familienquizzen „zur Sache“ verhandelt, ob eine Haushalts- oder Lebensgemeinschaft besteht und ob man füreinander einstehen wolle – oder eben nicht – eine entwürdigende Gesinnungsschnüffelei unter strenger Missachtung der Menschen- und Grundrechte auf Würde, freie Entfaltung und freie Meinungsäußerung – während andererseits Milliarden Steuergelder verschwendet werden für höchst überflüssige, da ergebnislose, Konferenzen, ohne darüber nachzudenken, ob es nicht ausreichen würde, die Arbeitsplätze der Minister mit Bildschirmen für Videokonferenzen zu optimieren.

Betroffen von derlei und anderer umfassender Verarmungspraktik sind bereits

6,5 Mio. Menschen, die zu Hungerlöhnen arbeiten,

3,5 Mio. Menschen, die offiziell arbeitslos sind,

3,2 Mio. Menschen, die in Ein-Euro-Jobs stecken und

2,2 Mio. arbeitslose Bürger, die gar nicht erfasst sind,

so kommen wir in der Summe auf 15,4 Mio. Bürger und Familien, die arm sind – die wahrscheinliche Zahl liegt wesentlich höher.

Dazu kommen 2,5 Mio. Kinder und ca. 3,7 Millionen Rentner, die völlig verarmt sind! Nicht zu vergessen sind ca. 1,1 Millionen Arbeitsplätze, die fast ausschließlich mit Steuergeldern (bis 80% Lohnzuschüsse) subventioniert werden.

Es ist nicht anzunehmen, dass die so abgewerteten, seelisch oft zutiefst verletzten Menschen nun die römischen Dichter Horaz oder Ovid lesen und das Theater oder die Oper besuchen, um ihr Bildungsniveau zu heben. Auch werden sie sich kaum darum bemühen, ein Instrument zu erlernen, wo schon der Musikunterricht für die Kinder vom Munde abgespart oder von den Großeltern bezahlt wird.

Nun mögen Sie denken: Das betrifft mich alles nicht. Sie irren! Vielleicht sind Sie NOCH NICHT betroffen. Die Verarmungswelle ist längst im Mittelstand angekommen. Mittels vertraglicher Klauseln wie Änderungskündigungen werden bald auch die höheren Verwaltungsebenen angegriffen und auch vor den Spitzen wird nicht haltgemacht werden.

Mir ist durchaus bewusst, dass die geschilderten Zustände für einige „kaum glaubhaft“ sind, doch überzeugen Sie sich selbst: Sehen Sie, wie in den USA Hunderte von Milliarden Dollar an Einkommenssteuer trotz unmissverständlicher Urteile des obersten Gerichtshofes verfassungswidrig eingefordert werden und die Einnahmen vollständig an die privaten Zentralbanker fließen. Sehen Sie, wie sich Sheldon Cohen, ehemaliger Comissioner des IRS, in einem Interview mit Aaron Russo um Kopf und Kragen redet: sehen Sie sich ergänzend zu meinen Ausführungen den Film im Internet an unter http://infokrieg.tv/america_freedom_to_fascism_deutsch.html und denken Sie bitte daran, dass es in Deutschland keineswegs anders ist. Wir haben eine ähnlich prekäre Situation.

Lassen Sie mich einige Ausführungen zum Zustand der Justiz einfügen, da die Jurisprudenz zur Erziehung, Bildung und Pflege des Guten und Gerechten beitragen soll:

Ein Richter im Ruhestand ließ am 09.04.2008 durch seine Veröffentlichung in der Süddeutschen Zeitung die Republik erbeben und die Wellen schlagen immer höher. Dabei berichtete der Mann nur von seiner Arbeit als Richter innerhalb der deutschen Justiz. Es ist ein brisanter Rückblick in einen kriminellen Sumpf: *„Wenn ich an meinen Beruf zurückdenke, dann überkommt mich ein tiefer Ekel vor ‚meinesgleichen‘“.* Frank Fahsel, früher Richter am Landgericht in Stuttgart, gibt tiefe Einblicke in das, was Tausende von Bürgern täglich vor deutschen Gerichten erleben: *„Ich war von 1973 bis 2004 Richter am Landgericht Stuttgart und habe in dieser Zeit ebenso unglaubliche wie unzählige, vom System organisierte Rechtsbrüche und Rechtsbeugungen erlebt, gegen die nicht anzukommen war, weil sie* **systemkonform** *sind. Ich habe unzählige Richterinnen und Richter, Staatsanwältinnen und Staatsanwälte erleben müssen, die man schlicht ‚kriminell‘ nennen kann. Sie waren und sind aber sakrosankt, weil sie per Ordre de Mufti gehandelt haben oder vom System gedeckt wurden, um der Reputation willen... In der Justiz gegen solche Kollegen vorzugehen, ist nicht möglich, denn das System schützt sich vor einem Outing selbst – durch konsequente Manipulation.“*

Besser kann man den Zustand in weiten Teilen der deutschen Justiz nicht auf den Punkt bringen, mit Hilfe derer Politik und Wirtschaft den Rechtsstaat missbrauchen, wie soeben ausgeführt zum Beispiel durch die „Sozial" gesetze. Wir müssen wissen und verstehen, dass die Rechtswissenschaft KEINE exakte Wissenschaft ist und nur dann am allerbesten funktioniert, wenn größt-mögliche Freiheit und Gerechtigkeit schon herrscht! Der Bundesverfassungsrichter Prof. Dr. Willi Geiger führte in der Deutschen Richterzeitung 9, 1982, S. 325 aus: *„Ich wage nach einem langen Berufsleben in der Justiz nicht vorherzusagen, wie ein Prozess ausgeht. Nach der Regel müsste er so entscheiden werden, aber nach einer der vielen unbestimmten Ausnahmen und Einschränkungen, die das Recht kennt, kann er auch anders entschieden werden. Das genaue Ergebnis ist schlechthin unberechenbar geworden"*, und er gibt den Rat: *„Führe nach Möglichkeit keinen Prozess, der außergerichtliche Vergleich oder das Knobeln erledigt den Streit allemal rascher, billiger und im Zweifel ebenso gerecht wie ein Urteil."*

In Zeiten heutiger politischer Verkommenheit hat längst auch die Justiz an Moral verloren und ist zu einer Gesinnungswissenschaft verwahrlost, die in Abhängigkeit des politischen Mainstreams denkt und richtet. Im sich entwickelnden Zustand wird sie als Wissenschaft gefährlich, da sie nicht mehr die Kunst der gut und gerecht Denkenden ist, sondern sowohl in einer vorgeblichen Demokratie als auch in einer Diktatur funktioniert und benutzt werden kann und damit das ethische Bildungsniveau nicht steigert. Auch dagegen muss und kann etwas unternommen werden. Auch in diesem Bereich ist Aufklärung und Bewusstmachung dringend notwendig (40).

Bildung innerhalb breiter Bevölkerungsschichten kann nur in Freiheit und Gerechtigkeit entstehen. Ein rechtlich verkommender Staat bietet dafür keinen Nährboden und man sieht das an den aktuellen Auswirkungen wie steigende Kriminalität: Sowohl das (Un-)Rechtsbewusstsein wie das Bildungsniveau ist in Deutschland in freiem Fall und der Fisch stinkt vom Kopfe her.

Bildung korrespondiert DIREKT mit den Menschenrechten wie Würde und freie Entfaltung der Persönlichkeit.

Um so ungebildeter eine Gesellschaft ist, um so gewalttätiger ist sie, und zwar von staatlicher wie von bürgerlicher Seite.

„Corruptissima res publica plurimae leges“ (Der verdorbenste Staat hat die meisten Gesetze), so sagte schon Tacitus (in: Annales III, 27), und wenn ein Land führend ist an überbordender Gesetzgebung, dann ist es Deutschland! Was wir deswegen für den juristischen Bereich bräuchten, ist eine Richterwahl auf Zeit durch das Volk! (41)

Denn es sind Gesetze und Urteile, die der bundesrepublikanischen Bevölkerung das soziale Rückgrat brachen und großenteils die existenzielle Grundlagen nahmen und damit erfolgte auch ein Anschlag auf das Bildungswesen.

Abgesehen davon, dass die Betroffenen um ihr gesamtes Lebensglück betrogen werden, um ihre Planungen, Ziele und vor allem auch um den schon geleisteten Einsatz, setzt ein solches Vorgehen ein verheerendes Signal in die auszubildende Jugend, wenn die Eltern mit sehr guter und akademischer Ausbildung nicht mehr in der Lage sind, die Familie zu ernähren und Lohnhilfen beantragen müssen – während sich die Politiker mit astronomischen Überversorgungen zur Ruhe setzen, nachdem sie im Grunde gescheitert waren.

Angesichts der Gefahrenlage, die von den Parteien in der Bundesrepublik sowohl bildungs-politisch als auch insgesamt existentiell gesellschaftlich ausgeht, besteht sofortiger, ***dringender*** Handlungsbedarf.

Wissenschaft schützt vor Torheit nicht. Die Wissenschaft von heute ist der Irrtum von morgen! Es werden Millionen ausgegeben für Forschungsprojekte, deren „wissenschaftliches Ergebnis“ in Hochglanzprospekten dargestellt ist. Dann werden weitere Millionen ausgegeben, um festzustellen, dass das Ergebnis falsch ist. Das jeweilige Zwischenergebnis wird als „Realität“ verkauft.

Forschungsanstalten auch wie die Max-Planck-Gesellschaft sind nichts weiter als Geldbeschaffungsterminals für eine eingeschworene Gemeinschaft, in die man nur nach besonderen Aufnahmeverfahren Zutritt erhält. Dagegen wird freie Forschung in der BRD unterdrückt und abgelehnt. In einem Vortrag hat der Klimaforscher Josef Reichholf (42) von der Universität München geäußert, dass auf Wissenschaftler Druck ausgeübt wird, keine kritischen Meinungen zur derzeitigen Klimapolitik zu machen. Der Politiker Paqué ist mit den Worten zu zitieren: *„Wer sich derzeit öffentlich gegen die derzeitige Klimapolitik stellt, begeht politischen Selbstmord."*

Auch diesbezüglich wäre es eminent wichtig, für freie Forschung Gelder bereit zu stellen und unabhängige Gremien zu schaffen, bei denen jeder seine Vorhaben anmelden und untersuchen lassen kann. Wenn diese dann auch noch der Gesellschaft zur Verfügung gestellt würden, dann hätten wir in den nächsten Monaten eine Wissens- und Bildungsexplosion.

Es müsste sich also auch im sogenannten „Wissenschaftsbetrieb" sehr viel ändern. Er dürfte nicht mehr von alteingesessenen Machtwissenschaftlern missbraucht werden, die sich dahin verstiegen haben, „Designer-Babys" zu schaffen. Wie beim Autokauf sollen damit Sonderwünsche erfüllbar werden. Es können Sonderausstattungen geordert werden. Der IQ wird maximiert, es werden moralische High-Tech-Stoß- und Schwingungsdämpfer eingebaut und ein langes Leben wird gleich mitbestellt. Damit gerät das Erzeugen von Nachwuchs in die Nähe eines Werkvertrags: Abnahme, Garantie und Mängelbeseitigung bis hin zur Neuerstellung, alles gemäß AGBs. Das ist Wissenschaft ohne Ethik, abgesehen vom nicht nachgewiesenen Erfolg. Wissenschaft OHNE Ethik entspricht keinem wünschenswerten Bildungsideal! (43)

In der „Machbarkeits-Wissenschaft" ist der Mensch reduziert auf mach- und manipulierbare Materie und wird über seine Sacheigenschaften definiert. Damit wäre endgültig ausgeklammert, was den Menschen eigentlich ausmacht. Diese ganze Bastelwissenschaft, die sich hoch-trabend „Molekularbiologie", „Genetik", „pränatale Diagnostik" nennt, aber richtigerweise als seelenunterdrückende „Manipulistik" bezeichnet werden müsste, ist keinen Pfifferling wert, wenn sie nicht zum Kern des Menschseins vordringt: Der Seele.

Erlauben Sie mir nun noch einige kurze Ausführungen zum Thema Gesundheit, denn ohne Gesundheit keine Bildung:

Verstehen Sie bitte, warum zeitgleich mit dem Angriff auf das Familien- und das Bildungswesen der Großangriff auf das deutsche Gesundheitswesen erfolgte: Ein Kranker ist nicht in der Lage, sich zu bilden!

Im Juni 2008 ruft die „Freie Ärzteschaft" zur Großdemonstration am 19. September 2008 in Berlin auf. Ärzte, Mitarbeiter und Patienten demonstrieren gegen die fatale Ausrichtung der Gesundheitspolitik und für den Erhalt der wohnortnahen Versorgung durch Haus- und Facharzt. Geplant ist eine „Umstrukturierung der Gesundheitsversorgung". Damit wird Konzernen ermöglicht, innerhalb weniger Jahre die ambulante und stationäre Versorgung im Sinne einer Gesamtversorgung zu übernehmen. Flächendeckend werden Krankenhäuser aufgekauft und an den Kliniken medizinische Versorgungszentren – auch mit öffentlichen Geldern – finanziert. Im Rahmen der Unterfinanzierung ist die Übernahme durch Konzerne nur eine Frage der Zeit. Danach wird die Gesundheitsversorgung teurer und eine menschliche Medizin, wie wir sie in Deutschland in unseren Praxen bis heute kennen, wird zum Auslaufmodell. Außerdem soll die elektronische Gesundheitskarte als Instrument der Umstrukturierung trotz aller Kritik eingeführt werden. Die lebenslangen Arzt- und Betriebsstättennummern sind neue Beispiele des Kontroll- und Überwachungswahns.

Auch diesbezüglich erweisen sich die Politiker nicht mehr als Volksvertreter, sondern als Verrichtungsgehilfen internationaler Konzerne.

Weitgehend, ohne dass die Öffentlichkeit von den dramatischen Veränderungen etwas mitbekommt, so informierte der stellvertretende Bundesvorsitzende des Hausärzte-Verbandes, Dr. Wolfgang Hoppenthaller (44), verkaufen die Sozialpolitiker das Gesundheitssystem an Aktiengesellschaften, was zu einer Zerstörung des Gesundheitswesens und damit einer der tra-genden Säulen unseres Sozialstaates führt.

Wie Hoppenthaller ausführte, sind es auch nicht mehr die Sozialpolitiker, die diese Gesetze formulieren, sondern „Herren in dunklen Anzügen", die ihnen im Hintergrund bei der Formulierung der Gesetze „hilfreich" zur Seite stehen.

Sage und schreibe 108 hochrangige Spezialisten der Industrie waren nach Mitteilung des Bundesrechnungshofes zwischen 2004 und 2006 als „Experten" in Führungspositionen der Ministerien tätig, wo sie als Vertreter der Industrie an Gesetzesformulierungen mitwirkten.

Hoppenthaller bezeichnet diese Personen zutreffend als „Leiharbeiter", die von ihren eigentlichen Arbeitgebern, den Aktien- und Kapitalgesellschaften bezahlt werden, damit sie in deren Interesse wirksam werden. Man muss sich die Frage stellen, wozu wir dann eigentlich noch Ministerien, eine hochbezahlte Ministerialbürokratie und Abgeordnete benötigen.

Ein Letztes fehlt den großen Kapitalgesellschaften noch zum absoluten Durchbruch und damit zur endgültigen Eroberung des Gesundheitsmarktes in Deutschland: Der „gläserne" Patient. Dafür soll die elektronische Patientenakte eingeführt werden, ohne die das Abzocksystem nicht reibungslos funktioniert. Alle Daten sollen zentral auf Computern gespeichert sein, auf die jederzeit Zugriff genommen werden kann. An diesem System wird gegenwärtig mit Hochdruck gearbeitet.

Man spricht natürlich nicht vom „gläsernen" Patienten, sondern nennt es verschleiernd „Health Telematics". Dazu gehören elektronische Patientenakten, die elektronische Gesundheitskarte, der elektronische Arztausweis und vieles mehr. So wie es jetzt aussieht, wird das alles in wenigen Jahren schon Wirklichkeit sein. Auch hier macht sich der Staat zum willfährigen Handlanger der gleichen Kapitalmächte im Hintergrund, die unser Gesundheitssystem verändern wollen.

Wohin das alles führen wird, kann man heute schon sehen: Es ist genau das Gesundheitssystem, das bereits in den USA existiert. Es ist ohne jeden Zweifel das unsozialste, teuerste und menschenverachtendste der westlichen Welt. Eines der Hauptanliegen des Präsidentschaftskandidaten Barack Obama ist es – so sagte er zumindest – dieses katastrophale System grundlegend zu reformieren. Vor diesem Hintergrund ist es absolut unbegreiflich, dass sich unsere Sozialpolitiker anschicken, das bisher beste Gesundheitssystem der Welt an die Profitinteressen von Großinvestoren und internationalen Aktiengesellschaften zu verschachern, um die derzeitigen amerikanischen Verhältnisse bei uns einzuführen.

Wir haben in Deutschland in den letzten Jahren schon viele soziale Fehlentwicklungen erlebt. Wir haben schon viele negative Folgen unverantwortlicher Privatisierungen gesehen. Aber dass sich unser Staat in dieser Weise aus seiner sozialen Verantwortung im Gesundheitswesen davonstehlen möchte, um die Taschen von Aktionären noch voller zu machen, kann nicht hingenommen werden.

Patienten und Ärzte wehren sich mittlerweile gemeinsam gegen die Gesundheitspolitik, da Patienten keine Ware und Ärzte keine Sklaven sind (45). Das Fazit wäre: Raus aus dem System – aber wie?

Es wird eng für die Kranken in Deutschland. Die Sonderschullehrerin Ulla Schmidt demontiert das „Gesundheitswesen" schon seit Jahren sehr effektiv, so dass viele Mediziner ihre Praxen schlossen oder ins Ausland abwanderten. Das Gesundheitssystem befindet sich in einem höchst insuffizienten Zustand. Ein Interesse an Gesundheit und Heilung ist nicht feststellbar, sondern nur an der Verwaltung von Störung und Krankheit. Dieses System vermittelt keine Zusammenhänge, sondern trennt und spaltet: Das Kind von seiner Mutter, die Alten von den Jungen, den Menschen von sich selbst, den Kranken von seinem Arzt. Überall werden politisch gewollte, manipulative Strukturen installiert, die verhindern, dass VERBINDUNGEN entstehen und Erkenntnisse generiert werden.

Die Antikorruptionsorganisation Transparency International hat zur Situation im deutschen Gesundheitssystem im Juni 2008 ein Grundsatzpapier veröffentlicht mit dem nicht überraschenden Ergebnis, dass es dabei nur um Profit geht und im Sumpf dessen das Unkraut der Korruption hervorragend gedeiht, gedüngt und geschätzt durch die Politik. Aber auch den Versicherten gehen Jahr für Jahr Milliarden an Versichertengeldern verloren und, was noch schlimmer ist, die Krankheiten nehmen nicht ab, nur die Armut nimmt immer mehr zu.

Transparency International stellt auch fest, dass die Europäische Zulassungsbehörde für Arzneimittel von der Pharmaindustrie abhängig ist und intransparent arbeitet. Weiter meinte Transparency International, dass es ja eigentlich NICHT sein kann, **dass die industriellen Verursacher von Gesundheitsschäden stärkeren staatlichen Schutz als die Patienten genießen.**

Wenn Sie nun fragen, wieso sich diese Betrugsmechanismen im gesamtgesellschaftlichen und globalen Rahmen immer mehr entwickeln, dann muss ich Ihnen darauf antworten, dass die Elitenbildung im wesentlichen daran schuld ist. Einerseits die abgewirtschaftete Masse – andererseits die Überbezahlten. Einerseits werden große Summen an Einnahmen aus dem Volke herausgepresst – andererseits lässt man sein goldenes Besteck noch mit Diamanten verzieren.

Sie sollten wissen, dass Pharmapräparate durch die Nebenwirkungen (Vergiftungen) weltweit zur vierthäufigsten Todesursache geworden sind und mit hohen Patentgebühren belastet sind, die von den Pharmaherstellern selbst festgelegt werden (46).

Dagegen sind Naturheilverfahren nebenwirkungsfrei und frei von Patentgebühren. Darum werden sie von der Pharmalobby samt an deren Fäden hängenden Politikern als Konkurrenz gnadenlos bekämpft.

Die konsequente Folge dieser Entwicklung ist in Großbritannien zu beobachten. Die Briten erlauben das Produzieren von Chimären. Menschliche Embryonen werden mit Tieren gekreuzt, um Ersatzteillager für Menschen zu generieren, die dann höchstbietend verkauft werden können. Was wird mit den missbrauchten Seelen wohl geschehen, die im Dienste der „Wissenschaft" instrumentalisiert und getötet werden? Weil uns aber ein Wissen über die Seele nicht gestattet wird, leben wir weiter in Unkenntnis, Unwissenheit, Unmoral anstatt in Kenntnis, Wissen und Moral gleich Bildung.

Statt sich für Gesundheit und Frieden einzusetzen, fördern und betreiben die Regierungen im Auftrage der hinter ihnen stehenden Lobbyisten das Geschäft mit Krankheit und Krieg im Interesse der größten und profitabelsten Investmentbranchen der Erde – der Pharma- und der Kriegsindustrie. So werden systematisch Krankheiten erfunden, um neue Geschäfte zu machen (47) Warum gibt es über 200 Krankenkassen in Deutschland? Wegen des Wettbewerbs nach dem Motto: Konkurrenz belebt das Geschäft? Unsinn. Damit es über 200 Vorstände, Aufsichtsräte und Gremien gibt, in denen hervorragend verdient wird und in die Politiker aufgenommen werden, wenn sie ihr Mandat verloren haben – und diese Möglichkeit gibt es nicht nur bei den Krankenkassen, sondern gerne auch bei Energiegroßunternehmen.

Durch die Globalisierung und Privatisierung gibt es keine Preisstabilität mehr – so sind die Energiepreises förmlich explodiert und sollen um weitere 40 Prozent ansteigen – und den Konquistadoren und Landausbeutern ist freie Hand gegeben, Bürgerinnen und Bürger auszurauben, sittenwidrige Löhne zu zahlen und so die Grundversorgung zu nehmen. Sozialwohnungen werden privatisiert und für höhere Profite und Renditen (= Privatisierung) wird das Recht auf Gesundheit zerstört.

2008 leben in Deutschland Millionen Menschen in fortschreitender Armut und sich entwickelnder Bildungsmisere. Die Regierung schaut ohne dagegen zu steuern zu.

Der Kabarettist Frank-Markus Barwasser hat zur politischen Entwicklung folgende Metapher entwickelt: „Wir sitzen alle in einem Bus. Der Busfahrer erzählt uns viele Jahre lang tolle Geschichten. Aber er fährt nicht. Keinen Meter“. Wir müssen das nur noch etwas ergänzen: Während die Mitfahrer im Bus kaum etwas verdienen und sich mühsamst über Wasser halten, kassiert der Fahrer richtig ab und verschwendet sogar im Übermaß.

Krieg allerorten, aber es ist ein Krieg ohne Kanonendonner. Deutschland befindet sich trotz des immer noch geltenden Feindstaatstatus der UN – zur Erinnerung sei angemerkt, dass es keinen Friedensvertrag mit Deutschland gibt – auf Platz 14 einer Liste, auf der die friedlichsten Länder genannt werden (48). Die Heimat des Warlord Bush rangiert auf Platz 97 und das sich immer wieder als „friedliebend“ bezeichnende Israel auf Position 136 von insgesamt 140 Plätzen. Wo Frankreich steht, war nicht zu ermitteln, denn sein Präsident befand sich gerade mit seiner Mittelmeerunion auf Kriegskurs. Diese neue Union ist nichts anderes als der Versuch, Nordafrika mit der EUdSSR (in Anlehnung an die ehemalige UdSSR (49)) gleichzuschalten, um eine größere Spielwiese für global player zu schaffen. Wie lange wird das so noch weitergehen?

In dem Gefüge „Deutschland“ ist Bildung nur vereinzelt möglich, nicht flächendeckend, da kommt es eher immer mehr zu MissBildungen. Bildung ist zwar sogar in einem Luftschutzkeller möglich, da, wo die oder der Jugendliche verbarrikadiert auf den gymnasialen Latein- und Mathematiklehrer trifft und „zufällig“ auch noch die lateinische Grammatik „Fundamentum Latinum“ greifbar ist – da ist Bildung möglich, aber nicht mehr regelmäßig in *dieser* Gesellschaft.

Um Bildung wieder flächendeckend zu ermöglichen, müsste deshalb zunächst die Gesellschaft insgesamt stabilisiert werden. Die Politik wird vom Volke gemacht. Die Hierarchien würden abgeflacht, den Menschen dadurch das Sein wieder ermöglicht, auch zum Beispiel durch die Einführung des Grundeinkommens, welches aber deutlich höher liegen müsste als der heutige Hartz-IV-Regelsatz.

Es müsste Volksabstimmungen zu allen wichtigen Entscheidungen geben. Die Besteuerung müsste gerecht werden, die Justiz muss endlich ihre Unabhängigkeit erwirken, ausbeuterisches Unternehmerverhalten sollte strafbewehrt sein, und wenn wir dann in einer Kultur leben, die persönliche Freiheit, Unabhängigkeit und das Recht auf uneingeschränkten Genuss verwirklicht hat, dann entwickelt sich auch wieder die Lust auf Bildung.

Bis dahin bleibt Bildung ein individueller Luxus, den sich immer weniger erlauben können, was aber für die Menschheit ein verheerende Katastrophe ist, da damit die Verrohung einherschreitet. Und wenn Sie nun noch wissen wollen, WIE diese Verrohung um sich greift, dann sehen Sie sich doch einmal die Sprachkultur an: Worte wie „Idiot“ oder „Scheiße“ werden mittlerweile im Alltag akzeptiert, wenn auch viele merken, dass ihre Sprache verkommt (50). Irgendwann wird auch wieder die Zeit vorbei sein, in der Jugendliche ohne Bildung – ja gerade mangels Bildung – mittels „kreativer“ Grammatik „Kultsprachen“ kreierten und Sänger und Schauspieler, die damit Millionen verdienten – Pestalozzi nannte das *„Die sanfte Verblödung“*. Es war die Zeit des Dysgrammatismus und des ins Unbekannte entschwindenden Genitivs, eine Zeit der Un- und Umbildung zugunsten des Abbaus der Werte und damit der Umerziehung.

Kommen wir zu einer weiteren Frage:

3. Was leisten die Bildungsinstitutionen von den Familien über den Kindergarten hin zur Schule und Universität, von den politischen Parteien über die Medien zu eigenen Vorstellungen und wer formuliert, implementiert und kontrolliert diese und mit welcher Absicht?

Wie schon bei der Bildungsberichterstattung erwähnt, leisten die Institutionen immer weniger. Dasjenige, was für Frankreich schon „aktenkundig“ ist (51), hat sich auch schon an deutschen Schulen längst verwirklicht: *„Unsere Schüler sehen keinen Sinn darin, zur Schule zu gehen, wenn sie draußen als Drogenbote oder Dealer gutes Geld verdienen können.“* – Eingeschränkt nachvollziehbar, wie ich finde. Vor allem, worin sollte denn ein Anreiz für ein Studium bestehen, wenn man nachher arbeitslos ist oder einem „peanuts“ angeboten werden?

Die Deutschen waren einmal ein breit- und hochgebildetes Volk. Heute gibt es unter ihnen 4 Millionen Analphabeten. Die Grundschulen, die Gymnasien, die Universitäten, um die sie einst die ganze Welt beneidete, sind in äußerst schlechtem Zustand. Bereits Schulen müssen sich rechnen wie Krankenhäuser, die geschlossen werden, wenn sie betriebswirtschaftlich nicht leistungsfähig sind. Investiert wird in Bildung nichts, es wird nur herausgeholt, und wenn nichts mehr zu holen ist, dann holen „wir“ junge und leistungsfähige Akademiker mit der „greencard“ aus dem Ausland. Dass das Land mit dieser Verfahrensweise binnen 20 Jahren verkommen ist, dürfte vorstellbar sein.

Zwecks „größerer Chancengleichheit“ wurde ja auch der Meisterbrief aus dem Verkehr gezogen und jeder Beruf ist nunmehr ein „Job“. Hire and fire. Der Mensch ein Sklave der Ökonomie, die Menschheit „rechnet sich“ nicht mehr, wir sollten sie abschaffen. So ist die Menschheit heute vermasst, manipulierbar, knetbar, lenkbar.

Unentwegt gibt es irgendwo im Lande Schüler-, Eltern- und auch Lehrerproteste mit Unterstützung der Gewerkschaften, der Elternbeiräte oder auch der Studenten, oft mit einer Beteiligung von insgesamt 200 000 Personen gegen die fortschreitende „Bildungsmisere“ und die „skandalösen“ Lernbedingungen – ohne Erfolg. Weder das Lernen noch das „Gemeinsame Lernen“ werden ermöglicht – die Politik handelt NICHT! Seitens der Politik ist das Nichthandeln ein gezielter Sabotageakt gegen eine friedliche und seelenvolle Sozialisation der Kinder.

Die überwiegende Anzahl der Kinder lernt aus einem inneren Impuls zum Überleben, dann aus Liebe zu den Eltern und aus Affinität zum Leben gerne und zwar in intakten Familien solange, bis sie in eine Erziehungsinstitution gebracht werden, und die erste auf dem langen Wege ist der Kindergarten (52), wo die Erziehung sowohl für die Kinder als auch für die ErzieherInnen immer schwerer wird. Es beginnt heute in frühen Jahren die Beschwernis, das Leben kaum ertragen zu können, wenn die Kinder die Zustände langsam mitbekommen, in denen immer mehr Familien leben müssen, oder auch die zunehmenden Umweltverschlechterungen. Die Leistungsbereitschaft und dadurch das Leistungsniveau sind steil gefallen, was mit einer verminderten Aufnahme- und Konzentrationsfähigkeit zusammenhängt. Die Kinder erfahren sehr früh zu Hause, wie schwer das Leben ist und übertragen dies in ihr Leben und kompensieren es, wie aus dem intensivpädagogischen Bereich bekannt ist, mit Aggression und Autoaggression.

Wir können eine einfache Formel aufstellen: In dem Maße, wie die Gesellschaft verroht, nimmt die Leistungsbereitschaft ab – natürlich nicht als kognitiv-analytischer Prozess, vielmehr als natürliche Reaktion auf eine zerstörte (Um-)Welt.

Top-Models, Rennfahrer, Schauspieler, gecastete Top-Stars, Ministerpräsident oder sogar Präsident von Amerika – alles ohne besondere Bildung möglich. Mache „den schnellen Euro“, einen „Deal“, Quantität statt Qualität – Bildung wird nicht honoriert, Bildung ist langweilig, wir haben keine Zeit für Bildung, wir müssen Geld verdienen.

Nach Hans Pestalozzi verlieren heute Kinder nach einem Jahr Schulbesuch 90 Prozent ihrer ursprünglichen Gestaltungs- und Ausdrucksfähigkeit. Wer sich später noch durch ein Studium „quälte" – das ist die gängige Beschreibung für das Studieren – der ist danach kaum noch in der Lage, ein Buch zu lesen – und halten Sie das bitte NICHT für übertrieben! Wenn wir bedenken, dass viele Diplom-Betriebswirte mit Promotionsrecht heute nur noch Leiter der Herrenabteilung eines Kaufhauses werden und sich bei dieser Wirtschaftslage darüber sogar noch freuen sollen, dann wissen wir, dass lebenslange Frustration mit entsprechend somatischen Ausprägungen vorgezeichnet ist.

Diejenigen, die vor 50, 60 Jahren die Volksschulen verließen, sprachen und schrieben fehlerfrei Deutsch. Das können wir heute nicht einmal mehr von einem ausgebildeten Akademiker erwarten. Was früher für die Mittlere Reife verlangt wurde, wird heute schon als Abitur gewertet. Was früher Seminararbeiten waren, ist heute der Bachelor-Abschluss, was früher für das Diplom verlangt wurde, bringt heute schon den Doktortitel, so wurde mir von mehreren Gymnasial- und Hochschullehrern versichert. Deutschland hat, angefangen bei den einfachen Kulturtechniken (rechnen, schreiben, lesen) bis hin zu den qualifizierten Abschlüssen, Jahrzehnt für Jahrzehnt nur abgebaut – ein Verlust für das Land, ja für die Menschheit.

In Korrelation dazu steht heute die wachsende Gewalt an den Schulen bis hin zu Amokläufen. Ohne diese Gewalt irgendwie beschönigen zu wollen, ist sie aber auch Ausdruck offener Rebellion und Gegengewalt gegen eine zerstörerische Politik, gegen die zerstörten Familien und Zeichen sozialer Bindungslosigkeit. Die Regierungen nehmen den Menschen immer mehr die Grundlagen eines menschenwürdigen Daseins und beschleunigen damit den Werteverlust und die Orientierungslosigkeit. Bereits 1992 veröffentlichen LehrerInnen der „Fachgruppe Realschule" einen Epilog, in dem es hieß: *„...es werden dem Gesetzgeber und den Bürokraten schon gelingen, den Patienten SCHULE gründlich zu Tode zu ku-*

rieren" (53). Natürlich ist es gelungen. Es wird den Politikern doch wohl auch noch gelingen, die Hölle auf Erden zu verwirklichen.

Lassen Sie mich etwas zu den Universitäten schreiben, obwohl es zu den Schulen und Berufsschulen (burn-out, Frühpensionierung etc.) noch vieles darzustellen gäbe: Die Universitäten entstanden in dem Geiste, den Schöpfungsplan Gottes mit dem Verstand zu erkennen – und was ist bis heute daraus geworden?

Spinoza lehnte seine Berufung ebenso ab wie das Universalgenie G. Arnold, wobei letzterer sogar „Ekel" empfand. Nietzsche hielt ein radikales Wahrheitswesen für die Universitäten für unmöglich. Heute ist Forschung, Paradigmenerweiterung und Andersdenken an den Universitäten überhaupt nicht mehr vorgesehen. Mit der Umwandlung der Universitäten in Stiftungsuniversitäten gilt es heute nur noch, Ansichten zu rezipieren. Es sind verschulte Ausbildungsstätten von frustrierender Ergebnisarmut, in denen es ein Wagnis ist, dem Professor zu widersprechen, wenn man ein Examen machen möchte und weshalb man auch allerorten diese anpassungsbereite Ängstlichkeit verspürt.

Es mag sein und ist zu hoffen, dass es zu einer Renaissance der Universitäten kommt, dann aber erst nach der Befreiung von der großen Katastrophe Parteienstaat und Großkonzern Deutschland und damit der Befreiung von der Dominanz der Ökonomie zugunsten eines freien Geisteslebens.

Es ist damit zu rechnen, dass es, wie in Frankreich bereits im vergangenen Jahr, etwa ab dem Jahre 2009 in Deutschland zu sozial motivierten Aufständen kommt. Dafür rüstet die Bundesregierung bereits auf und setzt dann das Militär gegen die Bevölkerung ein. Glauben Sie, dass unter solchen Verhältnisse die Schulen neu gestrichen werden oder Goethe neu verlegt wird?

4. Ist Bildung überhaupt noch (gesellschaftlich) intendiert? Stichwort: „Doofsein ist cool".

Die Frage ist meines Erachtens schon überwiegend beantwortet: Bildung wird in höheren Bildungsschichten sicherlich intendiert und auch ausgeprägt und gelebt. Seitens der Politik scheint mir Bildung nicht wünschenswert, weil der gebildete Mensch die heutige Politik „einfach nur“ ablehnen wird.

Wer Präsident der USA werden möchte, muss ein Volk voller Unwissender gewinnen. Denn rund 40 Prozent der Amerikaner unter 44 Jahren haben 2007 kein einziges Buch gelesen. Das Niveau der Allgemeinbildung ist entsprechend katastrophal: So können etwa ein Drittel der jungen US-Bürger weder den Irak noch den Bundesstaat New York auf einer Landkarte zeigen. Mit den Politikkenntnissen sieht es ähnlich erbärmlich aus: 41 Prozent der US-Bürger glauben allen Ernstes, dass Saddam Hussein in die Anschläge vom 11. September 2001 verwickelt gewesen sei, teilt das Nachrichtenmagazin „Newsweek“ mit (54).

Trotz High-Tech-Industrie, Elite-Universitäten und zahllosen Nobelpreisträgern steht die globale Führungsmacht am intellektuellen Abgrund: In den USA seien Wissen und Lernen aus der Mode gekommen, behauptet die Publizistin Susan Jacoby. *„Amerikaner sind in großen intellektuellen Nöten – wir sind in Gefahr, unser hart erworbenes kulturelles Kapital gegen eine bösartige Mixtur von Anti-Intellektualismus, Anti-Rationalismus und niedrigen Erwartungen zu verlieren“*, schreibt sie in ihrem heiß diskutierten Buch „Das Zeitalter der amerikanischen Unvernunft“. Es gebe fast einen „Kult der Blödheit“. Die Lust der Jugend an Videospielen und Internet-Plattformen verstärke nur den Trend zu Verflachung und Verdummung. „Doof ist heute cool“, meint Jacoby.

Meines Dafürhaltens ist der „Kult der Blödheit“ zweierlei begründet: Einmal als eine Reaktion auf eine Politik, die Forschungsergebnisse, vor allem auch von Gesellschaftswissenschaftlern, überhaupt nicht zur Kenntnis nimmt und zwar deshalb nicht, weil sie sich sonst von der Macht trennen müsste und zweitens als eine Reaktion auf die Lebensmanipulation, die vor allem durch die privaten Sender betrieben wird, betrachtet man hier jene Programme, die sich ausschließlich der Verdummung widmen, oft sogar hinter der täuschenden Vorgabe der Aufklärung.

So wie man sagt, dass ein Volk immer die Politiker hat, die es verdient, so müsste umgekehrt die Erkenntnis für einen Politiker bitter sein – wenn er sie denn hätte – dass er sich nur deshalb in der Welt des Politischen halten kann, weil das Volk so einfältig ist, ihn dort zu akzeptieren.

Präzise formuliert kenne ich keinen Intellektuellen (55), der einen Herrn Bush, eine Frau Merkel oder einen Herrn Sarkozy, einen Tony Blair oder gar Berlusconi als Präsidenten akzeptiert, deswegen machen für Politiker auch Sportler oder Schauspieler Werbung und das ist keineswegs überheblich gemeint, sondern rein die Tatsachen beschreibend. Und das ist der genaue und exakte Grund dafür, dass die Bildung so niedrig wie möglich gehalten wird.

Kennen Sie das sogenannten „Peter-Prinzip", genannt nach seinem Erfinder Laurence J. Peter?

Peter beschreibt damit, wie es zur Hierarchie der Unfähigen kam: Die wenigsten Vorgesetzten werden jemanden einstellen, der für sie erkennbar klüger und fähiger ist als sie. Nun stellen Sie sich bitte einmal vor, dass dieses Prinzip seit Jahrzehnten angewandt wird und schon wissen Sie, wer heute auf den Stühlen in leitender Stellung sitzt – und das ist kein Witz, sondern das Ergebnis einer wissenschaftlichen Untersuchung und es entspricht meiner eigenen Beobachtung: Die allermeisten Entscheidungsträger sind heute geistig überfordert und das betrifft alle Bereiche, Spitzenpositionen in der Wirtschaft und Politik wie Leitungspositionen in der Sozialwirtschaft und in den Verbänden.

Und in der geistigen Überforderung liegt auch der tiefere geistige Grund für die Globalisierung, abgesehen von der ökonomischen Dominanz: Diejenigen, die die Globalisierung betreiben, sind mit der Vielfalt der Arten, der Sprachen, der Eigenarten, der Mentalitäten und Temperamente schlicht überfordert. Deswegen soll alles gleichgemacht werden, um sich selbst nicht zu verlieren. Das ist eine schwere Form der Sozio- und Psychopathie: Der Globalisierer MUSS aus innerem Antrieb mit allen Mitteln – vor allem der Gewalt – an die Spitze gelangen, um Überschaubarkeit für seine Schlichtheit herzustellen. Anstatt auf die Idee zu kommen, seine inneren Parameter durch Grenzüberschreitungen zu erweitern, reißt er alles Äußere nieder und globalisiert und vereinfacht. So steckt hinter dem Irrsinn der Zeitgeschichte wie immer der tatsächliche Irrsinn von Psychopathen, die erbittert darum kämpfen und millionenfaches Leid heraufbeschwören, um ihre innere Unausgeglichenheit durch ihr Machtstreben zu besänftigen.

Fazit: Das Ziel der Evolution besteht darin zu lernen, miteinander zu kooperieren, um bezüglich der Herausforderung des Menschseins gemeinsam adäquate Lösungen des Verstehens zu entwickeln – doch es gibt Ausnahmen, die sich dem Evolutionsziel nicht verpflichtet fühlen, und diese Ausnahmen re-GIER-en die Welt mit divide-et-impera, mit Lüge, Benachteiligung, Absonderung und Ausgrenzung.

Doch die Welt wird nicht genesen am maximalen Gewinn oder am unbegrenzten Reichtum einzelner, sondern das Überleben der Menschheit hängt von der Solidarität von Gruppen ab.

Innerhalb der Gruppe lernt der Mensch, sich über sich selbst hinaus in das „Wir" zu entwickeln, sich konstruktiv anzupassen und an gemeinsamen, wesensgleichen Zielen zu arbeiten und geschlossen zu handeln. Lessing schrieb dazu in seiner „Erziehung des Menschengeschlechts", dass *„die Erziehung des Einzelnen die der ganzen Menschheit ist. Die Vollendung des Einzelnen besteht darin, an der Vollendung der Menschheit teilzuhaben."* Nun glauben die großen Antagonisten der freien Entwicklung und Entfaltung der Völker, dass gerade sie es wären, die ausschließlich an der Vollendung der Menschheit arbeiten würden, und genau mit dieser Auffassung sind sie im Irrtum. Sie sind deshalb im Irrtum, weil man mit Krieg, Gewalt, Not und Leid letztlich nicht Positives bewirken kann.

Quo vadis Deutschland? Die Frage könnte auch lauten: Quo vadis humanitas?

Deutschland entschwindet dahin, wohin die Menschlichkeit längst schon verschwunden ist: In Richtung soziale Aufstände, wenn nicht in die Folter-Gefängnisse der CIA.

Die letzten Dekaden des zweiten Millenniums waren geprägt von großen Veränderungen auf allen Ebenen durch die politischen Reformen zum Schlechteren, versehen mit der Gewalt der TINAs (there is no alternative – also keine Wahl!), welche das zwanzigste Jahrhundert zu einem Trauerspiel gemacht hatten und in das übergeordnete Konzept des Globalismus einmündeten.

Die Wende wurde mit Hilfe der Medien von Marionettenregierungen der alles kontrollierenden Großkapitalisten in einem Großteil der Welt erwirkt. In Deutschland existieren nur zwei große Mediengruppen: Bertelsmann und Springer. Bertelsmann wird von der Freundin der Frau Merkel, ehemals Telefonistin und später Frau des Herrn Mohn, geführt, Springer von der ebenfalls Merkel nahestehenden „Friede" Springer, früher Kindermädchen bei Axel Springer.

In der ganzen westlichen Welt gibt es überhaupt nur fünf große Medienkonzerne: AOL Time Warner, NBC Universal, Bertelsmann, Murdoch (News Corp.) und Viacom. Ob nun Angela Merkel in Deutschland mit ihren beiden Freundinnen Springer und Mohn, oder Nicolas Sarkozy in Frankreich, der schon als Bürgermeister der Pariser Millionärsvorortes Neuilly engste persönliche Beziehungen zu den Tycoons der französischen Medienlandschaft geknüpft hatte (56): Alle Völker dieser Welt werden von ihren jeweiligen Politikern mit Hilfe der Medien kontrolliert. Freie und vor allem frei denkende Journalisten flüchten ins Internet, doch auch hier werden sie überwacht und ggf. verfolgt, drohen sie wirksam zu werden. Die Medien sind in den Händen von Unternehmern, die sich die Völker wie Untertanen halten und sie nur mit denjenigen Informationen versorgen, die zum Erhalt dieses Zustandes beitragen.

Nach einer Mitte der 80er Jahre unternommenen Analyse des fernsehkritischen Medienwissenschaftlers Neil Postman droht der – wie er meint: post-totalitären, von politischem Zwang befreiten – Gesellschaft eine neue Art geistiger und kultureller Kontrolle – eine willig angenommene, vom Massenmedium Fernsehen vorangetriebene Gleichschaltung in der schönen neuen Welt der Spaßgesellschaft: „Wir amüsieren uns zu Tode", so lautet deshalb auch der Titel seines Buches. Ich finde diese Aussage in sich nicht stringent: Richtig ist, dass die

Gesellschaft einer geschickt lancierten, willig angenommenen geistigen und kulturellen Kontrolle unterliegt, die gerade zum politischen Zwang benutzt wird und insofern prädiktatorische, neue faschistische Züge enthält. Ein freies Geistesleben ist da nur schwerlich möglich.

In den Medien, besonders seit Aufkommen der schon angesprochenen Privatsender, wurde immer stärker eine wünschenswerte soziale Lebensform betont im Gegensatz zu einer Kultur der Bildung. Das heißt explizit: Amüsement statt Aufklärung, Verblödung statt Bildung, Konsum statt Kultur trotz teilweise pseudokritischen Inhalts („Lindenstraße", Gerichtsshows), bei größtenteils implizierter Verdummung („Gute Zeiten, schlechte Zeiten"). Nun lässt das Interesse am Fernsehen wie an den Medien überhaupt nach, wahrscheinlich weil immer mehr die gezielte Verdummung fühlen, ahnen, spüren.

Rechtzeitig hat man als weiteren Kontrollmechanismus eine Kultur der Angst installiert, die auf Massenarbeitslosigkeit und Armut, Gesundheitsgefährdung und Hunger basiert, subsidiär auf Klimawandel, Preissteigerungen, Umweltzerstörung, Pandemien, Endzeitphantasien. Der Psychologe Gustave Le Bon schrieb dazu schon: *„Die Ideen, Gefühle und Glaubenssätze der Masse haben eine ebenso starke Ansteckungskraft wie die der Mikroben"* (57).

Der Hinduismus nennt diese Zeit, in der wir leben, das „Kali Yuga" – *der Zeit ohne Moral und Ethik* – und fraglich ist, ob wir am Anfang dieser Zeit oder mehr schon gegen dessen Ende leben.

Es gibt immerwährende, sich stetig wiederholende Muster in der Menschheitsgeschichte: Jemand wird geboren, erreicht seinen Zenit und stirbt und das, was für Menschen gilt, das gilt auch für Unternehmen und Märkte, Volkswirtschaften und Weltreiche. Und umso steiler etwas gestiegen ist, umso tiefer fällt es und da gibt es keine Ausnahme: Aufstieg und Fall sind so sicher wie Anfang und Ende.

Nun müssen die Völker diese Welt, ihren Garten Eden, ihr Paradies auf Erden schaffen, in- dem sie die Welt wirklich „auf Vordermann" bringen und die abgestorbenen Wurzeln, das Wachstum erstickende Moos und die Unkräuter, die die Atmung der Gräser, das Leben eines Großteils der Menschheit existentiell gefährden, vertikutieren nach dem Motto: „Weg mit dem Filz" (58).

Das Vertikutieren reißt die alles Leben erstickende Schicht des Filzes zwischen Kapital und Politik auf und entfernt die tödliche Umklammerung, so dass die Menschheit wieder atmen kann (59).

Also weg mit dem Filz der Parteien und des sie dominierenden Geldadels, die Deutschland gemeinsam nun seit mindestens 60 Jahren kontinuierlich in Grund und Boden regieren. Was wir brauchen, ist eine tatsächliche Reformation und Erneuerungsbewegung, eine Kultur des Kaizen, wie man das in Japan nennt, eine Strategie, die **eine wirkliche Veränderung zum Besseren bewirkt.**

Milton Friedmans Auffassung, das Gewinnstreben als das „Wesen der Demokratie" (60) zu erklären, muss endlich entschieden widersprochen werden. **Das Wesen der Demokratie ist die Idee und Verwirklichung des bestmöglichen Lebens aller Menschen in Frieden und Freiheit**.

Deshalb stehen wir heute vor der Notwendigkeit einer über die „europäische Aufklärung" weit hinausgehenden „Aufklärung zweiter Ordnung", wenn man so will vor einer „Vernunftrevolution". Dabei sollte niemand erwarten, dass weder eine solche Aufklärung noch eine Veränderung der politischen Verhältnisse zugunsten aller im Sinne der Herrschenden ist, und deshalb wird auch diese „zweite Aufklärung" bei den heute Herrschenden und ihren „heimlichen Helfern" nicht willkommen sein. Da geben wir uns keinen Illusionen hin, noch rechnen wir damit, dass es leicht wird oder dass uns geholfen wird. Im Gegenteil wird der bildenden Aufklärung und Verbesserung jeder erdenkliche Stein in den Weg gelegt werden, der greifbar ist.

Der Mystiker und Visionär Jakob Lorber sagte über die Politik: *„Die Politik ist die Frucht des Misstrauens, das Misstrauen die Frucht eines verdorbenen Herzens, und das verdorbene Herz ist ein Werk des Satans, in dem keine Liebe ist. Daher ist die Politik äquivalent mit der Hölle; denn diese ist aus der allerabgefeimtesten Politik zusammengesetzt, und der Satan selbst ist der Großmeister aller Politik."* Sie denken, dass ich übertreibe oder dramatisiere? Die Mächtigen haben überhaupt keine Probleme damit, Hunger und Armut zu erzeugen, um die Weltwirtschaft zum Beispiel von der Einführung des Gen-Saatgutes zu überzeugen (61), sowie sie auch schon das Blut anderer in Strömen zugunsten ihrer vollen Erdölkassen vergossen.

Die herrschenden Parteien fürchten nichts mehr als Plebiszite. In Deutschland wollen die etablierten Parteien ja nicht einmal auf Bundesebene Volksabstimmungen zulassen. Sie fürchten die direkte Demokratie wie der Teufel das Weihwasser, weil sie wissen, dass praktisch die gesamte Politik der Bundestagsparteien am Willen der großen Mehrheit der Bevölkerung scheitern würde. Es ist im übrigen eine Ungeheuerlichkeit, dass die Bundesdeutschen nicht imstande sein sollen, über existenzielle Fragen selbst zu entscheiden, während sich die Damen und Herren Volksvertreter legitimiert fühlen, laufend gegen die Interessen des eigenen Volkes Politik zu machen, ohne in erkennbarer Weise besonders gebildet oder dafür speziell ausgebildet worden zu sein.

Niemand glaubt ernsthaft, wenn es denn überhaupt gelingen kann, dass es leicht wird, diese totale Verkrustung der Macht-über-andere mittels Politik und Geld aufzulösen und in Freiheit und Glück zu transformieren, doch wollen wir mit Mahatma Gandhi hoffen und vertrauen: *„First, they ignore. Then they laugh at you. Then they fight you....and then you win!“* (Erst ignoriert man, dann lacht man über dich, dann bekämpft man dich ... und dann gewinnst Du).

Denn wenn wir nicht damit beginnen, dann wird sich die Vision des Sehers erfüllen und die Erde zu einer wahren Hölle, wie sie es für Milliarden von Menschen schon ist – ja, für Milliarden! Denn von den etwas über 6 Milliarden Menschen, die auf der Welt leben, leben fast 5 Milliarden bereits in völliger Abhängigkeit und viele glauben sogar noch, diese Abhängigkeit *wäre* die Demokratie, soweit deformiert und desinformiert ist ihr Bewusstsein und ihr Bildungsstand.

Politische Entscheidungen GEGEN DIE MEHRHEIT der Bevölkerung sind und waren verfassungs- und völkerrechtswidrig (62) und sind insofern nichtig. Im Zuge der sogenannten

Globalisierung werden die Völker sukzessive nach den ReFORMvorhaben „Privatisierung“ und „Globalisierung“ finanziell enteignet und politisch entrechtet (EU-Vertrag, „Krieg dem Terror“). Doch nur vereinzelt scheinen die Menschen – nicht zuletzt wegen der dämonischen Größe und der unbegreiflichen wirtschaftlichen Katastrophen (steigende Energie- und Lebensmittelpreise, Armut und Verelendung) – zu begreifen, was mit ihnen gespielt wird und was für sie vorgesehen ist.

Wir brauchen deshalb nichts dringlicher als eine Solidarität nicht nur der führenden Köpfe dieses Landes – und zwar derjenigen, die noch nicht korrumpiert sind – sondern auch eine Kooperation über alle Schichten und Bildungsstände hinweg, um gemeinsam den Geld- und Politmächten entgegentreten zu können.

Meines Erachtens ist das Kooperationsbündnis Zukunftsfähiges Deutschland (www.kooperationsbuendnis.wg.am), wie es sich zur Zeit konstituiert, in der Lage, neue, tatsächlich demokratische Strukturen in Deutschland wieder herzustellen, wenn es gelingt, verschiedene Interessen, Lebensstile und Religionen zu einer Koexistenz zwecks gemeinsamen Ziels zu bewegen.

Demokratie geht gemäß Art. 20 Abs. 2 GG vom Volke aus. Das Volk muss bei allen Fragen, vor allem bei den großen Fragen von nationaler und internationaler Bedeutung nicht nur gefragt werden, sondern entscheiden. In Deutschland garantiert Art. 20 Abs. 4 des Grundgesetzes das Recht eines jeden Deutschen, gegen jedermann Widerstand zu leisten, der es unternimmt, die in Art. 20 GG niedergelegte Staatsordnung (Föderalismus-, Republik-, Demokratie- und Sozialstaatsprinzip, Gewaltenteilung, Gesetzesbindung der drei Gewalten, Freiheitlich Demokratische Grundordnung) zu beseitigen, wenn andere Abhilfe nicht möglich ist. Die BürgerInnen sind also explizit zum Widerstand aufgerufen, und da, wie nachgewiesen ist, weder das Demokratie- noch das Sozialstaatsprinzip verwirklicht ist, besteht Widerstands-recht.

Fraglich ist, ob und welche „Abhilfe“ möglich wäre. Wie bereits festgestellt, ist das Abwählen der einen und das Wählen einer anderen der bestehenden Parteien durch Koalieren und Verfälschung des Wählerwillens sinnlos. Eine neue Partei zu gründen ist schwierig, da man dazu über eine große Kapitaldecke verfügen müsste, die meines Erachtens, um wirklich Beachtung zu finden und wirksam werden zu können, bei ca. 50 Millionen Euro läge.

Bleibt ein Kooperationsbündnis von neuen und heute schon bestehenden und tätigen Zustandsverbesserern und Erneuerern. Ein solches Kooperationsbündnis ist denkbar und wird ja auch versucht und wird auch Wirkung haben, aber da innerhalb solcher Bündnisse genau dieselben Machtprofilierungen zu befürchten sind, wie wir sie aus den Konzernen und eta-blierten Gremien kennen, ist es eine Frage der Durchsetzbarkeit über Einzelinteressen hinaus – und das wird zumindest schwierig.

Trotzdem wird sich das transnationale Establishment der Verwirklicher von soziopathischen Einzelinteressen nicht ewig halten können. Es wird sich wie das Rumpelstilzchen selbst zerreißen, nur wird bis dahin nochmals viel Leid geschehen, denn ohne Not, Armut, Tod und Krieg geht „bei denen“ nichts.

Letztlich plädiere ich also für das Kooperationsbündnis, denn es muss s o f o r t gehandelt werden. Was wir brauchen, ist der Wille mit entsprechender Tatkraft zur Erneuerung und Verbesserung des Lebens.

Die Bevölkerung Deutschlands ist nicht politikverdrossen, sondern sie hat großenteils resigniert. Diese Resignation ist nur durch Erfolge gegen die bestehende Kuratel zu über-winden. Erfolge können dann aber im positiven Sinne einen Flächenbrand erzeugen. Es geht um aktuelle Lebensfragen der BürgerInnen Deutschlands und um ihr Lebensglück, welches nur in einer echten Demokratie gefunden werden kann.

Was wir brauchen, ist ein Europa der souveränen Republiken, Vaterländer mit eigenen Muttersprachen, und innerhalb des jeweiligen Landes autarke, starke regionale Selbstverwaltungen.

6. Zukunftsperspektive Bildung: Was ist möglich? →Begründung einer Neuen Pädagogik auf den Grundlagen von sozialem Frieden und Gerechtigkeit und der Erkenntnis einer umfassenderen Weltanschauung

Bildung ist speziell für Deutschland der wichtigste Rohstoff. Dieser Rohstoff bedarf eines besonderen Nährbodens:

Der beste Humus für Bildung sind die Pausen, das schöpferische Innehalten, Augenblicke und Zeiten der Muße. Das griechische Wort für ‚Muße' heisst σχολη, von dem sich das lateinische Wort ‚schola' ableitet: Schule. Die Schule – ursprünglich gedacht als Ort der Muße, an dem man nicht nur etwas lernt, sondern vor allen Dingen das Lernen lernt. ‚Nicht für die Schule, sondern für das Leben lernen wir', lautet ein bekannter Spruch. Kaum einer weiß übrigens, dass Seneca genau das Gegenteil geäußert hat: *Non vitae, sed scholae discismus* (Brief 106 an Lucilius). Vorausgeschickt hatte er eine bissige Bemerkung über die Wissenschaften und ihre spitzfindigen Untersuchungen, die davon ablenken würden, dass es etwas Wichtigeres im Leben gäbe als möglichst viel Wissen anzuhäufen, nämlich: ein guter Mensch zu sein.

Haben wir uns bisher darüber Gedanken gemacht, was einen gebildeten Menschen ausmacht, so müssen wir uns nun anscheinend noch Gedanken machen, was ein guter Mensch ist, doch das ist vielleicht nicht so schwer, da jede(r) über ein Gewissen und ein Rechtsempfinden verfügt.

Ein guter Mensch ist zweifellos einer, der teilt, auch mitteilt, der teilhaben lässt und selbst Teil ist und der von Frieden, Freiheit und Liebe beseelt ist. Teilen und Teilhaben lassen sind die höchsten Prinzipien der Ethik – also das genaue Gegenteil von dem, was heute seitens der Politik praktiziert wird – wo sich die Menschheit aber insgesamt hinentwickeln muss, um in Frieden und Freiheit, in schöpferischem Innehalten und Zeiten der Muße Ideen zu entwickeln, die das gemeinsame und bestmögliche Überleben aller gestalten.

Stellen wir aber fest, dass ein gebildeter Mensch sich durch Ruhe, Muße und Kontemplation auszeichnet und nahmen wir schon zur Kenntnis, dass alle Erziehung nur in gesellschaftlicher Stabilität stattfinden kann, dann wissen wir auch, dass sich das mit den heutigen Forderungen von sogenannter Flexibilität und Mobilität, ständigem Konkurrenzkampf, ewiger Evaluation, andauernder Optimierung und pausenlosem

Qualitätsmanagement, wie es die „modernen Berater" der McEarnMoney-Gesellschaften proklamieren, nicht verträgt.

Letztgenannte Kriterien wurden ja auch nicht zur Verbesserung, sondern zur Zerstörung implementiert. Ist Ihnen aufgefallen, dass bei dem unentwegten Qualitätsmanagement kaum noch jemand die eigentliche Arbeit erledigt? Dass Flexibilität und Mobilität die Familien zerstörte und zur allgemeinen Orientierungslosigkeit beitrug? Ist Ihnen aufgefallen, dass Evaluation in erster Linie ein Mittel war, um Anpassungsverhalten zu erzwingen?

Was wir haben, ist eine Kontrolle des Denkens durch die Bildungssysteme mit einer stetig größer werdenden Entfremdung des Menschen von sich selbst und immer weniger Möglichkeit, sich als „mündiger Bürger" zum Allgemeinwohl einzubringen. Diese Kontrolle wird durch Lehrpläne, Zugangsvoraussetzungen und allgemeine Bestimmungen erzwungen, sowie durch den Verlust des holistischen Weltbildes, Ausprägung des „Fachidioten" tums durch atomisierte Wissenschaft, Wissensunterdrückung, Wissensentzug (63) und durch Verankerung eines angeblich liberalen, „aufgeklärten" westlichen Weltbildes. Dazu gehört auch die Sakralisierung von angeblichen Tatsachen wie die Relativitätstheorie, die thermodynamischen Grundsätze, Zins und Steuer als Basis für die Volks- und Betriebswirte, Gesetzgebung für Juristen und Ausführung der Sozialgesetzgebung durch (Sozial-) Pädagogen.

Was wir also brauchen, sind dringend Verbesserungen. Im Sinne der Ganzheitlichkeit müssten sich an einem Patienten nicht nur Mediziner versuchen, sondern diese müssten DIREKT mit Sozialarbeitern, Pädagogen, Psychologen und Juristen zusammenarbeiten, denn jeder erkrankte Mensch ist nicht nur biologisch krank, sondern vor allem auch seelisch und sozial oder vielfältig angegriffen, zum Beispiel durch eine zerstörte Arbeitswelt mit Mobbing, Pressing, Lobbying und Bossing.

Bezüglich der Bildung bedarf es umfassender Reformen:

1. Grundsätzlich freier Zugang zu allen Bildungseinrichtungen. Der Zugang darf zum Beispiel auch nicht durch Altersgrenzen beschränkt sein.

2. Dann brauchen wir absolute, transdisziplinäre Durchlässigkeit – keine künstlichen Schranken. So muss es nicht nur möglich sein, sondern zum Regelfall werden, sich aus dem Pflegeberuf zum Medizinstudium zu qualifizieren, von der Erzieherin/dem Erzieher zum Sozialpädagogen/PädagogIn, zur PsychologIn etc.
3. Dafür bedarf es eines Ausbaus von Schulen und Universitäten, evtl. auch durch Einführung von Trimestern. Es ist nicht länger zu akzeptieren, dass Ausbildungsinstitute, Hochschulen und Universitäten in Deutschland gut ein halbes Jahr leer stehen.
4. Tatsächliche Freiheit in Forschung und Lehre – also Abkehr von den Stiftungsuniversitäten, dem Sponsoring durch Konzerne und der Einrichtung von Lehrstühlen durch Wirtschaft und Industrie.
5. Aufhebung der Denkgrenzen, wie sie heute auch von „politisch korrekt" denkenden Professoren errichtet wurden. Diese Denkgrenzen sind gleichzeitig Forschungsgrenzen und in allen Disziplinen feststellbar. Die Erziehung und Ausbildung zum „Papageien" muss beendet werden. Natürlich bedarf es Prüfungen der Grundlagen, doch sollten sich diese bereits als nicht mehr haltbar erweisen (in der Psychologie, in der Pädagogik, in der Volks- und Betriebswirtschaft, in der Rechtswissenschaft usw.), so muss es nicht nur gestattet, sondern Pflicht eines jeden sein, an den Grundfesten zu rütteln und eine Hypothese zu falsifizieren, ohne dass ihr/ihm dadurch – wie heute üblich – Nachteile bis hin zum Studien- und/oder Karriereabbruch entstehen.
6. Eine Umkehr der Verantwortlichkeit in der Pädagogik. Heute ist es so, dass die SchülerInnen und StudentInnen in den Bildungseinrichtungen für ihr Versagen verantwortlich gemacht werden. Sie werden mit Zensuren, Nichtversetzung oder Ausschluss vom Studium bestraft und alleine gelassen, während der vorgebliche „Pädagoge" und die nach ihm benannte Wissenschaft sich aus der Verantwortlichkeit stiehlt. Der Pädagoge muss sich heute den Vorwurf gefallen lassen, dass er nur mit (Über-) Angepassten ar-

beiten kann – teilweise aus Zeitgründen etc. – größtenteils aber aus Unkenntnis bezüglich des grundsätzlichen Seins jedes Menschen.

Zur Normierung der Angepassten werden in den Ministerien Richtlinien entwickelt, denen frau/man sich unterzuordnen hat und an denen frau/man sich ausrichten muss – oder ansonsten abgestraft wird. Das ist ein völlig antiquiertes, obrigkeitshöriges Denken und Handeln mit zahlreichen Negativfolgen wie zum Beispiel mangelnder Intelligenzförderung, ungerechtfertigter Auslese von hochbegabten Andersdenkenden und auch unreflektiertes Unterordnen unter Verlust eigener Denkfähigkeit – was natürlich den Regierungen in Abkehr vom Ideal des mündigen Bürgers nur entgegenkommt.

Wir sind heute in der Lage, den Pädagogen tatsächlich zu befähigen, SchülerInnen und StudentInnen **keine Niederlagen mehr** zu bescheren, sondern sie soweit zu qualifizieren, dass sie das angestrebte Ziel, welches auch immer, tatsächlich erreichen ODER alternative Wege mit höherer innerer Anbindung gehen. Diese Forschungsergebnisse sind ENDLICH zur Kenntnis zu nehmen!

Wir müssen zu einer Gesellschaft werden, in der sich Leistung durch Bildung tatsächlich lohnt, in der nur flache und natürliche Hierarchien bestehen, in der das Leben allgemein wertgeschätzt wird, in der es keine Überbetonungen gibt und keine Monopolisierung der natürlichen Ressourcen noch gar Not und Armut. Es müssen die Familien stabilisiert werden, indem es wieder möglich ist, gut und auskömmlich zu verdienen.

In einer solchen Gesellschaft, die hier nur ganz kurz skizziert werden kann und die sich schon lange als Utopie abzeichnete, um sich dann in zukünftiger Realität zu verwirklichen, wird Bildung kein Luxus einzelner Privilegierter mehr sein, sondern es wird geradezu zu einer Renaissance der Bildung kommen und sogar zu einer nie da gewesenen Blüte.

Lernen wird dann nicht mehr ein mühsames Antrainieren sein, sondern wird mit Phänomenen der Freude und der Erinnerung gekoppelt. Wir sind heute schon in der Lage zu beweisen, dass Kinder keine „tabula rasa" (kein „unbeschriebenes Blatt") sind, sondern höchst vor-informierte und vorgeprägte

Wesen, welche dann gute oder schlechte Leistungen zeigen, wenn sie eben entsprechend determiniert sind und restimuliert werden, und wir sind bereits heute in der Lage, diese Leistungsschranken aufzuheben, und zwar zum Beispiel mittels der – oben angedeuteten – sokratischen Mäeutik, einer „Hebammen"technik zu Bergung der Erinnerung und Verknüpfung mit dem Bewusst-Sein.

Es gibt weitere, beachtliche Entwicklungen wie die ressourcive Pädagogik und die Pädagogik mit Flow-Kommunikation. Beide Entwicklungen wollen den Menschen „gewinnen", nicht mehr über ihn siegen, beide setzen auf die Ressourcen von Bewusstsein und Vitalität, womit Wille und Macht als zerstörerische Elemente abgelöst werden sollen. Nicht mehr die direktive Erziehung und unendlicher (Anpassungs-)Zwang, sondern alleine die Attraktivität des Alltags soll in die Welt einführen, wird zur Lebens- und damit auch Zukunftsbildung. Dazu gehört natürlich auch die Politische Bildung im Sinne eines Mitmachens und Einmischens, wodurch das demokratische Gebilde gestärkt würde – und nun wissen Sie auch, warum Bildung seitens der heute herrschenden Parteientyrannis so wenig gefördert wird.

Doch ohne Frieden und ohne Gerechtigkeit, ohne Ruhe und Kontemplation wird weder der Mensch, noch die Bildung blühen und gedeihen. Der eschatologische Sinn von Bildung und Wissen ist, zu erforschen, was das Leben im Innersten ist und diese Erkenntnis dann in das Allgemeinwohl der Solidargemeinschaft als das „tägliche Plebiszit" einzubringen, so wie es Ernest Renan (le plébiscite de tous les jours) formulierte.

Sie verstehen nun, warum die sogenannte „Moderne" oder postulierte Postmoderne mit soviel Hektik betrieben wird? Warum es so viele Überstunden gibt, nächtliche Besprechungen, rush hour und dringende Termine? All das führt zur Selbstzerstörung und fort vom Begreifen des Menschsein und Menschlichen und der Entwicklungsmöglichkeiten. Lassen Sie das nicht mit sich machen!

Bilden Sie sich – zumindest in dem Maße, wie es Ihnen die äußeren Faktoren Ihres Lebens gestatten!

Zuletzt möchte ich Ihnen einige Graphiken präsentieren (64), die nochmals instruktiv die prekäre soziale Situation und speziell die Bildungschancen in Deutschland darstellen:

Deutschland im Europatest der EU-15 (Deutschland schwarze Box)

Entwickl. Löhne/Gehätter	FI	S	GR	IR	GB	F	B	DK	E	L	I	NL	P	A	■
Lohndiskriminierung der Frauen	B	P	IR	I	GR	F	E	L	S	DK	NL	A	FI	GB	■
Entwickl. Nachfrage prif. Haushalte		IR	FI	E	DK	GB	L	S	F	B	P	A	I	NL	■
Entwickl. Einzelhandelsumsatz	L	GR	IR	FI	S	E	DK	F	GB	B	P	A	NL	I	■
Produktionsindex Baugewerbe		FI	A	I	E	IR	GB	S	F	DK	L	NL	GR	■	P
Export	■	L	A	IR	S	FI	NL	DK	P	E	GB	B	F	GR	I
Entwickl. Unternegmensgewinne	L	A	■	GB	B	S	NL	GR	FI	E	F	I	P	IR	DK
Langzeitarbeitslosigkeit	DK	S	NL	A	GB	IR	L	FI	E	F	I	B	P	GR	■
Bildungsausgaben Grundschüler			S	DK	E	L	P	F	NL	FI	IR	A	I	■	GR
Schulversagen*)			FI	GR	E	S	P	A	I	L	IR	NL	DK	F	■
Hochschulabschluß**)		S	IR	DK	NL	P	F	GB	I	E	L	GR	A	B	■
Hochschulabschlußquote				FI	DK	NL	I	GB	IR	S	E	P	GR	A	■
Rentenniveau***	GR	NL	L	A	DK	E	I	P	FI	S	F	B	■	GB	IR
Kinder pro Frau	F	IR	S	FL	GB	DK	B	NL	L	A	GR	E	P	■	I
Anteil derer unter 30 Jahren	IR	F	GB	L	NL	DK	FI	S	B	P	E	A	GR	■	I
Kindergartenplatz	DK	S	FI	B	NL	F	GB	P	E	IR	L	■	GR	A	I
Engwickl. BIP	IR	GR	L	E	FL	S	GB	A	B	NL	DK	F	■	P	I

Quelle: Eurostat, OECD, *) Mathematik untere soz. Schicht, **) Wahrscheinlichkeit untere soz. zu hohe Schicht, ***) vergl. mit letztern Arbeitseink. © Jahnke - http://www.jjahnke.net

Hochschulabschluß-Quote eines Altersjahrgangs (2005)

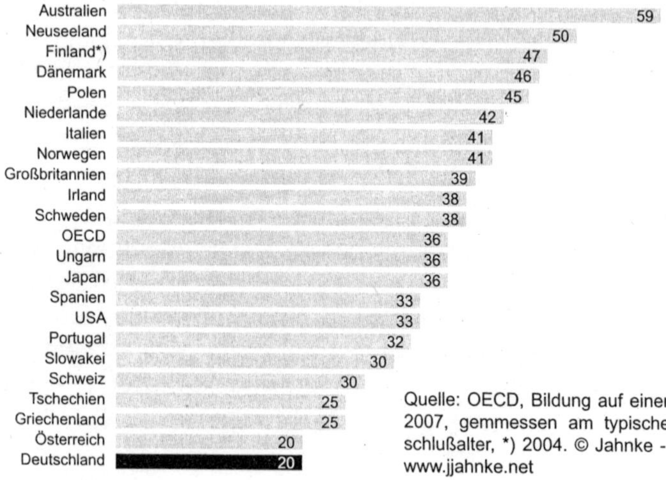

Quelle: OECD, Bildung auf einen Blick 2007, gemmessen am typischen Abschlußalter, *) 2004. © Jahnke - http://www.jjahnke.net

Jährliche Bildungsausgaben pro Grundschüler*) 2004

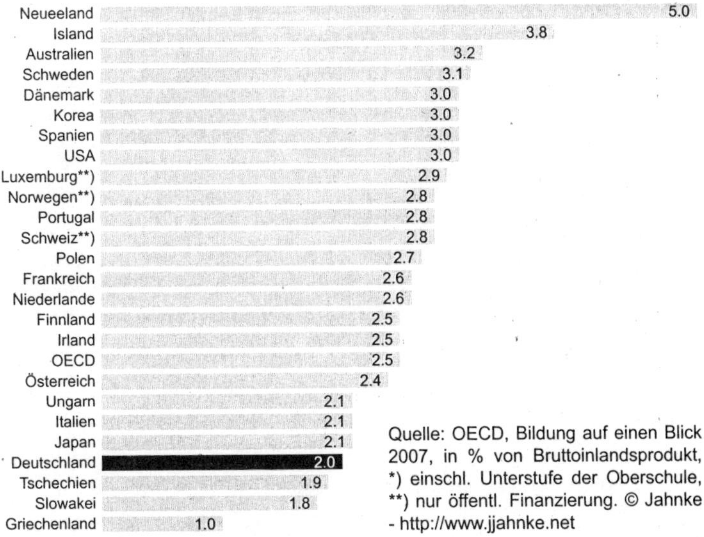

Quelle: OECD, Bildung auf einen Blick 2007, in % von Bruttoinlandsprodukt, *) einschl. Unterstufe der Oberschule, **) nur öffentl. Finanzierung. © Jahnke - http://www.jjahnke.net

Literatur und Autoren

(1) Niklas Luhmann war Professor für Soziologie (em.) an der Universität Bielefeld, vgl. auch Bildung und Weiterbildung im Erziehungssystem

(2) Magazin „Spiegel" am 10.5.2008 aus einem EU-Strategiepapier zitierend

(3) op.cit.

(4) Struck, Peter(1997): Erziehung von gestern-Schüler von heute-Schule von Morgen. Verlag Carl Hanser Verlag, München, weitere Hinweise: Brügeimann, Hans (2005) Schule verstehen und gestalten, Libelle. Füller, Christian (2008): Schlaue Kinder, schlechte Schüler. Droemer Knaur Verlag, München, Hentig, Hartmut von (1995) Die Schule neu denken. Carl Hanser Verlag; vgl. auch Reheis, Fritz, Bildung contra Turboschule, „Wir brauchen die Gestaltungshoheit für unser Leben zurück und wollen nicht länger gehetzte Opfer der Globalisierung sein", vgl. auch „Kreativität der Langsamkeit", Aussage: „Sinnlich-spielerische Annäherung an Lerngegenstände". Vor einer „Restrukturierung" oder „Ökonomisierung" aller Lebensbereiche (Kultur, Bildung, Gesundheit) nach dem Muster des Marktes warnt auch Christoph Butterwegge, Professor für Politikwissenschaft an der Universität Köln.

(5) http://www.zeit.de/online/2007/37/naomi-klein-interview

(6) Vgl. auch Prof. Dr. E. Hamer, Wieviel Demokratie ist noch geblieben?

(7) Vgl.Greenpeace, Presseerklärung vom 16. Juni 2008, Schmutzige Portfolios! – Greenpeace-Ranking der Pestizid-Industrie: Pestizide des Bayer-Konzerns belasten Mensch und Umwelt am stärksten: Die Pestizide des deutschen Chemiemultis Bayer gefährden im internationalen Konzern-Vergleich die menschliche Gesundheit und Umwelt am stärksten. Zu diesem Ergebnis kommt der heute veröffentlichte Greenpeace-Report „Die schmutzigen Portfolios der Pestizid-Industrie". Bayer folgen im Greenpeace-Ranking die Unternehmen Syngenta (Schweiz), Monsanto (USA), BASF (Deutschland) und Dow Chemical (USA).

(8) Vgl.chemtrails http://www.chemtrails.de/news.php und http://www.gandhi-auftrag.de/chemtrails.htm, dagegen das Bundesumweltamt: http://www.umweltbundesamt.de/uba-info-presse/hintergrund/chemtrails.pdf. Selbstverständlich gehörte das Thema „chemtrails" lange Zeit zu den Verschwörungstheorien. Heute liegen den Staatsanwaltschaften in Deutschland schon Hunderte von Anzeigen vor, ohne dass diese tätig werden dürfen, weil sie „weisungsgebunden" sind.

(9) http://www.3mind.info/?q=node/1340 - Seit 1997 warnt die US-Regierung vor künstlichen Erdbeben etc.

(10) Angesichts der dramatisch zunehmenden Gesundheitsschäden u. Manipulationsmöglichkeiten durch HAARP ist es unverständlich, dass darüber nicht breiter berichtet wird. Die ersten Informationen erschienen schon 1984 in der Reihe Imago Mundi, Andreas Resch-Verlag, veröffentlichten Buch: RESCH: „Geheime Mächte, der Innenraum des Menschen". Prof. Dr. Dr. Resch trat 1955 in den Redemptoristen-Orden ein, wurde 1961 zum Priester geweiht und 1969 Professor für Psychologie und Paranormologie an der Päpstlichen Lateranuniversität, Rom. Eine Dokumentation über HAARP ist erschienen im Verlag 2001 von den Autoren Jeane Manning und Nick Begich: „Löcher im Himmel. Der geheime Ökokrieg mit dem Ionosphärenheizer HAARP." Das Buch enthüllt auch die Tricks, mit denen sich die Militärs der demokratischen Kontrolle entziehen. HAARP schickt u.a. gebündelte und gepulste Hochfrequenzstrahlen in die Ionosphäre (reflektiert u.a. Radiowellen, es geht also z.B. um die Störung des Funkverkehrs), um diese zu erhitzen, zu verschieben und riesige „Linsen" hinein zu brennen, die Strahlen gebündelt zurück zur Erde schicken. Die Risiken sind entsetzlich, weil niemand genau die Reaktion der Ionosphäre vorhersagen kann. Wissenschaftler wie Dr. Daniel Winter, Mitbegründer des „Earth Grid Network", warnen vor Konsequenzen schlimmer als durch die Atombombe. Die neue Strahlenwaffe HAARP kann 1. das Bewusstsein und das Erbgut von Mensch und Tier verändern, 2. punktgenau Erdbeben, Missernten und Unwetter erzeugen, 3. Das gesamte hochsensible Energiefeld der Erde kann bis zum Polsprung manipuliert werden. HAARP kann bei Einzelpersonen Stimmenhören erzeugen laut Dipl.-Ing. W. Lisseck, Rabenhorst 74a, 45355 Essen, Ruhr, Telefon (0201) 676758, Leiter eines Arbeitskreises für Elektrosensible, bedarf es dazu keines Neurochip-Implantates, es reicht jede metallische Zahnfüllung. E-Mail: mail(at)w-lisseck.de

(11) Spiegel online, 15.6.2008. In Spanien stagniert die Wirtschaft wie in Deutschland, abgesehen von der Exportwirtschaft und die Arbeitslosigkeit steigt. Bereits im nächsten Monat will die Regierung mit einem ungewöhnlichen Programm gegensteuern: Ausländer, die ihre Arbeit verloren haben, sollen Geld für die Rückkehr in ihre Heimat bekommen. In Spanien spricht man von einem „radikalen Wandel" seiner Migrationspolitik. Bis zu eine Million Einwanderer will Spanien damit wieder gen Heimat schicken. Als Anreiz soll Immigranten, die ihren Job verloren haben, die ihnen zustehende Arbeitslosenhilfe als Gesamtbetrag ausgezahlt werden. Einen Teil würden sie demnach in Spanien, den Rest in ihrer Heimat erhalten. Außerdem sollen sie sich verpflichten, die nächsten drei Jahre nicht nach Spanien zurückzukehren. Arbeits- und Immigrationsminister Celestino Cor-bacho sagte gegenüber spanischen Zeitungen: „Die Einwanderer sollen so die Gelegenheit bekommen, sich in ihren Ländern eine neue Existenz aufzubauen." Außerdem will die spanische Regierung auch den Zuzug von Familien einzelner Ausländer verschärfen. Celestino Corbacho: „Familien können sehr groß sein ... im Verhältnis zu den Diensten, die der Sozialstadt leisten kann."

(12) So u.a. Francois Mitterand kurz vor seinem Tod. Er offenbarte, dass Frankreich von wenigen Familien dominiert wird, die letztlich die Politik für das ganze Land festlegen. Weltweit sind es ca. 300 Familien – darunter auch Herrscherhäuser, die in erster Linie natürlich an ihrer Dominanz interessiert sind und dieser Bestrebung alles weitere unterordnen.

(13) Prof. Michael Schulte-Markwort, Kinder- und Jugendpsychiater, in der Sendung „Fakt" (ARD) v. 5.11. 2007: „Das Ausmaß an desolaten Verhältnissen hat deutlich zugenommen. Also das Ausmaß an katastrophalen Zuständen, an kompletter Unstrukturiertheit, an völliger Unfähigkeit, das Leben für sich und die Kinder zu meistern, das hat sicher zugenommen." Schon 8-jährige empfinden in der Bundesrepublik Deutschland keinerlei Perspektive und Zukunftschancen mehr – so abgewirtschaftet ist die Situation in Deutschland – man spricht mittlerweile von „Verlorenen Kindern".

(14) Vgl. http://www.oer.wiso.uni-erlangen.de/html/profl_schachtschneider.html

(15) Umerziehungshilfe leistete die sog. „Frankfurter Schule" mit ihrer Ablehnung der abendländischen Kultur, dem Neomarxismus und dem Feindbild der deutschen Kriegs- und Nachkriegsgeneration. Hinzu kam die Sexualisierung, Feminisierung und spätere Glorifizierung der Homosexualität, die Entsolidarisierung der Familie, die Rechtschreibreform etc., vgl. auch Kosiek, Rolf, Die Frankfurter Schule. Man kann die in Deutschland herrschenden Verhältnisse nicht verstehen, ohne die zersetzenden Auswirkungen der „Frankfurter Schule" für Volk, Staat und Gesellschaft zu kennen.

(16) http://de.wikipedia.org/wiki/Josef_Sch%C3%BC%C3%9Flburner (Demokratie-Sonderweg Bundesrepublik. Analyse der Herrschaftsordnung in Deutschland, Künzell 2004)

(17) Tatsächlich haben von 100 Wahlberechtigten nur 18 Frau Merkel gewählt.

(18) http://www.onlinezeitung24.de/article/313

(19) Innenminister Wolfgang Schäuble griff den höchsten Verfassungsrichter Hans-Jürgen Papier wegen dessen Äußerungen scharf an. Diese betrachtete Schäuble „als Anmaßung." Der globalistische Innenminister ermahnte den Richter, das Verfassungsgericht solle sich bei den Orwell-Maßnahmen gegen die Bürger heraushalten, den Menschen keine Hilfe angedeihen lassen: „Das Verfassungsgericht habe nur zu entscheiden, ob dabei rechtliche Regeln eingehalten werden." (Welt, 21.1.2008, S. 2)

(20) Münchner Merkur vom 25.7.2006

(21) Zur Entmachtung des Deutschen Bundestages vgl. Roman Herzog in: http://www.focus.de/politik/deutsch-land/ex-praesident_aid_122631.html

(22) Carl Schmitt: Der Begriff des Politischen, 3. Aufl. der Ausg. von 1963, Berlin, 1991, S. 54

(23) http://www.welt.de/politik/article1478928/Grosse_Gewaltbereitschaft_unter_jungen_Muslimen.html

(24) Ulfkotte, Udo, Kopfgeld für Meinungsterroristen

(25) http://www.bild.de/BILD/news/vermischtes/2007/12/27/u-bahn-schlaeger/hg-auslaend

(26) Nick Rockefeller hatte Russo über den Plan erzählt, der gesamten Bevölkerung Mikrochips zu implantieren und warnte ihn 11 Monate vor 9/11 vor einem „Ereignis, das uns erlauben wird, Afghanistan und den Irak anzugreifen". Laut Rockefeller würde der Krieg gegen den Terror ein Schwindel sein, bei dem Soldaten in Höhlen nach nichtexistierenden Feinden suchen. Rockefeller hatte außerdem versucht, Aaron Russo während ihrer Freundschaft für den Council on Foreign Relations (CFR) anzuwerben
http://infokrieg.tv/america_freedom_to_fascism_deutsch.html.
Interessant wird es, wenn sich z.B. Historiker eines schönen Tages wirklich damit befassen dürfen, wer die Weltkriege finanzierte. Es könnte sein – und das gibt die Indizienlage bisher durchaus her, dass die Familien Rothschild und auch Rockefeller ihr gesamtes Vermögen als Reparationsleistungen an die Völker dieser Welt abgeben müssten.

(27) Kirschner, Josef, Die Egoistenbibel

(28) HANDELSBLATT, 11. Juni 2008

(29) vgl. Rheinische Post, 27. 06.2008

(30) Quelle: Rheinische Post, 21.6.08

(31) Nationaler Aktionsplan für ein kindergerechtes Deutschland 2005-2010, Juni 2006

(32) Zuletzt in §3 Runderlass des Reichsarbeitsministeriums vom 31.10.1941

(33) Bundesgesundheitsministerium Pressestelle 16.05.2004

(34) Bundesministerium für Arbeit und Soziales in der Antwort vom 2. Juli 2007 auf eine Kleine Anfrage der Fraktion DIE LINKE, Bundestags-Drucksache 16/5699

(35) vgl. auch Aktionsbündnis Sozialproteste (ABSP), Arbeitslosenverband Deutschland (ALV), Erwerbslosen Forum Deutschland, GEW Hessen, Initiative zur Vernetzung der Gewerkschaftslinken (IVG), Klartext e.V., Rhein-Main-Bündnis gegen Sozialabbau und Billiglöhne, Soziale Bewegung Land Brandenburg (SBB), Tacheles e.V., Vereinigung der Verfolgten des Naziregimes – Bund der Antifaschisten Baden-Württemberg e.V. (VVN-BdA Baden Württemberg), Arbeitslosenselbsthilfe – Arbeit für alle – e.V. Wedel, DGB Ortsverein Mörfelden-Walldorf, DIDF Frankfurt, Erwerbsloseninitiative Peine e.V. (EIP), Gewerkschaftliche Arbeitslosengruppe Göttingen (GALG), Hanauer Sozialforum - Bündnis gegen Sozialabbau, Initiative „Reiche Stadt – Arme Kinder“ (Stuttgart), Kulmbacher Arbeitsloseninitiative in und bei ver.di, Nordhausen macht mobil gegen Hartz, Seniorinnen und Senioren im ver. di Ortsverein Fachbereich 1-13 Göttingen/Hann. Münden, Tübinger Arbeitslosentreff (TAT e.V.), Tübinger Bündnis gegen Sozialabbau, ver.di Bezirk Stuttgart, ver.di Ortsverein Göttingen, Widerspruch e.V. (Bielefeld), Zukunftsforum Stuttgarter Gewerkschaften

(36) vgl. hier vor allem Kishore Mahbubaniwar, Uno- Botschafter Singapurs, heute Leiter der Lee Kuan Yew School of Public Policy an der National University von Singapur. Er gehört zu den brillantesten und provo-kantesten Intellektuellen Asiens. In seinem neuen Buch „The New Asian Hemisphere“ prophezeit er das Ende der westlichen Dominanz im SPIEGEL 21, 2008 vom 19.5.2008.

(37) TAZ vom 18.3.2008

(38) Sigmar Gabriel: „Der Flugverkehr ist eine große Belastung für das Weltklima“. Geht es jedoch um seine eigene Bequemlichkeit, dann sieht das anders aus: Von der Flugbereitschaft lässt sich der Bundesumweltminister am 8. August 2007 in Mallorca abholen, um an einer Kabinettssitzung in Berlin teilzunehmen. Am Abend geht es aus Hannover an den Urlaubsort zurück, die Challenger fliegt wieder heim. Bilanz des Solo-Trips: 55 000 Euro Steuergelder für den Flug. Und 45 Tonnen CO_2-Ausstoß. Für die Bundesregierung wurde der jährliche Ausstoß von 160856 Tonnen Kohlendioxid ausgerechnet. Effektivität? Äußerst fraglich.

(39) Ein Beispiel für Hunderte: Als Ron Sommer die Telekom im Jahr 2002 verließ, hinterließ er einen Schuldenberg von knapp 70 Milliarden Euro. Aber zu diesem Zeitpunkt hatte der Konzern bereits Hunderte von Milliarden Euro für die Ausgabe von T-Aktien eingenommen, die ebenfalls verschwunden bzw. bei der offiziell genannten Schuldenhöhe von 70 Milliarden Euro verrechnet sind. In den Medien wurde die Umleitung der Milliarden aus dem T-Aktienverkauf als „Geldvernichtung“ dargestellt: „An der Börse sind etliche Milliarden bereits vernichtet.“ (wirtschaftsblatt, 19.03.2008) Vernichtet heißt aber: In andere

Taschen umgeleitet worden. Zeitgleich hat die Telekom ihre besten Immobilien verkauft und viele Milliarden flossen an Lobbyisten unter dem Deckmantel von „Firmeneinkäufen“ (z.B. VoiceStream) und anderen sog. „Beteiligungs“firmen. R.Sommer hatte also nicht nur eine halbe Billion Mark Postguthaben umgleitet, sondern zusätzlich noch 500 Milliarden Euro aus Verkäufen der T-Aktien sowie Telekom-Immobilien in andere Taschen gelenkt. Der geschasste Post-Chef Klaus Zumwinkel genoss keine Sympathien bei der Lobby, seit er sich geweigert hatte, die Gelder der Postbankkunden den Heuschrecken für ihre Schundhypotheken (Subprimes) in die Tasche zu schieben. Deshalb wurde er mit der Aufdeckung seiner Steuerpraktiken bestraft. Auch Telekom-Chef René Obermann wurde bedrängt, Milliarden Euro an die Lobby in den USA zu transferieren, kaschiert als Firmenübernahmen. Als Obermann sich wie Zumwinkel weigerte - er wollte wohl nicht als Telekomvernichter mit Millionenabfindungen in die Geschichte eingehen - wurde der Druck auf ihn erhöht. Am Ende verlangte sogar die BRD-Regierung den Milliarden-Transfer an die Lobby in den USA: „Angeblich fordert der Bund eine größere Übernahme.“ (tagesthemen, 15.5.2008). Aber selbst dem Druck der Bundesregierung wollte Obermann nicht nachgeben: „Obermann will sich aber nicht zu Übernahmen drängen lassen. ‚Wir betreiben die Internationalisierung nicht zum Selbstzweck. Wir betreiben sie auch nicht unter Druck und wir lassen uns auch nicht unter Druck setzen‘.“ (tagesthemen, 15.5.2008). Also gab es neue Enthüllungen und Skandale um die „Moral“ der Telekom, die wahrscheinlich zerschlagen und in die Hände der Lobby übergehen wird. „DGB-Chef Michael Sommer sagt knapp: ‚Es sieht ganz offensichtlich schlecht aus um die Moral der deutschen Wirtschaft‘.“ (Welt, 30.5.2008, S. 16).

(40) Richter Fahsel hat Bundesjustizministerin Zypries in 2002 schriftlich mitgeteilt, dass sie lügt, wenn sie in der Öffentlichkeit von einer „richterlichen Unabhängigkeit“ spricht. Er stellte es ihr frei, ihn wegen Beleidigung oder Verleumdung zu belangen, prophezeite ihr jedoch, dass er im Zuge des nachfolgenden Gerichtsverfahrens den Beweis erbringen würde, dass ein Richter, welcher den beamtenrechtlichen Beurteilungen durch den Präsidenten des jeweiligen Landgerichts unterliegt, in keiner Weise unabhängig ist. So würden auch nur „linientreue“ Richter befördert. Vgl. auch „Maulkorb für den Staatsanwalt“ (Wenn es der Politik nützt, werden Ermittlungen behindert, die Ermittler abgemahnt und bei Bedarf versetzt, geplante Hausdurchsuchungen vorab ausgeplaudert, Maulkörbe verhängt. Justizalltag in einem Land, dessen Nachkriegsgeschichte leicht als Geschichte von Parteispendenskandalen geschrieben werden könnte. Illegale Machenschaften ohne nennenswerte juristische Folgen: Allenfalls Geldbußen wurden bis heute verhängt, die meisten Verfahren nach monatelangem Gerangel eingestellt. Sieger: die Politik. Der Film rekonstruiert brisante Fälle von „A“ wie Adenauer über „K“ wie Koch, Kohl und Kiep bis „W“ wie Wie-nand. Ob CDU oder SPD: Wenn die Staatsanwälte nicht spuren, zeigt der Minister parteiübergreifend den Weg. Ermittlung nicht

erwünscht, Schluss der Debatte. Die Folge: demotivierte, überforderte, verängstigte Beamte. Nach Jahrzehnten politischer Einflussnahme haben die Staatsanwaltschaften vielerorts resigniert), s.a. http://www.wirtschaftsverbrechen.de/justiz/staatsanwalt.html

(41) Die Verfassungswidrigkeit derzeitiger Rechtspflege ist nicht zu leugnen: Der ehemals oberste NRW-Richter am VerfGH- und OVG-Präs NW Dr. Paulus van Husen forderte schon 1951 die „Entfesselung der Dritten Gewalt", AöR 78, 49, 55, 57; der Richter am Verwaltungsgericht Dresden Udo Hochschild betreibt eine Heimseite „Gewaltenteilung", und auch die Bundesvertreterversammlung des Deutschen Richterbundes, in dem die Mehrheit der Richter und Staatsanwälte Mitglied ist, hat am 27. April 2007 Gewaltentrennung gefordert und arbeitet seit geraumer Zeit an der Entwicklung eines weniger verfassungswidrigen Verfahrens der Richterbestellung, s. http://www.gewaltenteilung.de/drb07.htm, nachdem er schon vor Jahren die Exekutivabhängigkeit der Richter unter der Schlagzeile „Justiz im Würgegriff der Politik" (Allgäuer Zeitung v. 31.1.2002) beanstandete. Auch Frau GBA Harms sieht die „Justiz im Zangengriff" (FAZ v. 23.10.2007). Im Europarat ist, soweit bekannt, Deutschland das einzige schwarze Schaf mit exekutivabhängigen Richtern, s. Anlage EU-Übersicht „Separation of Powers". – Der oberste Bundesrichter, Hans-Jürgen Papier, äußerte im SPIEGEL-Interview vom 14.1.2008 auf die Frage: Steuert das Verfassungsgericht auf einen Clash der Rechtskulturen zu? – Papier: „Es tauchen jedenfalls ganz neue Herausforderungen an das Verfassungsrecht und auch an die Verfassungsrechtsprechung auf. Die Globalisierung beeinflusst nicht nur das wirtschaftliche und soziale Leben, sondern auch unsere Rechtskultur, unser Rechtsschutzsystem (Konkret: Globalisierung bedeutet Entrechtung der Menschheit und Erringung der Weltherrschaft weniger – Anm. d.Verf.)".

(42) Reichholf, J., Eine kurze Naturgeschichte des letzten Jahrtausends

(43) Vgl. etwa das erstrebenswerte humboldtsche Bildungsideal: „...so war doch der Zweck des Erlernen ein höherer. Was mir den Hauptantrieb gewährte, war das Bestreben die Erscheinungen der körperlichen Dinge in ihrem allgemeinen Zusammenhange, die Natur als ein durch innere Kräfte bewegtes und belebtes Ganzes aufzufassen", so Alexander von Humboldt, Kosmos, Bd. 1 (1845) – Wir müssen wieder lernen: Dinge in ihrem Zusammenhand zu sehen...vor allem in der Interdependenz, in der wechselseitigen Abhängigkeit voneinander !

(44) Süddeutsche Zeitung 8.6.2008

(45) http:// www.patient-informiert-sich.de

(46) Rüsch, Hans, Die Pharma-Story. Der große Schwindel, München 1995, vgl. auch John Virapen – Nebenwirkung – TOD! Die unlauteren Praktiken internationaler Pharmakonzerne oder unwirksame Medikamente. Wussten Sie, dass Forschungsberichte und Statistiken, die zur Zulassung eines Medikamentes bei den staatlichen Gesundheitsbehörden nötig sind, so lange geschönt werden, bis durch das Medikament ver-

ursachte Todesfälle darin nicht mehr vorkommen? Oder dass mehr als 75 Prozent der führenden Wissenschaftler in der Medizin von der Pharmaindustrie bezahlt werden? Oder dass Medikamente im Handel sind, bei deren Zulassung Bestechung im Spiel war? Oder dass die Pharmaindustrie Krankheiten erfindet und sie in gezielten Marketingkampagnen bewirbt, um den Absatzmarkt für ihre Produkte zu vergrößern? Oder dass die Pharmaindustrie zunehmend Kinder im Visier hat? Vgl. hierbei vor allem die zunehmende Medikamentierung mit Ritalin.

(47) Blech, Jörg, Die Krankheitserfinder. Wie wir zu Patienten gemacht werden.

(48) Am 01.05 2008 wurde Angela Merkel in Aachen mit dem internationalen Karlspreis ausgezeichnet. Nicolas Sarkozy war ihr Festredner. War es eine Laune des Kalenders, dass in diesem Jahr der Arbeiterkampftag mit dem christlichen Himmelfahrtstag zusammenfiel, dem Tag, an dem der Preis der Eurokratie in Aachen traditionell verliehen wird? Das Duo beglückwünschte sich gegenseitig selbst dazu, die EU nun völlig von den sozialen Forderungen der Menschen abgeschirmt zu haben, die nach einem Ende der Religion des Freien Marktes in Europa verlangen. Das neue europäische Herrscherpaar verwandelt den Kontinent in einen Polizeistaat und würde am liebsten die ketzerische Bedeutung des Maifeiertags samt der anarchistischen und sozialistischen Traditionen Europas ausradieren. Wie immer stießen draußen vor der Tür zwei Welten aufeinander: Die globale Bewegung der Aufklärer gegen die schwer bewaffneten Regierungen, Graswurzelnetzwerke und Sozialzentren gegen die EU-Macht, die utopische Gesellschaft gegen den kapitalistischen Markt, das radikale Europa der Vielfältigkeit gegen das konservativ-kapitalistische Europa der sich als „Elite" Wähnenden.

(49) http://www.brusselsjournal.com/node/865, Former Soviet Dissident Vladimir Bukovsky Warns For EU Dictatorship

(50) Das hat eine Studie der „Gesellschaft für deutsche Sprache" ergeben: http://www.welt.de/kultur/article2100-276/Was_die_Deutschen_ueber_ihre_Sprache_denken.html?page=1#article_readcomments

(51) Vgl. dazu http://www.focus.de/schule/schule/unterricht/ausland/tid-10906/einheitsschule-in-frankreich-das-niveau-ist-dramatisch-gesunken_aid_314049.html und http://www.pi-news.net/2008/06/frankreichs-schulniveau-sinkt-ins-bodenlose/

(52) Schon 1997 wies der damalige bayr. Kultusminister H. Zehetmair darauf hin, dass an Deutschlands Schulen immer mehr Kinder verhaltensgestört sind. Das hat sich bis heute nicht geändert. Hinzugekommen sind viele unterernährte Kinder aus zerstörten Familien, Scheidungskinder und Kinder von Alleinerziehenden. Dramatisch zugenommen haben die Schülerzahlen an den Sonderschulen für lern- und erziehungsschwierige Kinder, die eigentlich nicht einmal in der Sonderschule beschult werden können, sondern in die Psychiatrie eingewiesen werden müssten.

(53) nds,15.9.1992

(54) http://infowars.wordpress.com/2008/05/08/doof-sein-ist-cool-bildung-in-den-usa-verpont/

(55) In Düsseldorf wurde Peter Handke von einer unabhängigen Jury der Heine-Preis zuerkannt. Die Parteien im Stadtrat beschlossen, die unabhängige Entscheidung zu kippen, weil Handke eine politisch unerwünschte Meinung vertrat. Selbst G. Grass Auftritte wurden von den Medien totgeschwiegen und in den USA sprechen Tausende von Künstlern sich gegen die Bush-Politik aus – doch sie reGIERen weiter.

(56) Focus, 2.7.2007

(57) Le Bon, Gustave, Die Psychologie der Massen

(58) Die Mainstream-, Propaganda- und Konzernmedien schweigen beharrlich über Bilderberg-Treffen. Kein Wort über die Treffen der einflussreichsten Personen der Welt, die bei Geheimtreffen die Zukunft des Planeten besprechen. Ben Bernanke, Condoleezza Rice, Barack Obama und Hillary Clinton haben sich alle in Chantilly im US-Bundesstaat Virginia im Jahre 2008 eingefunden. Die Bilderberger, die sich in allen Teilen der „freien" Welt treffen, weil sie sich sicher sein können, dass im „Land der Freien" die „freie Presse" ihren Befehlen folgt. Glauben Sie, dass „Bilderberg" nur ein unverbindliches Privattreffen sei, welches keinen tatsächlichen Einfluss auf die Politik nehmen will? Sollte man es nicht wenigstens „ominös" finden, dass in den Massenmedien die Bilderberger kaum erwähnt werden?

(59) Am 13.12.01 gingen namhafte Ex-DDR-Bürgerrechtler wie Sebastian Pflugbeil, Wolfgang Ullmann, Hans-Jochen Tschiche, Erika Drees, Heino Falke, Hans-Jürgen Fischbeck, Christian Führer, Heiko Lietz, Reinhard Schult und andere mit der nachfolgenden Erklärung an die Öffentlichkeit. Sie wurde am 13.12.01 auf Seite 6 der Frankfurter Rundschau unter dem Titel „Wohlbekannte Übel der Diktatur" leicht gekürzt abgedruckt. Aus eigener Erfahrung mit der Diktatur in der DDR, aus guter Erinnerung an politischen Druck und Widerstehen, an Volksverdummung und Wahrhaftigkeit, an hohle Phrasen, an militaristischem Gehabe und an Bevormundung und aus jüngster Erfahrung mit der parlamentarischen Demokratie in der Bundesrepublik wenden wir uns nicht an den Bundeskanzler, nicht an Rot-Grün, nicht an die Oppositionsparteien, sondern an Euch, einfache Bürger wie wir. Die Kommunikation zwischen Staat und Gesellschaft ist offensichtlich gestört. Das war 1989 so. Und das gilt heute wieder. Wir fühlen uns in wachsendem Maße ohnmächtig gegenüber wirtschaftlichen, militärischen und politischen Strukturen, die für Machtgewinn und Profit unsere Interessen in lebenswichtigen Fragen einfach ignorieren. Wir fühlen uns in unserer Auseinandersetzung mit den aktuellen Problemen unseres Landes und der Welt mehr und mehr an die uns wohlbekannten Übel der Diktatur erinnert. Wir sind entsetzt darüber, dass die Diskussion um die Anwendung der Folter salonfähig ist (CIA-Folterflüge). Sind die

Mächtigen in den westlichen Staaten nicht auf dem besten Wege, Verhaltensweise, Denkstruktur und Wertesystem einer Terroristenbande anzunehmen? Wir haben es satt, dass unter dem Banner von Freiheit und Demokratie gegen unsere Interessen regiert wird. Wir haben es satt, uns für dumm verkaufen zu lassen. Wir haben es satt, uns das platte Geschwätz auf Parteitagen anzutun. Wir haben Volksvertreter satt, die unsere Interessen nicht vertreten und das auch noch als Erfolg feiern. Wir machen nicht mit, wenn Kriegseinsätze mit Worthülsen wie „Verantwortung übernehmen", „der neuen Rolle Deutschlands in der Welt", mit „Politikfähigkeit" und „der Durchsetzung der Rechte der Frauen" verharmlost werden. Wir verweigern uns diesem Krieg.

(60) vgl. dagegen auch Noam Chomskys Buch „Profit over People"

(61) vgl. Stichwort BAYER, herausgegeben von der Coordination gegen BAYER-Gefahren
www.CBGnetwork.org. UMTS-Politik. Der Staat hat sich ihre Durchsetzung bekanntlich mit 100 Milliarden DM bezahlen lassen. Für einen Erlös von umgerechnet rund 1200 DM pro Kopf hat er damit jeden seiner 80 Millionen Bürger einem noch ungeklärten gesundheitlichen Risiko ausgesetzt. Konnte er nicht wenigstens je 1 DM dieser Summe in eine wirklich unabhängige Forschung investieren, die weder von der Industrie *mitfinanziert* noch *mitbestimmt* wird? Er hätte sich den Vorwurf erspart, die Gesundheit des Volks an die Mobilfunkindustrie verkauft zu haben

(62) Das Grundgesetz für die Bundesrepublik Deutschland bestimmt durch Art. 25, dass das internationale Völkerrecht absolute Vorrangstellung gegenüber BRD-Recht hat und verpflichtet jeden Bewohner des Bundesgebietes unmittelbar auf das Völkerrecht.

(63) Z.B. die Erkenntnisse der H. Prehm zur Vermeidung der Lese- und Schreibschwäche,
vgl. http://www.raum-und-zeit.com/index.php?47a8510b49fe9

(64) Zahlenquelle ist die OECD bzw. EUROSTAT, die graphischen Darstellungen sind von Dr. Joachim Jahnke (www.jjahnke.net), dem an dieser Stelle dafür gedankt wird.

Kapitel 9

Gesamtresümee

von Marianne Grimmenstein, Johannes Heinrichs und Christian Siewert

Die hier vorgelegte Studie war eine Privatinitiative. Trotzdem hat sie viele Unterstützer gefunden. Das ist ein klarer Beweis, dass Deutschland viele verantwortungsvolle Bürger hat. Ihnen ist bewusst, dass unsere jetzige Lebensweise nicht zukunftsfähig ist, da wir damit zu viele Schäden anrichten.

Das Studienprojekt hat vor allem eine Bestandsaufnahme der gravierendsten Gesellschaftsprobleme erzielt. Dem Projekt ist jedoch auch der Beweis gelungen, dass machbare Lösungen existieren und es in Deutschland viele gute Fachkräfte mit hervorragenden Ansätzen für durchgreifende Verbesserungen gibt. Das Land ist voll von zukunftsweisenden, innovativen Ideen. Trotz dieser Tatsache werden dringende Sachprobleme bisher nicht gelöst. Kaum jemand, geschweige denn eine große und öffentliche Institution, beschäftigt sich damit, diese Kreativität zu nutzen und die innovativen Kräfte zusammenzuführen. Die Studie konnte nur einen Bruchteil dieser Potentiale dokumentieren. Sie liefert aber klare Hinweise auf das Vorhandensein vieler kreativen Ideen, könnte man sie nur alle ermitteln. Das wäre eigentlich die Aufgabe der Politik.

Aus diesem Grund wurde eine Umfrage im Januar 2008 unter den führenden Politikern durchgeführt. Dabei wurden an Beispielen Zukunftsprobleme dargestellt, dass wir vor rasant wachsenden ökologischen, ökonomischen und sozialen Problemen stehen, die wir kaum noch in den Griff bekommen können. Weil politische Beschlüsse eine essentielle Komponente für die Lösung gesellschaftlicher Probleme bilden, sollte so geklärt werden, welche Leistungen die Politik in zunehmend schwieriger Situation für die Gesellschaft erbringen kann. Wie energisch muss die Politik reagieren, um existenzbedrohenden Herausforderungen der Gesellschaft zu begegnen? Zeit für ideologische Grabenkämpfe fehlt. Auf der internationalen Politikbühne sind diese Themen zwar hochaktuell, aber durchgreifende Maßnahmen lassen auf sich warten. Sind dies Indizien für ein Fehlen sozialer Intelligenz und einem Mangel an kollektivem Bewusstsein in den führenden Industriestaaten, die diesbezüglich immer wieder einen Führungs- und Vorbildsanspruch für sich reklamieren?

Die Politiker wurden daher gefragt: *„Sind die derzeitigen politischen Institutionen fähig, die rasant wachsenden enormen Probleme der Gesellschaft allein mit ihren Beschlüssen zu lösen oder ist „die Politik" notwendig auf eine bedeutend stärkere Kooperation mit der Gesellschaft und ihren zahlreichen fachkundigen Kräften angewiesen, um einigermaßen wirksame Lösungsprozesse überhaupt erzielen zu können?"*

Im Ergebnis (s. Anhang) bestätigen führende Politiker, dass sie auf eine stärkere Kooperation mit der Gesellschaft angewiesen sind. Sie verweisen darauf, dass die Politik allein die Herausforderungen der Zeit nicht bewältigen kann und verbinden dies mit der Aufforderung zur ausnahmslosen Kooperation aller Bereiche der Gesellschaft. Die Politik könnte bzw. muss allerdings für eine solche Kooperation die notwendigen Rahmenbedingungen schaffen. Dies ist ein wichtiges Ergebnis der Umfrage unter den Politikern: *„Sie (die Politik) kann es (die wachsenden Probleme) nicht alleine (lösen). ... alle müssen an diesem Ziel mitarbeiten. Aber gerade auch die Politik kann wichtige Weichen stellen."* (Schreiben des Bundesministeriums für Verkehr, Bau und Stadtentwicklung vom 07.02.2008) „Hierbei ist ein enges Zusammenwirken zwischen Politik, Wissenschaft und Zivilgesellschaft ... dringend geboten." (Schreiben des Bundesministeriums für wirtschaftliche Zusammenarbeit und Entwicklung vom 23.01.2008).

Gleichzeitig beklagen sich aber alle Teilnehmer dieses Studienprojektes von den Universitäten, Fachhochschulen, Forschungsinstituten, Sozialverbänden, Vereinen usw. über die Handlungsunfähigkeit der Politik und machen deutlich, dass die Politik einen unzureichenden Beitrag leistet. Bundespräsident Horst Köhler untermauert in seiner dritten Berliner Rede vom 17.06.2008 diese Tatsache mit seiner Aussage, dass die politische Ordnung zu langsam reagiert und Verantwortlichkeiten verwischt. Gerade das können wir uns aber nicht mehr leisten. Die Teilnehmer der Studie betonen angesichts der gravierenden existentiellen Gesellschaftsprobleme die Notwendigkeit einer sofortigen und breiten gesellschaftlichen Kooperation. Sie verlangen nach einem anderen politischen Stil und betonen die Wichtigkeit eines guten Bildungssystems. Letzteres muss nicht nur Wissen und Fertigkeiten vermitteln, sondern auch die Verantwortung, Kooperation, Kreativität und kritisches Denken fördern, denn *„das Hauptproblem der gegenwärtigen Lage ist die verheerende Unbildung (gemeint ist vor allem die Abwesenheit oder Erosion verbindlicher Werte des Zusammenlebens) der politischen Führungsschicht sowie wachsender Teile der Bevölkerung“* (Fernuniversität Hagen, s. Kapitel Ökonomie).

Die neuesten, gesellschaftlichen Herausforderungen sind in der Weltgeschichte so beispiellos, dass es für ihre Lösung keine erprobten Wege gibt. Da wir die eingetretenen Schäden nicht mehr reparieren können, brauchen wir dringend Konzepte für eine Schadensbegrenzung. Das wird z. B. von der Universität Bamberg bestätigt: *„Gebraucht werden ... neue und pragmatische Lösungen, die unter den gegebenen gesellschaftlichen Bedingungen realisierbar sind. Da die aktuellen Problematiken neu sind, kann man nicht erwarten, dass man auf alte Rezepte zurückgreifen kann“* (s. Kapitel Politik).

Es ist also höchste Zeit, dass wir alle an einem Strang ziehen und gemeinsam ein kollektives Bewusstsein entwickeln. Dies kann man jedoch von dem einfachen Bürger nicht erwarten, solange entsprechende Rahmenbedingungen nicht vorhanden sind. Es stellt sich daher die Frage, wie das Zusammenleben in der Gesellschaft gestaltet werden sollte. Gehört die derzeitige repräsentative Demokratie auf den Prüfstand? Können wir sie weiter entwickeln oder muss sie durch neue Regelmechanismen des demokratischen Zusammenlebens ergänzt werden? Die Zukunftsfähigkeit eines jeden politischen Systems wird an seiner Fähigkeit zur Problemlösung gemessen. Dafür ist heute ein essentielles Zusammenwirken zwischen Politik, Wissenschaft und Zivilgesellschaft unumstritten, wurde aber bis jetzt noch in keinem Land verwirklicht. Deutschland bildet darin keine Ausnahme, obwohl sich die deutschen Steuerzahler den Luxus eines großen, finanziell gut ausgestatteten Politik- und Behördenapparats leisten und die Voraussetzungen dafür gegeben sind. Wir leben zum Glück nicht in einem feudalistischen System, sondern nach Art. 20 Abs. 1 GG in einer Demokratie. Sie gewährleistet dem Wähler bzw. Steuerzahler das Recht, für sein Geld auch qualifizierte Leistungen zu erhalten. Reicht das aus, um die innovativen Ideen des Landes zu ermitteln, die Fachkräfte zusammenzuführen und durch breite Kooperation Lösungsprozesse zu initiieren? Oder wird sich der Eindruck weiter verstärken, dass die deutsche repräsentative Demokratie in ihrer aktuellen Form das für die Zukunftsfähigkeit notwendige kollektive Bewusstsein nicht fördern kann und untauglich für die Zukunft ist?

Interessanterweise wurde von den Teilnehmern der Studie die folgende Frage immer wieder erwähnt: „Wie können wir zusammenkommen?“ Sie stellten fest, dass sich jeder leider nur um seine eigene „Suppe“ kümmert. Die Probleme sind inzwischen sehr gravierend. Viele Menschen versuchen, nur mit Ersatzhandlungen im individuellen Umfeld ihr Gewissen zu beruhigen und in kleinen Detailfragen des Alltags globale Herausforderungen zu entsprechen. Sie wissen gleichzeitig, dass diese Verhaltensweisen nichts Positives oder wirkliche Trendwendungen mehr bewirken werden und sind darüber in wachsendem Maße unzufrieden. Die Teilnehmer waren sich anderseits einig, dass die Zukunft von unserer Kooperationsfähigkeit abhängt und dass Deutschland durchaus fähig wäre, eine positive und sogar evolutionäre Rolle in der Weltgeschichte zu spielen. Das dafür erforderliche Verantwortungsbewusstsein ist verbreiteter, als man annimmt. *„Deutschland muss von seiner Staatsfixiertheit loskommen, ohne anderseits die Rolle des Staates bei der Organisation* *des Gemeinwesens klein zu reden“* (Universität Bamberg, s. Kapitel Politik). Dennoch brauchen wir breite Bewusstseinsänderung. Verantwortungsbewusstsein darf sich nicht nur auf aktuelle Taten, sondern auch auf absehbare Folgen unseren Handelns beziehen und es muss sich durch breite Kooperationsbereitschaft auszeichnen.

Bundeskanzlerin Angela Merkel stellt in ihrer schon erwähnten Rede fest, dass Deutschland genug vom Egoistenwettbewerb hat. Die Zukunft hängt demnach von der Entstehung einer effektiven gesamtgesellschaftlichen Kooperation und eines kollektiven Bewusstseins ab, auf dessen Notwendigkeit schon im ersten Kapitel eingegangen wurde. Hier könnte Deutschland mit einem guten Beispiel vorangehen, das viele Länder sicher nachahmen würden. Schließlich hat dieses Land schon viel Wertvolles für die Welt gegeben.

Ob Deutschland diesen überlebensnotwendigen Evolutionssprung schafft, steht offen. Die Studie konnte lediglich beweisen, dass das dafür notwendige Potential in Deutschland durchaus vorhanden ist. Damit wäre die Ausgangsfrage „Quo vadis Deutschland?“ eigentlich beantwortet, denn es wurde gezeigt, in welche Richtung Deutschland gehen könnte.

Die Politiker der Zukunft müssten Ideenmanager werden. Sie sollten fähig sein, die besten Lösungskonzepte zu ermitteln, ihnen Geltung zu verschaffen und die Kooperation in der Gesellschaft zu fördern. Damit sind die Weichen für eine weitere Studie gestellt. Ihr Ziel wird die Untersuchung sein, wer in der Gesellschaft zu welcher Art von Kooperation bereit ist und wie dafür förderliche Rahmenbedingungen aussehen sollten.

Im Kapitel 1 wurde die Notwendigkeit einer umfassenden Bewusstseinsänderung schon ausführlich erläutert. Da sie für uns Menschen so lebenswichtig geworden ist, befasst sich das letzte Kapitel nochmals mit der Notwendigkeit dieser entscheidenden Veränderung aus dem Grund, weil Probleme nie mit der Hilfe des Bewusstseins gelöst werden können, durch welches sie herbeigeführt wurden.

Kapitel 10

Es braucht eine entscheidende Veränderung

von Klaus Kairies[1]

„Ein Problem kann nicht mit Hilfe des Bewusstseins, durch welches es herbeigeführt wurde, gelöst werden."
(Albert Einstein)

Diverse Problemfelder bilden den Ausgangspunkt des vorliegenden Buches und unkonventionelle Problemlösungskonzepte wurden vorgestellt. Eine zentrale Rolle kommt in diesem Kontext den menschlichen Bedürfnissen und deren Befriedigung zu.

Wir haben die Wahl – der subjektive Aspekt psychologischer Bedürfnisbefriedigung

In der modernen Welt sieht es auf den ersten Blick so aus, dass Bedürfnisse vielfach auf Kosten anderer Menschen und/oder der Umwelt befriedigt werden. Auf diese Weise sind Probleme vorprogrammiert. Dringt man allerdings ein in die feineren Bereiche der menschlichen Bedürfnisstruktur wird erkennbar, dass sich die Probleme auflösen können. Auf dieser tiefer liegenden Ebene menschlicher Bedürfnisse zeigt sich, dass sie sich bei allen Menschen sehr stark ähneln. Jeder kennt es vielleicht aus eigener Erfahrung oder spürt es, wenn er seine Aufmerksamkeit darauf richtet, dass diese Bedürf-

[1] Prof. Dr. Klaus Kairies, Fakultät IV – Wirtschaft und Informatik, Abteilung Wirtschaft, Fachhochschule Hannover, Ricklinger Stadtweg 120, D-30459 Hannover, E-mail: klaus.kairies@fh-hannover.de.

nisse mit Liebe, Zufriedenheit, Geborgenheit, Sinngebung, Selbstverwirklichung, innerem Frieden usw. zu tun haben.

Was wird nun unternommen, um diese Bedürfnisse zu befriedigen? In der heutigen Welt hat sich die Annahme durchgesetzt, dass es die Ereignisse in der Außenwelt sind, die uns beunruhigen, ängstigen, verzweifeln lassen, wütend machen usw. Bei dieser Annahme handelt es sich nicht nur um ein theoretisches Konzept, sie hat ganz praktische Konsequenzen. Macht man die innere Befindlichkeit von Dingen der äußeren Welt abhängig, versucht man die Situation selbst zu verändern. Dann liegt beispielsweise bei Unzufriedenheit im Job der Gedanke nahe, den Job zu wechseln. Fühlt man sich in einer Beziehung unwohl, wechselt man den Partner. Vielleicht meint man, dass man eine größere Wohnung oder ein Haus benötigt, um zufrieden zu sein, möglicherweise braucht man auch eine Weltreise, um zum inneren Frieden zu gelangen. Natürlich kann es auch sein, dass man aus dem gewöhnlichen gesellschaftlichen Leben aussteigen möchte, um sich selbst zu finden usw. In diesen Kontext gehören auch das Streben nach immer höheren Eigenkapitalrentabilitäten und das Verlangen nach mehr Einfluss und Macht.

Dagegen wäre nichts einzuwenden, wenn die Verfolgung diesbezüglicher Interessen nicht auf Kosten anderer und/oder der Umwelt geschieht und tatsächlich nachhaltig zu einer Verbesserung innerer Befindlichkeiten beiträgt.

Haben denn die Ereignisse der äußeren Welt einen bestimmenden Einfluss auf die menschliche Befindlichkeit? In gewisser Weise ist dies zu bejahen. Zwecks Befriedigung bestimmter Bedürfnisse ist es sogar notwendig, die äußere Situation zu verändern. Wenn wir beispielsweise Hunger haben, geht es uns entschieden besser, wenn wir etwas essen, und wenn wir frieren, benötigen wir Wärme durch Kleidung und/oder Unterkunft.

Was für physiologische Bedürfnisse, die eine körperliche Grundlage haben, gilt, kann allerdings nicht auf psychologische Bedürfnisse übertragen werden. Hat jemand z. B. ein eher schwach ausgeprägtes Selbstwertgefühl, kann dies auch nicht durch hohen und höchsten materiellen Wohlstand geändert werden. Bereits der Augenschein lehrt, dass es sehr viele Menschen gibt, die sich alles leisten können was man sich nur vorstellen kann, und trotzdem sind sie geplagt von innerer Unruhe, von Depressionen, Angst, Selbstzweifel und nicht selten damit einhergehenden Süchten.

Es gibt ganz offensichtlich keinen kausalen Zusammenhang zwischen psychischer Befindlichkeit und äußeren Situationen. Die folgende wissenschaftliche Untersuchung ist besonders geeignet, dies zu verdeutlichen.[2]

Im Rahmen einer empirischen Erhebung wurden Probanden darum gebeten, sich vorzustellen, dass sie die folgenden zwei Situationen erleben würden:

- Gewinn eines Millionenbetrags oder
- nach einem Unfall an einen Rollstuhl gefesselt zu sein.

Die Probanden sollten angeben, in welcher Situation es ihnen wohl besser gehen würde. Es wird kaum überraschen, dass fast jeder dem Millionärsleben den Vorzug eingeräumt hätte. Es gab sogar Befragte die erklärt haben, dass sie nach einem Unfall lieber tot als querschnittsgelähmt wären.

In der Studie wurde allerdings nachgewiesen, dass solche Äußerungen mit den wirklichen Gefühlen in den Jahren nach einem durchlebten Unglück kaum etwas zu tun haben. Dies zeigten die Antworten von tatsächlichen Lottogewinnern und Unfallopfern. Auch sie wurden nach ihrer Lebenszufriedenheit befragt. Es stellte sich heraus, dass der Millionengewinn das Wohlbefinden nicht auf Dauer hebt, und eine Querschnittslähmung die Lebenszufriedenheit viel weniger sinken lässt, als man es als Unbefangener erwarten würde. Zwar fühlten sich die Millionengewinner sehr stark angehoben, während die Gelähmten ihre verlorene Bewegungsfreiheit in den ersten paar Wochen nach dem Ereignis betrauerten. Nach einer Übergangszeit fühlten sich die neuen Reichen allerdings nicht wohler als zuvor. Zu beobachten war auch, dass sich viele Rollstuhlfahrer nach einer Phase der Eingewöhnung damit abgefunden haben, auf fremde Hilfe angewiesen zu sein. Nach einer Zeit der Niedergeschlagenheit haben sie ihren al-

---

2 Vgl. Klein, St. (2004), S. 221f.

ten Lebensmut fast vollständig wieder gewonnen. *„Ob Unfallopfer oder Lotteriegewinner – wer vorher mit seinem Leben einverstanden war, ist es jetzt auch. Und die Nörgler bleiben Nörgler.“*[3] Eine Änderung der Situation, auch wenn sie dramatisch verläuft, führt also nicht zwangsläufig zu einem nachhaltigen Wechsel der Befindlichkeit.

In die gleiche Richtung zielen Aussagen über verschiedene Alltagserfahrungen:[4]

- Was der eine nicht mag oder gar fürchtet, ist für den anderen ein Vergnügen. Beispiel: Vor Publikum sprechen. Die meisten sind nicht gerade begeistert, wenn man sie dazu auffordert, spontan ein paar passende Worte zu sagen. Andere wiederum lassen kaum eine diesbezügliche Gelegenheit aus.
- Manche geraten bei Begegnungen mit fremden Menschen ins Schwitzen, während andere in vergleichbaren Situationen geradezu aufblühen.
- Was für den einen ein aufregendes Abenteuer ist, kann für den anderen der reinste Albtraum sein. Während der eine das Unbekannte als ernorm prickelnd und anregend empfindet, kann das bei anderen Menschen fast Panikattacken auslösen.
- Zeitdruck. Einige sind am leistungsfähigsten, wenn der Druck am größten ist. Sie können in diesen Situationen ihre Talente erst richtig entfalten. Bei anderen geht in vergleichbaren Situationen überhaupt nichts.
- Ein Erlebnis, das gemäß der persönlichen Neigung als sehr schön angenommen wird, z. B. ein goldener Sonnenuntergang an einem karibischen Traumstrand, ein exquisites Abendessen mit dem Herzensschatz, ein vollendetes Solokonzert des Lieblingspianisten oder was auch immer. Man erlebt etwas Wunderschönes und ist trotzdem nicht glücklich. Oder das Gegenteil. Man erlebt überhaupt nichts Besonderes, sondern etwas ganz Triviales, Alltägliches und fühlt sich trotzdem glücklich. Man sitzt vielleicht in einer Bahn, fährt

---

3 Klein, St. (2004), S. 222.
4 Vgl. Kairies, K. (2007), S. sowie die dort angegebene Literatur.

eine Routinestrecke und denkt an nichts Besonderes. Und plötzlich wird einem klar, dass man glücklich ist.

Diese Beispiele zeigen, dass unterschiedliche Menschen in der gleichen Situation oft recht unterschiedliche Gefühle erfahren und verschiedene Reaktionen zeigen. Immer wieder ist auch zu beobachten, dass dieselbe Person zu verschiedenen Zeiten auf ähnliche Ereignisse ganz unterschiedlich reagiert. So kann z. B. eine völlig unerwartete Situation einmal als interessante Herausforderung angenommen, aber ein anderes mal als nervtötende Zumutung und Bedrohung empfunden werden.

Hieraus folgt, dass Gefühle sehr häufig nicht von einer äußeren Situation oder von anderen Menschen verursacht werden. Zwar sind die Situationen auch bedeutsam, aber sie führen nicht direkt, nicht zwangsläufig zu bestimmten Gefühlen. Die in bestimmten Situationen erfahrenen Gefühle hängen im Wesentlichen von uns selbst ab. So gesehen ist es unsere subjektive, unsere persönliche Art, auf Ereignisse zu reagieren. Der Mensch ist kein einfaches Reiz-Reaktions-Wesen.[5]

In der Stressforschung wird gezeigt, dass die Art und Weise der menschlichen Reaktionen in den verschiedensten Situationen davon abhängt, wie sie beurteilt werden. Unsichtbare Elemente wie persönliche Bewertung, Auslegung, Glaube und Lebenseinstellung – also Bewusstseinsinhalte, die im Laufe des Lebens erlernt wurden – spielen in diesem Ablauf eine entscheidende Rolle.

Damit teilt die moderne Stressforschung die Erkenntnis des Philosophen Epiktet, dass es nicht die Dinge sind, die den Menschen belasten, sondern die Ansicht, die sie von ihnen haben.[6]

Hiermit wird deutlich, dass der Mensch in der jeweiligen Situation grundsätzlich die Wahl hat, inneren Frieden u. ä. oder etwas anderes zu erfahren. Entscheidend hierfür ist, wie die Situationen wahrgenommen werden.

---

5 Vgl. Russell, P. (2002), S. 89ff; Schröder, J.-P./Blank, R. (2004), S. 84; Tausch, R. (1996), S. 36; Chopra, D. (1993), S. 191ff; Vester, F. (2003), S. 93ff; Crisand, E./Lyon, U. (1998), S. 56f; Litzcke, S.M./Schuh, H. (2007), S. 9f.

6 Vgl. Russel, P. (2002), S. 91.

Entwicklung von Spiritualität – Ein Leben im Hier und Jetzt

Wie würde es sich anfühlen, wenn man Situationen ohne die in der Vergangenheit gelernten Bewertungen bzw. Interpretationen wahrnehmen könnte, wenn man in diesem Sinne unbeeinflusst von der Vergangenheit einfach im „Hier und Jetzt" lebt? Dies würde zunächst bedeuten, dass man seine Aufmerksamkeit auf das lenkt, was man im Moment gerade tut.

Unter dieser Voraussetzung kann sich im Menschen eine Ebene ausdrücken, die von den Allermeisten im normalen Wachbewusstsein nicht wahrgenommen wird.

In den siebziger Jahren des zwanzigsten Jahrhunderts wurde in diesem Zusammenhang vom ungarisch-amerikanischen Soziologen Csikszentmihalyi die Fließerfahrung bzw. das Flowerlebnis entdeckt.[7] Während dieser Erfahrung scheinen Arbeitsprojekte wie von selbst voranzukommen, und selbst die tiefste Konzentration erfordert keine Anstrengung. Menschen, die sich im Flow befinden haben das Gefühl, weit über die üblichen Fähigkeiten hinausgehoben zu sein.[8]

Die sich hier ausdrückende Ebene menschlicher Existenz wurde von dem berühmten Komponisten Johannes Brahms als „Quelle unseres Wesens"[9] bezeichnet. Heutzutage setzt sich in diesem Zusammenhang zunehmend der Begriff „Spiritualität" durch – und zwar sowohl in der populären Öffentlichkeit wie beispielsweise im Focus[10] als auch im betriebswirtschaftlichen Kontext,[11] um zwei Bereiche herauszugreifen.

Um die Vorstellung über die Bedeutung von Spiritualität zu konkretisieren, wird im Folgenden ein Erfahrungsbericht der seinerzeit berühmten Basketballspielerin Patsy Neal aus USA vorgestellt. In ihm beschrieb sie ihre Gefühle, die sie bei einem nationalen Basketballturnier während des Freiwurfwettbewerbs empfand.

---

7 Vgl. Csikszentmihalyi, M. (1999).
8 Vgl. Chopra, D. (1991), S. 187.
9 Zitiert bei: Abell, A. M. (1999), S. 63.
10 Vgl. Weber, Ch. (2005).
11 Vgl. Mitroff, I. I./Denton, E. A. (1999).

Sie schrieb, dass sie bei ihren Freiwürfen im Endspiel um eine nationale Meisterschaft so ruhig, wie noch nie zuvor in ihrem Leben war. Sie sah und hörte nicht einmal mehr die Zuschauer. Für sie gab es nur noch sie selbst, den Ball und den Korb. Selbst die Anzahl der von ihr geworfenen Körbe hatte in diesem Moment keine Bedeutung für sie. Ihre Gefühle waren das Einzige, was für sie wirklich zu zählen schien. Es wäre ihr trotzdem schwer gefallen, daneben zuwerfen, selbst wenn sie es gewollt hätte. Sie berichtet, dass ihre Bewegungen nicht mehr ihrer bewussten Kontrolle unterlagen und dass sie es insgesamt als Hochgefühl empfand. Dann wörtlich: *„Hätte es in meiner Macht gestanden, in dieser Erfahrung zu verweilen, hätte ich alle meine Besitztümer dafür hingegeben. Aber es unterlag nicht meinem Willen ... es überstieg mein Verständnis ... war jenseits von mir. Und doch war ich das.*

... Als Ergebnis dieses Erlebnisses weiß ich, dass Geist und Körperbewegung zueinander in Beziehung gesetzt werden können. Wenn sie sich vermischen, scheint man zwischen der realen Welt und einer anderen Welt, einer Welt von Wundern, zu hängen. Man erreicht Sachen, die man sich nicht einmal im Traum vorstellen konnte. Man geht über die normalen Körperkräfte hinaus und in die Kraft des Universums hinein, entdeckt Ströme und Empfindungen, die anscheinend keinen Anfang haben oder im Selbst ihr Ende finden.“[12]

Dieser Bericht lässt erkennen, dass Patsy Neal eine neue ihr bisher unbekannte Dimension ihrer selbst erfahren hat (...es überstieg mein Verständnis, war jenseits von mir, und doch war ich das). Während sie tiefe Ruhe und eine besondere Freude empfand, gelangen ihr in dieser Erfahrung intuitiv sportliche Höchstleistungen.

Die Erfahrung dieser feinen Ebene menschlicher Existenz ist sehr wertvoll und wird von vielen Künstlern, Wissenschaftlern, Managern und anderen Sportlern bestätigt.[13] Immer wieder werden mir solche Erfahrungen auch von Teilnehmerinnen und Teilnehmern an spirituell ausgerichteten Stressbewältigungsseminaren anvertraut.

---

12 Zitiert bei: Douillard, J. (1996), S. 35.
13 Vgl. Kairies, K. (2001), S. 14ff.

Im Bericht von Patsy Neal kommt auch zum Ausdruck, dass solche Erfahrungen religionsunabhängig sind. Sie sind nicht an Doktrinen und Rituale von Glaubensgemeinschaften gekoppelt. Ihr war es gelungen, achtsam im „Hier und Jetzt" zu sein, in ihrer Aufgabe vollständig aufzugehen.[14] Weil die inneren vergangenheitsorientierten Programme keine Wirksamkeit mehr entfalten konnten, bestand für Patsy Neal die Möglichkeit, eine feinere Ebene ihrer selbst wahrzunehmen. Auf dieser Grundlage hat sie folgende drei grundlegende Erfahrungen machen können:

- Intuitiv zu handeln (ohne nachzudenken, aber in dem Wissen, dass es richtig ist),
- glücklich sein (in dem Bericht sagte sie: „Hätte es in meiner Macht gestanden, in dieser Erfahrung zu verweilen, hätte ich alle meine Besitztümer dafür hingegeben"),
- Ruhe spüren (in dem Bericht sagte sie: „Bei den Freiwürfen im Endspiel um eine nationale Meisterschaft war sie so ruhig, wie noch nie zuvor in ihrem Leben").

Die Erfahrung dieser Aspekte ermöglicht tendenziell die Befriedigung der eingangs erwähnten tiefer liegenden menschlichen Bedürfnisse, ohne die Situation zu verändern. Die Erfahrung basiert auf Selbstkommunikation. In dieser Erfahrung drückt sich etwas aus, was natürlicherweise im Menschen angelegt ist.

Vergleicht man diese Aspekte mit modernen Definitionen von Spiritualität, wird deutlich, dass Patsy Neal eine spirituelle Erfahrung schildert. So wurde z. B. im Rahmen einer Studie über betriebliche Personalentwicklung für Spiritualität folgender Begriff zugrunde gelegt: Das grundlegende Gefühl des Verbundenseins mit dem eigenen vollständigen Selbst, anderen und dem gesamten Universum.[15]

In dieser Definition kommt der Gedanke von Einheit und Verbundenheit zum Ausdruck, allerdings nicht als theoretisches

---

[14] Vgl. Niederberger, L. (2001).

[15] Vgl. Mitroff, I. I./Denton, E. A. (1999), S. 83; dort heißt es: „The basic feeling of being connected with one's complete self, others, and the entire universe." Vgl. auch Niederberger, L. (2001) sowie Russell, P. (2003), S. 221ff.

Konzept, sondern als Gefühl. Damit wird also davon ausgegangen, dass es möglich ist, diese Verbundenheit zu spüren. Deshalb ist es auch nicht möglich, Spiritualität auf nur kognitiver Ebene zu erlernen.

Was kann man sich unter dem Gefühl der allgemeinen Verbundenheit vorstellen? Es ist nicht ganz leicht, diese Frage zu beantworten. Angenommen, man möchte einem Menschen, der vom süßen Geschmack keine Vorstellung hat, erklären, was süß ist, stößt man auch sehr schnell an seine Grenzen. Letztlich läuft es auf die Empfehlung hinaus „probiere mal, dann weißt Du, was mit einem süßen Geschmack gemeint ist“. Das Erfahrungswissen ist an dieser Stelle nicht ersetzbar.

Zurück zum Gefühl der Verbundenheit. Auch in diesem Zusammenhang ist die Erfahrung durch nichts zu ersetzen. Eine Annäherung kann man mit Hinweis auf romantische Beziehungen versuchen. Solche Beziehungen im zwischenmenschlichen Bereich, die ja auch eine besondere Verbundenheit darstellen, kann man empfinden und dieses Gefühl wird als Liebe bezeichnet. Um dieses Gefühl zu erfahren kommt niemand auf die Idee, es im kognitiven Sinne lernen zu wollen, hier gilt ausschließlich das Gefühl und damit die Erfahrung.

Die romantische Liebe könnte man als die kleine Schwester der allumfassenden Liebe im Sinne von Spiritualität als religionsunabhängiger Erfahrung bezeichnen.

Es gibt immer weniger Verlierer – Der Weg zum Win-Win-Prinzip

Die kollektive Erfahrung von Spiritualität ist die entscheidende Veränderung. Dies ist weit mehr als ein mentales Umdenken und Aufstellen universaler ethischer Standards. Erst wenn der Mensch die existenzielle Erfahrung machen kann, dass alles Leben miteinander in Beziehung steht und sich gegenseitig beeinflusst, kann sich sein Handeln grundlegend ändern.[16]

Hat sich das Gefühl der allgemeinen Verbundenheit entwickeln können, spürt man – ähnlich wie Patsy Neal im oben erwähnten Erfahrungsbericht – feinere Bereiche der eigenen

[16] Vgl. Niederberger, L. (2001).

Existenz und man bringt – wie der Volksmund so treffend sagt – Handlungen, die zu Lasten anderer Menschen oder der Umwelt gehen, nicht übers Herz.

Damit wird deutlich, dass die Lösung heutiger Probleme in der modernen Welt nicht darin besteht, das Eigeninteresse aufzugeben. Es geht vielmehr darum, unsere Vorstellungen von dem was wird sind, auszuweiten. Ein Mensch mit einem in diesem Sinne erweiterten Bewusstsein handelt weiterhin im eigenen Interesse. Der Unterschied besteht darin, dass dieser „neue" Mensch sich mit dem Ganzen verbunden fühlt. Dies führt automatisch dazu, dass seine Handlungen positiv für ihn selbst, seine Umgebung und das gesamte Universum ausfallen. Es gibt keine Verlierer, die Handlungen sind ganzheitlich, Bedürfnisse werden nicht mehr auf Kosten anderer Menschen und/oder der Umwelt befriedigt.[17]

Damit komme ich zurück zum Ausgangszitat von A. Einstein: *„Ein Problem kann nicht mit Hilfe des Bewusstseins, durch welches es herbeigeführt wurde, gelöst werden."* Es ist eine Erweiterung des menschlichen Bewusstseins um die Ebene der Spiritualität im Sinne einer religionsunabhängigen Erfahrung notwendig. Unter dieser Voraussetzung könnte der Mensch dann in den von Goethe geprägten Satz einstimmen: *„Ganz leise spricht ein Gott in meiner Brust, ganz leise, ganz vernehmlich, zeigt uns an, was zu ergreifen ist und was zu flieh'n."*

Die Art und Weise, wie Menschen zur Erfahrung der allgemeinen Verbundenheit gelangen, ist ganz unterschiedlich. So können es Naturerfahrungen sein, oder Erschütterungen auf Urlaubs- oder Geschäftsreisen in die Dritte Welt, wo das Elend vieler Menschen plötzlich als Teil von sich selbst wahrgenommen wird. Die Entwicklung von Spiritualität kann auch durch gesunde Ernährung, Reinigung durch Entschlackung, angemessene Bewegung, durch Atemübungen, Gebete, schamanische Rituale und Meditation sowie das Hören auf die Impulse des Körpers gefördert werden.[18] In aller Regel

---

17 Vgl. Russell, P. (2003), S. 233f.; Nefiodow, L. A. (2001), S. 189f.

18 Vgl. Bauhofer, U. (2005); Russell, P. (2002), S. 93f.; Niederberger, L. (2001).

beginnt der spirituelle Weg bei sich selbst, er endet dort allerdings nicht. *„Die Achtsamkeit nach innen sucht ihre Entsprechung im Außen: In den Beziehungen und Partnerschaften, im Arbeitsklima sowie im Umgang mit fremden Menschen und der Natur."*[19]

Literaturverzeichnis

Abell, A. M. (1999): Gespräche mit berühmten Komponisten über die Entstehung ihrer unsterblichen Meisterwerke, Inspiration und Genius, 5. Auflage, Haslach, Artha Verlag, ISBN 3-89575-047-6.

Bauhofer, U. (2005): Souverän und gelassen durch Ayurveda, München, Südwest Verlag.

Chopra, D. (1991): Die Körperseele, Bergisch Gladbach, Gustav Lübbe Verlag.

Chopra, D. (1993): Die Körperzeit, Bergisch Gladbach, Gustav Lübbe Verlag.

Crisand, E./Lyon, U. (1998): Anti-Streß-Training, Autogenes Training mit Yoga und Meditation, 3. Auflage, Heidelberg: Sauer-Verlag.

Csikszentmihalyi, M. (1999): Das flow-Erlebnis, Jenseits von Angst und Langeweile: im Tun aufgehen, 7. Auflage, Stuttgart, Klett-Cotta.

Douillard, J. (1996): Fit mit Ayurveda – Das sanfte Konditions- und Sportprogramm, Niedernhausen/Ts, Falken Verlag.

Kairies, K. (2001): Stress bewältigen durch Kreativität, Heidelberg, Sauer-Verlag.

Kairies, K. (2007): Stressbewältigung durch Entwicklung von Spiritualität im Sinne einer religionsunabhängigen Erfahrung – Ein Konzept zur Verbesserung von Wettbewerbsfähigkeit und Steigerung von Produktivität in Unternehmen, in: Arbeitspapier Nr. 170/2007 aus der Fakultät IV – Wirtschaft und Informatik, Abteilung Wirtschaft der Fachhochschule Hannover.

Klein, St. (2004): Die Glücksformel oder wie die guten Gefühle entstehen, 6. Auflage, Reinbek bei Hamburg, Rowohlt-Verlag.

Litzcke, S. M./Schuh, H. (2007): Stress, Mobbing und Burn-out am Arbeitsplatz, 4. Auflage, Heidelberg, Springer.

Mitroff, I. I./Denton, E. A. (1999): A. Study of Spirituality in the Workplace, in: Sloan Management Review 4/1999, S. 83–92.

Nefiodow, L. A. (2001): Der sechste Kondratieff – Wege zur Produktivität und Vollbeschäftigung im Zeitalter der Information, 5. Auflage, Sankt Augustin, Rhein-Sieg-Verlag.

---

[19] Niederberger, L. (2001).

Niederberger, L. (2001): Spiritualität wird in Chefetagen salonfähig, in: Die Weltwoche (Zürich), 50/2001.

Russell, P. (2002): Quarks, Quanten und Satori, Wissenschaft und Mystik: Zwei Erkenntniswege treffen sich, Bielefeld, J. Kamphausen Verlag.

Russell, P. (2003): Der direkte Weg, Bielefeld, J. Kamphausen-Verlag.

Schröder, J.-P./Blank, R. (2004): Stressmanagement – Stress-Situationen erkennen – erfolgreiche Maßnahmen einleiten, Berlin, Cornelsen Verlag.

Tausch, R. (1996): Hilfen bei Stress und Belastung, Reinbek bei Hamburg, Rowohlt-Verlag.

Vader, J.-P. (2006): Spiritual health: the next frontier, in: European Journal of Publik Health, Vol. 16 No. 5, S. 457.

Vester, F. (2003): Phänomen Stress, 18. Auflage, München, Deutscher Taschenbuchverlag.

Weber, Ch. (2005): Erleuchtung nicht ausgeschlossen, in: Focus 52/2005, S. 65–74.

Nachwort

von Marianne Grimmenstein

Als das Studienprojekt abgeschlossen war, haben die Beweggründe der Mitautoren mich sehr interessiert, warum sie bereit waren, mir zu helfen und mitzuschreiben, und warum sie das Projekt wichtig hielten. Ich bat alle Mitautoren, ihre persönlichen Beweggründe zu schildern. Auch diese Stellungnahmen, die unter „Nachwort" erscheinen, bezeugen das Vorhandensein umfassenden Verantwortungsbewusstseins und die Möglichkeit kooperativer Zusammenarbeit der verschiedenen Wissenschaften, die unsere Gesellschaft so dringend braucht. Die Stellungnahmen belegen auch, dass diese kooperative Zusammenarbeit aber nur dann funktioniert, wenn eine gemeinsame Vision vorhanden ist. Bei diesem Studienprojekt war die Vision: Neues und Besseres gemeinsam entstehen zu lassen.

Wolfram Elsner:

„Die ökonomische Wissenschaft hat mit der zunehmend marktfundamentalistischen Ausrichtung ihrer offiziösen Theorie samt ihrer politischen Sprachrohre drei Jahrzehnte lang an den realen gesellschaftlichen Problemen vorbeigearbeitet. Sie hat mit ihren „neoliberalen" Fixierungen sogar zur Verschärfung der Probleme beigetragen – bis hin zu den unmittelbar ins Haus stehenden globalen Katastrophen. Hier sind schnellstens Neudenken und Umsteuern erforderlich, hart an den realen Problemen entlang. Die Provokation dazu kam in diesem Fall von außen – Frau Grimmenstein gebührt hier alle Anerkennung – und hat zu den inspirierenden Beiträgen in diesem Band geführt."

Johannes Heinrichs:

„Für einen tatsächlichen, geistig-politischen Evolutionssprung unseres Gemeinwesens (sehr zu unterscheiden von gewissen „Reformen" der

Anpassung an die alten, nun weltweit gewordenen kapitalistischen „Sachzwänge“!) brauchen wir vor allem zweierlei:

- die politisch wirksame Kanalisierung der riesigen Fachkompetenz in diesem Land, jedoch jenseits parteipolitischer Vereinnahmung,
- das eigene Aktivwerden des größten Bevölkerungsteils, der Frauen.

Hier hat nun eine mutige Frau die Initiative ergriffen und schon einen ansehnlichen Teil geballter Fachkompetenz versammelt. Das könnte die Initialzündung werden für ein großes Kooperationsbündnis zahlreicher Köpfe mit kompatiblen Ideen und zu solchen Veränderungen, die glaubhaft am allgemeinen Wohl orientiert sind.“

Klaus Kairies:

„Diverse Krisen auf der Welt zeigen: So geht es nicht weiter! In der Politik und der Wissenschaft gibt es kaum überzeugende Konzepte, die einen Ausweg erkennen lassen. Im Rahmen des Projektes von Frau Grimmenstein war es möglich, bisher erfolgreiche Konzepte, die nun nicht mehr greifen, mental loszulassen, und die Aufmerksamkeit auf unkonventionelle Lösungsmöglichkeiten zu lenken, die notwendig sind, um entscheidende Veränderungen in Politik und Wirtschaft herbeiführen zu können. Danke Frau Grimmenstein.“

Christian Siewert:

„Im Unterschied zu vielen Aspekten des täglichen Lebens sind unerwartete Nebenwirkungen von Eingriffen in die Natur oft schwer und erst spät erkennbar. Sie lassen sich durch eine bessere Politik nicht sofort beheben. Die Ökologie als Wissenschaft vom Stoffhaushalt der Natur sollte daher Grundlage einer nachhaltigen Entwicklung sein, die auch bei der Anwendung und Verbreitung neuer Technologien zu berücksichtigen ist. Diesen Herausforderungen kann die Ökologie aber nur im Kontext sozialer und gesellschaftlicher Erfordernisse gerecht werden. Eine solche Verbindung bietet Lösungen für den Alltag, wenn es um Folgen der Globalisierung, des Klimawandels, der Ernährung, Terrorismus oder Kriminalität als Folge sozialer Differenzierung geht. Dieses Buch dokumentiert, dass die kooperativen Verflechtungen der verschiedenen Wissenschaften für die Lösung der heutigen Probleme unverzichtbar sind.“

Klaus Wenzel:

„Angesichts der dramatischen Zustände, die diese Studie belegt, ist es notwendig in allen Bereichen des öffentlichen Lebens tätig zu werden, um wenigstens zu retten, was noch zu retten ist und Neues, Besseres entstehen zu lassen. Da für die Gründung einer neuen Partei und eines entsprechend langen Weges durch die Instanzen nicht mehr die Zeit ist, entstand die Idee eines Kooperationsbündnisses aus diesem Studienprojekt, durch welches die jetzt schon zahlreich bestehenden Bürgerinitiativen, Interessengemeinschaften, Zweckverbände und Splitterparteien und natürlich auch Einzelpersonen unter dem verbindenden Gedanken: „Gemeinsam für wirkliche Verbesserung“ – „Kooperationsbündnis für ein Zukunftsfähiges Deutschland“ (www.kooperationsbuendnis.wg.am) nicht nur eine politische Heimat, sondern auch Beachtung finden sollen, um konkrete Wirkung erzeugen zu können. Wir brauchen dieses Kooperationsbündnis, damit tatsächliche Lösungsprozesse unter der Berücksichtigung der vorhandenen Fach- und Sachkompetenz endlich entstehen können. Der Souverän, das Volk, hat ein Anrecht auf politische Bildung und es bedarf einer sofortigen, bis an die Wurzeln gehenden Aufklärung, damit alle über die künftigen Entwicklungen mitentscheiden können. Diese Aufklärung muss wahrheitsgemäß, transdisziplinär und ohne Eigennutz erfolgen und dient dem Ziel, eine für alle Menschen gleichermaßen bessere Zukunft zu gestalten. Die vorliegende Studie beweist, dass wir durchaus fähig sind, miteinander zu kooperieren, wenn wir einer gemeinsamen Vision folgen.“

Eckhardt Wiederuh:

„Eine ökonomisch und ökologisch sinnvolle Energieversorgung ist eine der größten Herausforderungen in der Zukunft. Leider ist die Diskussion bisher weitgehend von Ideologen und Interessengruppen besetzt. Deshalb ist es der Wunsch, dass dieses Buch ein wenig zur sachlichen Aufklärung dieses sehr komplexen Themas beitragen möge.“

Danksagungen

Das Studienprojekt „Ein Rezeptbuch für Deutschland“, bzw. später mit dem Titel „Die machbare Zukunft“, wurde von mir als ein ganz privates Projekt im Januar 2007 gestartet, um mögliche Lösungsideen für die vorhandenen Gesellschaftsprobleme zu finden. Ich wagte am Anfang kaum, daran zu glauben, dass das Projekt einen Erfolg haben wird, denn ich habe mit wirklich provozierenden Fragen angefangen, um in sieben wissenschaftlichen Bereichen Umfragen durchzuführen. Zu meinem Erstaunen haben sich im Laufe der Zeit mehrere Professoren bei mir gemeldet, dass sie bereit sind, das Projekt tatkräftig zu unterstützen. Ich habe dadurch Hilfe und die Studie hat mehrere Autoren bekommen.

Wolfram Elsner von der Universität Bremen möchte ich zuerst hervorheben, da er sich als erster bei mir meldete. Ihm gilt mein besonderer Dank, da er an den Erfolg der Studie von Anfang an glaubte. Bei Christian Siewert, von der Fachhochschule Weihenstephan, möchte ich mich für seine moralische Unterstützung und Mitarbeit bei Gesamtresümee besonders bedanken. Er bearbeitete auch noch das Kapitel „Ökologie“ und vermittelte mir Johannes Heinrichs. Johannes Heinrichs gestaltete das Kapitel „Soziologie“ und unterstützte mich mit Ratschlägen und Korrekturen bei meinen Bearbeitungen der Kapitel 1 und 3, und dafür bin ich ihm besonders dankbar.

Für die eingebrachten Fachkenntnisse bei der Umfrage Energiewirtschaft, wovon ich selbst eigentlich nicht so viel Ahnung habe, bin ich Eckhardt Wiederuh, von der Fachhochschule Gießen-Friedberg, zu Dank verpflichtet. Klaus Kairies spornte mich mit seiner zukunftsweisenden Lebenseinstellung immer wieder zum Weitermachen an, wofür ich ihm unbedingt danken möchte. Klaus Wenzel meldete sich zuletzt bei mir und war sofort bereit, die Umfrage Pädagogik zu bearbeiten. Auch bei ihm bedanke ich mich ganz herzlich.

Selbstverständlich bin ich allen Teilnehmern der Studie von den vielen Universitäten, Fachhochschulen, Forschungsinstituten, Vereinen und anderen Organisationen zu Dank verpflichtet, da sie alle bereit waren, eine ausführliche und ehrliche Antwort auf meine provozierenden Fragen zu geben.

Mein besonderer Dank gilt auch den zwei Lektoren der Studie, Wolfgang Kopplin und Dieter Federlein, die nicht nur das Manuskript durchlasen, sondern mir auch mit wertvollen Ratschlägen zur Seite standen. Zum Schluss möchte ich mich bei Christoph Mezger vom STENO-Verlag für seine guten Ratschläge, die dem Buch den letzten Schliff gaben, ganz herzlich bedanken.

Autoren

Wolfram **Elsner**, Professor für Volkswirtschaftslehre, Strukturforschung und Wirtschaftspolitik, Institut für Institutionelle Ökonomik und Innovationsforschung - iino, Universität Bremen.

Marianne **Grimmenstein**, Projektleiterin, Musikpädagogin der Musikschule der Stadt Lüdenscheid.

Johannes **Heinrichs**, Professor für Philosophie und Sozialökologie, zuletzt Humboldt Universität Berlin. Er lebt als freier Schriftsteller im Rheinland und in Berlin und hält Gastvorlesungen in aller Welt.

Klaus **Kairies**, Professor für Allgemeine Betriebswirtschaftslehre, insbesondere Rechnungswesen, Fachhochschule Hannover.

Christian **Siewert**, Professor für ökologische Standortkunde und nachhaltige Bodennutzung und Leiter des Instituts für Landschaftsarchitektur, Fachhochschule Weihenstephan.

Klaus **Wenzel** studierte Sozialpädagogik, Soziologie, Psychologie und Rechtswissenschaft, ist Begründer eines gesprächstherapeutischen Ansatzes und arbeitet als Wissenschaftsautor in NRW.

Eckhardt **Wiederuh**, Professor für Thermodynamik, Fluidmechanik, Wärme- und Energietechnik und Turbomaschinen, Fachhochschule Gießen-Friedberg.

Anlage

Auszug aus den Ergebnissen der Umfrage im Januar 2008 unter den Politikern:

Roland Pofalla MdB, Generalsekretär der CDU Deutschlands:

„Weltweit drohen erhebliche Veränderungen der Umwelt sowie massive soziale und ökonomische Verwerfungen, so dass wir mit aller Entschiedenheit handeln müssen... Bund, Länder, Landkreise, Städte und Gemeinden müssen beim Klimaschutz gemeinsam an einem Strang ziehen... 3. Erneuerbare Energien und Techniken zur effizienteren Energieerzeugung und -verwendung müssen stärker gefördert werden und verstärkt zum Einsatz kommen.“

Im Namen von Ministerpräsidenten Günther H. Oettinger, Baden-Württemberg, Prof. Dr. Claus Eiselstein:

„Ich stimme Ihnen zu, dass die ökonomischen, ökologischen und sozialen Herausforderungen der Zukunft einen umfassenden Dialog zwischen allen gesellschaftlichen Gruppen erfordern... Die Nachhaltigkeitsstrategie ist keine Strategie nur der Landesregierung, sondern des gesamten Landes. Sie steht auf einen umfassenden Dialog mit möglichst allen gesellschaftlichen Gruppen der Wirtschaft und der Wissenschaft.“

Bundesministerium für wirtschaftliche Zusammenarbeit und Entwicklung:

„Wir stimmen mit Ihrer Analyse überein... Wir können Ihr Fazit nur unterstreichen und sehen dringenden Handlungsbedarf. Hierbei ist ein enges Zusammenwirken zwischen Politik, Wissenschaft und Zivilgesellschaft, aber auch den verschiedenen Staaten und internationalen Organisationen dringend geboten.“

Bundesministerium für Umwelt, Naturschutz und Reaktorsicherheit:

„Die Bundesregierung hat in der Kabinettsklausur im August 2007 in Meseberg ein umfangreiches Klima- und Energiepaket beschlossen. Zu seiner Umsetzung in die Praxis sind alle Akteure gefordert – Bund, Länder, Kommunen, Wirtschaft und Zivilgesellschaft."

Im Namen von Claudia Roth MdB, Bundesvorsitzende von Bündnis 90/DIE GRÜNEN, Melanie Henneberger:

„Der Kampf gegen den Klimawandel benötigt die Anstrengungen der politischen Institutionen sowie der Zivilgesellschaft. Die Beteiligung und Kooperation unterschiedlicher Akteure ist essentiell für den Erfolg der Klimaschutzpolitik. Gerade ein so komplexes Thema wie der Klimawandel benötigt fachliche Expertise."

Bundesministerium für Verkehr, Bau und Stadtentwicklung:

„Sie fragen in ihrem Brief, ob die Politik mit den ihr bekannten Instrumenten überhaupt in der Lage ist, den wachsenden Problemen Herr zu werden. Ich glaube, das ist sie. Sie kann es nicht alleine. Verbraucher und Kunden, Wirtschaft und Industrie – alle müssen an diesem Ziel mitarbeiten. Aber gerade die Politik kann wichtige Weichen stellen."

Dr. Gregor Gysi MdB, Fraktionsvorsitzender der Fraktion DIE LINKE:

„Die Menschheit heute ist in der Lage, die Probleme genau zu kennen. Wir wissen, was wir tun, aber wir tun nicht, was wir wissen... Gegenwärtig herrscht in den Industriestaaten der neoliberale Zeitgeist... und der Markt soll auch noch in der Lage sein, die ökologischen Probleme zu lösen... Die politischen Institutionen werden nur dann wieder fähig und imstande sein, die globalen Herausforderungen anzunehmen, wenn die Politik wieder über die Wirtschaft dominiert,... wenn sich die Staaten der Welt über die Institution der Vereinten Nationen auf ein Programm zur Bekämpfung des Klimawandels verständigen. Das verlangt notwendigerweise die Einbettung des Marktes in die Gesellschaften und des Dialogs mit gesellschaftlichen Kräften, mit denen gemeinsam Lösungen angestrebt werden sollten."

Liste der beteiligten Institutionen und Organisationen

Forschungsinstitute:
Forschungszentrum Jülich GmbH
Institut für Technische Thermodynamik, Köln
Helmholtz Zentrum für Umweltforschung, Leipzig
Institut für Landschaftsökologie und Naturschutz Singen
Deutsches Zentrum für Luft- und Raumfahrt , Stuttgart
Wuppertal Institut

Universitäten:
Universität Bamberg
Humboldt-Universität zu Berlin
Technische Universität Berlin
Oberstufen-Kolleg Bielefeld, Universität Bielefeld
Universität Bremen
Technische Universität Cottbus
J. W. Goethe- Universität Frankfurt am Main
Albert-Ludwigs-Universität Freiburg
Fernuniversität Hagen
Universität Halle-Wittenberg
Universität Hannover
Universität Heidelberg
Universität Greifswald
Technische Universität Kaiserslautern
Otto-von-Guericke Universität Magdeburg
Johannes Gutenberg-Universität Mainz
Universität Osnabrück
Universität Passau
Universität Regensburg
Universität Trier

Fachhochschulen:
Fachhochschule für Technik und Wirtschaft Berlin
Fachhochschule Coburg
Fachhochschule Flensburg
Fachhochschule Gelsenkirchen
Fachhochschule Giessen-Friedberg
Fachhochschule Hannover
Fachhochschule Koblenz
Fachhochschule Köln
Fachhochschule München
Fachhochschule Ravensburg-Weingarten
Fachhochschule Weihenstephan

Hochschulen:
Hochschule Bochum
Hochschule Merseburg
Hochschule Vechta
Hochschule Zittau/Görlitz

Gesellschaften:
Stromvertriebsgesellschaft LichtBlick, Hamburg
Stromvertriebsgesellschaft Eprimo, Neu-Isenburg

Gesellschaft für Landschaftsökologie, Gewässerbiologie und Umweltplanung mbH, Rohrbach-Kallmünz

Sonstige Vereine und Organisationen:
Mehr Demokratie e. V.
Neue Gesellschaft e.V. Hamburg
Oldenburger Energierat e. V.
Studieninstitut Soest
Vereinigung Demokratischer Juristinnen und Juristen e. V.
Verein gegen Rechtsmissbrauch e. V.

Soziale Verbände:
Deutsches Sozialwerk e.V.
Paritätischer Gesamtverband
Sozialverband VdK

Naturschutzvereine:
BUND für Umwelt und Naturschutz Deutschland
NABU – Naturschutzbund Deutschland e. V.
Verbandes Deutscher Waldvogelpfleger und Vogelschützer e.V., Lüneburg
ROBIN WOOD e. V.

Ministerien:
Bundesministerium für Umwelt, Naturschutz und Reaktorsicherheit
Bundesministerium Verkehr, Bau und Stadtentwicklung
Bundesministerium für wirtschaftliche Zusammenarbeit und Entwicklung
Ministerpräsident, Baden-Württemberg

Politische Parteien:
Bündnis 90/DIE GRÜNEN
CDU Deutschlands
DIE LINKE

Gewerkschaften:
IG Metall

Kirchliche Organisationen:
Caritasverband
KAB Deutschlands e. V.
Päpstliche Missionswerke
Sekretariat der Deutschen Bischofskonferenz

Wegen der Vielzahl der wertvollen Beiträge konnten leider nicht alle bearbeitet und in die Studie aufgenommen werden. Hier sind die folgenden Institutionen dankend zu erwähnen, die freundlicherweise längere Beiträge zugesandt haben:

Bundesministerium für Arbeit und Soziales
Bundesministerium des Innern
Bundesministerium der Verteidigung
Der Präsident des Deutschen Bundestages
Deutscher Gewerkschaftsbund
Diakonisches Werk der Evangelischen Kirche im Rheinland e. V.
Evangelische Kirche von Westfalen: Das Landeskirchenamt
Freie Demokratische Partei
Ministerium für Landwirtschaft, Umwelt und ländliche Räume des Landes Schleswig-Holstein
Nordelbische Evangelisch-Lutherische Kirche
Senioren-Union der CDU Deutschlands
Sozialdemokratische Partei Deutschlands
Staatskanzlei Saarland
Vereinigung der Sächsischen Wirtschaft e. V.

STENO®

Revolution der Demokratie – Eine Realutopie

Maasverlag Berlin 2003

Der Sozialphilosoph Johannes Heinrichs erklärt, warum die Demokratie noch nicht funktioniert. Er begründet, auf spannende Art und Weise, den evolutionären Sprung in das Kreislaufsystem einer Vier-Parlamente-Demokratie: Grundwerte-, Kultur-, Politik- und Wirtschaftsparlament. Seine Real-Utopie bietet eine verblüffend einfache Lösung und fordert die schweigende Mehrheit heraus. Heinrichs' klare, originelle Sprache kommt ohne Fachjargon aus. Sein praktikabler Vorschlag für eine Evolution der Demokratie macht dieses Buch zu einem Werk von epochaler Bedeutung.

Johannes Heinrichs
ISBN 3-929010-92-5
Gebunden, EUR 22,80

Johannes Heinrichs
ISBN 978-954-449-201-4
Paperback, EUR 10,00

Demokratiemanifest – für die schweigende Mehrheit

Steno Verlag München 2005

Heinrichs' von vielen als epochal betrachtetes Werk Revolution der Demokratie hat einen gravierenden „Mangel“: Es ist für Vielbeschäftigte und sozialwissenschaftliche Laien zu umfangreich und komplex. Die Struktur des vorliegenden Manifestes ist die gleiche geblieben. Dennoch ist es nicht bloß gekürzt, sondern neu und frisch geschrieben.
Für die völlig ungewöhnliche Substanz nun erst recht „leicht zu lesen, manchmal sogar salopp“ (Deutschlandfunk, 22.03.04). Die schleichende Demokratieverdrossenheit wird bei Genuss des Manifestes zur Demokratiebegeisterung, die nach Praxis verlangt.